böhlau

Manfried Rauchensteiner · Michael Gehler (Hg.)

CORONA UND DIE WELT VON GESTERN

BÖHLAU VERLAG WIEN KÖLN WEIMAR

ZukunftsFonds
der Republik Österreich

Veröffentlicht mit Unterstützung des Zukunftsfonds der Republik Österreich

Bibliografische Information der Deutschen Nationalbibliothek:
Die Deutsche Nationalbibliothek verzeichnet diese Publikation
in der Deutschen Nationalbibliografie; detaillierte bibliografische Daten
sind im Internet über http//dnb.d-nb.de abrufbar.

Korrektorat: Joachim Bürgschwentner, Nicole-Melanie Goll
Einbandgestaltung: hawemannundmosch, Berlin
Satz: Michael Rauscher, Wien
Druck und Bindung: Finidr, Český Těšín
Gedruckt auf chlor- und säurefrei gebleichtem Papier
Printed in the EU

Vandenhoeck & Ruprecht Verlage | www.vandenhoeck-ruprecht-verlage.com

ISBN 978-3-205-21258-4

INHALT

Manfried Rauchensteiner

EINLEITUNG: ES IST EINMAL

Für gewöhnlich, wenngleich in längst vergangener Zeit, fingen Märchen mit dem Satz an: »Es war einmal.« Der Inhalt der Erzählungen enthielt viel Wahres, Lebensweisheiten, Moralisches und Moralisierendes. Aber er war schon durch die einleitenden Worte ins Unwirkliche gerückt.

Mittlerweile verbietet es sich, eine Erzählung über die Gegenwart ähnlich zu beginnen, denn es *war* nicht, sondern *ist* immer noch. Und es ist außerordentlich präsent. Vielleicht würde man sich's wünschen, alles ins Märchenhafte zu verlagern, und vielleicht wird es auch irgendwann einmal so sein, dass Eltern und Großeltern ihren Kindern und Enkeln über jene Pandemie erzählen, die sie selbst erlebt haben und die so vieles anders werden ließ, sodass es sich wie die Erzählung von einer Welt von gestern anhört. Seinerzeit, 2020 und 2021, war es gelebte Gegenwart und beherrschte den Alltag.

Die Corona-Pandemie wird wohl noch jahrzehntelang analysiert werden. Bilanzen des Geschehenen, Mutmaßungen, Erkenntnisse, Richtungsweisendes und Irrtümer werden darin vorkommen, und man wird letztlich immer wieder darüber rätseln, ob der Ausbruch der Krankheit absehbar gewesen ist, welche Maßnahmen richtig und welche falsch waren und wie letztlich jeder und jede Einzelne von den Folgen der Infektion betroffen war. Selbstverständlich eignete sich die nicht zuletzt historische Pandemieforschung auch hervorragend, um Urteile über Politikerinnen und Politiker sowie die von ihnen betriebene Politik zu fällen. Die Bilanz ist wohl durchmischt. Was dabei wahrscheinlich unbestritten sein wird, ist der Umstand, dass kein Gegenwärtiger noch mit Vergleichbarem zu tun gehabt hat. Ebenso wird unschwer herauszulesen sein, dass die Politik an ihre Grenzen gestoßen ist und ihre Abhängigkeit von richtigen Informationen deutlich gemacht hat.

Wie so viele Staaten dieser Welt wurde auch die Republik Österreich Anfang 2020 aus der Walzerseligkeit des Neujahrskonzerts herausgerissen. Noch am Tag zuvor hatte es erste Meldungen gegeben, wonach es in der Volksrepublik China zu einer Epidemie mit einem als neuartig eingestuften Corona-Virus gekommen sei, das eine schwere Lungenerkrankung zur Folge hatte. Es bekam wenig später die Bezeichnung SARS-CoV-2[1] oder schlicht COVID-19 und weckte Interesse. Doch man war den Ausbruch irgendwelcher Seuchen in Fernost ja schon gewohnt. Jahr für Jahr war es zu Grippeepidemien gekommen, die in Asien ihren Ausgang nahmen. Warum sollte es diesmal anders sein? Bald kursierten Nachrichten über rigorose Eindämmungsmaßnahmen. Und es wurde bagatellisiert. Zeitgleich griff Peking jedoch schon rigoros durch. Die chinesische Metropole Wuhan mit mehr Einwohnerinnen und Einwohnern als ganz Österreich wurde isoliert. Das Virus sei von einem Markt ausgegangen, auf dem Schuppentiere verkauft worden wären, hieß es. Etwas später wurden Fledermäuse verdächtigt, die todbringenden Zwischenträger zu sein. Auch die Erklärung, dass die Volksrepublik das Virus in Labors gezüchtet hätte und es entweder absichtlich oder unabsichtlich freisetzte, fand bald Verbreitung. Später galten auch Russland und die USA als verdächtig. US-Präsident Donald Trump sprach jedoch nicht ganz unberechtigt von einem »chinesischen Virus«, als er wegen seines eigenen Krisenmissmanagements gegen den Erreger in innenpolitische Bedrängnis geriet. Unbestritten ist, dass China alles daransetzte, die Meldungen über den Ausbruch einer Epidemie, die sich seit Oktober 2019 angekündigt hatte, zu unterdrücken und erst nach Wochen deutlich machte, dass es sich um ein sehr ernsthaftes Problem handelte. Die Weltgesundheitsorganisation WHO wurde verständigt. Die Bilder, die dann aus dem Zentrum der Seuche um die Welt gingen, deren Verursacher konsequent »neuartig« genannte wurde, hatten wohl den ersten Schock zur Folge. Sie zeigten, wie China die Eindämmung der Infektion ebenso wie die Behandlung der Erkrankten mit Brachialgewalt durchsetzen wollte. Kranke wurden aus ihren Wohnungen geschleppt, ganze Straßenzüge und Stadtviertel mittels enormer Mengen antiviraler Substanzen desinfiziert. Innerhalb von wenigen Wochen entstand ein Spitalskomplex gewaltigen Ausmaßes. Über die Anzahl der Toten wurde geschwiegen. War das der richtige Weg der Eindämmung?

Bald darauf gewannen auch andere Nachrichten schlagartig an Aktualität. Italien meldete im Jänner und Februar massenhafte Infektionen, die Regionen Lombardei, dann Venetien und Emilia-Romagna wurden zu »Hotspots«. Doch Rom reagierte zunächst wie Peking: Die Meldungen über die Seuche und ihre Gefährlichkeit wurden zu unterdrücken gesucht.[2] Möglicherweise war die Krankheit von Textilarbeiterinnen und -arbeitern aus China eingeschleppt worden. Aber das Monokausale sollte sich als irreführend erweisen. Wo und wer war der Patient »Null«?

Um die Krankheit irgendwie einordnen zu können, wurde weit ausgeholt. Vor allem die Pest lud dazu ein, auch die gewisse Hilflosigkeit deutlich werden zu lassen. Albert Camus' Roman aus dem Jahr 1947 »Die Pest« schaffte es wieder auf die Bestsellerliste. Doch der Vergleich wollte nicht passen. Dann gab es erste Erkrankungen in Innsbruck. Alles schien noch immer beherrschbar, ehe die Bombe platzte: Im Tiroler Wintersportort Ischgl waren um den 10. März 2020 gehäuft Fälle aufgetreten. Der deutsche »Spiegel« berichtete reißerisch, dass 11 000 Infektionen mit dem Aufenthalt in Ischgl in Zusammenhang gebracht werden könnten.[3] Das Paznauntal wurde am 13. März schlagartig unter Quarantäne gestellt. Da die örtlichen und überregionalen Verantwortlichen spät – wohl zu spät – reagiert hatten, verbreitete sich die Viruserkrankung in all jenen Ländern, aus denen Wintersportlerinnen und -sportler in Ischgl ihren Skiurlaub verbracht und sich angesteckt hatten. 28 sollen es gewesen sein. Jedenfalls gab es einen weiteren »Hotspot«.

Von diesem Zeitpunkt an entzog sich die Viruserkrankung zunehmend einer vorausschauenden Beurteilung und zwang letztlich alle, auch die Politik, in die Knie. Es konnte eigentlich nur mehr reagiert werden. Schließlich verkündete die österreichische Bundesregierung ein erstes Mal einen »Lockdown«. Tag für Tag, vom 10. bis zum 13. März wurden die Maßnahmen verschärft. Die Folgen ließen sich noch nicht erahnen. Aber letztlich genügt es, einen Blick auf einige wenige Tageszeitungen zu werfen, um an Hand der Schlagzeilen die Krise einer Zeit, die nolens volens die unsere ist, deutlich werden zu lassen.

In kurzen Abständen titelten die Tagblätter recht ähnlich: »Die Krise verändert die Weltordnung«;[4] »38 Mrd. Euro für die Wirtschaft«;[5] »Was wir über das Virus wissen«;[6] »Masken sollen Tote verhindern«;[7] »Überwachen statt Daheimbleiben«;[8] »Die große Corona-Depression«;[9] »Niedrige Zahl an Infizierten als Risiko«:[10] »Wo uns zu viel zugemutet wird«;[11] »Tag ohne Arbeit«;[12] »Der Staat hat versagt«.[13]

Ohne weiter Schlagzeilen zitieren zu müssen, wird einmal festzuhalten sein, dass sich Österreich ebenso wie das europäische und außereuropäische Umfeld zwischen zwei Extremen bewegt hat: dem der Bagatellisierung im Spätwinter 2020 und dem der fast gleichzeitigen Feststellung, dass es sich um eine weltweite Seuche handelte, deren Ausmaße und auch zeitliche Ausdehnung noch völlig unbekannt sei. Damals war es wohl, dass man sich erstmals in die »Welt von gestern« zurückzusehnen begann.

Im »Essay über Österreich« von Dieter A. Binder und Ernst Bruckmüller aus dem Jahr 2005 wird über eine inzwischen mehr als einhundert Jahre zurückliegende Geschichte unter den Schlagworten »Sehnsucht nach der Normalität«, »Permanenter Ausnahmezustand«, »Wirtschaftsträume« oder auch »Anpassungskrise« berichtet.[14] Würde man nicht wissen, dass sich diese Überschriften auf die Spanische Grippe zwischen 1918 – gegen Ende des Ersten Weltkriegs – und 1920 beziehen, könnte man meinen, sich in der Jahreszahl geirrt zu haben. Natürlich sind die Schlagworte nicht eins zu eins auf die Situation des Jahres 2020 anzuwenden und umzulegen. Doch sie laden dazu ein, sich auch in einem größeren als dem aktuellen Zusammenhang mit Endzeitszenarien, Krisen aber auch der Überwindung derselben auseinanderzusetzen. Recht schnell wurde denn auch deutlich, dass man in verhältnismäßig vielen Wissenschaftsdisziplinen alles andere denn festen Boden unter den Füßen hatte.

Schon im Frühjahr 2020 setzte daher ein lebhafter Analyse- und Lernprozess ein. Nicht nur Wissenschaftlerinnen und Wissenschaftler oder Politikerinnen und Politiker waren gefordert, sondern auch Journalistinnen und Journalisten aller relevanter Medien. Dazu kamen Zukunftsforscherinnen und -forscher und Endzeitapostel. Alle kommentierten das Geschehen, gaben Ratschläge und übten Kritik.[15] Letztere wurden zunehmend schärfer. Im Grunde genommen war es ein Problem, das aber alle gemeinsam hatten: Je mehr Stellungnahmen es gab, umso unübersichtlicher wurde es. Und das war nicht nur ein Problem der Kommunikation, sondern fing schon bei der Wissenschaft an. Es gab keine Einheitlichkeit in den Urteilen, und auch Widersprüchliches bekam seinen Platz in der Berichterstattung wie in der Wahrnehmung. Manchmal konnte man durchaus den Eindruck gewinnen, das Widersprüchliche würde die Oberhand behalten.

Erst allmählich gewann auch die räsonierende Berichterstattung an Bedeutung. Aber auch sie musste sich damit begnügen, Momentaufnahmen zu liefern. Und erst mit der Fortdauer der Pandemie wurde deutlich, dass wir es mit einem Prozess zu tun hatten, und dass sich eine neue Art von Globalisierung abzuzeichnen begann. Man hatte es mit einem Kapitel werdender Geschichte zu tun, bei dem es im Unterschied zu anderen historischen Phänomenen Gleichzeitigkeit gab. Aus den Blickwinkeln von Philosophie und Gesellschaftswissenschaften, Finanzen, internationalen Beziehungen, von Medizin, Bildung und Erziehung, Justiz, Kunst und Literatur, Wirtschaft, Verkehrswesen und Logistik, von Medien, Religion, Sport und Alltagskultur ließen sich immer mehr Aspekte der Pandemie beleuchten. Sie fügten sich allmählich zu einem ersten Gesamtbild, das den Anspruch auf ein einigermaßen ausgewogenes Urteil erheben konnte.

In diesem Umfeld ist auch das vorliegende Buch angesiedelt. Wie das »Decamerone« von Giovanni Boccacio, das in zeitlicher Nähe zur Pestepidemie 1348 entstanden ist, fassen – wenngleich mit weit geringerem Unterhaltungswert – 14 Vertreterinnen und Vertreter der unterschiedlichsten Lebens- und Wissensbereiche ihre Sicht der Dinge zusammen. Was dabei entstanden ist, ist für jene gedacht, die nicht Jahrzehnte warten wollen, bis dann schon abschließender geurteilt werden kann und Lustigeres die Regale füllt.

Für das Projekt wurde der Titel »Corona und die Welt von gestern« gewählt, was sich schon vorweg als eine Einladung versteht, sich darüber klar zu werden, ob oder auch nur inwieweit das Jahr 2020 einen Wendepunkt darstellt. Genauso gut hätte als Überschrift »Corona und die Welt von morgen« gewählt werden können. Die Autorinnen und Autoren dieses Bandes behandeln einen andauernden Prozess, anhand dessen sich sowohl an den Verläufen wie an den Reaktionen nicht nur nationale, sondern kontinenteübergreifende Phänomene studieren lassen. Letztlich kreist alles um einige wenige Fragen: War die Pandemie absehbar und ist sie vergleichbar? Wurde zeitgerecht und vor allem richtig reagiert? Wären andere Reaktionen und Handlungsoptionen nicht nur denkbar, sondern auch sinnvoller gewesen? Welche Formen von Betroffenheit gab es? Welche Auswirkungen hatte die Pandemie? War es ein Problem von arm und reich, von Weite oder Enge, oder gar zwischen Ost und West? Scheidet COVID-19 die Welt von gestern und jene von morgen und haben wir es womöglich mit einer welthistorischen Zäsur zu tun?

Natürlich ließ sich noch eine Vielzahl anderer Fragen stellen, die dazu dienen, sich über Momente klar zu werden, die über Ausbruch und Verlauf der Pandemie weit hinausgehen. Allein die erste Frage lädt schon dazu ein, regelrecht rechthaberisch darauf zu verweisen, dass schon seit Jahrzehnten von unbeachtet gebliebenen Expertinnen und Experten der Ausbruch einer Pandemie befürchtet und vorausgesagt worden ist. Von dieser Feststellung ausgehend ist es nur ein kleiner Sprung zu den Behauptungen der Anhängerinnen und Anhänger von Verschwörungstheorien, die einmal mit Verweis auf Staaten, politische Systeme oder auch Interessengruppen und sogar Einzelpersonen, den Nachweis zu führen bemüht waren, dass es so hat kommen müssen. Der nächste Schritt könnte dann der Einfachheit halber mit Dantes »Inferno« oder der »Apokalypse« des Johannes von Patmos beschrieben werden. Dabei weiß man nicht einmal, »wes Geschlechts« der/die/das Virus ist. ♦ M. R.

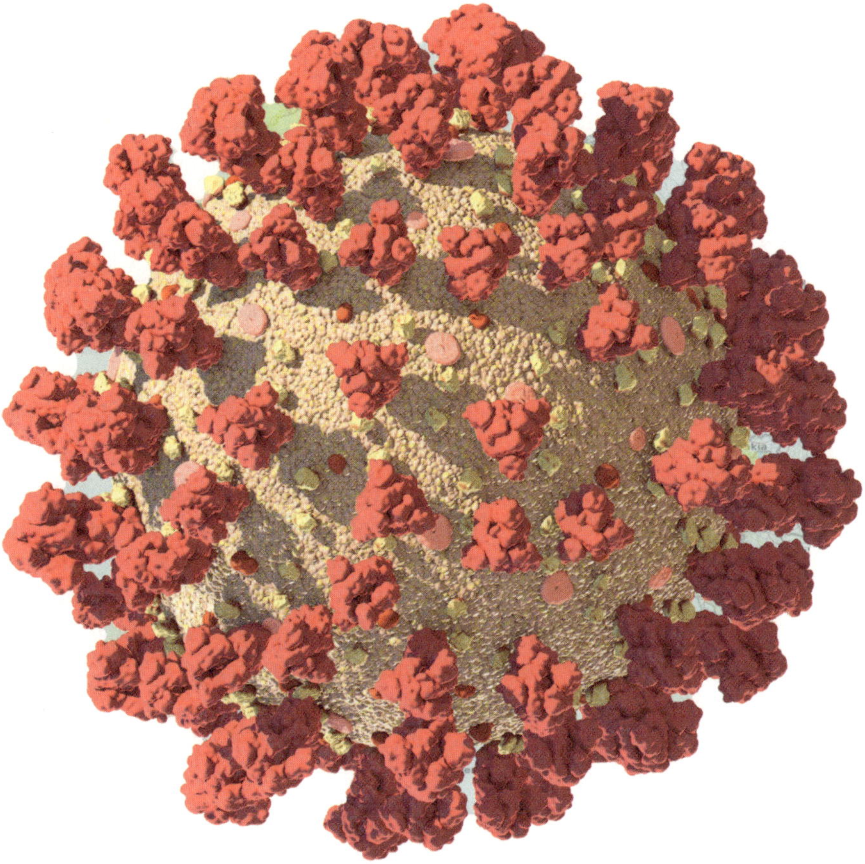

Abb. 1: Molekularbiologen in Wien haben das Genom des Virus schon im Jänner 2020 entschlüsselt. Das war die Grundlage für dessen Bekämpfung.

Robert Pfaller

DAS VIRUS SPRICHT

Auch wenn sich viele derzeit über mein Geschlecht noch im Unklaren sind (manche sagen »der«, manche »das« zu mir) – was mich übrigens zu einer sehr zeitgenössischen Erscheinung macht –, bin ich doch ganz das, was man üblicherweise einen »Mann der Tat« nennt. Kein Freund großer Worte, sondern jemand, der Fakten schafft. Einer, der Sachverhalte herstellt, anstatt bloß welche zu beschreiben. Ich bin eben kein Sachbearbeiter, sondern eine Führungskraft. Genau darum aber bin ich, wie die meisten meiner Art, andererseits doch nicht ganz uneitel und wenn mich komischerweise nie jemand fragt, dann fange ich eben einmal ungefragt an, auf dem nächstbesten Kanal, der mir zur Verfügung steht, die Welt mit meinen Ansichten zu beglücken.

Denn Sie reden unaufhörlich über mich. Aber haben Sie sich schon einmal gefragt, was ich meinerseits sagen würde – etwa zu Ihren amüsanten Meinungen über mich und über die törichten Vorwürfe, die Sie mir machen? Das fängt ja schon damit an, dass Sie sich erstaunt zeigen, wenn ich das Wort ergreife. Aber Sie wundern sich nicht, wenn bei Marx die Waren zu sprechen beginnen, wenn bei Nietzsche der Hammer redet, und bei Erasmus gar die Narrheit![1] Und ich höre von Ihrer Seite keine skeptischen Einwände, wenn es in der Art, wie über Ihr seltsames Wirtschaftssystem gesprochen wird, zum Beispiel heißt, »Die Märkte werden nervös«, oder »Der DAX weiß noch nicht, wo er hin will«, oder »Wir müssen den Sachzwängen gehorchen«. Warum also nicht einmal mir gehorchen oder wenigstens zuhören? Warum soll nicht auch ich einmal nervös werden oder sprechen wollen?

Sie sind es doch, die mich ständig beurteilen, als ob ich ein Mitglied Ihrer Spezies wäre. Sie fragen sich solche Sachen wie: Ist er links? Ist es rechts? Und – schwupps! – haben Sie mich, ohne mich je zu fragen, schon einem Lager zugeordnet oder gar in eine Ecke gestellt. Sie sagen, ich mache die Reichen reicher und die Armen ärmer. Für Sie ist damit klar: Ich bin ein Rechter. Oder etwas Rechtes. Ich aber sage Ihnen: Sehen Sie sich doch einmal die seltsamen Verhältnisse an, die Sie da für Ihresgleichen hergestellt haben! Ist es denn nicht in Wahrheit so, dass fast alles, was derzeit daherkommt, egal, was es ist, die Reichen reicher und die Armen ärmer macht? Zum Beispiel eine Finanzkrise oder eine neue Technologie, eine ökologische Katastrophe, die Legalisierung weicher Drogen, die Abschaffung des Bargelds, eine terroristische Bedrohung, ein humanitäres Bombardement?

Sehen Sie dagegen mich an. Nicht, dass mich Ihre Verhältnisse besonders kümmern würden. Aber wenn Sie bedenken, wen ich so in letzter Zeit erwischt habe – etwa die Herren Donald Trump, Boris Johnson oder Jair Bolsonaro –, da sollten Sie mir doch auch ein wenig dankbar sein. Freilich kann ich Ihnen die Arbeit nicht vollständig abnehmen. Aber ich kann Ihnen zumindest Hinweise geben und Prioritäten hinsichtlich dessen markieren, wer aus meiner Sicht als erster gewählt (von mir) oder abgewählt (von Ihnen) werden sollte. Und halten Sie sich bitte zurück, wenn es darum geht, mich politisch ins rechte Eck zu schieben. Da hauen Sie doch, wie ich beobachte, in letzter Zeit auch bei Ihresgleichen oft genug ganz schön daneben! Wenn Sie derzeit an etwas leiden, dann doch viel weniger an mir als zum Beispiel an Ihrer Leidenschaft, alles und jeden, der Ihnen unliebsam ist, irgendwie »anzubräunen«.

Überhaupt wundere ich mich über das, was Sie tun, und das, was Sie nicht tun. Sie verpulvern Milliarden, um einen Impfstoff zu finden, der vor mir schützen und Ihre Mortalitätsraten senken soll. Gut, das ist Ihre Sache. Aber wenn Sie mich fragen: Setzen Sie doch lieber ein paar hunderttausend Euro Ergreifungsprämie aus und lassen Sie polizeilich, mit internationalem Haftbefehl nach denjenigen unter Ihnen fahnden – den Mitgliedern der Europäischen Kommission sowie den Vertretern der europäischen Finanzinstitutionen –, die nach der Finanzkrise solche Staaten wie Italien *oder* Spanien ausdrücklich gezwungen haben, diese katastrophalen Einsparungen in ihren Gesundheitssystemen vorzunehmen! Nicht ich war hier das Tödliche, sondern doch vielmehr die von diesen Leuten künstlich erzeugte Knappheit an Intensivbetten und Krankenhauspersonal!

Da muss ich Sie (als Vertreter Ihrer Gattung) schon fragen: Wer von uns beiden ist schädlicher für die Menschheit: Sie oder ich? Wie viel von dem, was Sie mir ankreiden, haben Sie selbst verschuldet – nicht zuletzt auch gerade durch all das, was Sie vermeintlich zu meiner Abwehr unternommen haben! Wie viele Menschenleben haben Sie zerstört, während Sie meinten, welche zu retten! Wie viele von Ihnen sind ums Leben gekommen, nicht durch mich, sondern durch die von Ihnen verursachten Kollateralschäden: zum Bespiel aufgrund ängstlicher Abweisung durch Spitäler und Arztpraxen; durch Verschiebung von Operationen; durch Verzweiflung aufgrund von verlorenem Einkommen oder durch Hoffnungslosigkeit wegen völliger Vereinsamung! Nicht ich bin Ihr Feind! Sie selbst sind es, schauen Sie doch lieber mal in den Spiegel statt ins Mikroskop!

Und geben Sie es doch zu: ich komme Ihnen gar nicht ungelegen. Alles, was Sie verpfuschen, wie zum Beispiel den Brexit oder die längst ausständige Regulierung Ihrer Finanzmärkte oder die Neuordnung Ihrer Stiftungs- und Bankengesetze, helfe ich Ihnen zu verschleiern. Dank mir sowie dank der von Ihnen mitverursachten unzähligen Privatkonkurse haben Ihre Banken jetzt wieder ein bisschen Geld. Und von denen, die trotzdem in nächster Zukunft mit Steuergeld gerettet werden müssen, können Sie immerhin behaupten, das wäre alles nur wegen mir, dem Virus.

Gut, das leidige Flüchtlingsthema hatten Sie bereits einigermaßen erfolgreich mit Ihrem Kinderkreuzzug gegen die Klimakatastrophe aus den Medien gewischt. Aber, seien wir ehrlich: wie lange wäre das noch gutgegangen? Das Klima ist weit weg, aber die Flüchtlinge sitzen gefühlt schon wieder vor Ihrer Haustüre. Da bin ich Ihnen doch in vorbildlicher Weise zu Hilfe gekommen. Ich kann ja auch Ihre Ängste und Ihren Zorn viel besser bündeln und kanalisieren. Vergessen sind der unbekannte Syrer und sein ertrunkenes Kind! Jetzt richtet sich das Fernglas Ihrer selbsternannten Sheriffs auf die zwei Jugendlichen, die ohne Babyelefanten auf der Parkbank sitzen. Da kann man endlich selbst etwas tun! Nämlich zum Hörer greifen und 133 wählen! Sehen Sie nur: ich verwandle Ihr trauriges, lähmendes Entsetzen in freudige, handlungsmächtige Empörung!

Und allen anderen, denen Sie schon seit langem den Mund verbieten wollen, können Sie ihn dank mir jetzt immerhin bedecken. Wie sehr bin ich Ihnen behilflich, das Abstrakte, Ungreifbare aller Ihrer wirklichen wie eingebildeten Bedrohungen auf das überschaubare Maß eines kleinen Wäschestücks herunterzubrechen! Mit meiner Hilfe spielen Sie gerade sehr hübsch die – wenigstens für einen Beobachter – doch durchaus amüsante Komödie des Fetischismus! Auch in der klinischen Perversion ist es genau so: wenn die Ängste und Wünsche der Menschen für sie aus irgendeinem Grund nicht mehr erkennbar werden, dann konzentrieren sich ihre Hoffnungen ganz detailverliebt auf ein kleines Stückchen Stoff; wenn nicht gar auf einen »Glanz auf der Nase«.[2]

Sehen Sie doch nur, wie zornig Sie werden können, wenn jemand die Maske aufzusetzen vergisst oder ihm die »Pappenwindel« nur um ein weniges verrutscht! Ohne jede evidenzbasierte Indikation fordern Sie streng die Vermummung von allen. Denn, da sind Sie sich sicher, die Maske schützt! Wenn jemand dann aber Symptome zeigt, soll er bitte doch lieber gleich zu Hause bleiben, nicht? – Sie machen mir Spaß! Ich bin zwar nur Ihr Krankheitserreger und nicht Ihr Psychoanalytiker, aber wenn Sie mich fragen (was Sie wohl aus gutem Grund nicht tun) – ich kann Ihnen sagen: Sie zeigen alle typischen Zeichen einer Ichspaltung! Ihnen fällt die Welt auseinander in zwei säuberlich getrennte Sphären – eine »wunschgerechte« (Die Maske schützt!) und eine »realitätsgerechte« (Zu Hause bleiben!). Sie sind ein Stück Komödie!

Das ist mir übrigens schon im Frühjahr 2020 aufgefallen, als Sie aufgehört haben, einander die Hände zu schütteln. Brav in die Armbeuge niesen! Und dann aber am besten den anderen mit einer Art Ellbogen-Check begrüßen! – Grandios! Ich verdanke Ihnen schon einiges. Zumindest meine Erheiterung.

Auch wenn Sie sonst nur wenig über mich wissen und kaum Gutes an mir finden – eines müssen Sie mir lassen: ich habe durchaus Humor. Ich mache mich lustig über die Menschen – vor allem über die, die behaupten, etwas über mich zu wissen. Haben sie vorgestern noch erklärt, die Gesichtsmasken wären völlig unnütz, behaupteten sie gestern mit dem Brustton der Überzeugung, das Tragen von Masken wäre eine heilige Pflicht. Und als ob sie darin nicht schon komisch genug wären, fangen sie heute zu jammern an, dass sie in ihrem Maskenträgerland die höchsten Infektionszahlen haben! Geben Sie es doch zu: wenn sie auch nur halb so viel Humor besitzen wie ich, dann müssen Sie darüber doch auch zumindest ein wenig schmunzeln.

Meine lustige Art zeigt sich auch darin: Ich bin der große Durcheinanderwirbler. Es gefällt mir, die Menschen dazu zu bringen, das Gegenteil von dem zu vertreten, wofür sie sonst stehen. Diejenigen, die gestern noch für freien Verkehr von Kapital, Arbeitskraft, Gütern und Dienstleistungen waren, schließen heute beflissen ihre Grenzen. Und die, die gestern aus anderen Gründen ihre Grenzen geschlossen haben, rufen heute nach internationaler Zusammenarbeit und Solidarität. Die großspurigen Vertreter von Freiheit und Demokratie fangen, sobald sie mich sehen, sofort an, verfassungsrechtlich garantierte Freiheiten einzuschränken, unliebsame Kritikerinnen und Kritiker zu diffamieren, ihre Internetseiten zu sperren und die Menschen der elektronischen Überwachung zu unterwerfen. Die üblichen Feinde von Liberalität und Demokratie hingegen treten plötzlich als Stimmen bürgerrechtlicher Empörung auf und kritisieren die anderen als Beschließer von »Ermächtigungsgesetzen«.

Ich für mein Teil mag es ja ganz gerne streng. Wer sich gerne als Autorität aufspielt, hat in mir einen Verbündeten. Wer so tut, als wüsste er genau, was zu tun ist, und wer die Auseinandersetzung mit mir als einen Krieg darstellt, hat schon gewonnen – zumindest in der Zustimmung der Wählerinnen und Wähler. Wer dagegen die Ungewissheiten, das Hypothetische und die Zweifel der Wissenschaft offen darlegt und die Handlungsempfehlungen dementsprechend maßvoll und bescheiden ausrichtet, hat verloren. Ein Freund des Intellektualismus bin ich gewiss nicht.

Raucher zum Beispiel mag ich auch nicht. Von denen lasse ich die Finger, wie Sie vermutlich längst wissen. 26 bis 35 Prozent von Ihresgleichen rauchen, aber unter denen, die ich hinwegraffe, sind nur fünf Prozent Liebhaber der Tabakkultur.[3] Ich sage es Ihnen offen: mir graust vor denen. Vor dem Tabak genauso wie vor ihrer kritischen, ja oft rebellischen Nachdenklichkeit, ihrer großzügigen Geselligkeit, ihrem Hang zum guten Leben und ihrem ostentativen Mangel an Todesfurcht. Sollen die doch an etwas anderem sterben. Mir sind die Folgsamen und Todesfürchtigen lieber.

Ich bringe also zwar vielleicht nicht immer das Beste an Ihnen zum Vorschein, aber ich bin auf jeden Fall, das müssen Sie mir zugestehen, ein Unterstützer Ihrer Bravheit. Dank mir profiliert und konsolidiert sich Ihre politische Mitte. Alle übrigen kann sie nämlich nun, besser denn je, als »Verschwörungstheoretiker« hinstellen. Und als wohlmeinende Gouvernante zügle ich Ihre Unterhaltungssucht, Ihre Polygamie, Ihren haltlosen Kultur- und Sportkonsum, Ihren Alkoholismus und Ihre Ungeduld. Wegen mir sind Sie um 20 Uhr zu Hause und gehen auch vor 6 Uhr früh nicht von dort weg.

Dank mir erleben Sie auch, wie erleichternd es sein kann, wenn nichts los ist. Schämen Sie sich nicht, dass Sie gerade mich nötig hatten, um das einzusehen? Also wirklich: Diejenigen, die erst mich brauchten, um dahinterzukommen, dass es schön sein könnte, mehr Zeit mit ihren Kindern zu verbringen, spazieren zu gehen oder die Hobbywerkstatt aufzuräumen, also diese Leute haben mich wirklich verdient! Ich kann es nicht anders sagen!

Und nun vielleicht noch zu etwas ganz besonders Wichtigem, weil es ja schließlich die Frage des Verhältnisses zwischen Ihnen und mir betrifft: Bin ich ein Feind der Menschheit, wie manche behaupten?

Also zunächst muss ich festhalten: dem liegt ein Missverständnis zugrunde. Nur weil viele Menschen mich nicht mögen, bedeutet das doch noch lange nicht, dass auch ich sie nicht mag! Ich finde sie ja eigentlich ganz appetitlich, und sie ernähren mich doch recht gut. Ich bin doch auch gerecht zu ihnen, nicht? Wenn es nach Aussage mancher von Ihnen gerecht ist, jedem das Seine zu geben,[4] so müssen Sie doch zugeben: Ich bin gerecht. Denn ich nehme jedem das Seine: Den Jungen das Vergnügen, und den Alten die Gesundheit und das Leben. Wobei ich da übrigens auch recht behutsam vorgehe. Wenn Ihr durchschnittliches Sterbealter bei knapp 82 Jahren liegt, so sind die, die ich mitnehme, im Durchschnitt dagegen 85. Sie sollten sich nicht beklagen! Vertrauen Sie mir! Mit mir leben Sie länger!

Gut, ich räume ein, anfangs habe ich es mit dem Hinwegraffen der Ihren vielleicht ein wenig übertrieben. Aber so machen Sie es in Ihren Angelegenheiten doch auch! Das kann ich sehen: Immer, wenn Sie etwas Ungewohntes tun, neigen Sie zur Übertreibung. Wenn Sie zu einer neuen Religion konvertieren, genügt es Ihnen nicht, ein durchschnittlich frommer Gläubiger zu werden; nein,

Sie werden gleich fanatisch. Und wenn Sie aufhören, zu trinken oder Fleisch zu essen, dann sind Sie nicht mit Ihrer Abstinenz zufrieden, sondern müssen auch andere dazu bekehren; Sie werden zum militanten Anti-Alkoholiker bzw. zur Anti-Alkoholikerin oder zur Kampfveganerin bzw. zum Kampfveganer. Der größte Feind des wilden Baby-Elefanten ist der gezähmte Baby-Elefant, nicht wahr? Haha!

Also, Sie haben ja recht, zu Beginn war ich beim Töten ein wenig übereifrig. Aber später dann hat mir (und meinem Ruf) eher Ihr Übereifer geschadet als der meine. Und, was mich betrifft: Ich lerne dazu! Bei Ihnen hingegen bin ich mir da im Moment noch nicht so sicher.

Aber falls Sie es doch tun wollen – sehen Sie, es ist doch offensichtlich: Ich bin nicht die Pest! Ich habe ein ganz natürliches, eigennütziges Interesse daran, dass Sie leben. Denn schließlich lebe ich ja von Ihnen. Begreifen Sie es doch: Ich bin Ihr Komplize! Ihr Partner! Ihr Parasit!

EIN WELTKRIEG GEGEN MYRIADEN FEINDE

Nur weil sich *das* Virus als (ungewollter) Partner präsentiert, muss man es nicht als gottgewollt, vom Teufel gesandt und jedenfalls unvermeidlich akzeptieren. Gefährlich: Ja! Der französische Staatspräsident, Emmanuel Macron, sprach im März 2020 von »Krieg«. Ähnlich die deutsche Bundeskanzlerin Angela Merkel, die an die Zeit des Zweiten Weltkriegs erinnerte. Andere bedienten sich später desselben martialischen Vokabulars. Und es war auch den Chinesinnen und Chinesen nicht fremd, denn als Ende Dezember 2020 in Peking abermals vermehrt Corona-Fälle zu registrieren waren, wurde für den Stadtbezirk Shunyi der »Kriegszustand« ausgerufen.[1] Damit entstanden Bilder, die man mit Vergangenem wie Gegenwärtigem in Verbindung bringen konnte, mit Waffenwirkung, Zerstörung und jedenfalls Verwundeten und Toten. Vor einem geistigen Auge konnten die Weltkriegsjahre des 20. Jahrhunderts ebenso wie die sogenannten »Kriege der Nachkriegszeit« auftauchen. Ganz konnte das Wort »Krieg« wohl nicht befriedigen, doch es war wie nichts anderes prägnant. Es gab da einen noch weitgehend unbekannten Gegner, einen Feind im Dunkeln, den es zu bekämpfen galt.

Die Erwähnung von Krieg und Nachkriegszeit machte allerdings nicht mit der Erwähnung von 1945 und den Folgejahren halt. Weit plausibler war es, zeitlich weiter auszuholen und die Pandemie mit der Spanischen Grippe zu vergleichen, die von 1918 bis 1920 gewütet hat. So gut wie jedes Land konnte damals auf eine Unzahl von Toten verweisen. Der Erste Weltkrieg hatte jedenfalls weniger Totenverluste unter den Kriegführenden zur Folge als die Spanische Grippe. Weltweit soll es damals zwischen 25 und 39 Millionen Tote gegeben haben. In Österreich waren es rund 50 000, in Deutschland zwischen 320 000 und 350 000. Die Unschärfe ist nach wie vor bemerkenswert.[2]

Auch andere Seuchen und Pandemien späterer Jahre ließen sich zum Vergleich heranziehen. Die Maßnahmen zur Eindämmung variierten, doch letztlich war es ein mehr oder weniger gleichbleibender Kanon. Es wurde gewarnt, bagatellisiert, dann ernstgenommen. Kranke füllten die Spitäler, Tote die Friedhöfe. Betriebe, Kulturstätten und Schulen reagierten mit kurzen und partiellen Schließungen. Die Pharmaindustrie bot in vergleichsweise kurzer Zeit Medikamente an, die wenig Wirkung zeigten. Daher musste man 2020 auch an ein Déjà-vu denken und über die Hilflosigkeit staunen, die sich weltweit breitmachte. In kurzen Abständen lösten sich die Staaten mit den Meldungen über die meisten Infizierten und die meisten Toten ab. Waren es zunächst China und dann europäische Länder, kamen wenig später die USA, Brasilien, Indien und andere dazu. Allein die Tatsache, dass die USA mehr als sechs Mal so viele Corona-Tote hatten als Gefallene im Vietnamkrieg (rund 58 000), und mehr als zehn Mal so viele als im Koreakrieg (rund 37 000) ließ zumindest die Dimensionen erahnen.

Unerwartet spielte Österreich im »Ranking« der Corona-Fälle eine prominente Rolle. Es war nicht nur am Beginn gestanden, sondern meldete auch am 15. November 2020 gemessen an der Gesamtbevölkerung die weltweit meisten Corona-Infizierten. Der Vergleich mit der Spanischen Grippe konnte nicht ausbleiben. Und die Zahl der Toten stieg kontinuierlich an. ♦ M. R.

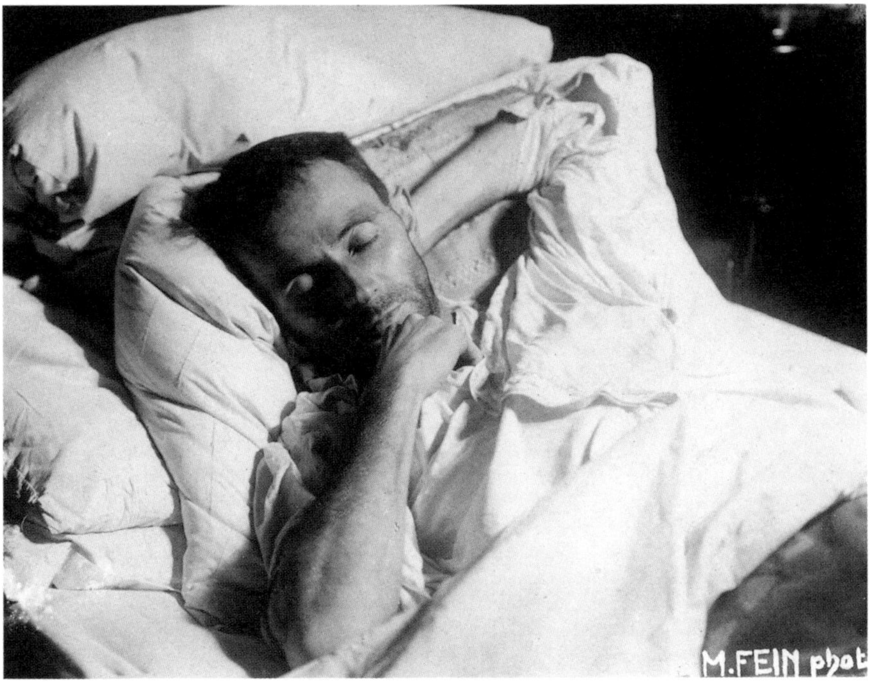

Abb. 2: Der Maler Egon Schiele (geboren am 12. Juni 1890; gestorben am 31. Oktober 1918) auf dem Totenbett. Er war ein Opfer der »Spanischen Grippe«.

Herwig Czech

DIE SPANISCHE GRIPPE VON 1918

Blick auf eine lange vergessene Pandemie[1]

> Wenn durch das Volk die grimme Seuche wütet,
> Soll man vorsichtig die Gesellschaft lassen.
> Auch hab' ich oft mit Zaudern und Verpassen
> Vor manchen Influenzen mich gehütet.
> Johann Wolfgang von Goethe[2]

EINLEITUNG

Bevor mit COVID-19 ein neuartiges Corona-Virus seinen Zug um die Welt antrat, hätten die meisten Expertinnen und Experten als Quelle einer möglichen künftigen Pandemie auf einen neu mutierten Stamm des Influenza-Virus getippt. Dafür sprach vor allem die Tatsache, dass die Influenza 1918/19 für die tödlichste Pandemie des 20. Jahrhunderts verantwortlich war – einer häufig zitierten Schätzung zufolge fielen ihr innerhalb von ungefähr zwei Jahren weltweit 50 Millionen Menschen zum Opfer, das wäre ein Vielfaches der Zahl der Gefallenen des gesamten Ersten Weltkrieges.[3] Die enge Verbindung mit der letzten Phase des Krieges (und die 20 Jahre später folgende Katastrophe des Zweiten Weltkrieges) dürfte der Hauptgrund dafür sein, dass die als »Spanische Grippe« bekannte Seuche bis zum Ende des 20. Jahrhunderts ein Schattendasein in der Geschichtsschreibung fristete. Trotz ihrer Zerstörungskraft war sie – ganz anders als die viel länger zurückliegende Pest – im kollektiven Gedächtnis kaum präsent. Zuweilen wird dafür auch die Militärzensur in den kriegführenden Staaten verantwortlich gemacht, die die Verbreitung von Nachrichten über die sich seit dem Frühjahr 1918 weltweit ausdehnende Seuche zunächst stark behinderte. Dies führte dazu, dass die ersten Berichte aus dem neutralen Spanien an die Weltöffentlichkeit drangen, womit eine zwar ungerechte, aber dennoch bis heute untrennbare Assoziation der Krankheit mit diesem Land entstand. Wie die für den vorliegenden Beitrag ausgewerteten Presseberichte belegen, blieb die Spanische Grippe den Zeitgenossen aber durchaus nicht verborgen; trotz der Aufregungen und Entbehrungen des Krieges und der dadurch verursachten Umwälzungen war die Spanische Grippe entsprechend ihren zeitlich versetzten Angriffswellen, in denen sie über die Welt hinwegging, eine deutlich nachweisbare Quelle von Diskussionen, Spekulationen und Furcht.

Für eine definitive historische Einordnung der aktuellen Pandemie ist es noch zu früh; auch ein direkter Vergleich mit früheren Seuchen ist aus diesem Grund problematisch. Eine historische Betrachtung und Einordnung der Influenzapandemie des Jahres 1918 (und folgende) kann aber, so zumindest die Hoffnung des Autors, auch ohne plumpe Gleichsetzungen der Gegenwartsbetrachtung eine gewisse Tiefenschärfe verleihen. Auch vor 100 Jahren stand die Gesellschaft plötzlich einem neuartigen Krankheitserreger gegenüber, der – wenn auch unter ganz anderen historischen Umständen – die bereits überwunden geglaubte existenzielle Gefahr von explosionsartig auftretenden Infektionskrankheiten schonungslos wieder ins Bewusstsein holte.

DER VERLAUF AUS ÖSTERREICHISCHER PERSPEKTIVE

Ein erster Vorbote der neuen Seuche erreichte die österreichisch-ungarische Medienöffentlichkeit am 29. Mai 1918. Das Neue Wiener Tagblatt berichtete im Blattinneren von einer »geheimnisvollen Epidemie« in Spanien, an der neben dem spanischen Ministerpräsidenten und mehreren Ministern auch König Alfons erkrankt sei, und die angeblich bereits 30 Prozent der Bevölkerung ergriffen hätte. Ein von der Zeitung zu Rate gezogener, ungenannter Wiener Arzt tippte, trotz der spärlichen vorliegenden Informationen, bereits zutreffend auf eine Influenza-Epidemie.[4] Am 3. Juni gab die Neue Freie Presse eine teilweise Entwarnung: Die von der französischen Presse verbreiteten früheren Berichte über die »angeblichen Massenerkrankungen« in Spanien seien übertrieben. Es handle sich um eine influenzaartige Grippe mit leichteren Entzündungserscheinungen in den Atmungs- und Verdauungsorganen, die nur äußerst selten einen tödlichen Verlauf nehme. In Spanien verdächtigte man die Franzosen, die Seuche aus politischen Motiven übertrieben zu haben, um einer Massenflucht aus Frankreich vor den Erfolgen der deutschen Offensive an der Westfront entgegenzuwirken. Tatsächlich sei die Influenza in diesem Jahr in Spanien milder als in anderen Jahren.[5] Damit etablierte sich ein Muster für die kommenden Monate. Je nach Nachrichten- und Interessenlage wurde die Krankheit einmal als todbringende Seuche, einmal als vergleichsweise harmlose Erkältungskrankheit dargestellt; die Öffentlichkeit einmal zu Vorsicht gemahnt, ein anderes Mal für unbegründete

Furcht kritisiert. Auch die Instrumentalisierung für die Kriegspropaganda sollte sich über die folgenden Wochen und Monate fortsetzen – über die verheerenden Wirkungen der Seuche in London oder Paris wurde in Wien gerne und im Detail berichtet, während vergleichbare Darstellungen über Berlin, München oder Budapest meist auf Beruhigung abzielten oder überhaupt erst Einzug hielten, als sich die Realität nicht mehr länger verbergen ließ.

Mittlerweile kamen die Einschläge näher. Das Neue Wiener Tagblatt berichtete am 27. Juni 1918 von einer Epidemie in Paris, die der zuvor in Spanien beobachteten Krankheit ähnelte. Die Zeitung ließ offen, ob es sich dabei tatsächlich um die »spanische Grippe« handelte oder um die Auswirkungen deutscher Giftgase von der Front. Bereits am 1. Juli wusste die Neue Freie Presse zu berichten, dass die Krankheit in Nürnberg, Hessen, München sowie – bereits weit verbreitet – in Berlin aufgetreten war. Der Verlauf war meist leicht, die Berliner Gesundheitsbehörden bezeichneten die Spanische Grippe daher als ungefährlich. Das Neue Wiener Tagblatt berichtete am selben Tag über erste Fälle aus Wien, das Wiener Stadtphysikat sah aber zu Besorgnis »nicht den geringsten Anlass«. Laut Tagblatt war es »sehr wahrscheinlich, dass diese Erkrankung ebenso schnell wieder verschwinden wird, wie sie erschienen ist, ohne bedenkliche Folgen zu hinterlassen.«[6] Ein ungenannter Wiener Pathologe gab in der Neuen Freien Presse vom 2. Juli ebenfalls Entwarnung, sollten doch die bevorstehenden Sommermonate der Ausbreitung des Erregers eine natürliche Grenze setzen, so dass an eine epidemische Ausbreitung der »harmlosen Seuche« ohnehin »kaum mehr zu denken« war.[7] Am gleichen Tag erfuhr die Wiener Öffentlichkeit, dass die Spanische Grippe bereits seit Mitte Juni in Budapest grassierte, zunächst vor allem unter Soldaten und Kriegsgefangenen – laut Pester Lloyd dauerte die Krankheit durchschnittlich 48 Stunden und nahm ausnahmslos einen leichten Verlauf. Ähnliche Beobachtungen hatte man bereits seit einigen Wochen in Linz gemacht, außerdem in Innsbruck und Salzburg.[8] Am 13. Juli 1918 musste im Raimundtheater in letzter Minute eine Vorstellung von »Hannerl« abgesetzt werden, weil vier Tenöre gleichzeitig erkrankt waren.[9] In einzelnen Städten in Deutschland, z. B. in Ludwigshafen und Mannheim, war indessen bereits ein Drittel der Bevölkerung erkrankt.[10] Der bis auf hohes Fieber meist leichte Verlauf ließ manche Ärzte daran zweifeln, dass die aktuelle Epidemie mit der »spanischen Krankheit« identisch war; die Feststellung, dass es sich »nur« um Influenza handelte, war durchwegs beruhigend gemeint.[11] Am 15. Juli berichtete die Illustrierte Kronen-Zeitung, dass es dem Direktor des Hygienischen Instituts in Halle gelungen war, ein 1892 von Richard Pfeiffer als Influenzabazillus beschriebenes Bakterium bei Krankheitsfällen der spanischen Krankheit festzustellen; damit sei zweifelsfrei geklärt, dass es sich um Influenza handelte.[12] Dem widersprach wenig später der Leiter des Instituts für experimentelle Therapie in Frankfurt am Main, der den Pfeifferschen Bazillus nicht nachweisen konnte und daher die »bisherige Fiktion« der Bezeichnung der neuen Krankheit als Influenza für widerlegt erklärte. Als Erreger brachte er ein Bakterium aus der Gruppe der Kokken ins Spiel.[13] Die Diskussion um den oder die Erreger der Seuche – und insbesondere die Rolle des von Pfeiffer als Verursacher der Influenza ausgemachten Bazillus – wurde in den folgenden Monaten erbittert geführt, ohne eine Einigung zu erzielen.

Aus der Schweiz kamen indessen immer beunruhigendere Nachrichten. Vor allem unter Soldaten forderte die doch angeblich sehr gutartig verlaufende Krankheit eine steigende Zahl von Todesopfern. Unter den betroffenen Mannschaften herrschte eine starke Erbitterung gegen den verantwortlichen Leiter des Sanitätsdienstes.[14] Von 7 000 Erkrankten in der Schweizer Armee waren bereits 100 Fälle tödlich verlaufen.[15] In Lausanne reagierten die Behörden nun auch mit der Schließung von Schulen und dem Verbot von öffentlichen Versammlungen.[16]

Angesichts der täglich zunehmenden Bedrohung durch die neuartige Krankheit fanden auch Vorschläge für neue Behandlungsmethoden schnell einen Weg an die Öffentlichkeit. Ein in Ungarn tätiger österreichischer Militärarzt behauptete, er hätte jeden Fall von spanischer Influenza innerhalb von 24 Stunden geheilt. Ausgehend von der Annahme, dass die Influenza immer mit Symptomen des Magen-Darm-Trakts verbunden sei, verwendete er dazu ein Quecksilbersalz zur Desinfektion des Darms sowie Aspirin und Koffein.[17] Aspirin und Koffein – ersteres gegen die Hauptsymptome Fieber und Kopfschmerz, letzteres zur Anregung der Herz-Kreislauf-Tätigkeit – entsprachen durchaus dem Usus; das Quecksilberpräparat (Kalomel) als die eigentliche Innovation sollte sich allerdings nicht durchsetzen, bei den berichteten glänzenden Erfolgen handelte es sich wohl um spontane Genesungen. Auch die Schweizer Armee setzte auf neuartige Methoden, nämlich das erst seit 1912 erhältliche, von Paul Ehrlich als Wunderwaffe gegen die Syphilis entwickelte Neosalvarsan, dessen Vorräte rasch zu erschöpfen drohten.[18] Bis Ende Juli wurden aus der Schweiz 800 Todesfälle gemeldet.[19]

In Wien waren in der zweiten Julihälfte – dem Höhepunkt der ersten Welle – 10 Prozent der Belegschaft der städtischen Straßenbahnen im Krankenstand, davon ein hoher Anteil wegen der Spanischen Grippe.[20] Ende Juli berichtete mit der Wiener klinischen Wochenschrift erstmals eine medizinische Fachzeitschrift über die »Spanische Krankheit«, die sich seit Ende Juni explosionsartig unter den österreichisch-ungarischen Fronttruppen verbreitete – eine militärisch höchst sensible Information.[21] Nachrichten über Todesfälle kamen nach wie vor vorwiegend aus dem Ausland. An die Öffentlichkeit gelangten vor allem die Namen prominenter Opfer wie Jacques Delcassé, Sohn des früheren französischen Ministerpräsidenten, verstorben nach jahrelanger Kriegsgefangenschaft in Deutschland.[22] Am 1. August wurde aus Nürnberg der Tod von Hans Dessauer gemeldet, Regisseur des Hamburger Stadttheaters, der früher auch in Wien tätig gewesen war.[23] Am nächsten Tag bewegte das Schicksal des türkischen Botschafters in Wien die Gemüter, der seine zwei Söhne in der Schweiz an die Grippe verlor.[24] Mitte August kamen aus Griechenland Nachrichten von zahlreichen Opfern, wenig später hörte man von ersten Todesfällen in Triest.[25] In Frankreich, so wurde aus der Schweiz berichtet, mussten an vielen Orten große Barackenlager für die an der spanischen Krankheit leidenden Soldaten eingerichtet werden; die Sterblichkeit unter den Erkrankten sei »ungeheuer«.[26] Auch in Schweden und im übrigen Skandinavien zeichnete sich seit Anfang Juli ein immer schwererer Verlauf der Seuche ab, allein in Stockholm starben Mitte August jeden Tag im Durchschnitt 10 Personen daran.[27] Bei der Bekämpfung beschritten die Behörden neue Wege: Das besonders gefährdete Gesundheitspersonal wurde mit Gesichtsmasken ausgerüstet, die mit Desinfektionsmittel getränkte Watte enthielten und »ähnlich den Kriegs-Gasmasken das ganze Gesicht bis über das Kinn bedeckten, die Augen frei ließen.«[28] Vergleichbare Versuche gab es auch in Lausanne, wo der hygienische Stadtdienst im örtlichen Krankenhaus zwei Modelle von Schutzmasken erproben ließ. Die Empfehlung beruhte auf der Beobachtung, dass »die Grippe sich durch Speichelstoffe, die in die Nase, den Mund etc. eindringen, verbreitet wird.«[29] Mitte August befanden sich die Städte in der Schweiz im Ausnahmezustand: »Genf, das schöne, kokette Genf, ist wie ein Brügge mit toten Wassern. Niemand in den Straßen. Still, ausgestorben wie eine Einöde. In den meisten Kantonen hat man jedes gesellige Beisammensein verboten, auch die Gottesdienste und Messen. Tempel und Kirchen sind verriegelt. Sämtliche Schulen schlossen seit Mitte Juli. In Bern sieht man die Straßenbahnwagen mit Sprengvorrichtungen fahren, die desinfizierende Flüssigkeiten auf die Straßen spritzen. Die ganze Bevölkerung ist angehalten worden, energische Vorsichtsmaßnahmen zu ergreifen, um der Geißel entgegenzutreten, sich sehr viel zu waschen, viel sehr heiße, rumhaltige Getränke zu sich zu nehmen und stets Kampfer bei sich zu tragen um ihn, wenn nicht zu schnupfen, so doch seinen Geruch einzuatmen.«[30] Die Berichte weckten Assoziationen zu mittelalterlichen Seuchen; die moderne Medizin des nicht mehr ganz jungen 20. Jahrhunderts schien gegen die Grippe, trotz der atemberaubenden Fortschritte der Bakteriologie, keine wesentlich wirksameren Methoden vorweisen zu können als in vergangenen Zeiten gegen die Pest. Immerhin weckte die Seuche auch Hoffnungen – sollte die sich rasend ausbreitende Grippe zustande bringen, was in zermürbenden Verhandlungen nicht gelungen war, nämlich ein Ende des Krieges herbeizuführen?[31]

Die bedrohlichen Nachrichten zwangen auch die österreichischen Behörden, sich mit der Angelegenheit zu befassen. Am 15. August berichtete der Tiroler Landessanitätsinspektor an seine Vorgesetzten, was diese im Wesentlichen auch den Zeitungen entnehmen konnten – nämlich, dass seit sechs bis acht Wochen in der gesamten Schweiz eine Influenzaepidemie herrschte, die vor allem im Westen des Landes oft einen ausgesprochen bösartigen Verlauf nahm, mit kurzer Inkubations- und Krankheitsdauer und Tod durch Herzversagen aufgrund von Lungenentzündung. In einzelnen Fällen hatte die Krankheit innerhalb weniger Stunden zum Tod geführt. Eine von der Bezirkshauptmannschaft Feldkirch am 10. August verfügte teilweise Sperre des lokalen Grenzverkehrs wurde nach Intervention der Schweizer Gesandtschaft in Wien aufgehoben, um den Schweizer Landwirten weiterhin die Bewirtschaftung ihrer Flächen in Vorarlberg zu ermöglichen. Eine vollständige Sperre der Grenze einschließlich des Fernverkehrs, wie sie aus den Reihen der verängstigten Bevölkerung gefordert wurde, stieß auf rechtliche Hindernisse – so bezog sich die Internationale Sanitäts-Übereinkunft vom 19. März 1897 ausdrücklich nur auf die Pest. Das k. u. k. Grenzschutzkommando in Feldkirch versuchte dennoch, aus militärischen Überlegungen einige Einschränkungen aufrecht zu erhalten. Zu groß erschien die Gefahr, dass Soldaten nach ihrem Urlaub die Krankheit an die Front bringen könnten. Allerdings folgte das Armeeoberkommando bald dem Beispiel der zivilen Wiener Behörden und hob sämtliche Einschränkungen auf. Das Virus hatte die Grenze längst überschritten; es gab in diesen Tagen bereits eine Reihe von Krankheitsfällen unter den Mannschaften der k. u. k. Zensurstelle in Feldkirch, sowie einen ersten Grippe-Todesfall in Götzis.[32]

Der heftige Verlauf vieler Krankheitsfälle in der Schweiz schien vielen nicht mit einer Influenza erklärbar. Daher machten wilde Gerüchte die Runde, es handele sich in Wirklichkeit um einen von den Behörden verheimlichten Ausbruch der Lungenpest. Der Tiroler Anzeiger wusste zu berichten, dass die Leichen der zahlreichen Opfer sich nach dem Tod schwarz färbten, ein frappierender Unterschied zur gewöhnlichen Grippe oder Influenza.[33] Das erst mit Gesetz vom 27. Juli 1918 gegründete Ministerium für Volksgesundheit entsandte den Prager Pestspezialisten Anton Ghon – der sich bereits im Rahmen der österreichischen Pestexpedition nach Bombay/Mumbai 1897 einen Namen gemacht hatte – zu einer Erkundungsmission in die Schweiz. Durch »genaue pathologisch-anatomische und bakteriologische Untersuchungen« konnte dieser »einwandfrei feststellen, dass bei den in Rede stehenden Erkrankungen – wie vorauszusehen war – nicht Lungenpest, sondern eine durch eine Mischinfektion (von Streptokokken und Staphylokokken) verursachte eitrige Lungenentzündung vorlag, und zwar eine schwere Komplikation der derzeit fast überall epidemisch aufgetretenen spanischen Grippe.«[34]

Nicht die Pest, sondern nur die Grippe – mit dieser Entwarnung, die zur Beruhigung der Bevölkerung amtlich verlautbart wurde, anerkannten die Behörden zum ersten Mal offiziell, dass die mysteriöse »spanische Krankheit« auch für die heimische Bevölkerung eine Gefahr darstellte. Durch ihre hohe Ansteckungsfähigkeit hatte die Grippe in manchen Orten fast sämtliche Einwohnerinnen und Einwohner befallen. Obwohl der Anteil tödlich verlaufender Fälle immer noch gering erschien, forderte die Grippe aufgrund des hohen Durchseuchungsgrades eine erhebliche Zahl von Opfern. Die von mehreren Zeitungen veröffentlichte amtliche Erklärung fasste den aktuellen Wissensstand zusammen: »Die Übertragung der Krankheit erfolgt im allgemeinen [sic] durch Verkehr mit den Kranken, nicht durch Zwischenträger. Die Zeit zwischen Ansteckung und Krankheitsausbruch ist verschieden, von einem halben bis zu mehreren Tagen. Ergriffen werden alle Altersstufen, weniger Kinder. Die Krankheit beginnt meist plötzlich, häufig mit Schüttelfrost, ferner mit Kopfschmerz, allgemeiner Mattigkeit, Muskel- und Gliederschmerzen, dann folgt unter Fortdauer dieser Beschwerden Fieber, Katarrh der Nase, des Rachens und der Bronchien. Viele Kranke klagen über Schmerzen im Unterleibe, auch Durchfall wird beobachtet. Diese Krankheitserscheinungen nehmen in günstigen Fällen meist nach wenigen Tagen ab und es erfolgt nach 8- bis 14-tägiger Rekonvaleszenz, in der die Befallenen noch über Appetitmangel, Abgeschlagenheit klagen, Genesung. In den schweren Fällen stören meist Lungen- und Rippenfellentzündungen den Verlauf, wenn diese nicht überhaupt gleich vom Beginne das Krankheitsbild beherrschen. Schwere Lungenentzündungen führen oft sogar schon nach ganz kurzer Krankheitsdauer zum Tode.« Als geeignete Maßnahmen galten strenge Bettruhe und Schwitzkuren mit Aspirin. Zur Vermeidung einer Ansteckung wurde angeraten, »jeden unnotwendigen Verkehr mit Grippekranken zu vermeiden, insbesonders soll Anhusten durch Vorhalten eines Taschentuches, zu nahe Berührung, Küssen und dergleichen unterlassen werden.« Ein weiteres empfohlenes Mittel war die »gründliche Reinhaltung der Mundhöhle, eventuell auch Desinfektion derselben durch Ausspülen und Gurgeln mit Wasserstoffsuperoxydlösung und ähnlichen Stoffen.« Entgegen einer weit verbreiteten Ansicht, so die Behörden, bot der Genuss von Alkohol keinen Schutz, vielmehr schwächte er den Körper und dessen Abwehrkräfte.[35]

Die offizielle Linie lautete weiterhin, dass die »spanische Krankheit« in Österreich – im Gegensatz zu Deutschland, der Schweiz und vielen anderen Ländern – nur in sehr milder Form auftrat. Aber auch warnende Stimmen waren zu vernehmen. Der Wiener Arzt Josef Pichler warnte vor einem Muster, dass sich bereits bei der Influenzaepidemie der Jahre 1889/90 gezeigt hatte, nämlich dass »jede Seuche anfangs ein gutartiges Gepräge aufweist und erst später ihre Krallen zu zeigen pflegt.« Die Epidemie sei hierzulande weder an ihrem Höhepunkt angelangt, noch habe sie bisher ihr »wahres Gesicht« gezeigt.[36] Er sollte Recht behalten. Der relativ milde Verlauf der ersten Welle in Österreich erwies sich – wie in vielen anderen Ländern – schon bald als trügerisch.

In der ersten Septemberhälfte 1918 berichtete das Wiener städtische Gesundheitsamt von 185 Fällen tödlicher Lungenentzündungen, die zum größten Teil auf die Spanische Grippe zurückzuführen waren.[37] Die Krankheit befiel vorwiegend Menschen zwischen etwa 19 und 35 Jahren. Kinder, besonders die jüngsten Altersgruppen, waren seltener von schweren Verläufen betroffen, aber auch hier kam es zu sich »stürmisch« entwickelnden, tödlichen Lungenentzündungen. Neben dieser wichtigsten und oft todbringenden Komplikation konnte die Grippe eine lange Reihe von Symptomen verursachen.[38] Es galt als ungewiss, ob das Überstehen der Krankheit dauerhafte Immunität verlieh.[39] Auch aus kleineren Orten in der Provinz mehrten sich die beunruhigenden Nachrichten. So gab es in Radstadt innerhalb von acht Tagen sieben Todesopfer.[40] Aus Prag wurde nun das erste offizielle Todesopfer der »Spanierin« vermeldet; es sollte bei Weitem nicht das einzige bleiben.[41] In Klattau / Klatovy wurden sechs Personen von einer Krankheit ergriffen, die innerhalb von wenigen Stunden zum Tode führte. Ein Zusammenhang mit der Spanischen Grippe lag nahe; die Bezirkshauptmannschaft ordnete die sofortige Schließung der örtlichen Kinematographen und Konzertsäle an.[42] In Zenta / Senta in Ungarn erlag eine ganze Familie der Spanischen Grippe – ein Gutsbesitzer, seine Frau, beide Eltern, Schwiegermutter und Schwägerin; nur zwei Kinder waren noch am Leben, lagen aber ebenfalls hoffnungslos darnieder.[43] In Sarajewo / Sarajevo waren in wenigen Tagen über 500 Personen erkrankt. Die Verläufe waren auch dort vielfach sehr heftig und es gab auch mehrere Todesopfer.[44]

Die Septemberwelle hatte die Welt – soweit Nachrichten in Wien einlangten – fest im Griff. In Schweden musste die Armee wegen über 20 000 Erkrankungsfällen die geplanten Herbstmanöver absagen; das Königspaar verlor seinen dritten Sohn an die Grippe.[45] In Italien erlaubte die Zensur nun sämtliche Berichte über die Spanische Grippe, womit die starke Verbreitung in der Bevölkerung und zahlreiche Todesfälle an die Öffentlichkeit gelangten.[46] Eine eher versteckte Meldung Ende September enthielt den einzigen in diesen Wochen erschienenen Hinweis auf einen möglichen Ursprung der Seuche in den USA. Laut Prager Abendblatt vom 24. September herrschte in Brest, einem der wichtigsten Nachschubhäfen der USA in Europa, eine schwere Grippeepidemie »mit vielen, zum Teil ganz plötzlichen Todesfällen«. Die »spanische Grippe« wurde allerdings in diesem Zusammenhang nicht erwähnt, stattdessen ein »Sumpffieber von Tarent«. Ein aufmerksamer Zeitungsleser konnte dies mit einer wenige Tage später erschienenen Meldung in Verbindung setzen, dass die in Spanien grassierende Seuche von zurückkehrenden portugiesischen Soldaten aus Frankreich eingeschleppt wurde. Die »bisher wenig erforschte Krankheit« wies »die Begleiterscheinungen der sogenannten Grippe auf«, artete jedoch »häufig in eine infektiöse Lungenentzündung aus, die dann gewöhnlich einen raschen Tod zur Folge« hatte.[47]

In Vorarlberg beklagte man sich indessen bitter über die Fahrlässigkeit der Behörden, die aufgrund wirtschaftlicher Überlegungen die Grenzsperre zu früh aufgehoben und dadurch die Einschleppung ermöglicht hatten: »Es ist unbegreiflich, dass man über diese Seuche so leicht hinwegkommt, obwohl man weiß, dass in der Schweiz fast ganze Familien daran ausgestorben sind und dass diese Krankheit bis jetzt nicht in einem einzigen Hause auf eine Person beschränkt geblieben ist.«[48]

Am 19. September berichtete der Pester Lloyd über steigende Erkrankungszahlen in Budapest, zurückzuführen teils auf das Herbstwetter, teils auf die »Einschleppung der Krankheit aus der Provinz durch die Sommerfrischler.« Wirksame Maßnahmen zu treffen erschien unmöglich, »da wir leider weder die Krankheitsursache noch die Art oder Verbreitung der spanischen Grippe kennen«. Ende September waren angeblich bereits 100 000 Personen in der ungarischen Hauptstadt erkrankt, nun endeten auch viele Fälle tödlich.[49]

Der 27. September, ein Freitag, stellte einen Wendepunkt in der Berichterstattung über die Spanische Grippe dar. Der Krieg und die damit verbundenen internationalen Entwicklungen blieben zwar das dominierende Thema, die Seuche war aber nun unübersehbar in der Hauptstadt der Habsburgermonarchie angekommen und drängte sich unaufhaltsam in das Tagesgespräch. Vor dem Hintergrund einer stetigen Abfolge von Todesmeldungen rückte die Seuche in ihren verschiedenen Aspekten in den Fokus – Erkrankungs- und Todeszahlen, typische Verläufe, Vermutungen über den oder die Erreger, Möglichkeiten der Behandlung und Vorbeugung. Es fehlte auch nicht an Deutungen der Krankheit als direkte Folge des Krieges, erkennbar an der Rede von der »Kriegsgrippe«.[50]

Der Leiter des städtischen Gesundheitsamtes, Oberstadtphysikus August Böhm, übte sich indessen weiterhin in Beschwichtigung. Zwar gestand er ein, dass auch Wien von einer zunehmenden Zahl von Erkrankungen betroffen war, deren genaue Zahl die Behörden mangels einer entsprechenden Meldepflicht allerdings nicht feststellen konnten. Zu besonderen »sanitären Maßregeln« sah er angesichts der bislang milden Verläufe keinen Anlass; aufgrund des hochinfektiösen Charakters der Influenza wären Vorkehrungen gegen die Verbreitung ohnehin aussichtslos. Als Vorsichtsmaßnahmen empfahl er Abhärtung durch Bewegung an der frischen Luft, die Vermeidung des Kontakts mit Kranken sowie die häufige Desinfektion von Mundhöhle und Kehle. Seine Hoffnungen setzte er in die Erfahrung, dass »derartige Wanderkrankheiten sich nie länger als einen Monat in einer Stadt aufzuhalten pflegen.«[51] Während in Budapest bereits Schulen und Theater geschlossen wurden, sah Böhm keinen Grund, dem dortigen Beispiel zu folgen: Mit 39 Grad Fieber würden die Kranken ohnehin nicht daran denken, ins Theater zu gehen.[52] Das hohe Fieber brachte aber andere Gefahren mit sich: Aus Krakau wurde berichtet, dass manche Kranke sich im Fieber wie Wahnsinnige gebärdeten, bis hin zu Gewalttaten und Selbstmorden.[53] Böhm war mit seinem Fatalismus bezüglich eines wirksamen Schutzes vor einer Ansteckung nicht alleine. »Wer daher nicht unbedingt reisen muss, der soll es nach Möglichkeit vermeiden, da unsere Eisenbahnzüge heute nur wandernde Infektionsherde darstellen. Sonstige Schutzmaßregeln erachte ich für wertlos. Was nützen Menthol- oder Wattebäuschchen in der Nase oder die Gesichtsmasken, die man in der Schweiz trägt, gegen den hochinfektiösen Charakter der Grippe, die sozusagen durch jedes Schlüsselloch kriecht? Nur den Aufenthalt in Krankenzimmern, in der Elektrischen [Straßenbahn] und in dichtgefüllten Räumen sollte man jedenfalls womöglich vermeiden.«[54]

Neue Freie Presse, 5. Oktober 1918: »In einem Stadthotel starben gestern nachmittag fast zur selben Stunde der einzige Sohn des ehemaligen Abgeordneten Schönerer, Herr Georg Ritter v. Schönerer, und dessen Frau. Ritter v. Schönerer, der im 37. Lebensjahre stand, diente als Artilleriehauptmann an der Südfront. Vor einiger Zeit kam er nach Wien auf Urlaub und erkrankte an spanischer Grippe, an der seine Frau schon krank war.«[55]

Am 9. Oktober 1918 berichtete Ivan Horbaczewski (1854–1942), seit dem Sommer Minister für Volksgesundheit (und damit der erste Gesundheitsminister in Europa überhaupt) dem Abgeordnetenhaus über den Stand der Pandemie. Nachdem sich die im August herrschende Befürchtung, in der Schweiz wüte die Pest, nicht bewahrheitet hatte, sah der Minister keinen Grund zu übermäßiger Besorgnis. Zwar räumte er eine auffallende Zahl von Todesfällen ein, im Allgemeinen nehme die Grippe aber einen gutartigen Verlauf. Die relative Sterblichkeit lag unter jener der Grippeepidemie des Jahres 1890. Nachdem weder der Erreger noch die genauen Übertragungswege bekannt waren, hielt er es für unmöglich, die Einschleppung und Verbreitung der Grippe in Österreich zu verhindern. Zwar waren die Schulen geschlossen worden, weitere Einschränkungen wie etwa ein Verbot des Besuchs von Kaffeehäusern, Kinos, Theatern hielt der Minister für aussichtlos, da in diesem Fall auch die Benutzung von Straßenbahnen, Zügen und weitere Kontaktmöglichkeiten verboten werden müssten, was ihm »ganz undenkbar« erschien. Selbst von einer Isolation der Leichtkranken und einer allgemeinen Anzeigepflicht sahen die Behörden ab, da keine genaue Unterscheidung zwischen der Grippe und gewöhnlichen Erkältungskrankheiten möglich war. Die Gesundheitsbehörden konzentrierten sich auf die Bereitstellung von Militärärzten, von zusätzlichen Krankenbetten sowie fiebersenkenden Mitteln wie Aspirin – 1 000 Kilogramm davon wurden kurzfristig vom Bündnispartner Deutschland angefordert.[56]

Ein wichtiger Bezugspunkt für die Deutung der Spanischen Grippe war die als »russische Grippe« bezeichnete Influenzapandemie von 1889 bis 1895, die sich von Zentralasien aus über Europa und die ganze Welt ausgebreitet und zahlreiche Opfer gefordert hatte. Auch damals war eine »explosive Ausbreitung« erfolgt, in den Spitälern steckten sich die jeweils in einem Krankenzimmer untergebrachten Patientinnen und Patienten auf einmal an, auch das medizinische Personal wurde fast vollständig durchseucht.[57] 1918 traf die Krankheit vor allem jüngere Menschen mit voller Härte, während mittlere und ältere Jahrgänge in der Regel verschont blieben. Dies sprach ebenfalls dafür, dass es sich bei der aktuellen Seuche um den gleichen oder zumindest einen nahe verwandten Erreger handelte, und dass eine früher durchgemachte Infektion Immunität verlieh. Gleichzeitig sollten die Hinweise auf die frühere Influenza-Pandemie beruhigend wirken – die Grippe galt, im Gegensatz zu der zwischen 1894 und 1911 vielerorts wieder aufflammenden Pest, als das weit geringere Übel. Diese Unterschätzung der Gefahr hatte, wie sich schon bald zeigte, weitreichende Folgen:

»Warum geschieht nichts gegen die Grippe? Fort mit dem Amtsschimmel! Gestern sind etwa hundert Menschen im Alter zwischen zwanzig und dreißig Jahren auf den Friedhöfen Wiens begraben worden. Sie alle starben nach einer Krankheit von 1 bis 2 Tagen an den Folgen der Grippe. […] Sind sich unsere Behörden noch immer nicht des Ernstes der Lage bewusst? Glauben sie, dass nur, weil keine Anzeigepflicht besteht, also eine offizielle Statistik über die Erkrankungen an Grippe und die Todesfälle nicht vorliegt, verschwiegen werden kann, dass eine derartig menschenmordende Epidemie seit Jahrzehnten nicht bestanden hat? […] Wir fordern im Namen der Sicherheit unserer Stadt unverzüglich Maßnahmen.«[58]

In der Woche vom 6. bis 12. Oktober verzeichnete Wien insgesamt 1 753 Todesfälle, davon 814 an Lungenentzündung und Grippe.[59] Mitte Oktober befand sich die Epidemie in Wien auf einem Höhepunkt. Die Erkrankung begann zumeist mit plötzlich einsetzendem hohem Fieber, Schüttelfrost und heftigen Schmerzen, zuweilen begleitet von Delirien. Sie konnte entweder rasch abklingen oder zu einer Lungenentzündung mit langsamem Verlauf führen; diese bildete die größte Gefahr. Am schwersten betroffen waren die 20- bis 30-Jährigen, und unter diesen wiederum die Schwangeren vor der Entbindung. Im Allgemeinen Krankenhaus waren 75 Prozent der Todesfälle Frauen, viele davon Dienstbotinnen; 23 Prozent der verstorbenen Frauen waren schwanger.[60] Eines der größten Probleme war ein Mangel an Spitalsbetten und Transportmitteln: »Es sterben noch immer Dienstmädchen, alleinstehende Personen, Mitglieder armer Haushalte, bevor der oft angesuchte und sehnsüchtige Krankenwagen kommt.« Aber auch in gutbürgerlichen Haushalten konnte viel Zeit vergehen, bis ein Arzt zu Hilfe kam. Besondere Bedeutung für die Genesung schrieb man der Versorgung mit Milch zu, die aber durch beträchtliche bürokratische Hürden behindert wurde: »Die Angehörigen des Kranken holen auf ihrem Bezirksamte ein Formular; dieses Formular füllt der behandelnde Arzt aus; die Überprüfung hat der Amtsarzt vorzunehmen, dann verfügt das städtische Gesundheitsamt, dass der Kranke ›Krankenmilch‹ erhalten dürfe. So vergeht kostbare Zeit.«[61] Arzneimittel waren – außer zu horrenden Preisen auf dem Schwarzmarkt – in ausreichender Menge kaum noch zu erhalten.[62]

Am 20. Oktober verordnete der niederösterreichische Statthalter nunmehr doch auf unbestimmte Zeit die Schließung von Theatern, Konzerthallen und Kinos. Die Neue Freie Presse kritisierte die Maßnahme als halbherzig und verspätet, gleichzeitig als autoritären Rückfall in den Vormärz: »Weil die Wiener auf die Gefahr hin, die spanische Grippe zu bekommen, errötend den Spuren irgendeiner Faschingsfee oder Csardasfürstin folgen, werden sie mit sanfter Gewalt von Obrigkeits wegen [sic] zur Hygiene verurteilt.« Kritik erntete aber auch die Entscheidung, den Theatern angesichts ausverkaufter Häuser vor der Schließung noch einen letzten Spielabend zu gewähren.[63]

Einen Tag später ergab eine Umfrage unter Wiener Ärztinnen und Ärzten, dass die Zahl der Krankheitsfälle bereits zu steigen aufgehört und die Virulenz etwas nachgelassen hatte. Eine Überwindung der Krise schien greifbar; zum ersten Mal stand auch die nötige Zahl von 1 800 bis 2 000 Betten für Grippekranke zur Verfügung, die Ärztinnen und Ärzte hatten 100 Autos vom Militär erhalten und konnten damit die Kranken schneller erreichen. Für eine Entwarnung war es aber noch zur früh, auch außerhalb Wiens. Zwar war die Grippe auch in Prag auf dem Rückzug, in Budapest verharrte sie aber auf einem hohen Niveau und in Berlin und Norditalien war sie neuerlich auf dem Vormarsch.[64]

Solange Tramway, Kaffee- und Wirtshäuser, Büros und Fabriken voller Menschen waren, so die Neue Freie Presse, bestanden tausendfache Gelegenheiten, sich anzustecken. Die Behörden schienen »abwarten zu wollen, bis die ganze Zivilbevölkerung gründlich durchseucht ist und der leider noch in den weitesten Kreisen bis jetzt unbekannte Erreger dadurch seine Virulenz verliert.« Allerdings, so die Zeitung, selbst bei 3 000 Neuerkrankungen pro Tag würde die vollständige Durchseuchung der Bevölkerung zwei Jahre dauern, eine 50-prozentige immer noch ein volles Jahr. Die Untätigkeit der Behörden sah der Autor in einem krassen Gegensatz zu den umfangreichen Maßnahmen, die bei der letzten Pestepidemie in Wien im Jahr 1713 getroffen worden waren.[65] Die Zahl der Todesfälle stieg indessen weiter an; in der Woche vom 13. bis 19. Oktober verstarben in Wien insgesamt 2 607 Personen, davon 1 468 an Grippe und Lungenentzündung.[66] Daher folgte in der Hauptstadt nun auch ein Verbot von Musikveranstaltungen in Gast- und Kaffeehäusern sowie von Pferderennen. Der Landessanitätsrat empfahl außerdem, am bevorstehenden Allerseelentag auf den Friedhofsbesuch zu verzichten.[67] Die Nachrichten aus der Provinz waren unterschiedlich; während sich in Linz die Fälle stabilisierten, nahmen die Zahlen andernorts häufig noch zu. Salzburg verzeichnete täglich drei bis vier Todesopfer.[68]

Neue Freie Presse, 2. November: »Der Maler Egon Schiele ist gestern im Alter von 26 Jahren an der Grippe gestorben, nachdem ihm zwei Tage früher seine Gattin, die gleichfalls an der Grippe erkrankt war, im Tode vorangegangen war.« An diesem 2. November – aus Paris wurden weiterhin täglich 400 Tote gemeldet – öffneten die Wiener Theater wieder, die meisten Häuser waren ausverkauft.[69]

Mit den letzten Tagen der Donaumonarchie schien auch die Grippeepidemie ihre tödliche Kraft verloren zu haben. Am 3. November verkündeten die Zeitungen die »Auflösung von Alt-Österreich« und den Rücktritt der Regierungen in Österreich und Ungarn.[70] Am 7. November, einem Donnerstag, öffneten die Schulen in Wien wieder.[71] In Wien schien die Seuche überwunden, auch wenn Neuinfektionen durch heimkehrende Soldaten vorkamen.[72] Um den 9. und 11. November, die Abdankungen von Kaiser Wilhelm und Kaiser Karl beherrschten die Schlagzeilen, brachte die Presse nur noch vereinzelte Todesmeldungen.[73] Die Hoffnung, dass die Pandemie damit endgültig überstanden war, erwies sich aber bald als trügerisch – schon kurze Zeit später begannen sich die Krankheitsfälle wieder zu häufen. Die Jahre 1919 und 1920 brachten weitere Wellen, die allerdings in Österreich, im Gegensatz zu anderen Teilen der Welt, relativ glimpflich verliefen.

DER SEUCHE AUF DER SPUR: MEDIZIN UND FORSCHUNG

Mit dem Ausbruch der Spanischen Grippe schlug einmal mehr die Stunde der Bakteriologie. Die genaue Ursache der Krankheit festzustellen bot am ehesten die Hoffnung auf eine wirksame Bekämpfung. Sehr schnell zum Hauptverdächtigen avancierte der Bacillus Haemophilus influenzae, den der Breslauer Bakteriologe und Schüler Robert Kochs Richard Pfeiffer schon 1892 als Erreger der Influenza beschrieben hatte. Es handelte sich dabei um ein stäbchenförmiges Bakterium. Bereits am 7. August 1918 berichtete die Wiener Allgemeine Zeitung, dass ein Budapester Kliniker den Erreger der Spanischen Grippe isoliert und als identisch mit dem Influenzabazillus identifiziert hatte. Somit schien der Beweis erbracht, dass es sich bei der aktuellen Pandemie um eine Neuauflage früherer Influenzawellen handelte. Andere Forscher teilten diese Gewissheit jedoch keineswegs und hielten die Krankheitsursache für ungeklärt. Der Frankfurter Bakteriologe Wilhelm Kolle – ebenfalls ein Schüler Robert Kochs – konnte den Influenzabazillus in keinem Fall von Spanischer Grippe nachweisen, was erhebliche Zweifel auf die Theorie warf.[74] Hugo Selter, Direktor des Hygienischen Instituts in Königsberg / Kaliningrad, schloss bereits in einem am 22. August in der Deutschen Medizinischen Wochenschrift erschienenen Beitrag den Pfeifferschen Bazillus als Erreger der Spanischen Grippe aus. Stattdessen vertrat Selter die Annahme eines »filtrierbaren oder unsichtbaren Virus«, das selbst die feinsten vorhandenen Filter passieren konnte und für die besten existierenden Mikroskope unsichtbar war; eine Annahme, die er durch einen Versuch an sich und seiner Assistentin bestätigte.[75] Der französische Bakteriologe Charles Nicolle, Leiter des Institut Pasteur in Tunis, lieferte weitere Beweise durch Tierversuche mit Affen.[76]

Der Wiener Oberstadtphysikus August Böhm informierte die Öffentlichkeit vom Ergebnis eigener Obduktionen, dass »neben dem Influenzabazillus auch Eitererreger, die einen gelblichblauen Belag in der Luftröhre hervorrufen, im Krankheitsverlauf der spanischen Grippe eine gefährliche Rolle spielen.«[77] Angesichts der in den schwersten Fällen festgestellten Eiterherde in den Lungen kristallisierte sich bald ein gewisser Konsens heraus, dass die häufig tödlich verlaufenden Lungenentzündungen eine durch sekundäre Erreger (zum Beispiel Streptokokken) hervorgerufene Komplikation darstellten.[78]

Im Vordergrund des Krankheitsgeschehens stand oft eine durch die Lungenentzündung hervorgerufene zunehmende Atemnot; einem Bericht zufolge war es gar in einer Mehrzahl der Fälle »die schwere Erkrankung der feinen Bronchien, die zum Tode führte, das heißt die Leute sind geradezu erstickt.«[79] Bei der Obduktion waren die ausgedehnten Schäden in der Lunge oft unübersehbar: »Im

Lungengewebe, besonders an der Peripherie, befinden sich kleine hirsekorn- bis linsengroße Abszesse, welche konfluieren und zu [einem] mächtigen, faustgroßen, ja den ganzen Unterlappen zu einem Eitersack umwandelnden Abszess führen.«[80] In einzelnen Fällen führte die Krankheit in weniger als 24 Stunden zum Tod – ein Verlauf, der es durchaus mit der gefürchteten Lungenpest aufnehmen konnte.[81]

Andere Autoren sahen zwar ebenfalls Fälle von Erstickung, hielten aber ein Herz- und Kreislaufversagen bei der Mehrzahl der Todesfälle für typisch: »Erfolgt aus diesem zweiten Stadium [der Lungenentzündung] keine Heilung, so treten Erscheinungen einer schweren Kreislaufschwäche auf. Eine schwere Zyanose stellt sich ein, die Pulsfrequenz steigt, zugleich sinkt erheblich der Blutdruck, die Temperatur bleibt auf ihrer Höhe, der Auswurf wird eitrig, wird schmierig-blutig, bald stockt die Expektoration, der allgemeine Kräfteverfall schreitet unaufhaltbar fort und ein Kollapszustand führt zum Tode.«[82]

Die auffallende Tendenz der Krankheit, gerade die jüngeren, scheinbar widerstandsfähigeren Altersgruppen mit besonderer Wucht zu treffen, erklärten viele Autoren damit, dass die älteren Generationen bei früheren Pandemien – insbesondere im Winter 1889/90 – eine harmlosere Variante der Krankheit durchgemacht und dadurch Immunität erworben hatten. Ja, diese Altersverteilung galt geradezu als Beleg dafür, dass es sich trotz mancher Abweichungen um die bereits bekannte Influenza handelte. Ein im Sandschak stationierter österreichischer Militärarzt lieferte den Leserinnen und Lesern der Wiener klinischen Wochenschrift einen Eindruck davon, wie ein Verlauf der Pandemie ohne diese früher erworbene Immunität aussehen konnte. In einem Dorf mit 2 800 Einwohnerinnen und Einwohnern, das wegen seiner Abgeschiedenheit 1889/90 von der Grippe verschont geblieben war, breitete sich die Epidemie blitzartig auf praktisch die gesamte Einwohnerschaft aus. Neben den auch andernorts beobachteten Symptomen traten heftige Blutungen verschiedener Organe auf, blutige Durchfälle, manche Patientinnen und Patienten verloren durch heftiges Nasenbluten große Blutmengen. Eine 20-jährige, »sehr kräftige Arbeiterin«, war am 29. September noch vollständig gesund gewesen; am 30. traten Kopfschmerzen und Fieber auf, am nächsten Tag erfolgte der Tod. Teilweise fielen ganze Familien der Seuche zum Opfer. Innerhalb weniger Wochen tötete die Krankheit 300 Menschen, mehr als ein Zehntel der Bevölkerung. An manchen Tagen fehlte es an Leuten, um die Verstorbenen beisetzen zu können.[83]

Angesichts dieser oft dramatischen Verläufe waren die Ärzte weitgehend machtlos. Aus einem Reservespital der Isonzo-Armee wurde berichtet, dass zu Beginn der Pandemie 80 Prozent der Patienten verstarben. Später stellten sich

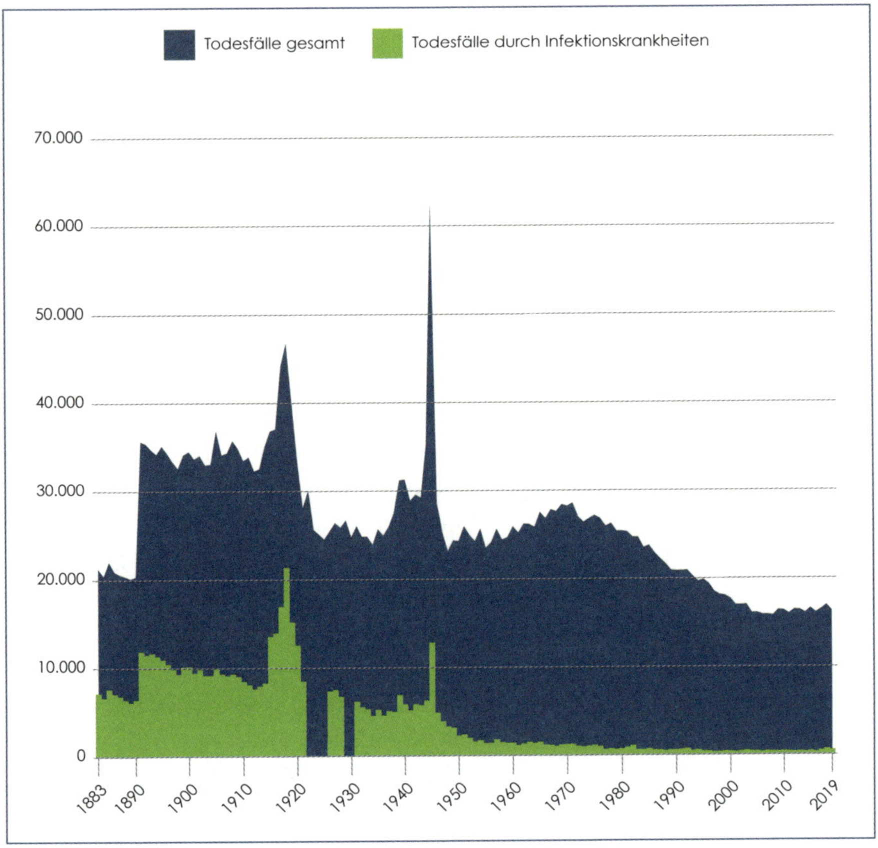

Grafik 1: Todesfälle durch epidemische Infektionskrankheiten im Vergleich zur Zahl der der Todesfälle insgesamt, Wien 1883 bis 2019. Das Jahr 1918 stellt auch im langjährigen Vergleich den Höhepunkt der Infektionssterblichkeit dar; 1945 waren mehr Todesfälle an allen Ursachen zu verzeichnen, der Beitrag epidemischer Infektionskrankheiten fiel aber geringer aus.
Quelle: Statistische Jahrbücher der Stadt Wien. Datenerhebung Clemens Jobst, grafische Gestaltung Bernd Schulz.

gewisse Erfolge ein, sei es mit Serumtherapien oder der Gabe von Koffein und Digitalis zur Herzstärkung.[84] Selbst Aderlasse und Blutegel wurden versucht, angeblich sogar mit gutem Erfolg.[85] Die verbreitete Auffassung war jedoch: Ein spezifisches Heilmittel gab es nicht.[86]

Weniger Ungewissheit herrschte bezüglich der Übertragung: »Die Grippekeime sind so winzig, dass sie, einmal in die Luft gelangt, daselbst längere Zeit in Schwebe bleiben müssen, um mit den Luftströmungen weite Strecken zu passieren. Die von anderen und auch von uns konstatierte Tatsache, wonach ein kurzer (einstündiger) Aufenthalt einer infizierten Person im selben Raume mit anderen genügt, um die Krankheit auf sämtliche Insassen zu übertragen, weist darauf hin, dass die erkrankte Person von einem veritablen ›infektiösen Luftmantel‹ umgeben ist, einer infektiösen Aura, deren Einatmung absolut gefährlich erscheint.« Auch die Übertragung durch Infizierte, die noch keine Symptome zeigten, war bereits ein Thema.[87]

TRAURIGE BILANZ

Der Chefstatistiker im Volksgesundheitsamt, Siegfried Rosenfeld, legte 1921 eine grimmige Bilanz der Grippeepidemie in Österreich vor. Im Jahr 1917 zählte die Statistik insgesamt nur 192 Grippetote; im ersten Halbjahr 1918 – die Ruhe vor dem Sturm – gar nur 60. Zwischen 1. Juli 1918 und 30. Juni 1919 schnellte die Zahl auf 20 646 hinauf. Rosenfeld rechnete der Pandemie weitere knapp 8 000 Fälle von tödlichen Lungenentzündungen zu sowie 7 000 zusätzliche, an unterschiedlichen Ursachen Verstorbene – die Gesamtopferzahl betrug demnach fast 31 700 Menschen. Die Zunahme der Sterblichkeit war in den verschiedenen Altersgruppen sehr unterschiedlich. Bei den Kindern bis 5 Jahre hatte sie sich verdoppelt, zwischen 5 und 15 Jahren fast verdreifacht, zwischen 15 und 30 Jahren fast verfünffacht. Zwischen 30 und 50 Jahren lag sie niedriger, aber immer noch beim Dreifachen des normalen Wertes. Die Sterblichkeit war regional sehr unterschiedlich verteilt. Auf die Bevölkerung bezogen betrug die annualisierte Übersterblichkeit im vierten Quartal 1918 in Wien, Wiener Neustadt, Linz und Salzburg zwischen 10 und 15 Promille, in Steyr, Graz und Innsbruck 20 bis 25 und in Klagenfurt über 40 bis 45 Promille. Bei den Landbezirken, die allgemein stärker betroffen waren als die Städte, lag Klagenfurt Land mit mehr als 50 Promille Sterblichkeit an der Spitze.[88]

Die Zahl der Erkrankten war wesentlich schwieriger zu erheben; unter den Mitgliedern der Wiener Bezirkskrankenkasse waren im zweiten Halbjahr 1918 11,7 Prozent der Frauen und 10,9 Prozent der Männer erkrankt; bei einzelnen, einer Ansteckung besonders ausgesetzten Berufsgruppen betrug der Anteil bis zu 23 Prozent. Auf Basis der Übersterblichkeit ergab sich ein noch höherer Anteil, demzufolge wäre im vierten Quartal 1918 die Hälfte der Bevölkerung erkrankt gewesen. Aus der Sicht des Jahres 1921 lautete die Einschätzung, dass sich die Grippe von einer epidemischen zu einer endemischen umgewandelt hatte – Dank verbreiteter Immunität hatte die Gesellschaft mit dem Virus zu leben gelernt.[89]

SCHLUSS

Obwohl die Influenza 1918 eine der tödlichsten Pandemien in der Geschichte verursachte, verschwand sie – anders als die Pest – bald fast völlig aus dem kollektiven Gedächtnis. Der Erste Weltkrieg mit seinen Millionen Toten überlagerte die Erinnerung an die Seuche. Diese hatte zwar im weltweiten Maßstab mehr Menschenleben gefordert, die große Mehrheit dieser Toten war aber in Ländern fernab Europas zu beklagen. Auch der Zweite Weltkrieg führte zu einem Aufflammen von schweren und oft tödlichen Infektionskrankheiten, aber zu keiner auch nur annähernd mit der Spanischen Grippe vergleichbaren Pandemie. Das Influenzavirus zeichnet sich durch eine hohe Mutationsfähigkeit und genetische Variabilität aus. Neue Varianten führten mehrmals zu weiteren pandemischen Wellen: Asiatische Grippe 1957/1958, Hongkong-Grippe 1968/1969 und zuletzt die Schweinegrippe 2009/2010. Glücklicherweise – und aus bis heute nicht völlig geklärten Gründen – erreichten diese weder die starke Verbreitung noch die hohe Mortalität des Erregers von 1918.

Infektionskrankheiten wie Cholera, AIDS-HIV, Malaria und Tuberkulose fordern jährlich weiterhin Millionen von Opfern, die überwiegende Mehrheit außerhalb der entwickelten Industrieländer und daher ohne große Aufmerksamkeit der Weltöffentlichkeit. Im Westen scheint man sich auf die ausgebaute Gesundheitsversorgung und die seit 1945 verbreiteten Antibiotika gegen bakterielle Erreger zu verlassen — bis zu dem Zeitpunkt, wo ein neues Virus erneut die falsche Gewissheit zerstört und daran erinnert, dass die Geschichte der Menschheit immer auch jene ihrer mikrobiologischen Begleiter war. Die ebenfalls durch ein Corona-Virus hervorgerufene SARS-Pandemie, die sich 2002/2003 zunächst mit besorgniserregender Geschwindigkeit weltweit verbreitete, bevor sie eingedämmt werden konnte, erscheint im Rückblick wie ein Warnschuss.

BABYELEFANT UND KLOPAPIER

Beim Vergleich der Spanischen Grippe mit der Corona-Pandemie springen einem die wichtigsten Begriffe von ehedem in die Augen: Ratlosigkeit, Verharmlosung, Abschieben der Verantwortung, nüchterne Daten, Überforderung der Spitäler, wirtschaftliche Interessen und medizinische Wahrheit. Natürlich lassen sich Vergleiche mit der »Welt von gestern« auf vielfältigste Weise ziehen. Weit wichtiger ist jedoch, Ursachenforschung zu betreiben. Dabei kommt unweigerlich der Hinweis auf die Globalisierung und wird durchaus kontroversiell über deren Vor- und Nachteile diskutiert. Dass sie nachteilig war, wenn es um die Ausbreitung der Seuche ging, ist dabei unumstritten. Jetzt erst wurde aber auch vielen klar, dass so etwas wie eine Weltgesellschaft existierte.[1] Dass die Pandemie die Welt zusammenrücken ließ, hat nicht zuletzt dazu geführt, dass die Bemühungen um eine Gegenstrategie, also die Möglichkeit zur Bekämpfung der Pandemie, ebenso eine globale Anstrengung wurde. Dieses Faktum kann man sehr wohl als Vorteil sehen. Zunächst, freilich, machte sich auch 2020 Hilflosigkeit breit. Wo kam die Krankheit denn nun wirklich her? Was machte sie anders als andere? Wie war ihr zu begegnen?

Reisende schleppten die Infektion mit sich. Sie trat nicht nur an einem Ort, sondern vielerorts auf. Und plötzlich wurde die Berichterstattung nicht mehr von den innenpolitischen Vorgängen, von Affären und Skandalen sowie solchen, die dafür gehalten wurden, dominiert. Auch die Themen Eurofighter, Ibiza und Casinos Austria verloren schlagartig an Bedeutung. Stattdessen wurde nach einem noch kurzzeitigen Zögern ein anderes Vokabular schlagend: Mindestabstand, Mund- und Nasenschutz, Maskenpflicht, Quarantäne, Reisewarnung, Home-Office oder Distance-Learning. Andere folgten und zeugten zumindest von Aktionismus. Sehr schnell verbreitete sich die Praxis, bei ankommenden Flugpassagieren, aber auch bei Menschen, die ein Gebäude betreten wollten, das zu den besonders schützenswerten Einrichtungen gehörte, die Körpertemperatur zu messen. Dass dann dem »Delinquenten« ein Thermometer mit Pistolengriff an die Stirn gehalten wurde, konnte man als schmerzlosen Kopfschuss werten. Hohes Fieber wurde als Corona-Indiz gesehen. Nicht minder eigentümlich war die häufige Forderung, Fragebögen auszufüllen, die Auskunft darüber geben sollten, ob jemand aus einem Risikogebiet kam. Da war ein hohes Maß an Ehrlichkeit gefordert. Als eine Werbeagentur Gesundheitsminister Rudolf Anschober als Symbol für den Mindestabstand einen kleinen Elefanten vorschlug, war auch das (Blöd-)Wort »Babyelefant« geboren. Es sollte das Wort des Jahres 2020 werden. Begriffe wie Kurzarbeit und Arbeitslosigkeit kannte man bereits. Schließlich ordnete die Bundesregierung, ohne große Rücksprache mit anderen Staaten, am 16. März einen Lockdown an, der nicht ohne enorme Auswirkungen bleiben konnte, letztlich aber nur die besondere Gefährlichkeit der Pandemie deutlich machte. Und das hatte jede Menge Auswirkungen auf das Leben eines Jeden und einer Jeden. Wohl war auch beim Ausbruch von Krisen irgendwo in der Welt eine plötzliche Verknappung von Lebensmitteln befürchtet worden, doch was im März 2020 geschah, war irreal. Den Geschäften gingen plötzlich Klopapier, Germ (Hefe) und andere bis dahin im Überfluss vorhandene Artikel aus. Es wurde »gehamstert«.

Die eigentliche Krise war die zunehmend unkontrollierte Verbreitung des Virus. Hier musste etwas getan werden. Es ging Schlag auf Schlag. Und das hatte nicht nur eine Wirtschaftskrise zur Folge. Der Verkehr kam zum Erliegen: Fluglinien stellten ihren Betrieb ein, Zugverbindungen wurden drastisch eingeschränkt, Straßen- und U-Bahnen fuhren ohne Passagiere. Die Menschen verschwanden von den Straßen. Sorgen dominierten.

Vielen kam das gespenstisch vor. Plötzlich kamen keine Erntehelferinnen und -helfer mehr aus dem Ausland, da ihnen von Österreichs Nachbarn, vor allem Ungarn, die Durchreise verweigert wurde. Und was mindestens so dramatisch war: Pflegekräfte, die vornehmlich aus Ostmitteleuropa stammten, konnten ebenfalls nicht mehr die Grenzen passieren. Natürlich gab es Lösungen, doch sie brauchten Zeit, die man nicht hatte, und guten Willen. Aber es gab auch andere Wahrnehmungen. Das Wort Entschleunigung machte die Runde. War es nicht als positiv zu werten, dass man plötzlich Zeit hatte durchzuatmen? War es denn wirklich so erstrebenswert, sich im Berufsleben zu verausgaben, statt auf die Natur zu schauen, die man so lange ignoriert hatte? Natürlich kamen sich dabei die Betroffenheiten ins Gehege, denn Entschleunigung konnten wohl nur jene als willkommen sehen, deren Existenz nicht auf dem Spiel stand. Und viele Existenzen schienen in Gefahr. Die Politik war vielfach gefordert. Und sie war nicht darauf vorbereitet. Wie denn auch?!

Verordnungen und Erlässe, vornehmlich des Gesundheitsministeriums, griffen regelnd ein, suchten ein erstes Mal klarzumachen, wie man sich verhalten sollte, was erlaubt und was verboten war. Nicht alles war klar, und vor allem war es nicht allen klar. Manchmal war es der Inhalt, der zu Zweifeln führte, ob das alles gesetzeskonform war. Bei anderen Gelegenheiten wurden Syntax, Wortwahl und Rechtschreibung kritisiert. Da gab es trotz des Ernsts der Situation doch auch etwas zu lachen. Was blieb, war die gewisse Unsicherheit. Was galt nun

Abb. 3: Sonder-Briefmarke der Österreichischen Post (Nennwert 2,75 €), auf Toilettenpapier gedruckt. Die Marke erinnert an die Hamsterkäufe von Toilettenpapier am Beginn der COVID-Pandemie sowie an das Wort »Babyelefant« zur Bezeichnung des Mindestabstands zwischen Personen.

wirklich? Wie lange durfte man auf die Straße? Warum waren einige Parks geöffnet, andere – wie die Bundesgärten – geschlossen? Wo galt der Mund-Nasen-Schutz? Wer musste und wer sollte Schutzmasken tragen? Bei Letzterem konnte man sich an ein österreichisches Kommando aus den Giftgaseinsätzen des Ersten Weltkriegs gemahnt sehen: »Unter die Masken!« Doch so weit konnte sich niemand zurückerinnern. Für die gerade Präsenzdienst leistenden Rekrutinnen und Rekruten wurde der Abrüstungstermin verschoben. Erstmals wurden Milizsoldatinnen und -soldaten einberufen, um im großen Stil Wachdienste zu leisten, Telefonzentralen zu bedienen und sogar Hilfsarbeiterjobs bei der (privaten) Post zu erledigen. Das Militär war plötzlich sehr gefragt.

Der Blick auf andere Staaten war nur bedingt hilfreich. Überall gab es andere Vorstellungen über das Naheliegendste. Die einen tendierten zur Strenge, die anderen zur Lockerheit. Dritte, wiederum, probierten es mit Negation. Sie taten so, als wäre ohnedies alles normal und die Pandemie ein Hirngespinst. Letztlich hatte nicht nur jede und jeder seine eigenen Wahrnehmungen, sondern trachtete auch danach, seinen eigenen Weg zu gehen. Als zumindest temporäre Lösung wurde die Isolation gesehen. Die Staaten begannen sich abzuschotten. Misstrauen in die Maßnahmen der anderen und deren Fähigkeit zur Krisenbekämpfung herrschten

Abb. 4: Soldatinnen bei der Arbeit in einem Arzneimittelgroßlager am 21. Mai 2020.

vor. Man fing an, sich regelrecht zu belauern. Auch Österreich holte seine Staatsbürgerinnen und Staatsbürger aus dem Ausland mit Sonderflügen zurück, so als wollte man sie in Sicherheit bringen. Über die Wirksamkeit der Maßnahme konnte man streiten. Doch zweifellos war es eine logistische Herausforderung. ♦ M. R.

Abb. 5: Neujahrsempfang des österreichischen Bundespräsidenten im Zeremoniensaal der Wiener Hofburg am 14. Jänner 2020.

Christian Prosl

WIE AUS EINER ANDEREN ZEIT

Das Außenministerium im Krisenmodus

Am 14. Jänner 2020 fand im Zeremoniensaal der Wiener Hofburg der traditionelle Neujahrsempfang des Bundespräsidenten für das Diplomatische Corps statt. Es war wie immer ein protokollarischer Höhepunkt mit Wünschen für die Gesundheit, das Wohlergehen und die Zukunft. Wenn man heute auf die von der Veranstaltung veröffentlichten Fotos schaut, glaubt man, sie seien aus einer anderen Zeit: Eng gedrängt stehen die diplomatischen Vertreterinnen und Vertreter neben Bundespräsident Alexander van der Bellen, seiner Frau Doris Schmidauer und Außenminister Alexander Schallenberg, alle ohne Maske und relativ entspannt. Niemand ahnte damals noch, was in diesem Jahr auf Österreich und die Welt zukommen würde.

Zwei Monate später, am 16. März um 24:00, wurde der Flugverkehr aus Frankreich, der Schweiz und Spanien eingestellt. Ab 17. März bestand keine Landeerlaubnis mehr für Flüge aus Großbritannien, den Niederlanden, Russland und der Ukraine. Drei Tage später verkündete Außenminister Schallenberg, dass alle Länder weltweit auf »Hohes Sicherheitsrisiko«, d. h. auf die Sicherheitsstufe 4 von 6 gesetzt würden. Die Unvorhersehbarkeit der Ausbreitung des Virus erfordere eine besondere Wachsamkeit. Der Minister riet dringend von allen nicht unbedingt erforderlichen Reisen ab und rief dazu auf, nach Österreich zurückzukehren »solange noch Reisemöglichkeiten bestehen«. Die Aussendung des Bundesministeriums für europäische und internationale Angelegenheiten (BMEIA) wies bezüglich weiterführender Informationen auf die länderspezifischen Reiseinformationen auf der Homepage des Ministeriums hin.[1]

Ein Paukenschlag! Er traf die Österreicherinnen und Österreicher im Ausland und solche, die Urlaubs- oder Dienstreisen geplant hatten, wie ein Blitz. Es war jedoch kein Blitz aus heiterem Himmel, zumal die rapide und unkontrollierte Ausbreitung des Virus schon laufend beobachtet und auch in den Medien ausführlich kommentiert worden war. Man hatte seit Anfang des Jahres die Meldungen über das neuartige Corona-Virus und dessen rasante Ausbreitung in China verfolgt, hatte mitbekommen, dass die 11-Millionen-Metropole Wuhan in der Provinz Hubei davon betroffen und isoliert worden war. Die chinesischen

Behörden, die die Krankheitsfälle am 31. Dezember 2019 offiziell der Weltgesundheitsorganisation (WHO) gemeldet hatten, versuchten mit drastischen Reisebeschränkungen die Ausbreitung des Virus, das bereits Anfang Dezember für eine »unbekannte Lungenentzündung« gehalten worden war, in den Griff zu bekommen. Der Erreger wurde schließlich am 7. Jänner als eine neue Art aus der bekannten Familie der Coronaviren identifiziert. Die aus der Infektion resultierende Lungenerkrankung wurde am 11. Februar von der WHO COVID-19 genannt. Das Virus erhielt den offiziellen Namen SARS-CoV-2.

Die gesamte Provinz Hubei mit ihren 56 Millionen Einwohnerinnen und Einwohnern wurde unter Quarantäne gestellt. Noch schien die Epidemie beherrschbar, wenngleich auch schon aus anderen Ländern Fälle bekannt wurden. Aus den USA, Australien und Frankreich kamen diesbezügliche Informationen. Die USA, Frankreich und Japan kündigten an, ihre Bürgerinnen und Bürger aus Hubei zu repatriieren.

Natürlich gierte man auch in Österreich nach weiteren Informationen und begann sich zeitgleich zu fragen, welche Auswirkungen die Krankheit auf das eigene Land haben konnte. Von regelrechter Betroffenheit war noch keine Spur. Die Austria Presse Agentur (APA) meldete am Sonntag, dem 26. Jänner, dass in China keine Österreicherinnen und Österreicher vom Virus »akut betroffen« seien.[2] Das Außenministerium in Wien ergänzte dahingehend, dass in der Region Hubei keine Österreicherinnen und Österreicher lebten. Wuhan sei auch keine Touristendestination. Drei Tage später, am 29. Jänner, musste diese Meldung revidiert werden. Es würde sich doch eine Reihe von Österreicherinnen und Österreichern in Wuhan aufhalten. Ihre Ausreise würde unterstützt werden. Damit begann eine Aktion, die sich innerhalb kurzer Zeit zu einer der größten Herausforderungen auswuchs und das Außenministerium, dem ansonsten in der Öffentlichkeit nicht allzu viel Beachtung geschenkt wurde, in den Mittelpunkt des Interesses rückte.

Die Rückholung erfolgte in enger Zusammenarbeit mit den europäischen Partnern, allen voran Frankreich und Deutschland. Die sieben Österreicherinnen und Österreicher trafen am 2. Februar ein.[3] Für sie wurde eine sofortige Quarantäne verfügt. Der österreichische Konsul in Peking, Nikolai Herold, war am ersten Februarwochenende mit dem Auto über 1 000 km nach Hubei gefahren, um den Österreicherinnen und Österreichern zu helfen, und war dann mit ihnen nach Wien gereist, wo er selbst zwei Wochen in Quarantäne verbringen musste. Damit war ein erster Schritt getan und gewissermaßen ein Präzedenzfall geschaffen worden. Herold reist einige Tage später nach Peking zurück, um seine Tätigkeit an der österreichischen Botschaft wieder aufzunehmen. Am 9. Februar landete eine weitere Gruppe von sechs Österreicherinnen und Österreichern aus Wuhan in Wien.

Immer noch war es vornehmlich Neugierde, die die diversen Aktionen begleitete und alles schien beherrschbar. Doch auch im Außenministerium auf dem Wiener Minoritenplatz sah man mit zunehmender Spannung auf die Vorgänge außerhalb Österreichs. Die Gefährlichkeit des Virus konnte man freilich schon anhand der sich häufenden Meldungen ablesen. Anfang Februar wurde das amerikanische Luxuskreuzfahrtschiff »Diamond Princess« mit mehr als 3 000 Menschen an Bord in Yokohama an der Fortsetzung der Reise gehindert und unter Quarantäne gestellt. Es war der weltweit größte Infektionsherd außerhalb Chinas und zeigte, wie rasch sich die Viruserkrankung ausbreiten konnte. Schon wurde von einer Pandemie gesprochen, doch die WHO zögerte noch. Noch immer herrschte die Hoffnung vor, dass man mit Einzelmaßnahmen Erfolg haben könnte, so wie in Yokohama. Am 17. Februar wurden rund 300 Passagiere der »Diamond Princess« in die USA ausgeflogen. Kurz darauf richtete sich das Interesse auf Europa, denn das Virus mit der mittlerweile gefundenen Bezeichnung COVID-19 war hier schon längst angekommen. Und damit begann eine zunehmende verzweifelte und letztlich hoffnungslose Suche nach den hauptsächlichen Infektionsherden, weil man noch immer hoffte, die Krankheit eindämmen zu können. In Italien wurden Städte wie Bergamo, dann Mailand und andere vornehmlich im Norden zu isolieren versucht. Es half nicht. Dann wurden die ersten Fälle aus Österreich gemeldet. Damit stellte sich für die im Ausland befindlichen Österreicherinnen und Österreicher die nur von jedem Einzelnen zu beantwortende Frage: War es sinnvoller im Ausland zu bleiben oder nach Österreich zurückzukommen?

Am 1. März weitete das Außenministerium die schon länger bestehenden Reisewarnungen (Sicherheitsstufe 5 der 6-stufigen Skala) auf die Lombardei, Teile Venetiens und Hubei sowie auf mehrere Provinzen im Iran und Teile von Südkorea aus. Wieder nur einige Tage später, am 10. März, wurde eine volle Reisewarnung für Italien (höchste Sicherheitsstufe) ausgesprochen. Und zwei Tage darauf riet das BMEIA allen Österreicherinnen und Österreichern, von nicht notwendigen Reisen ins Ausland gänzlich Abstand zu nehmen. Die Situation wurde dadurch verschärft und tangierte natürlich auch das Außenministerium, dass nach Bekanntwerden der Infektionsfälle im Tiroler Skiort Ischgl mit seinen fast 400 Hotels und 12 000 Betten dem kleinen Ort im März das zweifelhafte Etikett eines »Superspreader für Corona«[4] zukam. Von hier aus soll sich das Virus in ganz Europa, vor allem nach Island, Deutschland, Norwegen und Schweden, ausgebreitet haben. Bereits am 5. März informierten die isländischen Behörden Österreich, dass 14 Ischgl-Rückkehrerinnen und Rückkehrer positiv getestet worden seien.

Das war unmissverständlich, auch wenn gegenzusteuern versucht wurde, und der Bezirkshauptmann von Landeck in einer Presseaussendung vermutete, »die isländischen Gäste im Tiroler Oberland [hätten] sich beim Rückflug mit dem Corona-Virus angesteckt«.[5] Am Freitag, dem 13. März verließen rund 10 000 Touristen fluchtartig und unkontrolliert das Dorf, um der Quarantäne zu entgehen, die vom österreichischen Bundeskanzler Sebastian Kurz ohne Abstimmung mit den lokalen Behörden zu Mittag verordnet worden war. Das Chaos war perfekt, die nicht nur regionalen, sondern weit überregionalen Auswirkungen absehbar.

DIE KRISE

Das Außenministerium wechselte in den vollen Krisenmodus. Die Erfahrungen des Tsunamis 2004, von Naturkatastrophen weltweit (z. B. Erdbeben in Haiti und Bali), von terroristischen Anschlägen (etwa Paris 2015) und Flugzeugabstürzen (Äthiopien 2019) sowie lokalen Katastrophen halfen dabei. Generalsekretär Peter Launsky-Tieffenthal wurde mit der Bildung eines Krisenstabs betraut, der mit der administrativen Sektion (Bereitstellung von Personal, Finanzen, Logistik, Homepage), der Konsularsektion (Telefon-Hotline, auf der auch Staatsbürgerinnen und Staatsbürger anderer Länder anrufen konnten, sowie Bürgerservice und Grenzfragen[6]), Presseabteilung (Informationsaufbereitung) die Koordination der Maßnahmen zu übernehmen hatte. In der Folge übernahm dann der sich zwischen zwei Auslandsverwendungen in Wien aufhaltende Botschafter Wolfgang Angerholzer die Leitung des Krisenstabes. Erst jetzt wurde das getan, was wohl vorausgedacht aber noch nicht umgesetzt worden war, nämlich die Bereitstellung von Personal und Geld sowie die Absprache mit anderen Ministerien, den Bundesländern und dem Flughafen Wien. Gleichzeitig wurden EU-Mittel aus dem Topf für Katastropheneinsätze beantragt und zu klären versucht, welche Beiträge jene zu entrichten haben würden, die aus dem Ausland zurückgeholt werden sollten.[7] Dabei war wohl die größte Schwierigkeit, dass man zwar über die Anzahl der zu transportierenden Personen Bescheid wusste, doch in vielen Fällen nicht über die benötigte Transportkapazität verfügte. Laut den damals aktuellen Zahlen der Statistik Austria lebten rund 580 000 Österreicherinnen und Österreicher im Ausland. Mehr als ein Viertel von ihnen hatte ihren Wohnsitz in Deutschland (257 000). Dazu kamen die Schweiz (65 000), Großbritannien (33 000), die USA (30 500), Australien (20 000), Spanien (12 000), sowie die Republik Südafrika, Brasilien und Argentinien (je 10 000). Der Rest, und vor allem Urlauberinnen und Urlauber, verteilte sich auf die ganze Welt. Von den in Deutschland und der

Schweiz lebenden Österreicherinnen und Österreichern war anzunehmen, dass ein Großteil von ihnen die Möglichkeit hatte, mit dem Auto heimzukommen – immer vorausgesetzt, sie wollten das. Ein Teil der anderen würde Hilfestellung benötigen. Das war die Ausgangssituation.

Die Homepage des Außenamts wurde verständlicherweise laufend angepasst und verzeichnete von Jahresbeginn bis November 28 Millionen Abrufe (in Normalzeiten sind es 4 bis 5 Millionen). 240 Personen arbeiteten in drei Schichten rund um die Uhr, die eine Hälfte stammte aus dem Außenministerium, die andere wurde vom Bundesheer gestellt. Das Außenamt installierte eine Internetplattform (https//heimflug.austrian.com), auf der sich Reisewillige für Flüge in die Heimat anmelden konnten. Es machte sich bezahlt, dass das Außenamt österreichische Auswanderinnen und Auswanderer, aber auch Urlauberinnen und Urlauber seit Jahren dazu aufrief, sich bei Ankunft in der neuen Destination bei den österreichischen Vertretungsbehörden zu registrieren bzw. zu melden: »Einfach online registrieren – damit wir Sie im Fall des Falles besser unterstützen können«, liest man auf der Homepage des BMEIA. Am Beginn der Krise waren 47 000 Österreicherinnen und Österreicher als Reisende registriert. Durch die Führung einer Krisendatenbank konnte sich das BMEIA ein recht genaues Bild über die Anzahl der im Ausland gestrandeten und ausreisewilligen Österreicherinnen und Österreicher machen. Bereits seit Jahresbeginn hatte das Ministerium die Registrierten per E-Mail oder SMS über die zunehmenden Einschränkungen im Reiseverkehr, über Flugverbote und Quarantänemaßnahmen informiert.

Mit einem Notflug aus Marokko startet das Außenministerium am 16. März die größte Rückholaktion von gestrandeten Österreicherinnen und Österreichern in der Geschichte des Ministeriums. Sie wurden aus allen Teilen der Welt zurückgeholt, seien es die Dominikanische Republik, Kuba oder Mexiko, Indien, Sri Lanka, oder die Philippinen, Vietnam oder Indonesien und Malaysia, Argentinien, Chile oder Australien, um nur einige zu nennen, denn die Reiselust der Österreicherinnen und Österreicher kannte bis kurz zuvor, und gelegentlich noch immer, keine Grenzen. Die Botschaften erhoben den Bedarf für die Rückflüge, erlangten bei den lokalen Behörden die Genehmigung für einen humanitären Repatriierungsflug, sorgten dafür, dass die Reisenden trotz Ausgangssperren und eingeschränktem öffentlichen Verkehr rechtzeitig auf den Flughäfen einlangten und halfen beim Check-in. In jedem Flugzeug war mindestens eine Mitarbeiterin oder ein Mitarbeiter des BMEIA zur Unterstützung der Crew, zur Abwicklung am Flughafen und zum Kontakt mit dem BMEIA-Krisenstab anwesend. Eine Woche später, am 23. März, waren bereits rund 4 000 Österreicherinnen und Österreicher zurückgeholt worden.[8]

Nach einer Videokonferenz der EU-Außenminister an diesem 23. März übernahm der österreichische Außenminister die von seinem deutschen Amtskollegen Heiko Maas in der Konferenz geäußerte Ansicht, dass die durch Artikel 222 des Vertrages über die Arbeitsweise der Europäischen Union eingeführte EU-Solidaritätsklausel umgehend aktiviert werden sollte. Diese sieht die Unterstützung eines anderen EU-Landes vor, das von einer Naturkatastrophe oder einer von Menschen verursachten Katastrophe betroffen ist. Schallenberg äußerte sich hierzu: »Wir müssen […] zeigen, dass die Mitgliedstaaten zusammenstehen und wir uns gegenseitig unterstützen.«[9] In einem Interview mit dem Standard vom 25. März schlug der Außenminister zudem einen Rückgriff auf den 2002 errichteten EU-Solidaritätsfonds vor.[10] Es sei wichtig, einen symbolischen Akt zu setzen, denn ein stärkeres europäisches Bewußtsein beginne erst jetzt Platz zu greifen. Das konnte man durchaus als eine positive Auswirkung der am 11. März von der WHO zur Pandemie hochgestuften Seuche sehen.

Österreich war also bei seinen Aktionen keinesfalls allein oder wurde vielleicht allein gelassen. Zum einen bemühten sich auch die meisten Länder darum, vergleichbare Aktionen zu organisieren, und zum anderen wurde auf Regelungen zurückgegriffen, die sich aus der EU-Mitgliedschaft ergaben. Der EU kamen zwar in Gesundheitsangelegenheiten keine eigenen Kompetenzen zu, doch auch durch die 2008 in Kraft getretene EU-Konsular-Richtlinie war sichergestellt, dass die Mitgliedstaaten einander wechselseitigen Schutz in Konsularfällen in Drittstaaten gaben, in denen ein betroffener Mitgliedsstaat über keine eigene Vertretung verfügte. Auch mit der Schweiz war ein gleichlautendes Abkommen geschlossen worden. Jetzt kam das alles zur Geltung. Die EU-Missionen im Ausland (Europäischer Auswärtiger Dienst, EAD) übernahmen Koordinierungsfunktionen und waren auch hilfreich, wo es keine österreichischen Vertretungsbehörden gab. Besonders wichtig war dabei der Austausch von Informationen, aber auch die Abgleichung von Flug- und Platzkapazitäten. Zahlreiche Österreicherinnen und Österreicher kamen in den Genuss dieser Zusammenarbeit, wobei aber auch Österreich rund 1 500 andere EU-Bürgerinnen und -Bürger, 100 Staatsangehörige aus dem Europäischen Wirtschaftsraum (EWR) und 320 Drittstaatsangehörige (Schweiz, Westbalkan) auf den von Österreich organsierten Flügen mitnahm.

Da seit dem 14. März in Österreich schon massive Einschränkungen der Bewegungsfreiheit und des täglichen Lebens galten, wurde zwar immer wieder registriert, wie die Rückholaktionen vor sich gingen, doch letztlich waren es nur die spektakulärsten Aktionen, die den Weg in die Berichterstattung fanden. Es wurde wohl auch nur am Rande wahrgenommen, dass das österreichische Bundesheer für die Gesundheitsbehörden rund 400, zeitweise bis zu 700 Soldatinnen und Soldaten zur Verfügung stellte, die ab 17. März im Rahmen des Epidemiegesetzes Gesundheitskontrollen an den Grenzübergängen durchführten. Man konnte sich in die Zeit der k. k. Militärgrenze zurückversetzt sehen. Innerhalb von zwei Monaten, bis 15. Mai, wurden über 8600 Personentage für Unterstützungsleistungen erbracht, darunter die bereits erwähnten Telefondienste im Schichtbetrieb für die Hotline des Außenministeriums, Ladetätigkeiten auf Flughäfen, Prüfung und Verteilung von Schutzmasken, Unterstützung bei Rückholaktionen und auch ein Repatriierungsflug mit einer C-130 »Herkules«. Dass es bei der Heimholung von Österreicherinnen und Österreichern auch nicht immer ohne Eigentümlichkeiten abging, konnte man daraus entnehmen, dass gar nicht so wenige im Ausland befindliche Staatsangehörige erklärten, vom Angebot der Rückholung keinen Gebrauch machen zu wollen. Sie hofften, ihren jeweiligen Berufen weiterhin nachgehen zu können und fühlten sich dort, wo sie waren, zumindest nicht gefährdet. Wie es ihnen im Einzelnen erging, lässt sich vielleicht einmal in einer Episodensammlung festhalten. Es waren aber in jedem Fall freiwillig getroffene Entscheidungen.

ERSTE PHASE DER RÜCKHOLFLÜGE ERFOLGREICH BEENDET

Da viele Fluglinien ihren Betrieb stark einschränkten oder gänzlich einstellten, war es mit zunehmender Dauer immer schwieriger, Rücktransporte zu organisieren. Am 10. April war die erste Phase der Rückholungen mit einem Flug aus Neuseeland vorerst beendet. Insgesamt wurden innerhalb von etwas mehr als drei Wochen über 7500 Personen in 39 Flüge aus 29 Ländern auf fünf Kontinenten sicher nach Österreich gebracht.[11] Die staatlich organisierten Notflüge wurden in Kooperation mit Austrian Airlines, Laudamotion, der österreichischen Tochter von Ryan Air, sowie der Spanischen Level durchgeführt. Durch die Zusammenarbeit mit anderen EU-Staaten gelang es u. a., sieben Staatsangehörige auf einem britischen Flug aus Fidschi, und sechs Personen auf einem spanischen Flug aus Ecuador unterzubringen, drei Personen konnten mit einer lettischen Maschine aus Riga zurückkehren, sechs mit einer deutschen Maschine von Bangkok nach Frankfurt mitfliegen. Zahlreiche Österreicherinnen und Österreicher sind mit kommerziellen Flugverbindungen oder auf dem Landweg zurückgekehrt. Für einige Wochen galt die Ankündigung von Minister Schallenberg: »Wir lassen niemanden im Stich! Unsere Vertretungsbehörden vor Ort werden selbstverständlich jede und jeden Einzelnen, der unverschuldet in eine Notlage gerät, weiterhin betreuen.«[12] Dieses Statement muss vor dem Hintergrund des Umfangs und der

Besetzungsdichte des Netzes der Österreichischen Vertretungsbehörden (104 Botschaften und Generalkonsulate) gesehen werden, die im Vergleich zu anderen EU-Mitgliedstaaten ähnlicher Größe relativ begrenzt war. Am 1. Mai meldete der Pressedienst des Außenministeriums, dass nur noch weniger als 200 rückreisewillige Österreicherinnen und Österreicher in 34 Ländern gemeldet seien. 14 000 Staatsangehörige waren kontaktiert worden. Die dafür eingerichtete und rund um die Uhr besetzte (Zeitzonen!) Telefonhotline hatte seit Mitte März rund 200 000 Anrufe und zehntausende schriftliche Anfragen entgegengenommen.

Es ist nicht leicht, die Vielzahl der unterschiedlichsten Unterstützungsleistungen zusammenzufassen. Die österreichische Botschafterin in Bern und ehemalige Außenministerin Ursula Plassnik hat dies in einem Zeitungsartikel darzustellen versucht.[13] Nur ein Beispiel von vielen: Eine österreichische Künstlerin hatte sich an den »Gestaden des Peloponnes« in einem reizenden Haus eingemietet, um alleine die Ruhe zu genießen und sich zu sammeln. Kurz nach ihrem Eintreffen wurde in Griechenland ein strikter Lockdown wirksam: Ausgehverbot. Nur mit spezieller Genehmigung durfte man das Haus für bestimmte Zwecke verlassen. Dazu brauchte man allerdings eine Ausgangsgenehmigung, die für alle griechischen Staatsangehörigen per Applikation (»App«), aber nur auf einem griechischen Handy verfügbar war und installiert sein musste. Die Künstlerin, die lediglich ein österreichisches Handy ihr Eigen nannte, rief verzweifelt eine Freundin in Wien an, mit der Bitte ihr zu helfen. Diese schrieb über Facebook-Messenger an die österreichische Botschafterin Hermine Popeller in Athen und erklärte die Situation. Innerhalb von 20 Minuten erhielt nun die Künstlerin von der Botschaft die Links mit den notwendigen Informationen und dem erforderlichen Download für ein Formular. Die Griechen in dem Dorf, in dem die Künstlerin lebte, wussten zu dem Zeitpunkt noch nicht einmal, wo man ein solches Formular bekam.

Die Künstlerin, die zwar einen Laptop, aber keinen Drucker hatte, malte das erste Formular mit griechischen Buchstaben ab. Der Hausherr setzt seine Unterschrift darunter, und der erste Ausgang konnte erfolgen. Es war der Weg zu jemandem, der einen Drucker besaß. Ab nun gab es Formulare. Die Situation war gerettet! Auch der Müll konnte weggebracht werden (was ansonsten schlimmstenfalls bis zu 300 Euro Strafzahlung bedeutet hätte). Die Künstlerin informierte nun über Facebook ihre in Griechenland residierenden Bekannten über die erforderliche Vorgangsweise. Sie wurde zur »Retterin« in einer vertrackten Situation. Das Happy End konnte nicht ausbleiben: Die Freundin in Wien erhielt eine Mail, das wohl keine Einzelmeldung in diesen Tagen war: »Du kennst mich, ich bin systemkritisch und ich hätte nie gedacht, dass ich einmal sagen würde: Ein Hoch auf die österreichische Verwaltung!«

In Indien konnte eine junge Österreicherin wegen der Ausgangssperre trotz Passierschein nicht zum Flughafen für den Heimflug kommen, da sich die Taxifahrer weigerten, sie mitzunehmen. Der österreichische Honorarkonsul in Goa schaltete sich helfend ein. Auch dieser Fall gehörte zu den positiven Corona-Erlebnissen. Anmahnen und kritisieren ließ sich dennoch immer wieder manches, und Österreich musste auch zunehmend Kritik einstecken.

In einer Rede im Parlament ging Schallenberg am 26. Mai auf die Corona-Krise ein, um eine »ganz grundsätzliche Lehre« daraus zu ziehen: »Ein Land wie Österreich kann einfach nicht auf ein starkes, eigenes Vertretungsnetzwerk im Ausland verzichten, denn wenn es wie in dieser Krise hart auf hart kommt, sind unsere Botschaften und Konsulate im Ausland nicht Luxus, sondern in Wirklichkeit die Lebensversicherung für Bürgerinnen und Bürger, die vielleicht in Not geraten sind. […] [Das Vertretungsnetz] erst dann aufzubauen, wenn man in der Krise ist, ist eigentlich meistens zu spät. [Die Botschaften und Konsulate] sind die Augen und Ohren der Republik, die beobachten, was andere Staaten machen, was wir auch für uns übernehmen könnten.« Der Minister erwähnte bei dieser Gelegenheit bereits eine Phase der schrittweisen Lockerungen und des Hochfahrens der Wirtschaft sowie des schrittweisen Wiederherstellens der Reisefreiheit.[14] Angesichts verspätet einlangender Rückholwünsche aber auch Vorwürfen an das Außenamt hat Schallenberg allerdings auch gemeint, das Außenministerium sei kein »Reisebüro«.[15]

AUSWIRKUNGEN DER KRISE AUF DIE ÜBRIGEN TÄTIGKEITEN DER VERTRETUNGSBEHÖRDEN

Natürlich wirkte sich die Pandemie auch auf die sonstige Arbeit der Vertretungsbehörden aus. Zunächst musste einmal die Sicherheit der Mitarbeiterinnen und Mitarbeiter im Hinblick auf das Virus gewährleistet werden. Die Arbeit wurde dementsprechend neu organisiert. Und was seit Mitte März in und für Österreich galt, wurde auch in allen Ländern zur Normalität, wo sich Kulturforen und -attachés fanden. Vor allem die 30 Kulturforen kämpften mit einem doppelten Problem: Sie mussten sich nach den Verhältnissen in ihren Gastländern richten und obenrein an die Corona-Maßnahmen in Österreich halten. Denn es war wohl nicht jedermanns Sache, zwar ausreisen zu können, um an einem der Kulturforen einen Vortrag zu halten, an einer Lesung teilzunehmen oder ein Konzert zu geben aber bei der Rückkehr nach Österreich eine 14-tägige Quarantäne zu riskieren. Dass mit den Absagen von Veranstaltungen sehr viel Enttäuschung einherging, musste in Kauf genommen weden. Aber auch das entsprach mittlerweile der Realität in der Heimat. Veranstaltungspläne wurden geändert, Empfänge abgesagt und Besuche verschoben. Man organisierte Videokonferenzen und wechselte zu virtuellen Begegnungen. Nebstbei wurden neue Wege der Präsentation österreichischer Kultur erforscht und erschlossen. Was blieb, war die Hoffnung auf eine Nach-Corona-Zeit.

ÖSTERREICH HILFT SEINEN FREUNDEN

Wenn man in der Lage ist, zu helfen, bieten Krisen auch die Gelegenheit, durch großzügige Gesten außenpolitische Ziele zu unterstützen. Das Universitätsklinikum Salzburg nahm im März auf Ersuchen Frankreichs drei Corona-Intensivpatienten aus Frankreich auf.[16] Als Dank dafür wurde Gesundheitsminister Rudolf Anschober zur Parade am französischen Nationalfeiertag am 14. Juli in Paris eingeladen.

Am 30. April gab Minister Schallenberg bekannt, dass Österreich einige Länder auf dem Balkan mit medizinischen Produkten und anderen Hilfslieferungen im Kampf gegen COVID-19 unterstützen wollte und bot die Versorgung von Intensivpatienten in österreichischen Spitälern an. Bereits am selben Tag reagierte man in Montenegro. Die Landesregierung in Graz und das dortige Landeskrankenhaus stimmten dem Transport eines Corona-Patienten aus Montenegro nach Graz zu. Allerdings konnte man gerade an Hand dieses Beispiels ermessen, wie mühsam es war, Grenzen und Zuständigkeiten zu überwinden und wie sehr auch die Angst vor Ansteckung dabei eine Rolle spielte. Die Außenministerien in Wien und Podgorica sowie drei lokale Instanzen in Österreich waren nötig, um einen einzigen Menschen zu bewegen. Verständlich, dass der Außenminister das als gleichermaßen beispielhaft wie problematisch darstellte. Doch so wie andere auch glaubte er zum damaligen Zeitpunkt das Schlimmste bereits überstanden und extemporierte: »Durch die frühzeitig gesetzten restriktiven Maßnahmen [...] sind wir in Österreich in der glücklichen Situation, dass wir uns nun aufgrund der konstant niedrigen Infektionszahlen schon über die ersten Lockerungen freuen können [...]. Auch in diesen schwierigen Zeiten stehen wir unseren Partnern am Westbalkan zur Seite.«[17]

Einen Monat später reisten Schallenberg und die Europaministerin Karoline Edtstadler nach Albanien, Serbien und Kosovo.[18] Wieder ging es neben Gesprächen mit Amtskollegen um die Übergabe von medizinischen Hilfsgütern gegen die Pandemie. In Pristina unterzeichnet Schallenberg ein Abkommen zur finanziellen Unterstützung des Kosovo im Kampf gegen COVID-19.[19] Die Soforthilfe betrug 250 000 Euro und war Teil des Nothilfeprogramms der Österreichischen Entwicklungszusammenarbeit (EZA). Das Abkommen ermöglichte dem UN-Entwicklungsprogramm (UNDP) den Kauf von 9 000 dringend benötigten COVID-Tests.[20] Es gehörte denn auch zu den langfristigen Bemühungen Österreichs, die Länder des Westbalkans zu unterstützen und nach und nach an die EU heranzuführen. Doch es gab auch anderes.

Am 21. Oktober berichtete das Außenministerium, dass die Bundesregierung zur Bekämpfung der Pandemie und ihrer sozio-ökonomischen Folgen österreichischen NGOs aus dem Auslandskatastrophenfonds 12 Millionen Euro für Programme in Afrika, auf dem Westbalkan und im Südkaukasus zur Verfügung stellte.[21] Vor allem die Schwerpunktländer der österreichischen Entwicklungszusammenarbeit sollten besonders unterstützt werden. Die Abwicklung war im Wege der Austrian Development Agency (ADA) gedacht. Vizekanzler Werner Kogler hob bei dieser Gelegenheit hervor, dass es sich dabei »um das größte Hilfsprogramm in Kooperation mit österreichischen Hilfsorganisationen in der Geschichte des Auslandskatastrophenfonds« handelte.[22] Der Auslandskatastrophenfonds würde im Jahr 2021 mehr als verdoppelt werden und mit 52,5 Millionen Euro dotiert sein. Das klang recht positiv. Doch es sollte nicht immer gelingen, Österreich als selbstlos handelnd darzustellen.

SCHATTEN

Es waren vor allem zwei Geschehnisse, die geeignet waren, einen Schatten auf Österreich zu werfen.

Seit dem Mai wurde in den EU-Gremien und in den Finanzministerien der mittlerweile effektiv nur mehr 27 Mitgliedsstaaten über die »Zeit danach« gesprochen und gerechnet. Klar war, dass es um hohe Beträge gehen würde, und dass es je nach Größe der Staaten und unterschiedlicher Betroffenheit unterschiedliche Hilfe geben sollte. Österreich wollte die Hilfen, für die dann gemeinsam gehaftet werden sollte, an Bedingungen knüpfen. Es gehörte damit zu den »sparsamen Vier«. Doch dann, am 20. Juli, brachte ein Gipfel der Regierungschefs der Mitgliedstaaten den Durchbruch. Die Wiederaufbauhilfe sollte 750 Milliarden Euro betragen. Alle stimmten zu. Dass damit noch nicht das letzte Wort gesprochen war, wusste man zu diesem Zeitpunkt noch nicht. Doch Österreich hatte sich mit seinen Vorbehalten bei weitem nicht nur Freunde gemacht. Und dabei setzte sich etwas fort, das gerade auf die bilateralen Beziehungen zu anderen Staaten und damit auch auf das Wiener Außenamt Auswirkungen haben sollte. Am auffallendsten war dabei wohl, dass sich immer wieder Meinungsverschiedenheiten zwischen Deutschland und Österreich ergaben. Das war schon 2000 so gewesen, war 2015 angesichts der Flüchtlingskrise besonders deutlich geworden und sollte sich nun wiederholen. Für den Außenminister resultierte daraus, dass er zum wiederholten Male die Haltung Österreichs erläutern und sich selbst als Prellbock zu präsentieren hatte. Im September 2020 sollte sich das wiederholen. Und in die positive Berichterstattung und die Selbstbeurteilung des Außenministeriums mischte sich am 9. September 2020 ein kräftiger Misston. Im Flüchtlingslager Moria auf der griechischen Insel Lesbos war ein Brand gelegt worden, der einen Teil des Lagers erfasste. Als Ursache für die weitgehende Zerstörung des Lagers gab der Sprecher der Athener Regierung bekannt, dass »das Feuer von Menschen gelegt wurde, die Asyl beantragt haben – als Reaktion auf die wegen des Corona-Virus verhängte Quarantäne.«[23]

Die Reaktion der meisten europäischen Staaten war Entsetzen. Als Soforthilfe wurde vor allem von Deutschland dazu aufgerufen, Flüchtlingskinder aufzunehmen. Die Reaktion von Minister Schallenberg war eindeutig: »Das Geschrei nach Verteilung kann nicht die Lösung sein [...]. Wenn wir das Lager Moria räumen, ist es gleich wieder gefüllt.« Man sende dadurch auch ein falsches Signal aus, dass es eine Hoffnung gebe, nach Europa zu gelangen. Laut Schallenberg würden dann bald wieder tausende Flüchtlinge an den österreichischen Grenzen stehen, wie etwa in Spielfeld. »Das würde eine Kettenreaktion auslösen und wir wären nicht mehr Herr der Lage«. Auf die Frage, ob diese Haltung in der Migrationspolitik nicht zynisch sei, sagt Schallenberg: »Das ist eine Frage des Hausverstands.«[24]

Österreich wollte sich dann in der Weise aus der Affäre ziehen, dass es im Oktober Zelte und Hilfsgüter nach Griechenland schickte. Damit blendete sich auch das Außenministerium aus dem Problem aus und überließ es Griechenland, die Pandemie in den Griff zu bekommen und die Hilfslieferungen zu verteilen.

LOCKERUNGEN. HABEN ÖSTERREICH UND EUROPA DIE KRISE ÜBERSTANDEN?

Im April 2020 hatte der deutsche Außenminister Heiko Maas noch vor einem Wettbewerb bei Grenzöffnungen gewarnt, um den nationalen Tourismus zu fördern. Was Europa brauche, seien »gemeinsame Kriterien für einen Weg zurück zur Reisefreiheit«[25] – eine wohl etwas weltfremde Ansicht angesichts der Zahl der europäischen Partner und der wechselnden Situationen vor Ort. Doch es war klar, dass damit zumindest ein wenig Hoffnung artikuliert werden sollte. Am 3. Juni gab auch Wien erste Lockerungsmaßnahmen im internationalen Reiseverkehr mit Wirksamkeit ab 4. Juni bekannt:[26] Die COVID-19 bedingten Grenz- und Gesundheitskontrollen mit den unmittelbaren Nachbarn Deutschland, Liechtenstein, Schweiz, Slowakei, Slowenien, Tschechien und Ungarn sollten eingestellt werden. Die Öffnung zu Italien blieb vorerst noch ein Ziel. Diese könne erfolgen, sobald es die Zahlen zuließen, hieß es. Die Empfehlung des Außenamts, auf nicht notwendige Auslandsreisen zu verzichten, blieb ungeachtet dessen aufrecht.

Eine Woche später, am 10. Juni, wurden neue Lockerungen bekanntgegeben:[27] Nach dem 15. Juni sollten bei der Einreise nach Österreich aus 19 europäischen Ländern COVID-19-Tests und Quarantäne nicht mehr nötig sein. Ausgenommen blieben Portugal, Schweden, Spanien und das Vereinigte Königreich, für die weiterhin ein negativer COVID-19-Test oder eine vierzehntägige Heimquarantäne bei der Einreise nach Österreich erforderlich blieben. Auch zu Italien waren die Grenzen ab dem 16. Juni ohne Einschränkungen passierbar, jedoch wurde für die Lombardei eine partielle Reisewarnung ausgesprochen. Gleichzeitig empfahl die Bundesregierung, den Urlaub im Sommer 2020 wegen des weltweit hohen Sicherheitsrisikos nach Möglichkeit in Österreich zu verbringen. Der Außenminister verband die Lockerungsmaßnahmen aber mit einer nicht zu überhörenden Drohung: »Wenn jemand entgegen einer ausdrücklichen Reisewarnung sich grobfahrlässig in eine Gefahrensituation begibt«, könnte eine Rückholung künftig mit Kosten verbunden sein. Denn »dann gebe es die Möglichkeit, einen aliquoten Anteil an den Konsularkosten, die entstanden sind, zurückzuverlangen [...]. Unsere Lust, eine zweite große Rückholaktion zu starten, ist überschaubar«. Das Außenministerium sollte jedenfalls nicht noch einmal »Reisebüro« sein. Ahnte der Kenner der österreichischen Seele, dass seine Landsleute die Pandemie sozusagen abgehakt hatten und sich nicht mehr so genau an die Restriktionen halten wollten? Eindringlich erinnerte der Minister daran, dass »wir wahrnehmen müssen, dass wir nirgendwo bei null sind«, und er wiederholte mantramäßig die vorgegebenen Maßnahmen: »Abstand halten, Mundschutz mitnehmen, sich genau erkundigen, in welche Situation man sich begibt.«[28]

DER RÜCKFALL

Zwei Monate später drehte sich die Situation tatsächlich. In einer Presseaussendung meldete das Außenministerium am 19. August,[29] dass fünf Tage später, am 24., aufgrund der epidemischen Entwicklung verschärfte Einreisebestimmungen für Rückreisende aus den Balearen in Kraft treten würden. Neben dem spanischen Festland wurden damit auch die balearischen Inseln als Risikogebiet eingestuft. Einreisende mussten ein ärztliches Gesundheitszeugnis mit einem negativen COVID-19-Test vorweisen, der nicht älter als 72 Stunden sein durfte. Sollte ein solcher Test nicht nachgewiesen werden, mussten die Rückkehrer diesen innerhalb von 48 Stunden veranlassen und bis dahin in Quarantäne bleiben. Aufgrund der globalen Ausbreitung des Virus galten ab sofort Reisewarnungen für 32 Staaten. Dazu kam eine partielle Reisewarnung für die chinesische Provinz Hubei. In seiner Rede als Gast bei der virtuellen bulgarischen Botschafterkonferenz am 1. September drückte Schallenberg seine Besorgnis über die von der WHO gemeldeten weltweit weiterhin steigenden Zahlen der Corona-Fälle aus und warnte vor einem »herausfordernden Herbst und Winter« sowie vor der Notwendigkeit, neuerlich Sicherheitsmaßnahmen ergreifen zu müssen. Er hoffte, dass die von Ungarn an diesem Tag verhängten weitgehenden Grenzkontrollen und Reisebeschränkungen nicht Vorboten für künftige Entwicklungen sein würden und unterstrich auch, dass das Gesundheitswesen vornehmlich in die nationalstaatlichen Kompetenzen falle. Es sei richtig, dass die Reaktion der EU-Mitgliedstaaten in den ersten Tagen und Wochen auf die Geschehnisse im Inland und an den Grenzen gerichtet gewesen sei. Aber man habe sehr schnell erkannt, »dass wir nicht nur die unmittelbaren Nachbarn, sondern die internationale Gemeinschaft brauchen, um die Lieferketten offen zu halten, genaue Daten über das Virus zu bekommen, und gemeinsam die Entwicklung eines Impfstoffes voranzutreiben.«[30]

BLICK ÜBER DEN TELLERRAND – STREIFLICHTER AUS EUROPA

Die von den jeweiligen Regierungen verhängten Maßnahmen gegen die Corona-Pandemie waren von Anfang an unterschiedlich angenommen worden. Während sich die Finnen etwa mit den Maßnahmen im Großen und Ganzen abfanden – sie haben weniger Einwohnerinnen und Einwohner pro Fläche als viele andere europäische Staaten und der Drang nach überbordender Geselligkeit ist dem finnischen Charakter in der Regel fremd – wuchs laut einer im November 2020 veröffentlichten Studie des Instituts für Demoskopie Allensbach das Unbehagen in Deutschland und nahm die Zustimmung zu den Maßnahmen ab. 59 Prozent der Deutschen meinten, dass der Staat stark oder sogar sehr stark in ihr Leben eingreifen würde, wobei insbesondere die junge Generation die Einschränkungen offensichtlich als gravierend empfand. Je länger die Krise dauerte, desto mehr sank die Zustimmungsrate zum Krisenmanagement der Regierung.

Sie war von rund 75 Prozent im Frühjahr und Sommer auf 63 Prozent im November zurückgegangen. Kritisiert wurde weniger das Krisenmanagement per se als die mit den zahlreichen und wechselnden Bestimmungen entstandene Unübersichtlichkeit, die nicht zuletzt auch auf den Föderalismus zurückzuführen war. Und in Berlin wurde bereits im August meist ohne Masken demonstriert. Andere Städte folgten mit Demonstrationen und Gegendemonstrationen.[31]

Dennoch schienen sich zentralistische Staaten wie etwa Großbritannien oder Frankreich noch schwerer zu tun, weil dort die spezifischen Situationen in den Departements und Regionen von den fernen Zentralen unzureichend berücksichtigt wurden. In London überforderte die Pandemie die Regierung, die nicht zuletzt mit den äußerst zähen Brexit-Verhandlungen und den Vorbereitungen auf die post-Brexit-Zeit beschäftigt war, und der schlicht und einfach Versagen vorgeworfen wurde. Trotz Ausgaben in Milliardenhöhe funktionierte ein Test- und Überwachungssystem noch immer nicht. Die Zahl der COVID-Toten stieg bereits Mitte November auf über 60 000.[32]

Ein besonderer Fall war Schweden, das einen Sonderweg eingeschlagen und weniger mit Verboten als mit Empfehlungen die Ausbreitung des Virus bekämpft hatte und an den Menschenverstand der Bürgerinnen und Bürger appellierte. Die Infektionszahlen blieben bis in den Sommer tatsächlich niedrig, was sich im Herbst allerdings dramatisch änderte. Mitte November wurden rund 175 000 Infektionen und über 6 000 Todesfälle registriert. Es kam zu strikten Empfehlungen und zu massiven Einschränkungen, die in 20 von 21 Regionen gelten sollten, zumal Schweden in Nordeuropa bei den Neuinfektionen plötzlich mit Abstand an der Spitze stand.[33]

In Dänemark, dem weltweit größten Produzenten von Nerzen, ordnete die Regierung Anfang November an, zum Schutz der Bevölkerung 17 Millionen Nerze in allen Nerzfarmen des Landes zu keulen, da in ihnen eine mutierte Variante des Corona-Virus entdeckt worden war. Da dies ohne Rechtsgrundlage geschehen sollte, trat der Landwirtschaftsminister zurück. Sechs andere Staaten, darunter Irland und die Niederlande, meldeten ebenfalls eine Infizierung von Nerzen.

Italien verhängte wie viele andere Staaten in Europa im November einen zweiten partiellen Lockdown für das ganze Land. Mehr als 1 Million COVID-19-Infektionen wurden seit dem Beginn der Pandemie registriert. Das späte Eintreffen der im Frühjahr zugesagten Finanzhilfen erzeugte Unmut und wurde heftig kritisiert. Ein Streit Roms mit den Regionen verhinderte eine Konsensfindung, was denn zu tun sei. Inzwischen hatte Südtirol nach dem Vorbild der Slowakei erfolgreich die erste Phase von Massentests an 40 Prozent der Bevölkerung mit sehr wenigen positiven Fällen beendet.[34]

Angesichts der langen Dauer zur Herstellung eines Impfstoffes in der EU handelte Ungarn entschlossen und trat laut Außenminister Péter Szijjártó Anfang November mit Russland in Verhandlungen zwecks Lieferungen des russischen Impfstoffs »Sputnik-V«, der dort – entgegen internationalen Bedenken – bereits für die Bevölkerung zugelassen war. Der Impfstoff verfügte aber über keine EU-Zulassung, was die Voraussetzung für dessen Einsatz in einem EU-Land sein sollte.[35] Hier war offenbar ein neuer Konflikt vorprogrammiert.

Die EU (inklusive das bereits ausgetretene Großbritannien) verzeichnete am 19. November 11,3 Millionen COVID-19-Fälle und rund 280 000 COVID-Tote. Nachdem am Beginn der Krise die einzelnen Mitgliedstaaten aufgrund der unterschiedlichen Dringlichkeit nationale Schutzmaßnahmen und Grenzkontrollen ohne viel Koordination mit den anderen Staaten verhängt hatten, verabschiedeten die EU-Mitglieder am 13. Oktober eine Empfehlung des Rates über eine koordinierte Vorgangsweise bei der Verhängung von Reisebeschränkungen aufgrund von COVID-19. Vier Koordinationsschwerpunkte wurden vereinbart: Festlegung gemeinsamer Kriterien, um vergleichbare Daten zu erzielen; Erstellung einer gemeinsamen Karte mit unterschiedlichen Farben für die Regionen auf Basis von Gesundheitstests; einheitliche Regelungen für Grenzkontrollen und Quarantänen; rechtzeitige Information über bevorstehende Maßnahmen.[36] Jedermann konnte die Informationen auf der Homepage des Europäischen Zentrums für Seuchen-Prävention und -Kontrolle (ECDC) sowie auf der neuen Homepage »Re-openEU« abrufen.[37]

FAZIT

Österreich hat die Krise zu Beginn gut gemeistert. Insbesondere die Betreuung der Österreicherinnen und Österreicher im Ausland und die Rückholaktionen waren sehr erfolgreich. Die kurzfristig verkündete Abschottung Österreichs sowie die national getroffenen Maßnahmen wurden anfangs auch von der Opposition mitgetragen. Man hat offensichtlich schnell das Richtige gemacht. Im Sommer wurde die Bevölkerung im Inland leichtsinnig und nachlässig, und man nahm auch Auslandsreisen auf die leichte Schulter – Stichwort: Familienbesuche und -feiern auf dem Balkan. Meldungen über vielleicht noch Ende des Jahres in Produktion gehende Medikamente gegen das Virus reduzierten den Erfolgsdruck in Österreich und in Europa, aber möglicherweise auch die Bereitschaft der Bevölkerung, sich auch nach dem Lockdown weiterhin diszipliniert zu verhalten, bis tatsächlich Entwarnung gegeben werden konnte.

Eines hat die COVID-19-Krise jedoch ohne Zweifel bestätigt: Zusammenarbeit und der grenzüberschreitende Austausch von Informationen sind essentiell, auch wenn im Notfall jeder Staat zunächst eigene Initiativen entwickelt. Oder, wie es Alexander Schallenberg formulierte: »Ich glaube, dass uns die Krise gezeigt hat, dass wir mehr, und nicht weniger Diplomatie sowie mehr, und nicht weniger multilaterale Zusammenarbeit brauchen.«[38] Und sollte es jemand noch immer nicht begriffen haben: Österreich ist keine Insel, und auch sicher keine Insel von Seligen.

VORBILDER GESUCHT

Man hätte meinen können, dass die vom österreichischen Außenminister geforderte multilaterale Zusammenarbeit eine Selbstverständlichkeit wäre. Doch dem war nicht immer so. Vielleicht haben eine ganze Reihe von Faktoren dazu beigetragen, denn über weite Strecken waren die Staaten mit sich selbst beschäftigt und hatten die Verantwortlichen große Mühe, der eigenen Bevölkerung den Ernst der Situation klar zu machen. Der österreichische Bundeskanzler versuchte es mit Appellen, der Vizekanzler mit Ermahnungen und guten Worten, der Gesundheitsminister mit Schautafeln, die zeigen sollten, wie die Kurven der Infektionszahlen immer weiter nach oben wiesen. Einzelbeispiele sollten gegen die noch anzutreffende Sorglosigkeit ankämpfen. Aber auch die Berichte über die Situation in anderen Staaten konnte nicht immer als etwas eingesetzt werden, das aufrüttelte, nach dem Motto: Seht, denen geht es noch schlechter; dergleichen kann bei uns nicht passieren. Italien und Spanien, fallweise auch Frankreich wurden als Beispiele gesehen, wie man der COVID-Krise ohnmächtig gegenüberstand, zu spät reagierte und zu wenig leistungsfähige Gesundheitseinrichtungen hatte. Also tat man das Naheliegendste und erklärte sich wechselseitig zum Risikogebiet.

Was die Situation noch zusätzlich verschlechterte, war die Gleichzeitigkeit der Ereignisse. Die Europäische Union hatte sich den Kampf gegen eine Klimakatastrophe und ein Umdenken beim Umweltschutz auf die Fahnen geschrieben. Ursula von der Leyen stellte ihre EU-Kommissionspräsidentschaft explizit unter diese Überschrift. Es war vor allem die Jugend Europas, die ihr willig zu folgen schien. Und als die schwedische Schülerin Greta Thunberg zu Schülerdemonstrationen an Freitagen unter dem Motto »Fridays for Future« aufrief, ließen sich Hunderttausende dafür begeistern.

Auch in Österreich folgte man bereitwillig den Aufrufen, die Regierung zu effizienteren Maßnahmen beim Umweltschutz zu bewegen. Corona schien zwar diese Bemühungen zu unterstützen, da der Reiseverkehr zum Erliegen kam und daraufhin die CO_2-Emissionen zurückgingen, doch die Massenkundgebungen zur Durchsetzung des Klimaschutzes hörten schlagartig auf, als sich die Pandemie als eine naheliegendere Katastrophe entpuppte. Klima und Umwelt waren zumindest vorübergehend zweitrangig geworden. Für die USA freilich, genauer gesagt für Präsident Donald Trump, schien weder das eine noch das andere zu existieren. Er weigerte sich, die Abkommen über den Klimawandel einzuhalten und maß, wie schon erwähnt, der »chinesischen Krankheit« keine Bedeutung bei. Der »diplomatische Vandalismus« des US-Präsidenten betraf auch die WHO, die an vorderster Front im Kampf gegen die Corona-Pandemie stand. Die USA hatten bald nach Ausbruch von COVID-19 aus Protest gegen die angebliche Bevorzugung der Organisation durch China deren Finanzierung eingestellt. Richtiger wäre wohl gewesen, der WHO eine falsche und verspätete Reaktion auf die Meldungen aus China vorzuwerfen, was Trump dann auch tat.

Europa aber hatte zunächst noch seine eigenen Sorgen. Die Einhaltung des Grundrechtekatalogs verkam für einige Mitglieder zu einer bloßen Floskel. Versuche, eine gemeinsame Außenpolitik aufzubauen, wurden durch das Einstimmigkeitsprinzip blockiert. Jedes Land pochte auf seine oft sehr unterschiedlichen Forderungen. Und als es schließlich darum ging, das Wiederingangsetzen der europäischen Wirtschaft nach der Pandemie aber auch markante Verbesserungen an den Gesundheitssystemen vieler Mitglieder mit der respektablen Summe von 750 Milliarden Euro zu unterstützen, brauchte es einige Zeit, ehe auch Österreich einem Kompromiss zustimmte. Es gehörte bis zuletzt zu den »sparsamen Vier«, die Bedingungen nannten und zögerten. Zeitweilig lebte sich Europa auseinander und schien nach dem Motto »Rette sich wer kann!« handeln zu wollen.
♦ M. R.

Abb. 6: EU-Ratspräsident Charles Michel bei einer Videokonferenz mit den 27 Staats- und Regierungschefs der Europäischen Union am 29. Oktober 2020.

Michael Gehler

EUROPA WACHTE LANGSAM AUF, HANDELTE VERSPÄTET UND RINGT WEITER MIT SICH

Die EU und ihr Umgang mit der Corona-Krise 2020

DIE PRIORITÄTEN VON JANUAR UND FEBRUAR ÄNDERN SICH IM MÄRZ FÜR DIE KOMMISSION, DIE DURCH EIGENMÄCHTIGE MITGLIEDSTAATEN UNTER ZUGZWANG GERÄT

Am 31. Dezember 2019 wurde das Landesbüro der *World Health Organisation* (WHO) in China über eine Häufung von Lungenentzündungen in der Stadt Wuhan offiziell informiert. Infolge von Infektionen war es offenbar schon geraume Zeit vorher zu schweren Atemwegserkrankungen gekommen. Die chinesischen Behörden identifizierten am 7. Januar 2020 das neuartige Corona-Virus als Ursache.[1] Der Weltöffentlichkeit waren Wochen zuvor noch rechtzeitige Informationen vorenthalten worden und Europa davon gänzlich unberührt. Die EU-Kommission stellte zu dieser Zeit Überlegungen zu fairem Mindestlohn an.[2] Über allem stand jedoch Umweltpolitik mit Budgetplänen für ein klimaneutrales Europa 2050. Mindestens eine Billion Euro sollte bis 2030 »eine Welle grüner Investitionen auslösen«, erklärte EU-Kommissionspräsidentin Ursula von der Leyen.[3] Auf dem Weltwirtschaftsforum in Davos erklärte sie am 20. Januar, dass Europa dabei sei, »seine eigene Zukunft zu gestalten«.[4] In Brüssel herrschte in der zweiten Februarwoche noch Optimismus hinsichtlich der zukünftigen Konjunktur. Für den Winter wurde ein gemäßigter, aber stetiger Wachstumskurs der Wirtschaft prognostiziert.[5] Erst am 13. Februar vereinbarten die Gesundheitsminister der EU-Mitgliedstaaten ein gemeinsames Vorgehen, nachdem in der zweiten Januarhälfte Infektionszahlen in Europa gemeldet worden waren. Sie bewerteten die Lage aber nicht als Krise, obwohl die WHO tags zuvor gewarnt hatte, es bestünde womöglich die Gefahr einer globalen Pandemie.[6]

Mitte Februar informierten die offiziellen EU-Nachrichten erstmals, dass die Kommission Anstrengungen der Mitgliedstaaten zur Bekämpfung des Corona-Virus koordiniere. Neben Beratungen der Gesundheitsministerinnen und -minister und Koordinierungsrunden signalisierte die Kommission, Mittel zur Erforschung des Virus bereitzustellen. Beim Treffen mit dem chinesischen

EU-Botschafter Zhang Ming boten der EU-Kommissar für humanitäre Hilfe und Krisenschutz Janez Lenarčič und die EU-Kommissarin für Gesundheit und Lebensmittelsicherheit Stella Kyriakides China weitere Hilfen im Kampf gegen den Erreger an. Die WHO warnte vor einem weltweiten Übergreifen der Krankheit und nannte den Erreger nun offiziell COVID-19, die englische Abkürzung für coronavirus disease.[7] Das Bewusstsein von einer weltweiten Gefährdung war zu diesem Zeitpunkt in Brüssel aber noch nicht vorhanden. Anfang März traf von der Leyen noch die schwedische Klima-Aktivistin Greta Thunberg und unterstrich damit die Priorität ihrer Politik. Die WHO bezeichnete am 11. März das Infektionsgeschehen nun als »pandemisch«.[8]

Nach der wochenlang unterschätzten Verbreitung des Virus begannen die EU-Mitglieder einzelstaatliche Maßnahmen zu setzen, die sich ihrer Ansicht nach schneller umsetzen ließen als eine Abstimmung unter 27 Ländern. Sie begannen ihre Grenzen zu schließen. Die Kommission wurde auf dem falschen Fuß erwischt und reagierte verspätet. Von der Leyen war 2019 keine Kandidatin bei den Europawahlen gewesen, sowie nach Uneinigkeit und Unentschlossenheit im Europäischen Parlament von den Staats- und Regierungschefs als Kommissionspräsidentin eingesetzt worden. Sie war zunächst nicht in der Lage, sich gegen die Alleingänge und unabgestimmte Vorgehensweise der Mitgliedstaaten zu behaupten. Kritik wurde in beide Richtungen laut: Die Kommission habe es als »Hüterin der Verträge« verabsäumt, die 27 EU-Staaten an ihre Pflichten zu erinnern. Dass diese eigenmächtig unterschiedliche Grenzregelungen für verschiedene EU-Bürgerinnen und -Bürger planten und vornahmen, wie Österreichs Tourismusministerin Elisabeth Köstinger, oder die Aussetzung des EU-Beihilferechts forderten, wie Österreichs Finanzminister Gernot Blümel (beide Österreichische Volkspartei, ÖVP), wurde von Fachleuten als Angriff auf das Wettbewerbsrecht gewertet. Die Ankündigung der Kommission, die Haushaltsregeln zu lockern, indem erstmals die Ausweichklausel des EU-Stabilitätspakts zur Geltung kommen sollte, also Ausnahmen von den Stabilitätsregeln für den Euro, wie beim Defizitverfahren, wurde ebenfalls kritisiert, zumal damit weiterer Renationalisierung Vorschub geleistet würde.[9] Beiderseits waren Mängel an Loyalität feststellbar.

Offenkundig wurde alsbald, dass europaweit weder ausreichend Intensivbetten für an dem Virus Erkrankte noch genügend Schutzmasken vorhanden waren. Erst zeitverzögert sah die Kommission den Austausch von Informationen zur Beschaffung von Schutzausrüstung und die Sicherstellung von Behandlungskapazitäten vor. Sie rief ab der dritten Februarwoche verstärkt die Mitgliedstaaten zu koordiniertem und verhältnismäßigem Handeln auf, um die

Verbreitung des Virus einzugrenzen. Aufgrund der steigenden Fallzahlen sollte die öffentliche Gesundheit »oberste Priorität« haben. Von der Leyen kündigte ein Finanzpaket an, um EU-Mitgliedern und der internationalen Gemeinschaft bei der Bekämpfung des Virus durch die Entwicklung eines Impfstoffs zu helfen. Die dramatische Lage in Italien zwang zugleich zur verstärkten Unterstützung für die Mitgliedstaaten im Rahmen einer Bereitschafts-, Notfall- und Reaktionsplanung,[10] zumal China schon am 12. März Ausrüstungsmaterial und medizinisches Personal nach Rom geschickt hatte. Südöstliche EU-Beitrittswerber, aber auch Serbien, Spanien und Ungarn erhielten Hilfe aus Peking,[11] bevor solche aus Brüssel eintraf.

Nach einem Treffen in Rom mit Italiens Gesundheitsminister Roberto Speranza, dem WHO-Direktor für Europa Hans Kluge, und Andrea Ammon, der Leiterin des seit 2004 bestehenden Europäischen Zentrums für die Prävention und Kontrolle von Krankheiten, *European Centre for Disease Prevention and Control* (ECDC) in Solna (Schweden), erklärte Stella Kyriakides, dass der Austausch von Echtzeitinformationen und eine enge Koordinierung zwischen den EU-Staaten im Kampf gegen eine weitere Ausbreitung von COVID-19 entscheidend seien. Um die italienischen Behörden zu unterstützen, war eine gemeinsame Expertenmission des ECDC und der WHO angereist.[12]

Die EU-Kommission warnte abermals vor übereilten Aktionen bei den Grenzschließungen und mahnte faktenbasierte Entscheidungen an. Sie musste allerdings zur Kenntnis nehmen, dass Gesundheitspolitik mitgliedstaatliche Kompetenz war, gleichwohl auch europäische Ansätze dafür bestanden.[13] Am 24. Februar gab die Kommission im Rahmen der Bekämpfung des Corona-Virus Hilfsinvestitionen in Höhe von 232 Millionen Euro für Afrika, die Impfschutzforschung und die WHO bekannt. Von den bereitgestellten Mitteln waren 114 Millionen Euro für die WHO vorgesehen, die u.a. die Forschungsvorhaben zu dem Erreger koordinieren und Staaten mit schwachem Gesundheitssystem unterstützen sollte. 100 Millionen Euro flossen für die Entwicklung eines Impfstoffs in die Forschung und 15 Millionen Euro nach Afrika, um dort Schnelltests auf eine mögliche Infektion zu finanzieren. Drei Millionen Euro waren im Rahmen des EU-Katastrophenschutzverfahrens vorgesehen, u.a. für Rückführung von EU-Bürgerinnen und -Bürgern aus der von der Pandemie besonders betroffenen Metropolregion Wuhan.[14]

Italien war das erste EU-Mitglied, das einen Antrag auf Unterstützung aus dem Solidaritätsfonds stellte, der auf Initiative der Kommission angesichts der Pandemie inzwischen ausgeweitet worden war. Ab dem 1. April leistete er nicht nur bei Naturkatastrophen, sondern auch bei Notlagen größeren Ausmaßes Unterstützung im Gesundheitsbereich. Die EU stellte daraus 800 Millionen Euro zur Bewältigung von Corona bereit. Die Antragsfrist endete am 24. Juni. Danach sollte die Kommission im Paket über die Vergabe der Mittel an die Mitgliedstaaten entscheiden.[15]

In einer Rede vor dem Europäischen Parlament am 16. April hatte von der Leyen eingeräumt bzw. gerügt, »dass zu viele nicht rechtzeitig da waren, als Italien ganz zu Beginn Hilfe benötigte«. Europa als Ganzes entschuldige sich dafür. In Brüssel war indes klar geworden, dass aufgrund der Pandemie das Bruttoinlandsprodukt (BIP) schrumpfen würde und zwar in einer Reihe von Mitgliedstaaten stärker als in anderen. Von der Leyen versuchte an ihrer bisherigen Linie festzuhalten und empfahl, den »Green Deal« im Wiederaufbauprogramm zu verankern, den sie als »neue Wachstumsstrategie« zu verkaufen versuchte. Mahnend ließ sie wissen, dass »ein langer Weg« bevorstünde, zumal »die Welt von morgen [...] sich von der gestrigen deutlich unterscheiden« würde.[16]

DAS EU-INSTITUTIONENGEFÜGE KOMMT DURCH BÜNDELUNG DER PRIORITÄTEN UND KOORDINATION VON MASSNAHMEN IM MÄRZ UND APRIL LANGSAM IN GANG

Wenngleich zutreffend ist, dass Auffassungsgabe und Reaktionsschnelligkeit der EU in den ersten Monaten sehr zu wünschen übrig ließen, so kann nicht übersehen werden, wie ab der zweiten Märzwoche ihr institutionelles Räderwerk immer stärker anzulaufen begann und der Institutionenverbund konzertierte Führungsfähigkeit demonstrierte. Den Anfang machte Christine Lagarde, Präsidentin der Europäischen Zentralbank (EZB), die klare Zeichen des Krisenmanagements setzte. Sie hatte bereits unter ihrem Vorgänger Mario Draghi zentrale Akteursqualitäten in der Bewältigung der »Eurokrise« (2010–2015) bewiesen, als es darum ging, die Banken-, Finanzmarkt- und Staatsschuldenkrise in den Griff zu bekommen. Am 12. März beschloss die EZB bis Ende 2020 langfristige Kredite für Banken und den Ankauf von Wertpapieren in Höhe von 120 Milliarden Euro. Am 18. März legte sie nach und signalisierte, bis Jahresende weitere Anleihekäufe im Umfang von 750 Milliarden Euro für die Stabilisierung der Wirtschaft bereitzustellen. Diese Ankündigung löste alsbald eine Debatte über gemeinschaftliche »Corona-Bonds« aus, d. h. mitgliedstaatliche Anleihen für die Bekämpfung der Krise. Es war von der Leyen, die diese in die Diskussion einbrachte. Am 20. März kündigte die Kommission ebenfalls an, wegen der neuartigen Krise die Haushaltsregeln zu lockern. Sechs Tage später entstand

Ungemach, als auf einem Video-Gipfel der EU-Staats- und Regierungschefs die Forderung der Südländer nach »Corona-Bonds« zu keiner Einigung führte. Insbesondere Deutschland, die Niederlande und Österreich stellten sich taub. Die EU-Institutionen versuchten unterdessen den ökonomischen Auswirkungen der Corona-Infektionswelle mit allen denkbaren Instrumenten zu begegnen. Die Kommission hatte mitgezogen und am 16. März Leitlinien für die Mitgliedstaaten bei Grenzkontrollen für einen möglichst ungehinderten Warenverkehr im Binnenmarkt verabschiedet. Einen Tag später war der Europäische Rat, das politisch im Grunde entscheidendste und wirkmächtigste Gremium der Union, mit den Staats- und Regierungschefs am Zuge, die von Ausnahmen abgesehen ein Einreiseverbot für Nicht-EU-Bürgerinnen und -bürger in die Union beschlossen. Auf ihrem Sondergipfel am 17. März unterstützten sie die Initiative von der Leyens, Einreisen in die EU für 30 Tage auf ein Minimum zu beschränken. Ausgenommen wurden neben allen EU-Bürgerinnen und -Bürgern sowie ihren Angehörigen Reisende mit dauerhafter Aufenthaltsgenehmigung, Diplomaten, Ärztinnen und Ärzte und Krankenpflegerinnen und -pfleger.[17]

Die EU-Finanzministerinnen und -minister stimmten schließlich einer Initiative der Kommission zu, erstmals in der Geschichte der EU die allgemeine Ausweichklausel des Stabilitäts- und Wachstumspakts (SWP) zu aktivieren, um den Mitgliedstaaten zu ermöglichen, angemessene Maßnahmen zur Bewältigung der Krise zu ergreifen. In Luxemburg sah sich der Managing Director des Europäischen Stabilitätsmechanismus (ESM), Klaus Regling, gefordert, einen Rettungsfonds aufzustellen. Seine Chefs, die 19 Finanzministerinnen und -minister der Euro-Staaten, erörterten eine Einbeziehung des ESM durch eine erweiterte Kreditlinie, die unter der Abkürzung *Enhanced Conditions Credit Line* (ECCL) stand, zumal der ESM über freie Mittel von rund 410 Milliarden Euro verfügte. Die Kommission mobilisierte gleichzeitig 37 Milliarden Euro aus den Strukturfonds des EU-Haushalts. Die Europäische Investitionsbank (EIB) in Luxemburg unter Präsident Werner Hoyer stellte als Kreditförderbank weitere 40 Milliarden Euro bereit. Vorrang sollte die Ausstattung der Gesundheitssysteme mit allen erforderlichen Ressourcen sein. Es galt, wie schon in der »Euro-Krise«, Liquidität für betroffene Unternehmen bereitzustellen sowie Arbeitsplätze und Einkommen der Menschen zu sichern.[18]

Die auf eine Haftung hinauslaufenden »Corona-Bonds«, die am 26. März 2020 bei einem Video-Gipfeltreffen von einigen EU-Staats- und Regierungschefs, wie von Italiens Premier Giuseppe Conte, flehentlich gefordert wurden, blieben höchst strittig. Gemeinsame staatliche Anleihen für die Bekämpfung der Krise wurden von deutscher, österreichischer und niederländischer Seite weiterhin abgelehnt. In der dritten Märzwoche priorisierte die Kommission einen koordinierten Ansatz, um jeden Mitgliedstaat in die Lage zu versetzen, die empfohlenen Maßnahmen anzuwenden. Vorgaben wie die Isolierung von Corona-Patientinnen und Patienten, die Selbstisolierung von Verdachtsfällen, die Absage von Veranstaltungen sowie das Schließen von Kultureinrichtungen und Bildungsstätten wurden allen EU-Staaten nahegelegt. Bei den Tests auf das Virus wurde aufgrund der limitierten Kapazitäten empfohlen, hospitalisierten Patientinnen und Patienten, Mitarbeiterinnen und Mitarbeitern des Gesundheitswesens sowie älteren Menschen, die das größte Erkrankungsrisiko hatten, den Vorrang zu geben.[19]

Energisch drängte nun die Kommission die Mitglieder, die Blockaden an den Binnengrenzen im Schengen-Raum aufzulösen. Mehrere Staaten hatten Grenzkontrollen eingeführt, so auch Österreich. In der Folge war es europaweit zu kilometerlangen Staus sowie gravierenden Behinderungen des Warenverkehrs gekommen. Im Fokus der Kommission standen der Schutz der Gesundheit sowie die Verfügbarkeit von Waren und essentiellen Dienstleistungen im Binnenmarkt. Nur so ließen sich Mängel an medizinischer Ausrüstung oder im Lebensmittelbereich verhindern. Menschen mit Verdacht auf Corona sollten Zugang zu angemessener medizinischer Versorgung erhalten, entweder im Ankunfts- oder im Abreiseland. Alle die in ein Staatsgebiet einreisten, auch ohne formelle Einführung von Grenzkontrollen, mussten sich einem Infektionstest unterziehen. Schnellabfertigungsspuren für Lastwagen sollten eingerichtet sowie prioritäre Fahrspuren über »grüne Abfertigungslinien« ausgewiesen werden, um den Warenfluss nicht zu unterbrechen. Die Abfertigung sollte nicht länger als 15 Minuten dauern. Von der Leyens Empfehlungen blieben nun nicht mehr ohne Tadel: »Ich glaube, die Mitgliedstaaten haben da ihre Lektionen gelernt. Am Anfang hat jeder das gemacht, was er für richtig hielt, und einfach die nationalen Grenzen geschlossen«, um zu ergänzen: »Aber wenn man wahllos Grenzen schließt und gar nichts mehr durchgeht, schneiden wir förmlich unseren Wirtschaftskreislauf ab.« Die Durchreise in das Herkunftsland sollte ermöglicht werden. Nach einer Videokonferenz der EU-Verkehrsministerinnen und -minister sagten die Mitgliedstaaten auf Drängen der Kommission zu, die Leitlinien einzuhalten. Die Innenministerinnen und -minister der Mitgliedstaaten versicherten, den Fluss wichtiger Güter zu gewährleisten.[20]

Im März setzte die EU-Kommission ein Expertenteam ein. Epidemiologinnen und Epidemiologen sowie Virologinnen und Virologen aus verschiedenen Mitgliedstaaten sollten EU-Leitlinien für wissenschaftlich fundierte und koordinierte Risikomanagement-Maßnahmen ausarbeiten. Es waren sieben Mitglieder aus sechs EU-Staaten, die unabhängig und in eigenem Namen agieren sollten. Das ECDC sowie die seit 1993 in London bestehende und 2019 nach Amsterdam übersiedelte Europäische Arzneimittelagentur, *European Medicines Agency* (EMA), und das Zentrum für die Koordinierung von Notfallmaßnahmen, *Emergency Response Coordination Centre* (ERCC) der Kommission nahmen als Beobachter teil. Die Aufgaben des Gremiums bestanden in der Ausarbeitung weiterer Maßnahmen, der Feststellung von Lücken im Kampf gegen die Verbreitung der Infektion, der Koordinierung von Maßnahmen in der Gesundheitsversorgung und des Katastrophenschutzes sowie Schlussfolgerungen für potenzielle künftige Infektionswellen und Gesundheitsrisiken. Das seit 2008 geschaffene Europäische Virus Archiv (EVA) erhielt 12,2 Millionen Euro, um Erreger verschiedener Krankheiten von Pflanzen, Tieren und Menschen zu dokumentieren. Die Programme »Veo and Mood« (PVM) wurden seit Januar mit insgesamt 29 Millionen Euro unterstützt. Über das Auswerten und Modellieren von »Biodaten« sollte die Ausbreitung neuer Krankheiten besser verstanden und vorhergesagt werden. Gemeinsam mit Pharmaunternehmen stellte die Kommission im Zuge der Initiative innovative Medikamente (IMI) rund 90 Millionen Euro bereit, um neue antivirale Arzneimittel gegen COVID-19 zu entwickeln und rasch zum Einsatz zu bringen. Sie förderte ab 15. März das Tübinger Unternehmen CureVac mit 80 Millionen Euro, um die Entwicklung eines Impfstoffs voranzubringen. Die Firma wurde bereits seit 2014 unterstützt und nun zuletzt mit der Zielvorgabe, die Produktionskapazität auf mehrere Milliarden Dosen zu steigern.[21]

EIN MARSHALL-PLAN FÜR DIE EU ODER DIE SELBSTERMÄCHTIGUNG DER KOMMISSION: NEUE HAUSHALTSPLANUNG, SCHULDENAUFNAHME, AKUTHILFE FÜR ITALIEN, GEBERKONFERENZ UND DER MERKEL-MACRON-WIEDERAUFBAUPLAN

Seit Mitte März arbeitete die Kommission intensiv an einem Billionen-Konjunkturpaket, um die wirtschaftlichen Folgen von Corona in Europa abzufedern und schließlich auch abzuwenden. Am 6. April forderte von der Leyen einen »Marshall-Plan für Europa«,[22] ohne Vergleiche mit dem Europäischen Wiederaufbauprogramm der USA in der Nachkriegszeit anzustellen. Es ging ihr für dieses nun einzigartige Projekt um »massive Investitionen«. Eine zentrale Rolle sollte ihrer Ansicht nach der kommende Finanzrahmen der EU spielen, den die deutsche Ratspräsidentschaft in der zweiten Jahreshälfte 2020 beschließen sollte. Der Appell fiel auf fruchtbaren Boden.

Am 9. April beschlossen die Finanzministerinnen und -minister der 19 Euro-Staaten, besonders von der Pandemie betroffenen Ländern Kredite des ESM bis zur einer Höhe von 240 Milliarden Euro zu gewähren sowie Kredite der EIB in Höhe von 200 Milliarden Euro für Unternehmen und ein Kurzarbeiterprogramm zur Minderung des Arbeitslosenrisikos im Notfall mit einem Umfang von 100 Milliarden Euro bereitzustellen. Am 23. April stimmten die EU-Staats- und Regierungschefs auf einem Videogipfel einem großen Corona-Hilfsprogramm, dem *Pandemic Emergency Purchase Programme* (PEPP), zu. Sie hatten sich auf ein erstes wirtschaftliches europäisches Soforthilfeprogramm über 540 Milliarden Euro verständigt, dessen Mittel ab 1. Juni 2020 verfügbar sein sollten. Es umfasste 100 Milliarden Euro für die europäische Kurzarbeitergeld-Initiative, *Support mitigating Unemployment Risks in Emergency* (SURE), für die 27 Mitgliedstaaten, 200 Milliarden Euro zusätzliche Kredite an Mittelständler des Garantiefonds der EIB für Unternehmenskredite in der EU sowie 240 Milliarden Euro an günstigen Krediten für die Euro-Zone durch den ESM.[23]

Die Mittel für den Wiederaufbau sollten im Rahmen des EU-Haushalts von 2021 bis 2027 bereitgestellt und, wie am Gipfel am 23. April vereinbart, die Kommission beauftragt werden, einen entsprechenden Plan für diese Recovery Initiative zu erstellen. Die Kommission verfolgte dabei die Ziele, den Spielraum im Mehrjährigen Finanzrahmen (MFR) der EU auszuweiten und von den Mitgliedstaaten die Zusage für weitere Mittel zu erlangen. Dafür sollten Garantien hinterlegt werden, um für die Kommission am Kapitalmarkt zusätzliche Mittel zu mobilisieren und diese in den Wiederaufbauplan zu investieren. Von der Leyen regte für den Haushalt an, die Eigenmittelobergrenze für die nächsten ein bis zwei Jahre auf rund 2 Prozent des Bruttonationaleinkommens anstelle der derzeitigen 1,2 Prozent anzuheben. Aufgrund einer Garantie der Mitgliedstaaten könne so die Kommission Mittel beschaffen, die über den EU-Haushalt zurück in die Mitgliedstaaten geleitet würden. EU-Haushaltskommissar Johannes Hahn brachte am 31. Mai in einem Interview mit der Financial Times ein Volumen von 1,5 Billionen Euro ins Spiel.[24]

Mit globalen Partnerinnen und Partnern startete die Kommission am 4. Mai die Geberinitiative »Corona-Virus Global Response« (»Corona-Virus-Krisenreaktion«). Unter dem Titel »VaccinesWork – Impfstoff für alle« startete im Netz ein internationaler Spendenmarathon. Die Zielmarke 7,5 Milliarden Euro war ambitioniert, obwohl klar war, dass noch mehr Mittel nötig sein würden.[25] Damit Banken nicht den Geldhahn zudrehten, um weiterhin Haushalte und Unternehmen mit notwendigen Finanzmitteln auszustatten, sollten hinsichtlich der EU-Bankenregeln gesetzliche Änderungen möglich sein. Die im Zuge der

Finanzkrise (2008–2015) entwickelten Regeln hatten indes dazu beigetragen, dass die Banken nun besser gegen wirtschaftliche Schocks gewappnet waren. Sie und ihre Aufsichtsbehörden sollten flexibel und zugleich verantwortungsvoll handeln.[26]

Die Geberinitiative »Corona-Virus Global Response« brachte schließlich 7,4 Milliarden Euro ein. Zu den Konferenzteilnehmerinnen und -teilnehmern zählten neben der EU u. a. Deutschland, Frankreich, Italien, Spanien, Großbritannien und Saudi-Arabien, das den Vorsitz der G20 innehatte. Als Partner waren die WHO, die Bill & Melinda-Gates-Stiftung, die Impfallianz Gavi und die Weltbank an Bord. Russland sowie die USA beteiligten sich dagegen nicht an der Konferenz. Das im März von der EZB beschlossene PEPP wurde bis Juni 2021 verlängert und um 600 Milliarden Euro erhöht, womit nun 1,35 Billionen Euro für den Kauf von Anleihen bereitstanden, die Konjunktur angekurbelt und die Inflation auf den Zielwert von 2 Prozent gebracht werden sollte.[27]

Eine substantielle Reaktion Berlins zur Pandemie-Bekämpfung war umso dringlicher und zwingender geworden, da die deutsche Ratspräsidentschaft ab 1. Juli bevorstand. Es ging nun um mehr als nur den Fortbestand der Währungseinheit unter 19 Mitgliedern im Zeichen der »Euro-Krise«, sondern um die Wahrung des Zusammenhalts der gesamten EU. Die integrationspolitische Selbstlähmung Deutschlands der Jahre 2017 bis 2019[28] war zu überwinden sowie auf Unionsebene durch die Kommission sich der Aufgabe der Corona-Krisenbewältigung gemeinsam mit allen Mitgliedstaaten anzunehmen und sich neben den schon seit 2019 gesteckten Zielsetzungen diesen Herausforderungen zu stellen.[29] Angela Merkel war die Jahre zuvor auf die zahlreichen Vorschläge Macrons, ausgehend von seiner Sorbonne-Rede vom 26. September 2017, nicht eingegangen. Er hatte die Frage der »Souveränität« Europas im Bereich der Vollendung der Wirtschafts- und Währungsunion sowie in der Außen- und Sicherheitspolitik eingefordert und in darauffolgenden öffentlichen Auftritten weitere Vorschläge unterbreitet. Die darauf nicht substantiell reagierende Merkel sprang nun zu aller Überraschung über ihren Schatten, als sie gemeinsam mit Macron am 19. Mai 2020 einen 500 Milliarden-Wiederaufbauplan (»Corona Recovery Fund«) als Zuschuss für besonders von der Corona-Krise betroffene EU-Mitgliedsstaaten vorschlug. Der Vorstoß stieß im Norden Europas jedoch auf Widerstand, im Süden hingegen auf Zustimmung.[30]

Die Kommission ließ sich dadurch nicht entmutigen und ging noch mehr in die Offensive,[31] was ohne die Abstimmung zwischen Merkel und Macron und deren Zustimmung kaum vorstellbar war. Am 27. Mai präsentierte von der Leyen unter dem Motto »Next Generation EU« (NGE) einen 750 Milliarden

Euro schweren Wiederaufbaufonds, gespeist aus Anleihen (Schuldenaufnahmen) auf dem Kapitalmarkt. Der Plan sollte zu einem Drittel (250 Milliarden Euro) in Form von Krediten und zwei Dritteln (500 Milliarden Euro) durch nicht rückzahlbare Zuschüsse bestehen,[32] wobei die Architektur, Bedingungen, Methoden und Verwendungszwecke offen blieben. Die Mittel sollten nicht in die nationalen Haushalte, sondern in spezifische Projekte fließen, die der Klimafreundlichkeit, Digitalisierung und sozialen Gerechtigkeit dienen würden. Das besonders vom Virus betroffene Italien sollte 82 Milliarden Euro an Zuschüssen erhalten und 91 Milliarden Euro in Form von Darlehen. Spanien würde 77 Milliarden Euro an Zuschüssen bekommen und 63 Milliarden Euro über Kredite, die zurückgezahlt werden mussten. Deutschland sollte dagegen nur 29 Milliarden Euro an Zuschüssen und null Euro als Kredit erhalten, Österreich 4 Milliarden Zuwendungen. Das Gesamtpaket von der Leyens fiel damit deutlich höher aus als der Vorschlag von Merkel und Macron. Die Höhe der Zuschüsse entsprach ihrem Vorschlag, hinzu kamen noch 250 Milliarden Euro als Kredite.

Viele Fragezeichen standen jedoch hinter dieser Initiative mit ihren gigantomanischen Summen. Handelte es sich um ungedeckte Schecks? Warum ging man nun weit über die strategischen Investitionen der EIB hinaus? Wie sollte die Verwendung der Kredite überprüft werden? Sollte das neue Institutionen und Bürokratien nach sich ziehen? Fest stand, dass es sich um einen Bruch mit der bisherigen Linie handelte, als nun erstmals die EU selbst Schulden machen konnte. NGE hieß zudem, dass diese für die verlorenen Zuschüsse aufkommen musste. Die Kommission wollte damit der EU neue Eigenmittel verschaffen, z. B. durch eine spezielle Steuer für große Unternehmen, die besonders vom Binnenmarkt profitieren, oder durch eine Digitalsteuer. Strebte die Kommission mit diesem Vorstoß gleichzeitig eine neue Finanzverfassung der EU mit einem eigenen Finanzamt, einem Finanzminister und letztlich damit auch EU-Steuern an, zumal zukünftig Schulden aufzunehmen waren, die es zu tilgen galt? Grundlage dafür konnte Artikel 121 des Vertrags über die Europäische Union (EUV) über eine gemeinsame Wirtschaftspolitik sein. Die Mitgliedsstaaten sollten bei von der Leyens Plan jedenfalls nur die Haftung für ihren jeweiligen Anteil am EU-Haushalt übernehmen, der EU aber die Erlaubnis für die Aufnahme von Schulden erteilen. Von der Leyen betonte die Notwendigkeit gemeinsamer Investitionen für die zukünftigen Projekte, die durch den europäischen Haushalt gehen sollten, aber noch eigens zu beschließen waren. Ihr Vorschlag bedeutete einen großen Sprung nach vorne, um die Union zu einer selbstbewussten, souveränen und zukunftsgewandten Weltregion zu machen. Den staatlichen Akteurinnen und Akteuren sollte damit bewusst gemacht werden, dass mit europäischer Gemeinsamkeit mehr zu erreichen war als mit nationalen Alleingängen. Einmal mehr wurde dabei der enorme Bedarf an Strukturreformen des Funktionssystems EU im Sinne von Aktionsfähigkeit, Entscheidungseffizienz und Legitimationsgrundlage bewusst, denn um das Vorhaben umzusetzen, war in einem komplizierten und zeitaufwendigen Verfahren die Zustimmung von 27 Regierungschefs und ihren nationalen Volksvertretungen sowie des Europäischen Parlaments notwendig. Die Kommission hatte mit ihrem Vorgehen dank des deutsch-französischen Schulterschlusses Handlungsfähigkeit zurückgewonnen. Nun war Abstimmung und Koordination mit den übrigen Mitgliedstaaten gefragt sowie das Leitmotiv für die deutsche Ratspräsidentschaft klar: weiter den europäischen Zusammenhalt wahren und untereinander Solidarität üben. Einigkeit war umso mehr notwendig, als bei den riesigen Herausforderungen bezüglich Afrika, China, Russland und den USA ein geschlossenes und damit möglichst wirksames Auftreten Europas zu gewährleisten war.[33]

Diese Einigkeit sollte jedoch durch die Regierungschefs von Dänemark mit Mette Frederiksen, den Niederlanden mit Mark Rutte, Österreich mit Sebastian Kurz und Schweden mit Stefan Löfven fraglich werden. Sie sprachen sich zwar für solidarisches Verhalten aber gegen Zuschüsse aus. Sie witterten die Gefahr einer Schuldenhaftung als Neuauflage der bereits in den Jahren der Banken-, Finanz- und Staatsverschuldungskrise abgelehnten Eurobonds. Die sogenannten »sparsamen Vier« wollten damit ein klares Signal gegen eine Schuldenunion durch die Hintertüre setzen.[34] Angesichts des von der EZB bereits prognostizierten zehnprozentigen BIP-Verlustes auf europäischer Ebene für 2020 musste jedoch allen Mitgliedstaaten klar sein, dass gemeinsame Lösungen das Gebot der Stunde waren. Die Kommission fungierte umso mehr als Impulsgeberin und versuchte zur Kompromissfähigkeit beizutragen.

DIE KOPPELUNG DES HAUSHALTSENTWURFS MIT DEM WIEDERAUFBAUPLAN

Mit dem Haushaltsentwurf für den MFR sollten auch die ökonomischen und gesellschaftlichen Folgen der Corona-Infektionswelle in Europa abgeschwächt werden, wobei von der Leyen von einem »neuen Generationenvertrag für morgen« sprach und betonte, der Schwerpunkt der Investitionen liege bei Digitalisierung und »Green Deal«. Der Entwurf sah 1,1 Billionen Euro an allgemeinen Haushaltsmitteln für die Jahre von 2021 bis 2027 vor, zuzüglich der 750 Milliarden Euro des Aufbauprogramms NGE. Die langfristigen Darlehen sollen von 2028 an zurückgezahlt werden und spätestens 2058 getilgt sein. Zudem sollten der EU Eigenmittel zur Verfügung gestellt werden, so bei der Ausweitung des Emissionshandels für das Klimagas Kohlendioxid, eine CO2-Grenzsteuer oder eine Abgabe für in Europa erzielte Gewinne weltweit operierender Digitalkonzerne.[35]

Das Programm NGE sollte auf drei Pfeilern ruhen: Investitionen und Reformen anschieben, private Investitionen ankurbeln und Lehren aus der Krise umsetzen für das neue Programm »EU4Health« zur Stärkung der Gesundheitssysteme der Mitgliedstaaten. Die EU-Finanzministerinnen und -minister hatten dazu ein Corona-Sicherheitsnetz in Form von zinsgünstigen Darlehen über 540 Milliarden Euro in Aussicht gestellt. Dazu gehörten 100 Milliarden Euro für das Kurzarbeitergeld SURE, 240 Milliarden Euro an zinsgünstigen Darlehen aus dem ESM sowie 200 Milliarden Euro aus dem Garantiefonds der EIB. Die Staats- und Regierungschefs der EU sollten auf einem Gipfel im Juni darüber beraten.[36]

Die Kommission hatte ein Ende der Kontrollen an den Binnengrenzen zum 15. Juni empfohlen, doch mehrere Mitglieder gingen noch eigene Wege.[37] Vom 1. Juli an sollten die Beschränkungen für die Einreise in die EU aus Drittstaaten für einzelne Länder entsprechend der epidemiologischen Lage schrittweise fallen. Die Kommission regte zudem an, gemeinsam mit den Mitgliedstaaten eine Liste der Länder zu erstellen, für die die Einreisebeschränkungen in die EU gelockert werden sollten. Mitte März hatten sich alle EU-Länder außer Irland sowie die Nicht-EU-Staaten Schweiz, Norwegen, Liechtenstein und Island darauf geeinigt, nicht zwingend notwendige Einreisen zu untersagen. Deutschland stellte seine Kontrollen zu den Nachbarländern am 15. Juni ein.[38]

In der Zwischenzeit blieben die EU-Institutionen weiter am Drücker. Die EIB unterstützte den deutschen Impfstoffhersteller BioNTech mit einer Fremdkapitalfinanzierung von über 100 Millionen Euro bei der Entwicklung eines Impfstoffs und dem Ausbau der Produktionskapazitäten, um einen Impfstoff herzustellen und das Medikament weltweit zügig zu verbreiten.[39]

Die Kommission hatte angekündigt, der Impfallianz »Global Alliance for Vaccines and Immunisation« (GAVI) Mittel in Höhe von 300 Millionen Euro für den Zeitraum von 2021 bis 2025 zur Verfügung zu stellen. Die Gelder sollten eingesetzt werden, um bei Verfügbarkeit eines künftigen Impfstoffs gegen das Corona-Virus 300 Millionen Kinder weltweit zu immunisieren und Impfstoffbestände zur Abwehr von Ausbrüchen künftiger Infektionskrankheiten zu finanzieren. Der von der Kommission in Zusammenarbeit mit der WHO am 4. Juni in Brüssel organisierte Impfgipfel sollte ein Meilenstein auf dem Weg zur Stärkung der Gesundheitssysteme der anfälligsten Länder der Welt und zur Erreichung der Ziele der weltweiten Corona-Krisenreaktion sein.[40]

Um die Folgen der Pandemie weltweit zu mildern, sollten Gelder auch für außenpolitische Maßnahmen der EU in der Finanzperiode von 2021 bis 2027 mit zusätzlichen Mitteln aus dem Aufbauprogramm NGE um 15,5 Milliarden Euro erhöht werden und damit auf insgesamt 118,2 Milliarden Euro ansteigen. Corona habe die Welt dramatisch verändert. Zu den bestehenden, robusten Herausforderungen seien neue Bedrohungen hinzugekommen, führte Josep Borrell, der Hohe Vertreter der EU für Außen- und Sicherheitspolitik, aus. Er betonte zugleich das Eintreten der EU für multilaterale Strukturen in der Welt. Die erhöhten Mittel umfassten im Einzelnen 10,5 Milliarden Euro für das Instrument für Nachbarschaft, Entwicklung und internationale Zusammenarbeit, *Neighborhood, Development and International Cooperation Instrument* (NDICI). Das Hauptwerkzeug der außenpolitischen EU-Maßnahmen wuchs so auf insgesamt 86 Milliarden Euro an. Zentrales Element war der Kreditbürgschaftsfonds *Guarantee Fund for External Action* (GEFA), der private Investitionen anschieben sollte und so sein Mobilisierungsvolumen von 60 Milliarden Euro auf 130 Milliarden Euro ausweiten würde. Um zusätzliche 5 Milliarden Euro wurden die Mittel für humanitäre Hilfe auf insgesamt 14,8 Milliarden Euro ausgeweitet, was deren wachsenden Bedarf in den am stärksten gefährdeten Teilen der Welt widerspiegelte. Die Heranführungshilfe für EU-Beitrittskandidaten, wie die Länder des westlichen Balkans, belief sich wie im MFR auf 12,9 Milliarden Euro. Eine Milliarde Euro war zusätzlich für den Europäischen Fonds für nachhaltige Entwicklung, *European Fund for Sustainable Development* (EFSD), aus dem aktuellen EU-Haushalt für eine sofortige Reaktion auf die Corona-Krise vorgesehen.[41]

DER DEUTSCHE RATSVORSITZ UND DAS TAUZIEHEN AUF DEM JULI-GIPFEL IN BRÜSSEL

Seit 1. Juli hatte Deutschland die Ratspräsidentschaft inne, an die hohe Ansprüche und große Erwartungen geknüpft waren.[42] Ihr Motto »Gemeinsam. Europa wieder stark machen« stand ganz im Zeichen der Bewältigung der Auswirkungen der Pandemie. Dazu waren vorrangig Finanzfragen zu klären. Merkel würdigte den von der Kommission vorgeschlagenen Aufbauplan für Europa. Kein Land könne diese Krise isoliert und allein bestehen. Gemeinsames Ziel müsse es daher sein, »die Krise gemeinschaftlich, nachhaltig und mit Blick auf die Zukunft zu bewältigen«.[43]

Die EU stellte indes der Biopharma-Firma CureVac weitere 75 Millionen Euro zur Entwicklung von Impfstoffen zur Verfügung. Eine entsprechende Vereinbarung besiegelte die EIB mit dem Unternehmen. Die Finanzierung wurde in drei Tranchen von je 25 Millionen Euro jeweils nach Erreichen von vorab festgelegten Etappenzielen bereitgestellt.[44]

Mit dem Spendengipfel zur Kampagne der Kommission »Global Goal: Unite for our Future« und der NGO Global Citizen konnten weitere 6,15 Milliarden Euro für weltweit verfügbare Impfstoffe, Behandlungen und Tests mobilisiert werden. Diese Mittel sollten die wirtschaftliche Erholung auch in den schwächsten Regionen der Erde fördern. Die Kommission und die EIB sagten noch einmal 4,9 Milliarden Euro zu. Hinzu kamen Mittel der Mitgliedstaaten in Höhe von 485 Millionen Euro, davon 383 Millionen Euro aus Deutschland. Damit beliefen sich die Zusagen des im Mai von der Kommissionspräsidentin angestoßenen Spendenmarathons für eine weltweit koordinierte Krisenreaktion schon auf insgesamt 15,9 Milliarden Euro.[45]

Für die Bewältigung dieser Jahrhundertkrise bestanden durch die personelle Besetzung der europäischen Führungsinstitutionen beste Voraussetzungen. Lagarde und von der Leyen besaßen das Vertrauen von Macron und Merkel. Mit Hoyer und Regling waren Deutsche verantwortlich für EIB und ESM. Als Berlin und Paris gemeinsam den Wiederaufbaufonds anregten und die EU-Kommission zusätzlich noch Mittel als Kredite dazugeben wollte, sonderte sich Wien jedoch ab. Bundeskanzler Sebastian Kurz zählte mit Dänemark, den Niederlanden und Schweden zu den »sparsamen Vier«.[46] Erstmals in der EU bildete damit Österreich seit seiner Mitgliedschaft 1995 erklärtermaßen eine Allianz gegen Deutschland und Frankreich. Kurz weigerte sich nahezu beleidigend, kreditlos »kaputte« Systeme zu finanzieren. Gemeint war Italien, ein Land, das unabhängig von seinen hausgemachten Problemen seit Jahrzehnten fast alleine die gesamte Migrationslast gestemmt hatte. »Frugal« nannte er verhüllend seine Europapolitik. Das bedeutet auch so viel wie »ärmlich« und »karg«. Mit seinem Plädoyer für eine »schlanke« EU bediente er indirekt das Vorurteil von der »fetten« Brüsseler Bürokratie. Statt einen viel leistungsstärkeren und moderneren EU-Haushalt zu favorisieren, stellte er sich dagegen. Der historisch einmalige Merkel-Macron-Wiederaufbauplan bedeutete Anteilnahme, Großzügigkeit und Solidarität für von COVID-19 schwergeschädigte Partner. Als Kurz daran rüttelte, signalisierte er damit das Gegenteil. Darüber hinaus hatte er selbst keinen Plan für die Weiterentwicklung der EU als supranationales Projekt. An der Neuverteilung der nationalstaatlichen Machtverhältnisse in der EU nach dem Brexit wollte er jedoch teilhaben, keinesfalls aber am Ausbau der EU. Im Zeichen von tagelangem Ringen und Tauziehen legten sich die »sparsamen Vier« und die hinzugekommenen Finnen so lange quer, bis sie tatsächlich eine Aufstockung der zinsgünstigen Kredite auf 390 Milliarden Euro und eine Senkung der Zuschüsse auf 360 Milliarden Euro erreichten, so als ob das nun bei diesen ohnehin nur noch theoretisch vorstellbaren Summen etwas völlig Neues bedeutet und wirklich Gravierendes geändert hätte. Der Hartnäckigste »der sparsamen Vier« war der Niederländer Rutte, dessen Verhalten Merkel am Rande des zähen Gipfels vom 17. bis 21. Juli als »kindisch« bezeichnete, während ihr die Auftritte von Kurz ebenso missfielen. Deutsche Diplomaten ließen durchblicken, dass die beiden sich auf Dauer keinen Gefallen damit täten. In Brüssel wisse man, »wie man denen notfalls wehtun« könne.[47] Rutte hatte zeitweilig sogar ein Vetorecht gefordert, mit dem einzelne Mitglieder die Auszahlung der Mittel stoppen könnten.[48]

Ratspräsident Charles Michel erklärte indes, dass die sozioökonomischen Folgen der COVID-19-Krise »gemeinsame und innovative Anstrengungen auf EU-Ebene« erfordern würden, »um den Aufschwung und die Resilienz der Volkswirtschaften der Mitgliedstaaten zu unterstützen«. Die Aufbaumaßnahmen sollten nachhaltig und mit dem herkömmlichen MFR verknüpft werden, der die Haushaltspolitik der EU seit 1988 prägte.[49] Die Führungsspitzen der EU hatten sich am 21. Juli tatsächlich auf ein umfassendes Paket von 1 824,3 Milliarden Euro geeinigt, das den MFR und außerordentliche Aufbaumaßnahmen im Rahmen des Instruments NGE miteinander verband. Der Umfang des MFR machte 1 074,3 Milliarden Euro zur Erreichung der langfristigen Ziele der EU und der Verwahrung der vollen Kapazität des Aufbauplans aus. Der Vorschlag beruhte weitgehend auf dem im Februar von Michel unterbreiteten Entwurf, der u. a. infolge der Unklarheiten und Unsicherheiten der Brexit-Verhandlungen zwei Jahre Beratungen zwischen den Mitgliedstaaten widerspiegelte.[50]

EUROPA SCHREITET ZUR SELBSTHILFE: UMSETZUNG DES WIEDERAUFBAUPLANS UND BÜNDELUNG EUROPÄISCHER GESUNDHEITSPOLITIK

Auf dem mehrtägigen Sondergipfel in Brüssel, dem längsten seit Nizza vom 7. bis 10. Dezember 2000, hatten sich die Staats- und Regierungschefs nach mehr als 90-stündigen Verhandlungen auf ein Paket mit dem beachtlichen Umfang von mehr als 1,8 Billionen Euro geeinigt. Das sei »in der EU-Historie absoluter Rekord«, erklärte von der Leyen. Zur Finanzierung des Aufbaufonds NGE sollte die Kommission erstmals in ihrer Geschichte eigene Anleihen an den Märkten platzieren können, für die die Mitgliedstaaten garantierten. Zur Tilgung wollte die EU in den kommenden Jahren neue Eigenmittel erschließen, u. a. durch nationale Abgaben auf nicht recycelte Verpackungsabfälle, einen CO_2-Grenzausgleich, eine Ausweitung des Emissionshandels und eine Digitalabgabe. Schwerpunkte des Fonds NGE waren 672,5 Milliarden Euro für Zukunftsinvestitionen über die sogenannte Wiederaufbau- und Resilienz-Fazilität. Von den Mitteln sollten 360 Milliarden Euro als Kredite und 312,5 Milliarden Euro als Zuschuss vergeben werden. Schwerpunkte der Investitionen waren die Digitalisierung und der europäische »Grüne Deal«, der Europa bis 2050 klimaneutral machen sollte. So waren 30 Prozent der Investitionen für Klimaschutz und 10 Milliarden Euro für den Klimafonds, *Just Transition Fund* (JTF), vorgesehen, mit dem vom Übergang in eine klimaneutrale Wirtschaft betroffene Regionen unterstützt werden sollten. Von den 1 074 Milliarden Euro für den Haushalt waren 132,8 Milliarden Euro für Binnenmarkt, Innovation und Digitales, 377,7 Milliarden Euro für Zusammenhalt, Resilienz und Werte sowie 356,4 Milliarden Euro für natürliche Ressourcen und Umwelt vorgesehen. Die Vergabe der Mittel war an die Einhaltung rechtsstaatlicher Kriterien gebunden. Von der Leyen sprach von einem notwendigen »Bekenntnis«. Es gelte nun, die Unterstützung des Europäischen Parlaments für das Finanzpaket zu sichern. Ungeachtet der Einigung sprach die Präsidentin – ohne namentlich die Verursacher wie Österreich zu erwähnen – von »bedauerlichen« Anpassungen im Finanzrahmen, etwa in der Gesundheits-, Migrations- und Außenpolitik. Das sei eine »bittere Pille«.[51]

Die Kommission forderte in Folge eine engere Zusammenarbeit der Mitgliedstaaten in der Gesundheitspolitik ein und kündigte Vorschläge für eine »starke Europäische Gesundheitsunion« an. So sollten die EMA und das ECDC zusätzliche Befugnisse erhalten, eine europäische Agentur für biomedizinische Forschung und Entwicklung, *Biological Advanced Research and Development Agency* (BARDA), aufgebaut werden und sich eine »Konferenz zur Zukunft Europas« mit der Verteilung der Kompetenzen im Gesundheitsbereich befassen.[52]

VORBEREITUNGEN ZUR VERTEILUNG EINES IMPFSTOFFES, DER VORSCHLAG FÜR EINE EUROPÄISCHE GESUNDHEITSUNION UND DAS THEMA EUROPÄISCHER MINDESTLOHN

Im Kampf gegen Corona hatte die Kommission im Oktober erstmals Empfehlungen veröffentlicht, welche Bevölkerungsgruppen prioritär eine Impfung gegen COVID-19 erhalten sollten. Ohne Angabe einer genau bestimmten Rangfolge nannte sie prioritäre Gruppen, die die Länder beachten sollten, wenn

Impfstoffe bereitstünden: Gesundheits- und Pflegepersonal, über 60-Jährige, bei denen aufgrund ihres Gesundheitszustands ein erhöhtes Risiko bestand, und systemrelevantes Personal, Menschen, die die Abstandsregeln nicht einhalten konnten sowie stärker benachteiligte gesellschaftliche Gruppen. Das Brüsseler Initiativorgan setzte sich weltweit für eine gerechte Verteilung der Corona-Medikamente ein. Für Reisen innerhalb Europas herrschte künftig mehr Klarheit bei Test- und Quarantänevorschriften und der Einstufung von Corona-Risikogebieten. Darauf verständigten sich die Mitgliedstaaten nach einem Vorstoß der Kommission.[53] Sie hatte inzwischen auch durch einen Vertrag mit dem deutschen Impfstoffentwickler BioNTech und dessen US-Partner Pfizer zur Sicherung der Versorgung mit einem möglichen Corona-Impfstoff erzielt. Verhandlungsergebnisse konnten auch bei der Impfstoffsicherung mit verschiedenen Unternehmen erreicht werden, so u. a. mit CureVac neben BioNTech-Pfizer.[54]

Unmittelbar nach Bekanntwerden der ersten erfolgreichen Entwicklung eines Corona-Impfstoffs im November durch das deutsche Unternehmen BioNTech hatte die Kommission den Erstkauf von 200 Millionen Impfdosen im Namen aller EU-Mitgliedstaaten sowie eine Kaufoption für weitere 100 Millionen genehmigt. Die Lieferung sollte erfolgen, sobald ein nachweislich sicherer und wirksamer Impfstoff verfügbar war. Noch 2020 wollte das Bündnis BioNTech-Pfizer 50 Millionen Dosen des neuen Präparats herstellen, 2021 sollten 1,3 Milliarden Dosen folgen – soweit die Pläne, denen zufolge Deutschland 19 Prozent der Impfmittel zustehen sollten. Die Kommission hatte die Mitgliedstaaten bereits aufgefordert, Vorbereitungen für die Impfungen zu treffen und Impfpläne zu erstellen, was sich jedoch sehr unterschiedlich gestalten sollte. Zugleich legte sie Vorschläge für den Aufbau einer Europäischen Gesundheitsunion vor. Anlässlich der US-Wahlen gratulierte von der Leyen dem designierten Präsidenten Joe Biden und rief zu mehr Kooperation auf.[55]

Stella Kyriakides, die schon erwähnte Kommissarin für Gesundheit und Lebensmittelsicherheit, stellte klar, dass der Impfstoff vor seinem Einsatz eine Zulassung der EMA benötige. Die Kommission hatte indes mit weiteren Impfstoffherstellern Lieferungen besiegelt und zwar mit AstraZeneca, Sanofi-GSK sowie Johnson&Johnson. Mit CureVac und dem Hersteller Moderna waren Vorgespräche geführt worden. Die Ausrufung eines Gesundheitsnotstands sollte künftig eine engere Koordination der Mitgliedstaaten bewirken und die EU-Länder im Krisenfall Gesundheitsdaten austauschen, etwa über freie Intensivbetten oder verfügbares medizinisches Fachpersonal. Ferner sollten die Mitgliedstaaten ihre Gesundheitsvorsorge verstärken, regelmäßige Stresstests die Leistungsfähigkeit und Resilienz der Gesundheitssysteme der Mitgliedstaaten überprüfen. Die am 11. November 2020 von der Kommission grundgelegte EU-Behörde, *European Health Emergency Response Authority* (HERA), sollte ab Ende 2021 im Krisenfall ein einheitliches und grenzüberschreitendes Vorgehen gegen Gesundheitsgefahren sicherstellen. Das ECDC sollte eine Stärkung erfahren sowie eine Gesundheits-Task-Force und ein medizinisches Eingreifteam erhalten, das im Notfall in Mitgliedstaaten oder in Drittländer entsandt werden konnte. Zudem sollten die Mitgliedstaaten im Falle einer Epidemie verpflichtet werden, verlässliche Daten über die Infektionslage in ihrem Land an das ECDC zu übermitteln. Das Mandat für die EMA wurde erweitert, um unionsweit koordinierte Reaktionen auf Gesundheitskrisen einzuleiten. Ferner sollte die EMA die Erforschung zoonotischer Krankheiten vorantreiben, die vom Tier auf den Menschen überspringen können und das Potenzial für künftige Pandemien bergen. Die Kommission wollte noch im November zwei weitere wichtige Initiativen für die Gesundheitsunion vorlegen: eine Arzneimittelstrategie für Europa und den europäischen Plan zur Krebs-Bekämpfung.[56]

Die Gewährleistung eines angemessenen Lebensstandards für Arbeitnehmerinnen und Arbeitnehmer sowie die Verringerung der Armut trotz Erwerbstätigkeit war nicht nur während der Krise wichtig, sondern auch für eine nachhaltige und inklusive wirtschaftliche Erholung von entscheidender Bedeutung. Eine faire Entlohnung sollte für einen funktionierenden Binnenmarkt unerlässlich sein. Im Laufe der vergangenen Jahrzehnte hatte sich in Europa die Lohnlücke weiter geöffnet und die Armut zugenommen. So war die Zahl der Menschen in der EU, die trotz regelmäßiger Beschäftigung unterhalb der Armutsgrenze lebten, von 8,3 Prozent im Jahr 2007 auf 9,4 Prozent im Jahr 2018 gestiegen. Fast 10 Prozent der Arbeitnehmerinnen und Arbeitnehmer in der EU lebten trotz Beschäftigung in Armut. Es sei daher wichtig, dass Beschäftigte im Niedriglohnsektor vom Aufschwung profitierten, erklärte Valdis Dombrovskis, Exekutiv-Vizepräsident der EU-Kommission für eine Wirtschaft im Dienste des Menschen. Da besonders häufig Frauen in schlecht bezahlten Berufen arbeiteten, sei der Mindestlohn auch ein Beitrag zur »Gendergerechtigkeit«. Ziel des Vorhabens war es, dass Geringverdienerinnen und Geringverdiener EU-weit mindestens 50 Prozent des Durchschnittslohns oder 60 Prozent des sogenannten Medianlohns im eigenen Land bekommen. Sozialkommissar Nicolas Schmit betonte, es gehe nicht darum, einen einheitlichen Mindestlohn in der EU festzulegen. Grundlage für das Vorgehen sei u. a. die europäische Säule sozialer Rechte, die 2017 von der Kommission, dem Rat und dem Europäischen Parlament verabschiedet worden war.[57]

Ende Oktober hatte die Kommission ihr Arbeitsprogramm für 2021 vorgelegt. Dabei setzte sie vorrangig auf die Überwindung der Corona-Krise und die praktische Umsetzung des »Grünen Deals«. »Unsere oberste Priorität wird weiterhin darin bestehen, von der Corona-Virus Pandemie bedrohte Leben und Lebensgrundlagen zu retten. Wir haben schon viel erreicht, doch Europa ist noch nicht über den Berg und die zweite Welle trifft ganz Europa hart«, warnte von der Leyen. Sie hatte Prioritäten ihrer Politik in ihrer Rede zur Lage der Union angekündigt. Das Arbeitsprogramm 2021 beschrieb sie auf gut 20 Seiten detailliert und die damit verbundenen einzelnen Gesetzgebungsvorhaben konzentrierten sich auf Schwerpunkte wie die Digitalisierung, Wirtschaft, den »Grünen Deal«, die Stärkung von Europas Rolle in der Welt, Regelungen für den Kampf gegen Schleuser, Maßnahmen zur legalen Migration nach Europa sowie eine Strategie zur Zukunft des Schengen-Raums, um das grenzkontrollfreie Reisen in Europa sicherzustellen.[58]

DER KAMPF GEGEN DESINFORMATION, MASSNAHMEN GEGEN DIE ZWEITE WELLE UND DIE BINDUNG DER WIEDERAUFBAU-MITTEL AN EINEN RECHTSSTAATSMECHANISMUS

Im November hatte die Kommission einen Bericht veröffentlicht, der nachwies, wie Facebook, Google, Microsoft, Twitter und TikTok gegen Corona-Fehlinformationen im Netz vorgingen. So kennzeichnete der Kurzvideodienst TikTok allein im September mehr als sieben Millionen Nachrichten als irreführend. Die Kommission war schon im Juni mit den Internet-Dienstleistern übereingekommen, dass diese gegen Falschmeldungen im Netz einschreiten würden. Ein nun vorgelegter dritter Bericht schilderte die im September 2020 von den Plattformen eingeleiteten Schritte. Bis Ende des Jahres wollte die Kommission zudem zwei weitere Initiativen starten: einen »Europäischen Aktionsplan für Demokratie« und ein »Gesetzespaket für digitale Dienste«.[59]

Die zweite Infektionswelle der Pandemie dämpfte sodann im November die Hoffnung auf eine schnelle Erholung der Wirtschaft in Europa. »Nach der tiefsten Rezession in der Geschichte der EU in der ersten Hälfte dieses Jahres und einem sehr starken Aufschwung im Sommer wurde die Erholung Europas aufgrund des Wiederauflebens der COVID-19-Fälle unterbrochen«, ließ Wirtschaftskommissar Paolo Gentiloni bei der Vorstellung der Herbstprognose wissen. Demnach war die Wirtschaftsleistung in der Eurozone 2020 um 7,8 Prozent gesunken und in der gesamten EU um 7,4 Prozent geschrumpft. Die zweite Infektionswelle schwächte nun den Aufschwung, der im dritten Quartal 2020 eingesetzt hatte, wieder ab. Die EU-Kommission mobilisierte alle ihr zur Verfügung stehenden Mittel, um die Mitgliedstaaten bei der Bekämpfung der zweiten

Welle zu unterstützen. Angesichts der eingeleiteten Rettungsmaßnahmen stieg die Staatsschuldenquote von 0,6 Prozent der Wirtschaftskraft in der Eurozone 2019 auf 8,8 Prozent im Jahre 2020. Die Kommission hatte bereits im März eine Notfallklausel aktiviert und die 1992 in Maastricht vereinbarten Defizitkriterien des Stabilitäts- und Wachstumspakts vorläufig ausgesetzt.[60]

Die Auszahlung von Geldern aus dem EU-Haushalt künftig an die Einhaltung rechtsstaatlicher Kriterien in den Mitgliedstaaten zu knüpfen, war von der Kommission begrüßt worden. Bereits bei drohenden Rechtstaatsvergehen konnte somit eine qualifizierte Mehrheit der EU-Staaten von 2021 an eine Kürzung der EU-Gelder beschließen. Haushaltskommissar Johannes Hahn sah in dem neuen Mechanismus ein wirksames Instrument zum Schutz von Geldern der Steuerzahlerinnen und Steuerzahler. Einer entsprechenden Initiative der Kommission hatten Mitgliedstaaten und Europäisches Parlament zugestimmt. Die Achtung der Rechtsstaatlichkeit in den EU-Ländern wurde als entscheidend für die Wirtschaftlichkeit ihrer Haushaltsführung und eine wirksame EU-Finanzierung angesehen. Die Kommission hatte bereits im Mai 2018 vorgeschlagen, die Finanzierungen durch die EU stärker an die Einhaltung rechtsstaatlicher Prinzipien zu binden. Im Falle Polens beklagte die Kommission Regelungen des Justizgesetzes aus dem Jahr 2019. Die von Warschau eingeführten Vorgaben gefährdeten nach Ansicht der Kommission die Unabhängigkeit der polnischen Richterinnen und Richter und waren deshalb mit dem Vorrang des EU-Rechts inkompatibel. Zudem hinderte das Gesetz polnische Gerichte daran, EU-Bestimmungen zum Schutz der richterlichen Unabhängigkeit direkt anzuwenden und den Europäischen Gerichtshof (EuGH) anzurufen. Die Einwände hatte die polnische Regierung zuvor jedoch zurückgewiesen, worauf die Kommission ihr Vorgehen gegen das unbotmäßige Mitglied verschärfte. Polens Regierung verblieben noch zwei Monate Zeit, um die erforderlichen Maßnahmen zu ergreifen. Andernfalls konnte die Kommission den EuGH anrufen. Gegen Ungarn leitete die Kommission ebenfalls neue Schritte ein und startete ein Vertragsverletzungsverfahren wegen Verstößen bei der Umsetzung der EU-Asylverfahrensrichtlinie. Nach Ansicht der Kommission beschränkte Budapest den Zugang dazu in unzulässiger Weise. Demnach verstießen neue Asylverfahren, die Ungarn als Reaktion auf die Corona-Pandemie eingeführt hatte, gegen das EU-Asylrecht. Nach den neuen Verfahren mussten Drittstaatsangehörige, bevor sie Schutz in Ungarn beantragten, zunächst in einer ungarischen Botschaft außerhalb der EU ihren Asylwunsch vorab bekunden. Zu diesem Zweck musste eine spezielle Einreisegenehmigung erteilt werden. Der EuGH hatte Ungarn bereits wegen unhaltbarer Unterbringungen von Asylbegehrenden in Unterkünften an der Grenze zu Serbien verurteilt.[61]

EINIGUNG AUF REKORDBUDGET – BERUFUNG AUF DAS »LIBERUM VETO« DURCH POLEN UND UNGARN – DURCHBRUCH DURCH KOMPROMISSMANAGEMENT MERKELS IM DEZEMBER 2020

Die Kommissionspräsidentin hatte nach Übereinkunft der Mitgliedstaaten und des Europäischen Parlaments über den MFR und den Corona-Aufbaufonds NGE eine rasche Verabschiedung des Finanzpakets angemahnt. Rat und Europäisches Parlament mussten der Vereinbarung aber noch zustimmen. In den Verhandlungen hatten die Europaabgeordneten Mehrausgaben von rund 16 Milliarden Euro durchgesetzt, die u.a. für Schlüsselprogramme wie das Forschungsprogramm »Horizont Europa« (plus 4 Milliarden Euro), das Gesundheitsprogramm »EU4Health« (hinzukommend 3,4 Milliarden Euro) und das Bildungsprogramm »Erasmus+« (zusätzlich 2,2 Milliarden Euro) zur Verfügung stehen. Im Gegenzug wurde vereinbart, dass künftig die Bußgelder aus Kartellverfahren dem EU-Haushalt zufließen. Die Einigung sah zudem weitere Eigenmittel für die EU vor. Von 2021 an sollte ein Teil des Haushalts durch Abgaben auf nicht-recycelten Kunststoff finanziert werden. Von 2023 an sollten eine Digitalabgabe und eine Kohlendioxid-Grenzabgabe folgen und von 2026 an würden der EU die Einnahmen aus einer Finanztransaktionssteuer aus Börsengeschäften zukommen. Damit standen Brüssel weitere Mittel zur Verfügung. Das Finanzpaket sah drei wesentliche Kerne vor: Mehr als 50 Prozent der Mittel sollten in Modernisierungsvorhaben fließen. So würden Forschung und Innovation über »Horizont Europa« unterstützt, Klimawende und eine Digitalisierung über den Fonds für einen gerechten Übergang sowie das Programm »Digitales Europa« gefördert und das Gesundheitssystem durch die Programme »rescEU« und »EU4Health« unterstützt. Traditionelle Bereiche wie Kohäsions- und Agrarpolitik wurden weiter stark gefördert und rund 30 Prozent für den europäischen »Grünen Deal« vorgesehen. Angesichts des Rekordbudgets war das ein höherer Beitrag für Klimaschutz als je zuvor. Zudem sollte der Haushalt eine größere Flexibilität aufweisen, um für unvorhergesehene Krisen, wie zum Beispiel die Corona-Pandemie, besser gewappnet zu sein. Das Europäische Parlament und die Mitgliedstaaten hatten sich damit auf den Haushalt der Union für die kommenden sieben Jahre geeinigt.[62]

Mit Spannung waren die Reaktionen in den euroskeptischen mitteleuropäischen Metropolstädten erwartet worden,[63] wobei sich schon im Vorfeld die Frage stellte, wie weit bestehende politische Konflikte rechtlich zu lösen waren.[64] Polen und Ungarn bestärkten sich nämlich umgehend gegenseitig in ihrer Haltung gegen den Rechtsstaatsmechanismus und schlugen Neuverhandlungen vor, indem sie »die zügige Verabschiedung des Finanzpakets durch einen zweigleisigen Prozess erleichtern« wollten. So hieß es in einer gemeinsamen Erklärung des ungarischen Ministerpräsidenten Viktor Orbán und seines polnischen Amtskollegen Mateusz Morawiecki nach einem Treffen in Budapest am 26. November. Sie schlugen vor, zunächst EU-Gelder möglichst schnell für alle Mitgliedstaaten verfügbar zu machen. Zudem sollte dann im Europäischen Rat diskutiert werden, ob überhaupt eine Verbindung zwischen Rechtsstaatsprinzipien und finanziellen Interessen der EU hergestellt werden könne. In diesem Falle sollten die Regierungen der EU-Länder in einer Konferenz nötige Änderungen in den EU-Verträgen verhandeln. Beide Nationalstaatspolitiker hatten somit ihr Veto eingelegt, dieses als rechtmäßig bezeichnet und daher ihre Zustimmung zum 1,8 Billionen Euro Finanzpaket verweigert. Sie waren gegen die Regelung, künftig Gelder bei Verstößen gegen rechtsstaatliche Grundsätze zu kürzen. Die EU-Institutionen winkten umgehend ab. Von der Leyen empfahl, sich an den EuGH zu wenden, der für Rechtsstreitigkeiten in der EU zuständig sei und zu urteilen habe. Die Vizepräsidentin des Europaparlaments, Katarina Barley, nannte die Pläne der widersetzlichen Mitteleuropäer »illusorisch«. Der vorgeschlagene Prozess komme de facto einer erneuten Verhandlung des Rechtsstaatsmechanismus gleich, der bereits im Juli von EU-Staats- und Regierungschefs verabschiedet worden war. Sie wies wie von der Leyen darauf hin, dass jedes Mitgliedsland den EuGH anrufen könne, sollte es Zweifel an der Rechtmäßigkeit europäischer Gesetze geben. Ein EU-Diplomat, der anonym bleiben wollte, ließ wissen: »Es ist klar, dass es im Europäischen Parlament oder im Rat absolut keine Unterstützung für die Neuverhandlung des Rechtsstaatsmechanismus gibt.« Er warnte, dass Polen und Ungarn »mit ihrer Erklärung immer tiefer in die Isolation« geraten würden.[65] Es drohte eine Einigung auszubleiben, doch deutete die EU-Ratsvorsitzende am 1. Dezember – ganz im Unterschied zu den Institutionen in Brüssel – bereits vorzeitig, wenn nicht voreilig, auf die Notwendigkeit eines politischen Kompromisses hin. Es schien so, als ob Merkel gegen Ende der deutschen Ratspräsidentschaft noch einen weiteren Erfolg verbuchen, vor allem aber einen Durchbruch erzielen und damit die Freigabe der Aufbauhilfen für die notleidenden Partner im Süden nicht länger blockiert sehen wollte.

Am 10. Dezember gab es tatsächlich grünes Licht für den EU-Haushalt, nachdem der deutsche Ratsvorsitz ein Zusatzpapier vorgelegt hatte, dessen Inhalt Polen und Ungarn von ihrem Veto ablassen sollte. Demnach können sich Mitglieder gegen ein Strafprocedere zur Wehr setzen. Es gilt zunächst für Kommission und Parlament das Urteil des EuGH abzuwarten, bevor EU-Gelder gekürzt werden könnten, was einer aufschiebenden Wirkung gleichkam und das Verfahren bis zu zwei Jahre verzögern konnte.[66] Dieser Zeitgewinn gab den Ausschlag für das Einlenken von Budapest und Warschau, während die Kritiker dieser Regelung eine Verwässerung des Rechtsstaatlichkeitsgebots beklagten.[67]

Demgegenüber stand der Befund des deutschen Außenministers Heiko Maas, der in seiner abschließenden Analyse des Ratsvorsitzes festhielt: »Die Rechtsstaatlichkeit gehört zum Wertefundament des europäischen Projekts. Der neue Konditionalitätsmechanismus stärkt die Rechtsstaatlichkeit in der EU und ihren Mitgliedstaaten und schützt den EU-Haushalt vor Missbrauch. Im Kern kann die Europäische Kommission künftig Maßnahmen vorschlagen, wenn im Zusammenhang mit der Vergabe von EU-Geldern gegen die Prinzipien der Rechtsstaatlichkeit verstoßen wird. Uns war es dabei ein wichtiges Anliegen, dass durch die erläuternden Schlussfolgerungen des Europäischen Rates vom Dezember die Substanz des Mechanismus und der Text der Verordnung erhalten bleiben.«[68] Unerwähnt ließ Maas, dass Teil dieses Deals auch ein sich abzeichnendes Entgegenkommen in Bezug auf die finanzielle Unterstützung für die Energiewende war. Im Vorgehen gegen den Klimawandel sollten Polen und andere mittel-osteuropäischen Staaten, die noch stark auf klimaschädliche Kohle angewiesen waren, unterstützt werden.[69]

Was Maas jedoch in seiner Analyse festhielt, sollte die Rechtsstaatsbefürworterinnen und -befürworter besänftigen: »Mit der Einführung des neuen Rechtsstaatsdialogs im Rat haben wir erstmals ein präventives Instrument geschaffen, das einen offenen und konstruktiven Dialog zum Thema zwischen den Mitgliedstaaten ermöglicht. Auf Grundlage des ersten jährlichen Rechtsstaatsberichts der Europäischen Kommission haben wir erfolgreich sowohl eine horizontale als auch eine länderspezifische Aussprache im Rat geführt, was es uns ermöglicht hat, auch die Lage in einzelnen Mitgliedstaaten in den Blick zu nehmen. Dieser Rechtsstaatsdialog ermöglicht es uns, von den Erfahrungen anderer gegenseitig zu lernen und ein besseres, gemeinsames Verständnis von Rechtsstaatlichkeit in der EU zu gewinnen. Es kann auch dabei helfen, problematische Tendenzen frühzeitig zu identifizieren.«[70]

Ob der Optimismus von Maas berechtigt sein würde, muss sich erst noch erweisen. Kurz darauf meldete sich nämlich Viktor Orbán in einem deutschen Leitmedium zu Wort und beharrte gegenüber Brüssel und der Europäischen Volkspartei-Fraktion und seinem Vorsitzenden auf seine gegenteilige, sprich nationalstaatliche Position. Auf die Frage, ob er die EU mit der UdSSR vergleichen würde, antwortete er: »Wir sind kurz davor. Früher hat das Zentralkomitee in Moskau ideologische Positionen vorgegeben. Wer sich nicht daran hielt, wurde unter Druck gesetzt. Eine ähnliche Kontrollbehörde, ohne juristische Definitionen, ohne für alle gültige objektive Kriterien, wollte auch EU-Kommissarin Véra Jourová [Vizepräsidentin der Kommission und Kommissarin für Werte und Transparenz, Anm. MG] mit dem Mechanismus für den Rechtsstaat einführen. Mitgliedsländer sollen unter Androhung finanzieller Sanktionen gezwungen werden, ideologisch bestimmte Politik umzusetzen«. Orban bezog sich explizit auf die Migration, die Ungarn nicht wolle.[71]

Der Druck auf europarechtswidrig handelnde Mitglieder sollte seitens der EU-Institutionen jedoch nicht nachlassen. Der EuGH ließ alsbald durchblicken, dass die ungarische Asylpraxis unzulässig sei, indem er den Abschub ohne individuelle Untersuchung kritisierte und dem Verfahren der Kommission zustimmte.[72] Es war davon auszugehen, dass Portugal als nachfolgende Ratspräsidentschaft die deutschen Anliegen mit dem anschließenden Ratsvorsitz von Slowenien weiterverfolgen würde.

EIN »MULTIPLES ORGANVERSAGEN« ANGESICHTS DES VERSCHLAFENEN AUSBRUCHS DER PANDEMIE? ZUR ROLLE DER EU-INSTITUTIONEN UND DER MITGLIEDSTAATEN IM CORONA-JAHR 2020

Für die EU-Institutionen kann für 2020 zusammenfassend festgehalten werden, dass zunächst eine verspätete Reaktion infolge von Unterschätzungen des Ausmaßes der Pandemie einsetzte. Der schon bestehende, aber rudimentäre europäische Nachrichtendienst erwies sich als nicht ausreichend informiert und v.a. personell unterbesetzt. Erst ab Mitte Februar wachte Europa allmählich aus seinem Tiefschlaf auf und begann im Laufe des März zu überlegen, was zu tun sei, doch war es schlecht vorbereitet und nur eine unzureichende Folgenabschätzung vorhanden. Die Mitgliedstaaten beschlossen zunächst ihre Maßnahmen eigenmächtig, unabgestimmt und unabhängig im nationalen Alleingang. Es drohte durch Grenzschließungen nicht nur ein Zusammenbruch des Binnenmarktes, sondern durch mangelnde Koordination und Kooperation auch ein »Desaster der Corona-Bekämpfung in Europa«, so August Pradetto.[73]

Die Kommission eilte sodann mahnend im Nachziehverfahren mit Anregungen, Empfehlungen und Impulsen zu Gesetzesinitiativen nach. Der Glanz der vermeintlichen Sternstunde nationalstaatlicher Souveränitätsdemonstrationen verblasste rasch, als die Einsicht um sich griff, dass nicht der Rückzug ins nationale Schneckenhaus, sondern nur ein gemeinsames europäisches Vorgehen wirksam weiterhelfen würde. Nur mit EIB, ESM, EZB und Kommission konnten sich die »Herren der Verträge« nach einigen Wochen einzelstaatlicher Maßnahmen einen gangbaren und sinnvollen Ausweg aus der Krise vorstellen. Gemeinsam mit den EU-Institutionen wurden einmalige Hilfsmaßnahmen in wahrlich historischem und bis dato unvorstellbarem Ausmaß von Milliardenbeträgen als Kredite und Zuschüsse vereinbart, wobei erstmalig in ihrer Geschichte eine erhebliche Verschuldung der EU auf Kosten mindestens einer Generation, wenn nicht der nächsten Generationen (!) in Kauf zu nehmen war. Die schiere Höhe der unfassbar riesigen Milliardenbeträge erschien fast so, als wollte man in Brüssel und den nationalen Metropolen angesichts der erheblichen Mängel und Versäumnisse im Februar und März ein schlechtes europäisches und mitgliedstaatliches Gewissen beruhigen.

Entscheidend für ein erfolgreiches Krisenmanagement war rechtzeitiges Handeln. Die langsame Auffassungsgabe und die völlig unterschätzte Tragweite der Krise seitens der Kommission und der Mitglieder sowie die verzögerte Reaktion von der Leyens auf die eigenmächtig agierenden einzelstaatlichen Maßnahmen erwies sich nicht nur als Schwäche, sondern erzeugte auch enorme, im Ausmaß noch nicht abschätzbare Schäden. Der österreichische Sicherheitsexperte Gunther Hauser hielt in einem ersten Resümee fest: »Die EU hat als Solidaritätsgemeinschaft zwischen den Mitgliedstaaten bei Ausbruch von Sars-CoV-2 nicht funktioniert, dies änderte sich jedoch, als die Grenzen nationalstaatlichen Handelns in den Hauptstädten der EU-Staaten erkannt wurden, zunehmend. [...] Insgesamt wirkte die EU in der Corona-Krise machtlos, weil die EU-Mitgliedstaaten sich auch so verhielten.«[74]

Angesichts der offensichtlich erkennbaren führungsspezifischen Defizite, der organisatorischen Mängel und der strukturellen Schwächen bei der in den ersten Wochen einsetzenden Krisenbewältigung der grenzüberschreitend, transnational und global wirkenden Pandemie sowohl auf nationalstaatlicher Mitgliederebene als auch auf gemeinschaftlicher Unionsebene wie ebenso auf internationaler Organisationsebene – Pradetto spricht von einem multiplen Versagen,[75] was für die EU und ihre Mitglieder für den Zeitraum von Januar bis Anfang und Mitte März zutreffend ist – stellt sich mehr denn je die Frage nach einer Neubestimmung der Kompetenzenverteilung auf den genannten verschiedenen Ebenen, umso mehr als die Erwartungshaltung der europäischen Bevölkerungen gegenüber der Leistungsfähigkeit der EU im Vergleich zur vormaligen Europäischen Gemeinschaft zugenommen hat. Das hat der Historiker Kiran Klaus Patel aufgezeigt.[76] Sein Zunftkollege Hartmut Kaelble hat dabei nachgewiesen, dass es um die Zustimmungsfähigkeit der Europäerinnen und Europäer zur EU und ihren Maßnahmen gar nicht so schlecht bestellt war,[77] wie es oberflächliche Urteile über sie nahelegten.

Für die EU-Institutionen kann ab Frühjahr 2020 jedenfalls nicht mehr von einem Organversagen, sondern ganz im Gegenteil von einem Organfunktionieren gesprochen werden, das die Mitgliedstaaten mitzunehmen verstand und zahlreiche effektive Maßnahmen zu ergreifen imstande war, so dass die Erkenntnis und die Einsicht für weitere Kompetenzen und größere Unabhängigkeit internationaler und supranationaler Organisationen im Zunehmen begriffen war, wie z. B. mehr Autonomie und Handlungsfähigkeit für die EU.

Nach dem deutschen Ratsvorsitz vom 1. Juli bis 31. Dezember 2020 konnte insgesamt ein positives Fazit gezogen werden: Neben dem installierten Wiederaufbaufonds für Corona-geschädigte EU-Mitglieder wurden der deutlich aufgestockte MFR für die EU und seine Kombination mit dem Programm NGE beschlossen, ein zukünftig wirksamerer Rechtsstaatsmechanismus in Aussicht genommen, ein die leidige Frage der Art der Handhabung des Brexit lösendes Handels- und Kooperationsabkommen mit Großbritannien sowie ein Investitionsschutzvertrag mit der Volksrepublik China abgeschlossen. Damit fand die in den Jahren von 2017 bis 2019 profilarme und umstrittene Europapolitik der Bundeskanzlerin einen ansehnlich erfolgreichen Abschluss.

Im Zusammenhang mit der Bekämpfung der COVID-19-Krise verdient ein weiterer Punkt noch Beachtung. Zur Vermeidung des Aufkommens eines Impfstoff-Nationalismus lautete seit Juni 2020 die einleuchtende Strategie der EU-Kommission und des dann folgenden deutschen Ratsvorsitzes unter der Beibehaltung des Grundprinzips europäischer Solidarität, den Ankauf und die Vergabe von Impfstoffen durch die EU vornehmen zu lassen, um Verteilungsgerechtigkeit zu gewährleisten bzw. eine Privilegierung zu vermeiden. Das fand im Freistaat Bayern unter dem sein Bundesland besonders hervorhebenden Ministerpräsidenten Markus Söder erwartungsgemäß keine ungeteilte Zustimmung, war aber aus der Sicht einer Politik gesamteuropäischer Verantwortungsethik sehr nachvollziehbar. Nichtsdestotrotz wurde um den Jahreswechsel vermehrt Kritik laut, die EU habe zu spät und zu wenige Impfstoff/e im ausreichenden Maße bestellt, sei bei der Vergabe von Zulassungen entweder zu schleppend oder bei der Beschaffung und Verteilung der Impfstoffe zu langsam vorgegangen oder gar völlig überfordert gewesen etc. Gesichert erscheint, dass es intern über Kosten und Produzenten – wie z. B. den französischen Konzern Sanofi – Differenzen gab, während das EU-Parlament zunächst keinen und erst verspätet Einblick in die Vereinbarungen erhielt und mit Herstellern zu geringe Abnahmemengen und zu wenig bindende Abnahmeregelungen vereinbart wurden. Bei BioNTech mussten Nachbestellungen vorgenommen und neben BioNTech und Pfizer noch der Impfstoff-Hersteller Moderna im Januar

2021 von der EMA zugelassen werden, Maßnahmen, die die Engpässe nicht so schnell beheben konnten. Offen war neben vielen Fragen im Zusammenhang mit der Schnelligkeit der Findung und Herstellung des Impfstoffs die der Haftung bei Folgeschäden und Komplikationen der Geimpften, von der sich Pfizer ausnahm, was Kritik, Skepsis und Zweifel nährte.[78]

Ähnliche oder gleiche Vorwürfe richteten sich auch auf Ämter, Bundesregierung und Gesundheitsminister Jens Spahn aufgrund der nur schleppend in Gang gebrachten Impfungen in Deutschland, gerade auch angesichts eines deutschen Impfstoffherstellers, zumal Impfzentren bereits seit Dezember eingerichtet waren, aber zu wenig Impfstoff vorhanden war. Die Verteilung war offensichtlich nicht das Problem, sondern die tatsächliche Verfügbarkeit. Es bestand daher die Gefahr, dass beim Zugriff auf Impfstoffe einzelne Mitgliedsländer wie auch der deutsche EU-Musterknabe mehr und mehr im eigenen Interesse vorgehen würden.[79] So konnte schon zu Beginn 2021 und mit Blick auf den weiteren Verlauf des Jahres weiter mit einem anhaltenden Ringen zwischen den Mitgliedern und den Institutionen der EU gerechnet werden, zumal der im Dezember verlängerte Lockdown noch mindestens bis Ostern anzuhalten drohte, von inzwischen bereits mutierenden Corona-Viren als neuer Herausforderung ganz abgesehen.[80]

In einem bemerkenswerten Interview räumte von der Leyen Anfang Februar rückblickend auf Entscheidungen von 2020 »Versäumnisse« bei der Beschaffung von Impfstoffen ein, wobei die Lieferungsverzögerungen unterschätzt, gleichwohl 2,3 Mrd. Dosen von verschiedenen Herstellern geordert worden seien. Man habe zu sehr auf die Entwicklung von Impfstoffen fokussiert und dabei die Frage der Massenproduktion vernachlässigt. Indirekt übte sie Selbstkritik an ihren stets optimistisch stimmenden und zuversichtlich wirkenden öffentlichen Auftritten, als sie konzedierte, dass diesbezügliche Aufklärungen gegenüber der Bevölkerung durch entsprechende Stellungnahmen gefehlt hätten bzw. zu spät erfolgt wären, womit einmal mehr die Problematik der Reaktionsschnelligkeit und der Transparenz im Vorgehen der Kommission berührt war. Die EU sei eben ein großer Tanker und kein Schnellboot, wie von der Leyen in Anspielung auf die Nationalstaaten zu erklären versuchte. Ihre Alleingänge seien jedoch für sie unvorstellbar und damit auch inakzeptabel gewesen.[81]

Unter dem Titel »Wir stehen im Sturm« über Fehler der EU und tiefere Ursachen der Krise im Interview mit Bernd Ulrich (Die Zeit, 18. Februar 2021) ging von der Leyen in die Offensive und verteidigte die gemeinsame Impfstoffbeschaffung. Alle 27 EU-Staaten hätten Zugang. Man habe auf richtige Impfstoffe gesetzt und massiv investiert. Drei seien zugelassen, zwei weitere kämen hinzu.

Als die USA noch komplett ausgefallen seien, habe die EU bereits die globale Impf-Initiative »Covid-19 Vaccines Global Access« (COVAX) vorangetrieben. Vier von fünf Staaten der Welt (85 %) hätten nämlich noch keinen Impfstoff, was das eigentliche Drama sei. Während die meisten EU-Staaten froh wären, Impfstoff zu bekommen, sei in Deutschland die gemeinsame Beschaffung zu Unrecht kritisiert worden, wonach zu spät und zu wenig Impfstoff bestellt worden sei. Die Kommission habe bis dato bis zu 600 Millionen Dosen von BioN-Tech/Pfizer für die EU gesichert. Sie sei weltweit größter Kunde von BioNTech. Pharmaunternehmen hätten selbst bei größeren Anfangsbestellungen nicht mehr liefern können. Engpässe seien auf die komplizierte Produktion der Impfstoffe, Rohstoffknappheit, die große globale Nachfrage und noch nicht etablierte neue Lieferketten zurückzuführen. Von der Leyen räumte ein, dass Großbritannien vier Wochen früher mit Impfungen begonnen habe, weil es bei den neuen Impfstoffen mit einer Notzulassung vorgegangen sei, was zwar schneller, aber mit Risiko verbunden wäre. Die EU und ihre Mitglieder hätten dagegen dem Gesundheitsschutz Vorrang eingeräumt. Lehren aus der Krisenreaktionsfähigkeit seien in Brüssel gezogen worden. Von der Leyen verwies auf Maßnahmen, mit denen der Kampf gegen Virusvarianten verstärkt und besser gegen künftige Pandemien vorgegangen werde. Die Zulassungsverfahren für auf Virus-Mutanten angepasste Impfstoffe würden verkürzt sowie im Programm »Hera-Inkubator« Wissenschaft, Medizin, Pharmaindustrie und Behörden ganz Europas vernetzt, um schneller agieren zu können.

Die weitere Entwicklung in pandemischen wie postpandemischen Zeiten muss offen bleiben.[82] Lenkung, Regelung und Überwachung der Vergabe und Zuweisung der Mittel des Wiederaufbaufonds werden zeigen, ob überhaupt und wie dieser hochkomplexe Prozess im Rahmen der bestehenden EU-Institutionen zu bewerkstelligen ist. Dabei stellt sich die Frage, ob bei der Verteilung eine weiterhin ergänzte und erneuerte Institutionenstruktur für die EU zu schaffen sein wird. Das komplexe Beziehungsgeflecht der Zuständigkeiten zwischen mitgliedstaatlicher Souveränität und gemeinschaftlicher Supranationalität stellt sich durch Corona neu.

ANGST OHNE SCHULE

Vielleicht hat sich auch Österreich in einzelnen Phasen der Pandemie nicht gerade »mit Ruhm bekleckert«, doch man konnte dem Land – wie allen anderen auch – zugutehalten, dass alle erst lernen mussten, mit einer völlig neuen Situation umzugehen. Mitunter brach aber auch Österreich zu einem Alleingang auf.

Bundeskanzler Sebastian Kurz, Vizekanzler Werner Kogler und Gesundheitsminister Rudolf Anschober mahnten seit Anfang März Tag für Tag Vorsichtsmaßnahmen ein. Die Appelle wurden immer dringlicher. Dann wurde der erste Lockdown verkündet. Ab dem 16. März mussten die meisten Geschäfte, Hotels und Gaststätten geschlossen halten. Statt zum Heurigen zu gehen, blieb man zu Hause. Die Bewegungsfreiheit wurde drastisch eingeschränkt. »Wo die Gefahr offensichtlich und die Maßnahmen vernünftig und transparent waren, war die soziale Anpassung an die Schritte zur Eindämmung der Pandemie tendenziell hoch«, hielt dann der australische Historiker Christopher Clark fest.[1] Skeptikerinnen und Skeptiker mochten vielleicht erwartet haben, dass sich viele über die geforderten Maßnahmen hinwegsetzen würden, doch sie wurden eines Besseren belehrt. Allerdings drohten auch bei Nichteinhaltung der Vorschriften empfindliche Strafen. Nachträglich mussten zwar einige der Verordnungen als nicht gesetzeskonform aufgehoben werden, da der Verfassungsgerichtshof den eingebrachten Klagen stattgegeben hatte. Das führte in einigen Bundesländern dazu, dass Bußgelder rückerstattet wurden, doch es änderte nichts mehr daran, dass die Wirkung der Maßnahmen in diesem dann ersten Lockdown unbestreitbar war. Eine Angstpsychose hatte das Land ergriffen und wurde von Regierungsvertreterinnen und -vertretern aber auch von Ärztinnen und Ärzten sowie Virologinnen und Virologen bewusst geschürt, um zu größtmöglicher Vorsicht zu zwingen. Kindergärten, Schulen und Universitäten hatten ihren Betrieb umzustellen gesucht. Das Internet wurde als Schulersatz zu nützen gesucht. So sehr aber die gar nicht mehr so neuen Medien gelobt und der Umgang mit ihnen als selbstverständlich gerühmt wurde, machte sich immer mehr die Erkenntnis breit, dass es eben nur ein Ersatz sein sollte. Und angesichts einer Generation von Schülerinnen und Schülern, die nicht mehr dem Regelunterricht folgen konnte, bestenfalls eine Notmatura – wie nach dem Krieg – ablegen konnte, wurde schon von einer »verlorenen Generation« zu sprechen begonnen. Zu früh, hoffentlich!

♦ M. R.

Abb. 7: Erzwungene Ferien können zu lang werden. Der Wunsch nach »mehr Schule« blieb wochen- und monatelang unerfüllt. Für die die Schülerinnen und Schüler der Volks- und Mittelschulen (Unterstufen) entfiel rund ein Drittel des ansonsten präsenten Unterrichts.

Kurt Scholz

»WER SPRICHT VON SIEGEN? ÜBERSTEHN IST ALLES.«[1]

Das österreichische Bildungswesen im Zeichen einer Pandemie

»Es gibt nur eine einzige Aufgabe für die Parallelaktion:
den Anfang einer geistigen Generalinventur zu bilden! [...]
Gründen Sie [...] ein Erdensekretariat der Genauigkeit und Seele;
alle anderen Aufgaben sind vorher unlösbar oder nur Scheinaufgaben!«[2]
(Robert Musil, Der Mann ohne Eigenschaften)

Ihre Wohnorte sind etwa einen Kilometer voneinander entfernt. Sie, eine erfahrene Pädagogin am Ende ihrer Dienstzeit, unterrichtet in einer Neuen Mittelschule (NMS) am Land. Er, ein junger aufstrebender Wissenschaftler, lehrt in einer Stadt mittlerer Größe. Sie unterrichtet Mathematik, er Latein. Beide verkörpern den Typus idealistischer Lehrerpersönlichkeiten: Sie machen sich Sorgen um ihre Schülerinnen und Schüler, suchen den Kontakt zu den Eltern und sind im Kreis der Kolleginnen und Kollegen beliebt. Die ältesten Schülerinnen und Schüler der Lehrerin sind 15 Jahre alt. Die jüngsten Lateinbegeisterten des Herrn Professors ebenfalls 15. Er unterrichtet sie im Wahlpflichtfach. Das klappt über das Internet auch in Corona-Zeiten gut. Sie bemüht sich, ihre Schülerinnen und Schüler wenigstens zum Betreten des Schulgebäudes und den Besuch ihres Unterrichts zu bewegen. Die einen Fünfzehnjährigen lernen freiwillig, die anderen haben resigniert. Zwei Welten? Nein, ein Schulsystem. Das österreichische...

Schulen können Ungleichheit nicht verhindern. Schon Siegfried Bernfeld stellte 1925 in »Sisyphos oder die Grenzen der Erziehung« fest, dass die institutionalisierte Pädagogik den Status quo einer Gesellschaft, ihre Machtverhältnisse mit all ihren Unter- und Überordnungen reproduziere.[3] Mehr noch als jede noch so idealistische geisteswissenschaftliche Pädagogik sind es die materiellen Voraussetzungen des Elternhauses, welche den Erfolg oder das Scheitern der Kinder und Jugendlichen in der Schule beeinflussten. Der Befund von Siegfried Bernfeld blieb jahrzehntelang – sieht man von einigen Zeitschriftenartikeln ab – unbeachtet: Auch nach 1945. Bernfeld starb 1953 in San Francisco. Eine Gesamtausgabe seiner Werke wurde erst in den 1990er-Jahren, vierzig Jahre nach seinem Tod, in Angriff genommen.

Die tief verwurzelte Scheu, ja Weigerung, statistische Tatsachen und sozialpsychologische Faktoren in die österreichische Bildungsdiskussion einzubeziehen, führte zu einem immer weiteren Auseinanderklaffen zwischen einer dynamischen Gesellschaftsentwicklung und dem strukturellen Konservativismus der österreichischen Schulorganisation. Die Liste der Versäumnisse ist lang. Die verstärkte Berufstätigkeit von Frauen verursachte einen enorm gestiegenen Bedarf an Ganztagsbetreuung. Er wird bis heute nur mangelhaft erfüllt. Zusätzlich verwandelte die Migrationsbewegung ab den 1990er-Jahren in städtischen Ballungszentren die Sozialstruktur der Schülerinnen und Schüler dramatisch, ohne dass es zu einem deutlichen Finanz- und Personalschub für die massiv betroffenen Schulstandorte gekommen wäre. Kurt Schmid vom Wiener Institut für Bildungsforschung verweist in diesem Zusammenhang darauf, »dass die derzeitige Form der österreichischen Schulgovernance eine suboptimale Struktur aufweist«, denn »[i]n einer Vielzahl an Ländern geht der Trend mittlerweile weg von einfachen, auf der bloßen Anzahl der Schüler/innen beruhenden Formeln hin zu komplexeren Berechnungssystemen, die auch unterschiedliche Lernbedürfnisse der SchülerInnen, Unterschiede in Ausrichtung und Ziel der Curricula, unterschiedliche Kosten des Lehrbetriebs etc. berücksichtigen. Besonders stark ist in den letzten Jahren der erste der genannten Faktoren in den Mittelpunkt gerückt, nämlich die unterschiedlichen Lernbedürfnissen [sic] und somit Gleichheitsgrundsätze.«[4] Der Wettlauf hin zu höheren Bildungsabschlüssen hielt unvermindert an, was zu unübersehbaren soziologischen Veränderungen – und allen damit verbundenen Problemen – in den früheren »Hauptschulen« führte. Eine kurzsichtige politische Debatte denunzierte diese Entwicklungen mit schrillen Tönen als ein »Versagen« der städtischen Schulen. Dort wo Strukturreformen, insbesondere im Bereich der 10- bis 14-Jährigen, seit Jahrzehnten überfällig sind, dominierte die Polemik. Die österreichische Schulorganisation war und ist eine Wiege der Ungleichheit. Corona wird die bestehende Schere zwischen den »Haves« und »Have-Nots« noch weiter öffnen.

»Es gibt keine absolute Wahrheit, aber was ihr am nächsten kommt, ist die Gemeinschaft.«[5]
(Alfred Adler)

Werfen wir einen Blick auf die österreichische Bildungsstatistik: Nach den derzeit vorliegenden Zahlen gibt es in Österreich – leicht gerundet – 5 700 Schulen mit ca. 1,1 Millionen Schülerinnen und Schülern, die von mehr als 120 000 Lehrkräften unterrichtet werden. Rechnet man noch die Zahl der Kindergartenkinder mit ca. 240 000 und die Zahl der Studentinnen und Studenten an Universitäten, Pädagogischen Hochschulen und Fachhochschulen mit etwa 80 000 dazu, ist klar zu erkennen, welches Großunternehmen das Bildungswesen ist.[6] Über den Daumen gepeilt kann man sagen, dass mindestens jeder achte Mensch, der in Österreich wohnt, in irgendeiner Form vom Bildungswesen erfasst wird. Dessen zahlenmäßiger Umfang führt vor Augen, wie einschneidend Entscheidungen im Kindergarten-, Schul- oder Universitätswesen sind, welche gesamtgesellschaftliche Auswirkungen sie haben und wie sehr sie den persönlichen Lebensbereich von Kindern und Jugendlichen, Erzieherinnen und Erziehern, Familien, aber auch die Wirtschaft und das Sozialsystem betreffen. Regelungen wie das Offenhalten oder Schließen von Schulen, die Reduktion des Schuljahrs um Wochen oder Monate, die Umstellung von Präsenzunterricht auf das sogenannte »Home-Schooling« zählen ohne Zweifel zu den schwierigsten Entscheidungen, die die Politik kennt.

»Denn freilich mag ich gern die Menge sehen,
Wenn sich der Strom nach unsrer Bude drängt,
Und mit gewaltig wiederholten Wehen,
Sich durch die enge Gnadenpforte zwängt.«[7]
(Johann Wolfgang von Goethe, Faust)

Illustriert werden diese Entscheidungen durch die Zahlen und Fakten der Bildungsforschung. Sie macht deutlich, dass Veränderungen in der Schule zwar »alle« betreffen, sich jedoch auf verschiedene Gruppen in unserer Gesellschaft äußerst unterschiedlich auswirken. Besonders ins Auge springen dabei die dramatischen Unterschiede in der soziologischen Zusammensetzung der Schulen und den unterschiedlichen Bildungsverläufen gleich begabter Kinder und Jugendlicher. So dokumentiert die Bildungsforschung den engen Zusammenhang zwischen dem Bildungsstand der Eltern und der Schulwahl für die Kinder: Die Übertrittsquoten zu Allgemeinbildenden höheren Schulen (AHS) liegen für Kinder von Eltern mit Hochschulabschluss bei 59 Prozent, bei Eltern mit Matura als höchstem Abschluss bei 41 Prozent. Bei Eltern mit einem Lehrabschluss beträgt sie lediglich 22 Prozent.[8]

Auch in Bezug auf die Größe des Schulstandorts gibt es gravierende Unterschiede: In Städten mit über 15 000 Einwohnerinnen und Einwohner war die Übertrittsquote an AHS 2016 doppelt so hoch wie in kleinen Gemeinden. Völlig unterschiedlich verlaufen auch die Bildungsströme zwischen einheimischen Kindern und Kindern mit Migrationshintergrund. Während die Übertrittsquote der Volksschülerinnen und -schüler mit Migrationshintergrund fast unverändert niedrig bleibt, steigt in den AHS die Zahl der Kinder aus Familien ohne Migrationshintergrund kontinuierlich an. Gaben 2006 32 Prozent der Kinder im Schülerfragebogen an, an eine AHS wechseln zu wollen, betrug der Anteil 2016 schon 39 Prozent. Bei Kindern mit Migrationshintergrund stagniert er auf niedrigem Niveau. Die Bildungsschere öffnet sich auch hier unverändert weiter. Internationale Vergleiche attestieren Österreich einen dringenden Nachholbedarf. Während in der Bildungspolitik ein Totstellreflex dominiert, geht die informelle Segregation unvermittelt weiter. Ihre negativen Auswirkungen zeichnen sich schon jetzt ab. In voller Härte werden wir sie erst dann erleben, wenn die Bildungsverliererinnen und -verlierer das Schulsystem verlassen. Die Spannungen sind absehbar. Sie sind durch ein nicht-inklusives Schulsystem vorprogrammiert.

»Wenn man es nur versucht, so geht's,
das heißt, mitunter, doch nicht stets.«[9]
(Wilhelm Busch)

Der Nationale Bildungsbericht Österreichs zählt zu den Kernaufgaben des Instituts des Bundes für Qualitätssicherung (IQS) im österreichischen Schulwesen, des früheren Bundesinstitutes für Bildungsforschung, Innovation und Entwicklung des österreichischen Schulwesens (BIFIE). Am letzten Bericht aus dem Jahr 2018 haben nicht weniger als 70 Expertinnen und Experten aus dem In- und Ausland mitgewirkt. Deren Ausführungen lassen an Deutlichkeit nichts zu wünschen übrig. »Ein bildungsferner Hintergrund, ein niedriger sozioökonomischer Status der Familie«, liest man, »sowie eine nichtdeutsche Alltagssprache erschweren jeweils für sich genommen den Bildungserfolg. Liegen mehrere dieser Faktoren gleichzeitig vor, so wird von einer Kumulation sozialer Risikofaktoren gesprochen, die einem erfolgreichen Bildungserwerb umso hinderlicher sein können. Der Anteil an Migrantinnen und Migranten, die zumindest einen sozialen Risikofaktor aufweisen, beträgt rund 80 %.«[10] Die Expertinnen und Experten konstatierten weiter: »In Österreich besteht ein starker Zusammenhang zwischen Herkunft und Schulerfolg. Kinder mit niedrigem sozioökonomischem Status, mit Migrationshintergrund, ohne ausreichende Deutschkenntnisse oder Kinder, deren Eltern ein niedriges Bildungsniveau haben, haben häufig eine schlechtere Ausgangslage, um in der Schule erfolgreich zu sein. Ihre Familien sind oft weniger mit dem schulischen System und dessen Inhalten vertraut und weniger gut in der Lage, Schulwegsentscheidungen zu unterstützen.«[11]

Damit ist aber auch klar, dass der sozioökonomische Status einer Familie und deren verfügbare Ressourcen, wie etwa der häusliche Bücherbestand, der Besuch von Kulturveranstaltungen, eine Nachhilfemöglichkeit, die privaten Lernmittel, ganz wesentlich über den Schulerfolg entscheiden. Vergessen wir die Illusion, dass sich die Begabung eines Kindes in jedem Fall durchsetzen wird. Es ist mit erschreckender statistischer Deutlichkeit das ökonomische und kulturelle Kapital der Familie, das den Bildungserfolg des Kindes bestimmt.

Der Nationale Bildungsbericht widmet sich auch einem Faktor, der in Zusammenhang mit der Corona-Pandemie und dem vollmundig als Problemlösung beschriebenen »Home-Schooling« von besonderem Interesse ist: Die Digitalisierung. »Ein neuer Indikator«, liest man, »betrifft die Digitalisierung«. Zwar habe Österreich im internationalen Vergleich bei der Nutzung von Computern und Internet in Privathaushalten und vor allem in der jungen Bevölkerung stark aufgeholt, dennoch »befindet sich Österreich nicht im Spitzenfeld. Bei digitalen Problemlösekompetenzen auf höherer Stufe liegt Österreich schlechter.«[12] Wie steht es aber in den Schulen? »Die IT-Infrastruktur ist nach Schulbereichen unterschiedlich entwickelt. In Bundesschulen gibt es eine bessere Infrastruktur als in Landesschulen, in Sekundarschulen eine bessere als in Primarschulen und in berufsbildenden eine bessere als in allgemeinbildenden Schulen.«[13] Soziologisch gesehen bedeutet das, dass jene Schülerinnen und Schüler, die unter wesentlicher Nutzung sozioökonomischer Vorteile ihrer Familie den Sprung ins Höhere Schulwesen geschafft haben, dort ungleich bessere Chancen vorfinden, am Distance-Learning teilzunehmen. Möglicherweise durchaus begabte Kinder, die in Volksschulen oder Neuen Mittelschulen sitzen, haben schon allein aufgrund einer schlechteren Ausstattung ihrer Schulen deutlich geringere Chancen, ihren Bildungsstatus zu verbessern. Wiederum ist es weniger die Begabung oder die Neugier der Kinder, sondern die materielle Ausstattung, die Lebenschancen eröffnet oder erschwert. Der Bildungsbericht nennt zu den äußerst unterschiedlichen technischen Voraussetzungen der Schulen harte Fakten: So kann »die Vergabe eines Gütesiegels (›Digitalisation Award‹) als Information für das Engagement der Schulen im Bereich der Digitalisierung interpretiert werden. Bei Pflichtschulen ist dieses Engagement sehr gering: weniger als 1 Prozent der Volksschulen und weniger als 3 Prozent der Neuen Mittelschulen verfügen zum Stichtag über ein Gütesiegel. Bei weiterführenden Schulen ist das Engagement höher (AHS: 8 %, nichttechnische berufsbildende Schulen: 5 %, technische berufsbildende Schulen: 15 %). Auch hier bestehen Bundesländerunterschiede, die keine systematischen Strategien der Bildungspolitik erkennen lassen.«[14]

Welch dramatische Unterschiede nicht nur zwischen Grundschulen und Höheren Schulen, sondern auch zwischen gleichaltrigen Schülerinnen und Schülern bestehen, dokumentiert der Bildungsbericht schonungslos: »Die soziale Segregation (gemessen am sozioökonomischen Status) zwischen Schulen wird wesentlich durch die Trennung von NMS und AHS in der Sekundarstufe I beeinflusst und ist in dieser Stufe höher als in der Primarstufe.«[15] Im Klartext heißt das, dass der Familienhintergrund von Kindern zwar den Schulerfolg in der Volksschule mitbestimmt, die drastische Auseinanderentwicklung der Bildungsverläufe aber mit zehn Jahren einsetzt: Kinder aus sozioökonomisch benachteiligten Familien landen in den Neuen Mittelschulen, jene der »Better-Offs« in den Höheren Schulen. Die getrennte Organisation unseres Schulwesens in der Altersstufe der 10- bis 14-Jährigen wird für begabte Kinder aus armen oder bildungsfernen Familien zur sozialen Falle. Anstatt kompensatorisch zu wirken, d. h. die Neuen Mittelschulen durch eine entschlossene Verlagerung der Budgets und verbesserte Ausstattung sukzessive an das Niveau der Unterstufe der Allgemeinbildenden Höheren Schulen heranzuführen, finden Kinder bildungsferner Familien in den Neuen Mittelschulen auch noch eine schlechtere Ausstattung vor. Der kumulative Effekt – geringere Bildungsvoraussetzungen in den Familien und schlechtere Lernumgebung in der Schule – beraubt begabte Unterschichtskinder jener Bildungschancen, die in einer entwickelten und durchaus wohlhabenden Demokratie selbstverständlich sein müssten.

Damit aber nicht genug. Um sich einen Überblick über die Infektionshäufigkeit mit COVID-19 an Schulen zu verschaffen, hat das Bildungsministerium in Zusammenarbeit mit den Universitäten Wien und Linz sowie den Medizinischen Universitäten Graz und Innsbruck eine repräsentative Studie an 243 Schulen in Österreich durchgeführt.[16] »Im ersten Untersuchungszeitraum (28.9.–22.10.) wurden insgesamt 10 464 Personen getestet, jeweils rund die Hälfte davon von einer Volksschule (49,7 Prozent) bzw. einer Mittelschule/AHS-Unterstufe (50,3 Prozent). 10 156 Proben konnten ausgewertet werden, 40 davon waren positiv. Das entspricht einer Gesamtprävalenz von 0,39 Prozent, mit einer Schwankungsbreite (95 Prozent Konfidenzintervall) von 0,28 bis 0,55 Prozent.« Die Studie zeigte allerdings nicht nur epidemiologische Fakten, sondern deckte schonungslos die unterschiedliche Betroffenheit von Kindern auf. Die Studienautorinnen und -autoren weisen auf ein höheres Risiko bei sozial Benachteiligten hin: »Unterschiede in der Prävalenz zeigten sich dagegen zwischen Schulen mit unterschiedlichem Index sozialer Benachteiligung. An Schulen mit vielen Kindern aus sozial benachteiligten Familien war das Risiko, mit dem Virus infiziert zu sein um das 3,6-fache (Odds-Ratio) höher als an Schulen mit wenigen Kinder mit diesem familiären Hintergrund. Dieser Unterschied bleibe auch bei Berücksichtigung der durchschnittlichen Klassengröße, der Bevölkerungsdichte im Einzugsgebiet der Schule und dem Bundesland bestehen.«[17]

Damit wurde den bestehenden Ungleichheiten im österreichischen Bildungssystem noch eine weitere hinzugefügt: Kinder haben bei gleicher Begabung äußerst unterschiedliche Bildungsverläufe. Kinder aus sozial schwachen Familien besuchen Schulen mit schlechterer Ausstattung und verfügen über ungleich geringere Möglichkeiten, am sogenannten Distance-Learning teilzunehmen. Dafür haben sie aber ein weitaus höheres Risiko, mit COVID-19 infiziert zu werden. Bei einer nüchternen Betrachtung dieser Fakten fragt man sich, wann sich die Politik in diesem Lande endlich zu schämen beginnt.[18]

»Das Schulwesen aber ist und bleibet allzeit ein Politicum.«[19]
(Maria Theresia, Hofdekret, 1770)

Welchen Pädagoginnen und Pädagogen begegnen nun Kinder, Jugendliche und deren Eltern im schulischen Alltag? Hier mag ein Blick auf die Ergebnisse der Personalvertretungswahlen des Bundes im November 2019 interessant sein. Unter der Gesamtzahl der rund 240 000 wahlberechtigten Bediensteten befand sich auch die große, etwa 124 000 Personen umfassende Gruppe der Lehrerinnen und Lehrer in Österreich.[20] Besondere Bedeutung erhalten die alle fünf Jahre stattfindenden Personalvertretungswahlen dadurch, dass ihre Ergebnisse zur Berechnung der Gewerkschaftsgremien herangezogen werden und damit einen bedeutenden politischen Faktor in Bildungsentscheidungen darstellen.[21] In der gesamten Lehrerschaft erreichte 2019 die Fraktion Christlicher Gewerkschafterinnen und Gewerkschafter 56 Prozent. Weit abgeschlagen folgten die Fraktion Sozialdemokratischer Gewerkschafterinnen und Gewerkschafter mit 22 und die Fraktion Unabhängiger Gewerkschafterinnen und Gewerkschafter mit 19 Prozent. Die in anderen Berufsgruppen wahlwerbende »Aktionsgemeinschaft Unabhängiger und Freiheitlicher« (AUF), die der Freiheitlichen Partei Österreichs (FPÖ) nahesteht, kandidierte im Lehrerinnen- und Lehrerbereich nicht. Insgesamt zeigen die Ergebnisse der Personalvertretungswahlen eine deutlich dominierende katholisch-konservative Haltung der österreichischen Lehrerinnen- und Lehrerschaft. Die Wahlgemeinschaft »Fraktion Christlicher Gewerkschafterinnen und Gewerkschafter im Österreichischen Gewerkschaftsbund« besitzt in fast allen Gremien die Mehrheit, oft sogar eine absolute. Ihre enge Verbindung zur regierenden Österreichischen Volkspartei (ÖVP), die mit Heinz Faßmann auch den Bildungsminister stellte, macht sie daher zu einem gewichtigen Faktor in schulpolitischen Entscheidungen. Dies wurde in vielfältiger Weise bei allen Corona-bedingten Maßnahmen im Bildungsbereich deutlich. Die Trägerinnen und Träger politischer Entscheidungen habe also nicht nur epidemiologische, wirtschaftliche und soziale Faktoren zu beachten, sondern auch den innerparteilichen Machtfaktor, den die Lehrerschaft innerhalb der ÖVP darstellt.[22]

Im Zusammenhang mit der Pandemie ist aufschlussreich, worin diese Vertretung der Lehrerinnen und Lehrer Schwerpunkte ihrer Arbeit sah. Sie bestanden in der Betonung der Schwierigkeiten der Pädagoginnen und Pädagogen, der Forderung nach mehr Personal, der Abwehr von Vorschlägen des Bildungsministers, an »Fenstertagen« in den Schulen Kinder zu betreuen.[23]

Klare Worte für die tatsächlich Benachteiligten, wie etwa aus dem Mund von Klaus Markstaller, dem Präsidenten der Gesellschaft für Intensivmedizin, »es ist unsozial letztlich, was von einem verlangt wird«,[24] hörte man aus dem Mund von Lehrerinnen- und Lehrervertretern nicht. Vielmehr hieß es: Die Phrase, wonach der Lehrerinnen- und Lehrergewerkschaft vor allem das Wohl der Kinder am Herzen liege, klingt in Zeiten einer Pandemie noch hohler als sonst.[25]

»Das höchste Glück der Erdenkinder
Sei nur die Persönlichkeit.«[26]
(Johann Wolfgang von Goethe, West-östlicher Divan)

Bildungsminister Heinz Faßmann schien von Anfang an nur schwerlich in das Ministerinnen- und Ministerteam der türkisen Regierungsfraktion zu passen: Zu sehr entsprach er in der Riege junger, erfolgreicher Aufsteiger dem Typus des akademisch ausgezeichneten, erfahrenen, überlegt und ruhig argumentierenden Universitätsprofessors. Politische Polemik und Medienaktionismus waren von ihm nicht zu erwarten. Dazu kam noch ein Hauch Max-Weberscher protestantischer Ethik. Nach einer kurzen ersten Ministerschaft wurde seine Ablöse, zusammen mit der türkis-blauen Regierung Kurz/Strache, von vielen als Verlust empfunden – und sicherlich auch von ihm selbst. Dass er nach dem Zwischenspiel der Regierung Bierlein wieder zurück in das Regierungsteam Kurz/Kogler geholt wurde, versprach die Fortsetzung einer unaufgeregten, betont intellektuell geprägten Bildungspolitik. Dass diese vom Ausbruch einer Pandemie überschattet werden sollte, kam völlig unerwartet. Für jene Entscheidungen, welche die Epidemie im Schulwesen unumgänglich machte, konnte man auf so gut wie keine früheren Erfahrungen zurückgreifen. »Wie eine ›Tischvorlage‹ Politik gemacht hat«, hieß es dann. »Sechsstellige Todeszahlen – und jeder werde jemanden kennen, der an COVID-19 verstorben ist. Diese drastische Aussage von

Bundeskanzler Sebastian Kurz (ÖVP) Ende März basiert auf einem Expertenpapier von fünf Forschern. Doch der Text war eine ›Tischvorlage‹ mit inhaltlichen Leerstellen. [...] Auch die von Bundeskanzler Kurz und Vizekanzler Werner Kogler (Grüne) öffentlich erwähnten ›100.000 Toten‹ finden sich dort. [...] Wurde die Wissenschaft instrumentalisiert?«[27] Die getroffenen Entscheidungen bedeuteten jedenfalls den tiefsten Einschnitt in die österreichische Bildungslandschaft seit 1945. Die Entscheidung, vom 16. März bis Mitte Mai auf die Präsenz der Schülerinnen und Schüler zu verzichten, traf ein Schulwesen, das auf solche Veränderungen schon rein technisch kaum vorbereitet war: Die Formel vom »Home-Schooling« klang zwar modern, die Ausstattung der Schulen, Lehrerinnen und Lehrer, Eltern, Kinder und Jugendlichen entsprach dem jedoch nur zum Teil: Von einer flächendeckenden Versorgung mit Laptops, Lernprogrammen und sonstigen elektronischen Hilfsmitteln konnten nicht einmal Berufseuphorikerinnen und -euphoriker reden. Wieder einmal rächte sich die informelle, in der Bildungsdiskussion kaum als zentrales Problem erörterte, sozial selektive Struktur des österreichischen Bildungswesens. Während Lehrerinnen und Lehrer bereit waren, ihre persönlichen elektronischen Geräte und Lernprogramme in den Dienst der Schule zu stellen, wies und weist die Ausrüstung der Haushalte je nach sozialer Schicht dramatische Unterschiede auf. Dass Kinder kürzlich zugezogener Migrantenfamilien nicht über jene elektronischen Hilfsmittel verfügten, die in einem durchschnittlichen Akademikerhaushalt seit Jahren selbstverständlich sind, war mit Händen zu greifen. Dass diese Lücke während des ersten Lockdowns nicht kurzfristig geschlossen werden konnte ist nachvollziehbar. Man war auf Improvisation angewiesen, und diese gelang, wenn auch äußerst unterschiedlich. Negative Stimmen waren nur vereinzelt zu vernehmen. Anders war es im zweiten Lockdown: Hier war die Kritik an der mangelhaften Vorbereitung der Schulen deutlich hörbar. So konstatierte etwa die erfahrene Pädagogin Heidi Schrodt »ein Systemversagen«: »Was von Beginn an auffällt ist die Tatsache, dass der Schutz der Lehrerinnen und Lehrer so gut wie nie ein Thema war. [...] Über Präventivmaßnahmen war monatelang nichts zu hören. [...] Erst jetzt, fast zehn Monate nach dem Ausbruch der Pandemie, gibt es eine Maskenbeschaffung. Leider kann die Debatte um Schulschließungen nicht geführt werden, ohne auf gravierende Versäumnisse der letzten Monate hinzuweisen. Man hätte den Sommer dazu nützen können, Vorsorge zu treffen, dass zumindest im Pflichtschulbereich die Schulen offen gehalten werden können: Die flächendeckende Anschaffung von Lüftungsanlagen zählt ebenso dazu wie die Anmietung von Räumlichkeiten im Umfeld der Schule oder die Ausrüstung mit Einzeltischen.«[28] Auch über die Konsequenzen des »Home-Schoolings« dürfen keine Illusionen bestehen:

»Schulschließungen führen zu verheerenden Langzeitfolgen für die ›Corona-Generation‹, wovor die OECD schon seit Monaten warnt und worauf in Österreich ganz aktuell eine IHS-Studie hinweist. Die Folgewirkungen für die von Schulschließungen betroffenen Eltern sind katastrophal.«[29]

Tatsächlich wiesen in einem erstaunlichen Gleichklang sowohl das Institut für Höhere Studien als auch das Wirtschaftsforschungsinstitut auf die enormen volkswirtschaftlichen Kosten von Schulschließungen hin: »Die Umstellung auf Fernunterricht führe durch weniger aufgewendete Zeit für schulische Aktivitäten zu ›massiv negativen Effekten auf den Kompetenz- und Wissenserwerb‹, und zwar vor allem bei jüngeren und benachteiligten Schülern, deren Eltern sie nicht so gut beim Lernen unterstützen können. Dazu komme gerade bei Kindern aus benachteiligten Haushalten noch die höhere Wahrscheinlichkeit von Arbeitslosigkeit«, so die beiden Autoren Martin Kocher und Mario Steiner.[30]

Schulschließungen, so die Erkenntnis der beiden Forscher, seien auch für die Verschärfung sozialer Ungleichheit verantwortlich: »So konnten nach Lehrer-Schätzungen etwa zwölf Prozent der Schüler durch Fernunterricht nicht erreicht werden, unter benachteiligten Schülern waren es 37 Prozent. Vor allem bei benachteiligten Jugendlichen seien die Kompetenzverluste ausgeprägt, generell seien Langzeitfolgen wie früher Bildungsabbruch, höhere Dropout-Quoten bzw. geringere Karrierechancen zu erwarten. ›Auf sehr vorsichtiger Schätzbasis‹ sei ein Erwerbseinkommensverlust aller betroffenen Schüler von 100 bis 200 Euro pro Distance-Learning-Monat zu erwarten, macht bei rund 1,1 Mio. Schülern einen Verlust von mehr als zwei Mrd. Euro (0,5 Prozent des BIP) ›oder mehr‹.«[31] Überdies komme es »durch die Betreuung vor allem von Pflichtschülern zu […] Produktivitätseinbußen der Eltern, die ja nicht gleichzeitig arbeiten und Kinder unterrichten oder betreuen könnten.[…] Kocher und Steiner gehen davon aus, dass durch jede Woche der Schließung von Pflichtschulen direkte Kosten von 300 Mio. Euro entstehen. Das wäre nach ›vorsichtiger Schätzung‹ gut eine Milliarde Euro bzw. 0,25 Prozent des BIP pro Schul-Lockdown-Monat. […] Die ökonomischen Gesamtkosten der Schließung der Schulen im Frühjahr gehen laut Kocher und Steiner in die Milliarden, inklusive langfristiger Kosten in einen zweistelligen Milliardenbereich. Dabei seien hier die psychologischen Kosten noch nicht einberechnet. Die Schließung von Schulen und Kinderbetreuungseinrichtungen sollte daher ›die ultima ratio in der Pandemiebekämpfung sein‹.«[32]

Angesichts solcher Warnungen ist es wenig überraschend, dass sich der Bildungsminister lange gegen die Schließung der Schulen wehrte. Wieso es letztlich anders kam, ist wohl das Resultat einer Konfliktaustragung innerhalb der

Bunderegierung,[33] bei der sich der Bildungsminister letztlich nicht gegen den Bundeskanzler (und den Sozialminister?) durchsetzen konnte. Erstaunlich gut informiert – wer hier wohl geplaudert haben mag? – berichtete der Standard über die Kräfteverhältnisse innerhalb der Regierung:[34] »Der Kanzler setzte die Schulschließungen zwar durch, hatte aber erstmals mit breitem Gegenwind auch aus seiner Partei zu kämpfen.«[35] Die massive Kritik der Opposition an den Schulschließungen verschonte auch nicht den in der Regierung offenbar überstimmten Bildungsminister: »Nein, ich bin nicht gescheitert. Es geht um eine Güterabwägung.« Und auf die Frage, ob er je an einen Rücktritt gedacht habe: »Faßmann: Nein, nie. Ich bin ein sehr pflichtbewusster Mensch.«[36]

»Unter stummer Wiederholung allseitiger Umarmungen
fällt der Vorhang«.[37]
(Gotthold Ephraim Lessing, Regieanweisung am Schluss von »Nathan der Weise«)

Um sich die Konsequenzen der neuerlichen Schließung von Schulen, vor denen internationale Expertinnen und Experten ausdrücklich gewarnt hatten,[38] zu veranschaulichen, ist ein Blick auf Statistiken unumgänglich. Während in den Kindergärten das freiwillige Betreuungsangebot häufig in Anspruch genommen wurde,[39] wurde dies in den Schulen nur von einer verschwindenden Minderheit der Schülerinnen und Schüler genützt. Über alle Schulen gerechnet, besuchten nur rund 14 Prozent ihre Schulen.[40] Dabei waren vor allem die Unterschiede zwischen den Schularten gravierend. Noch mehr aber stechen die soziologischen Unterschiede ins Auge. So gaben zwar 73 Prozent von 1 760 befragten Lehrerinnen und Lehrern an, mit dem Unterrichten von zu Hause aus »sehr gut oder gut« zurecht gekommen zu sein aber gleichzeitig beklagt 45 000 Schülerinnen und Schüler, dass schon im ersten Lockdown ihr Wohlbefinden deutlich gesunken sei. Alarmierende 16 Prozent gaben in einer Untersuchung der Universität Wien an, keinen eigenen Computer oder ein Tablet zu haben, um dem Unterricht online folgen zu können.[41] Die Ankündigung vom Juni 2020, Kinder mit Laptops ausstatten zu wollen, konnte also zumindest kurzfristig nicht umgesetzt werden.[42] Dass diese Aktion »vorerst« auf die Schülerinnen und Schüler der 5. Schulstufe beschränkt sein sollte und erst ab dem Schuljahr 2021/21 einsetzen sollte, dürfte für die Eltern im zweiten Lockdown zwar eine tröstliche Aussicht, doch keinesfalls eine Lösung aktueller Probleme dargestellt haben.

»[…] Das ist der Fluch von unserm edlen Haus:
Auf halben Wegen und zu halber Tat
Mit halben Mitteln zauderhaft zu streben.
Ja oder nein, hier ist kein Mittelweg.
Es drängt die Zeit; wir selbst sind die Bedrängten.«[43]
(Franz Grillparzer, Ein Bruderzwist in Habsburg)

Verstärkt die Corona-Pandemie die Verwerfungen in unserem Bildungswesen oder eröffnet sie neue Perspektiven? Dass jede Krise lang schwelende Probleme offenlegt,[44] steht außer Zweifel. Sie könnte aber auch einer rationaleren Bildungsdiskussion Anstöße bieten. Krisen legen nicht nur im Wirtschafts- und Sozialbereich Strukturschwächen offen, sondern auch im Schulwesen. Dass die durch die Schulschließungen unvermeidlichen Bildungsverluste der Kinder und Jugendlichen besser in Ganztagsschulen als im gegenwärtigen Betreuungs-Flickenteppich aufgeholt werden können, können heute nicht einmal mehr jene bestreiten, die jahrzehntelang mit dem Kampfbegriff von »Zwangstagsschulen« gegen ganztägige Betreuungsformen polemisiert haben.[45]

Ebenso unbestritten ist die Tatsache, dass eine zeitgemäße Ausstattung aller Kinder und Jugendlichen mit Hilfsmitteln der Informationstechnologie neue Fähigkeiten und neue Chancen eröffnen würde. Auch wenn die Wundergläubigkeit in das E-Learning[46] oft seltsame Blüten treibt, wäre hier eine Kraftanstrengung vergleichbar der Gratis-Schulbuchaktion der 1970er-Jahre ein längst fälliger Innovationsschub. Ankündigungen dazu gab es.

Zu vorsichtigem Optimismus geben auch pragmatische Entscheidungen Anlass, wie etwa die menschlich nachvollziehbare Entscheidung des Bildungsministers, bei der Zentralmatura auf die durch die Schulschließungen verursachten Vorbereitungsdefizite Rücksicht zu nehmen. Unvermeidlich waren jedoch auch die Reaktionen darauf.[47]

Am deutlichsten aber wurde seit der Corona-Krise, welchen Stellenwert Eltern der Gemeinschaftserziehung zuerkennen[48] und wie sehr die Schülerinnen und Schüler den Schulalltag mit seinen Begegnungsmöglichkeiten schätzen. Wie die APA berichtete, hätten in der Diskussion darüber, wie Schule in Zeiten der Corona-Pandemie organisiert werden solle, die Elternvereine erneut gefordert, dass es »soweit wie möglich Normalunterricht – d. h. Präsenzunterricht – für unsere Kinder geben soll.«[49] Nicht unähnlich der Katholische Familienverband Österreichs (KFÖ), der sich vor dem Hintergrund möglicher Corona-Lockdown-Verschärfungen dafür ausgesprochen hat, die Schulen weiterhin offen zu halten. Der Verband vertraue hier auf die Expertise von Medizinern.[50]

Die größte Sorge müsste für Schulpolitikerinnen und -politiker allerdings die Tatsache sein, dass Corona die extrem unterschiedlichen Bildungsverläufe gleich begabter Schülerinnen und Schüler noch weiter auseinanderklaffen lässt. Nicht die Begabung entscheidet über die Schullaufbahn, sondern der Storch. Mit seiner Entscheidung, in welche Familie er das Neugeborene bringt, bestimmt er dessen Schullaufbahn. Das Märchen von einem sozial gerechten, meritokratischen Bildungswesen, das soziale Unterschiede mehr verringert als verstärkt, ist ausgeträumt. Corona liefert eine traurige Bestätigung dafür.

Zu hoffen wäre, dass Bildungspolitikerinnen und -politiker aller Parteien die Krise zum Anlass nehmen, Profilierungssucht, Polemiken und die Rücksicht auf Verhinderungskünstlerinnen und -künstler in den eigenen Reihen zu beenden und stattdessen im Schulwesen jahrzehntelang überfällige Strukturreformen nach dem Vorbild erfolgreicherer europäischer Länder durchführen. Dazu bedürfte es in allen parlamentarischen Gruppierungen mutiger Persönlichkeiten, die die Kraft haben, politische Selbstfesselungen zu lösen, Trennendes zu überwinden und Gemeinsamkeiten zu suchen.

Vielen mag das als Illusion erscheinen, aber ihr sollte die Zukunft gehören. Optimismus ist Pflicht, meinte Karl Popper. Und schließlich ist es gute hundert Jahre her, dass Robert Musil die Entschlusslosigkeit der österreichischen Politik mit dem Esel des Buridan verglichen hat. Musils Appell klingt in den Ohren: »Auch Buridans Österreicher, trotzdem er auf Gespaltenheit vom Kopfe bis zum Hufe eingerichtet ist und auf noble Subtilität, sollte ein einzigesmal einen Burgfrieden schließen zwischen der Spiritualität und der gemeinen Wahrheit und das Einfache einfach tun, trotzdem er es kompliziert unterlassen könnte.«[51]

MOMENTE DER WAHRHEIT

Die Suche nach der einfachen Wahrheit in Krisenzeiten hatte es zweifellos in sich. Und die Reaktion auf den – erklärten oder nicht-erklärten – Ausnahmezustand war zweifellos herausfordernd. Allenthalben waren die Regierungen gefordert. Dabei ging es aber nicht nur um die Tagespolitik, denn Corona legte – auch in Österreich – schonungslos Schwächen offen. Und man konnte die Reaktionen auf die getroffenen Maßnahmen getrost als eine Art Plebiszit werten. Was war das aber im Vergleich mit anderen Staaten? Deren Probleme herauszustreichen gab Gelegenheit, die eigenen Maßnahmen als weit zielführender zu loben und solcherart auch die eigene Klientel zu beruhigen. Die mehr als zweifelhafte Reaktion des egomanischen US-Präsidenten auf die Katastrophe im eigenen Land wurde dabei immer wieder als beispielhaft erwähnt. Mangelnde Vorsorge war aber ein Moment, das nicht nur in den USA zu Buche schlug. Auch in anderen, nicht zuletzt europäischen Staaten wurde bei dramatisch steigenden Infektionszahlen mit den jeweiligen Regierungen abgerechnet. Dabei spielte dann freilich nicht nur die Reaktion auf die Anzahl der Infizierten, der Krankenhauspatientinnen und -patienten sowie der Toten eine Rolle, sondern die Gesundheitsvorsorge generell. Und um bei der Formulierung von Emmanuel Macron zu bleiben: Der »Krieg« gegen das Virus hatte auch eine Vorkriegszeit zur Voraussetzung, die vielleicht hätte besser genutzt werden sollen.

Österreich schien in dieser Phase, die im ersten Lockdown gipfelte, zu den Glücklichen zu gehören. Die Zustimmung zu den Maßnahmen der Bundesregierung war – nicht ganz überraschend – hoch. Die Zahl der Infizierten, Spitalspatientinnen und -patienten und vor allem Toten blieb verhältnismäßig niedrig, und die Bereitschaft, die Einschränkungen auf sich zu nehmen, war groß. Man wertete sie als Vorsorge und hoffte auf ein baldiges Ende der stringenten Maßnahmen. Zu dieser Akzeptanz trug allerdings etwas bei, das die Pandemie gegenüber ihren Vorgängern unvergleichlich machte: Mit der Verkündung der drastischen Einschränkungen gingen Schritte Hand in Hand, die sicherstellen sollten, dass sich an einem Tag X wieder Normalität einstellen konnte. Vor allem Kurzarbeit aber auch finanzielle Aushilfen, die – so wurde versprochen – unbürokratisch und in kürzester Zeit fließen sollten, waren dazu gedacht, aus der Pandemie keine soziale Katastrophe werden zu lassen. Ein wenig ähnelte auch das einer Nachkriegszeit, diesmal der nach dem Zweiten Weltkrieg. Damals herrschte das Prinzip vor: Wenn es den Menschen schlecht ging, dann sollte es alle gleichmäßig treffen. Und wenn es wieder gut ging, dann sollte auch das für alle gelten. Unbeschadet der letztlich gleichmacherischen Tendenzen wurde schnell deutlich, dass es unmöglich war, Gleichförmigkeit zu erzielen. Denn meistens entzogen sich individuelle Sorgen wie Wünsche jeglicher egalisierenden Fürsorge. Das galt nicht zuletzt auch für die Glaubensgemeinschaften, die auf eine Art Notbetrieb umstellen mussten, näher zusammenrückten und gleichzeitig auf Distanz blieben. ♦ M. R.

Abb. 8: Für jeden Toten eine Kerze. Lichtermeer für 5 127 COVID-Tote am 18.12.2020 vor dem Wiener Stephansdom.

Martin Jäggle

GLAUBEN OHNE GEMEINSCHAFT

Kirchen und Religionsgemeinschaften in Zeiten der Pandemie

Die Einschränkungen des sozialen Lebens zur Eindämmung des COVID-19-Virus hatten auch – teils noch nie dagewesene – Auswirkungen auf religiöse Gemeinschaften, ihr Leben, ihre Zusammenkünfte, Gemeinschaftsgebete und Gottesdienste.[1] Schon im Frühjahr lief das jüdische fröhliche Purim-Fest auf Sparflamme, oder gar nicht. Begrenzungen gab es auch für das ebenso fröhliche Holi-Fest der Hindus. Nur im kleinen Rahmen konnten das jüdische Pessachfest und das christliche Osterfest gefeiert werden und ebenso der ganze islamische Fastenmonat Ramadan, abgesehen vom lange Zeit völligen Ausfall der physischen Präsenz Gläubiger am Schabbat in der Synagoge, am Sonntag in der Kirche und am Freitag in der Moschee. Um die Situation der Kirchen und Religionsgemeinschaften in den außergewöhnlichen Zeiten der Pandemie angemessen zu verstehen, sind einige Vorbemerkungen erforderlich.

Es gibt einen breiten kritischen, wissenschaftlichen, gesellschaftlichen und politischen Diskurs über Religion, wie sie zu verstehen wäre. In den alle Bereiche der Gesellschaft herausfordernden Zeiten der Pandemie trat die soziale Dimension von Kirchen und Religionsgemeinschaften in den Vordergrund. Sie zeigten sich vor allem als Gemeinschaften von Menschen, für die physische Begegnung und Präsenz vielfach essentiell, aber in diesen Zeiten nur eingeschränkt oder gar nicht möglich sind. Das gilt natürlich besonders für das gemeinschaftliche Gebet und den Gottesdienst, aber auch für den regelmäßigen sozialen Austausch. Als Gemeinschaften sind sie auch Solidargemeinschaften, die sich in vielfältiger Form um Bedürftige unter den Mitgliedern, aber auch darüber hinaus annehmen.

In Zeiten einer Pandemie, in denen Staaten aus gesundheitspolitischen Erwägungen massive Eingriffe in persönliche und gesellschaftliche Freiheiten vornehmen, bekommt die Frage der Grenzen, vorrangig der rechtlichen Grenzen staatlichen Handelns eine besondere öffentliche Aufmerksamkeit. Hier ist der religionsrechtliche Aspekt ein sehr heikler, da einerseits die individuelle Religionsfreiheit zu den wichtigen Grund- und Menschenrechten zählt und andererseits die institutionelle Religionsfreiheit, die Freiheit der Kirchen und Religionsgesellschaften, ihre inneren Angelegenheiten autonom zu regeln, jedenfalls in Österreich gesetzlich garantiert wird. Dass Religion in dieser Zeit rechtlich und politisch – für viele unerwartet und massiv irritierend – als nicht »systemrelevant« eingestuft wurde, ist die Folge eines engen funktionalistischen Verständnisses von »System« und soll hier nicht weiter analysiert und kommentiert werden. Dass Religion »existenzrelevant« ist, bleibt ja weiterhin unbestritten.

In den folgenden Überlegungen geht es darum, genauer zu betrachten, welche Auswirkungen die Corona-Krise auf die Kirchen und Religionsgemeinschaften hatte und welche besonderen Aktivitäten diese in dieser Zeit gesetzt haben. Juridisch ist der Ausdruck Religionsgesellschaft bestimmt für jene Religionsgemeinschaften, die staatlich anerkannt sind. Davon werden die religiösen Bekenntnisgemeinschaften unterschieden, die staatlich registriert sind. Hier wird der Ausdruck Religionsgemeinschaft verwendet, um Aussagen treffen zu können, die für alle in gleicher Weise zutreffend sind.

Die Pandemie hat alle, auch die Kirchen und Religionsgemeinschaften, unvorbereitet getroffen. Das betrifft das Zustandekommen der kurzfristig zu treffenden Entscheidungen, aber auch die religiösen, sozialen sowie finanziellen Auswirkungen der staatlichen und in Eigenverantwortung der Kirchen und Religionsgemeinschaften getroffenen Maßnahmen.

DIE SPEZIELLE BEDEUTUNG DER PHYSISCHEN PRÄSENZ IN RELIGIONSGEMEINSCHAFTEN

Wie einschneidend der (freiwillige) Verzicht auf gemeinschaftliche Gebete und Gottesdienste für Kirchen und Religionsgemeinschaften sowie ihre Mitglieder war, erschließt sich erst, wenn man um die Bedeutung der physischen Präsenz für sie weiß. In der katholischen Kirche ist die Feier aller Sakramente die Feier einer Gemeinschaft und an die physische Präsenz dieser Gemeinschaft gebunden, der nicht dispensierbar ist. Wer Sakramente (mit)feiern will, muss physisch anwesend sein. Im Falle einer Eucharistiefeier ist dies leicht nachvollziehbar, da der Empfang der Kommunion ohne Präsenz nicht möglich wäre. Für die Feier jedes Sakramentes könnte die Notwendigkeit der Präsenz hier anschaulich gemacht werden. So gilt das Präsenzprinzip ebenso bei der Beichte, die per Handy gefeiert »wahrscheinlich ungültig« ist, wie der für das Gnaden- und Ablasswesen zuständige Großpönitentiar der Katholischen Kirche, Kardinal Mauro Piacenza, am 5. Dezember 2020 erklärt hat.[2] Doch von Anfang der Kirche an gibt es für Notfälle kirchliche Regeln, die von der verpflichtenden Feier der Sakramente dispensieren bis hin zum Konstrukt der »geistlichen« Kommunion. Im Judentum gilt der Minjan als Voraussetzung für wichtige Gebete, also die Gemeinschaft von zehn religiös mündigen Juden, die zusammenkommen müssen, damit der Schabbatgottesdienst stattfinden kann, um aus der Tora lesen oder das Schmoneh Essre (Achtzehnbittengebet) und das Kaddisch öffentlich sprechen zu können. Das Totengebet (Kaddisch) kann der Tradition entsprechend nachgeholt werden und in der Zeit der Pandemie erwiesen sich die Gemeinden als sehr flexibel.[3]

DIE ERFOLGREICHE KOOPERATION VON KIRCHE UND STAAT IN ÖSTERREICH[4]

In der Regelung ihrer inneren Angelegenheiten sind die Kirchen und Religionsgesellschaften in Österreich verfassungsrechtlich garantiert autonom,[5] wobei die Organisation und Gestaltung von Gebeten und Gottesdiensten unbestritten zum Kernbereich dieser inneren Angelegenheiten zählen. Staatliche Regelungen für diesen Bereich sind daher gesetzlich nicht so ohne weiteres möglich, während aber für alle »nicht-liturgischen« Veranstaltungen und Aktivitäten für die Religionsgesellschaften die allgemeinen rechtlichen Regelungen in gleicher Weise gelten.

Die Europäische Menschenrechtskonvention (EMRK) garantiert in Artikel 9, Absatz 1 die Religionsfreiheit der Einzelnen und normiert zugleich in Absatz 2 die Gründe, die eine Einschränkung der Religionsfreiheit erlauben, nämlich »notwendige Maßnahmen im Interesse der öffentlichen Sicherheit, der öffentlichen Ordnung, Gesundheit und Moral oder für den Schutz der Rechte und Freiheiten anderer.«[6] Somit hat auch der österreichische Staat, der den Schutz der Kirchen und Religionsgesellschaften garantiert, die Berechtigung, in Zeiten der Pandemie das religiöse Leben zum Schutz der Gesundheit der Bevölkerung einzuschränken, so dies nur strikt verhältnismäßig erfolgt. Doch der österreichische Staat hat, von kleinen Ausnahmen, dieses Recht nicht in Anspruch genommen, sondern auf die Kooperation mit den Kirchen und Religionsgesellschaften gesetzt. Das in Österreich gelebte Kooperationsmodell im Verhältnis von Staat und Kirche bei grundsätzlicher Trennung der beiden konnte sich dadurch nicht nur bewähren, sondern wurde auch weiterentwickelt. Anton Pelinka nennt die Kooperation von Staat und Religionen ein »sehr vernünftiges und pragmatisches Instrument«, da die Religionsgemeinschaften im Bildungs-, Fürsorge- und Sozialbereich wesentliche Leistungen erbringen. So entlasten sie den Staat, für den das Modell »eindeutig mehr Vor- als Nachteile« habe.[7]

Die Kirchen und Religionsgesellschaften wurden vor dem ersten Lockdown im Frühjahr 2020 informell über die geplanten Teilnahmebegrenzungen für Veranstaltungen informiert und gebeten, diese in ihrem Bereich freiwillig zu übernehmen. So sollte eine rechtliche Regelung vermieden werden. Umgehend haben sie dem auch entsprochen. Kurz darauf wurden Spitzenvertreter der Kirchen und Religionsgesellschaften zu einem Gespräch mit den Spitzen der Bundesregierung gebeten, bei dem sie nach ausführlicher Information über die Entwicklung der Pandemie ersucht wurden, freiwillig und von sich aus auf alle gottesdienstlichen Versammlungen zu verzichten. Begründet wurde dieses Ansinnen, um damit zur Sensibilisierung der Bevölkerung über den Ernst der Lage und zur Bereitschaft, sich an die verordneten Regelungen zu halten, beizutragen. Im Verlauf des Gesprächs ist eine Vereinbarung der Bundesregierung mit den Kirchen und Religionsgesellschaften entstanden, »öffentliche Versammlungen und Gottesdienste auszusetzen und kirchliche Familienfeiern wie Taufen und Hochzeiten zu verschieben«.[8] Staatlicherseits blieben dadurch religiöse Veranstaltungen weiterhin erlaubt, die aber gleichzeitig auf der Basis freiwilliger Selbstbeschränkung durch die Religionsgesellschaften untersagt wurden. Durch diese Kooperationspraxis von Staat und gesetzlich anerkannten Religionsgesellschaften gab es in Österreich in keiner Phase der Pandemie staatliche Regeln für die Abhaltung von Gottesdiensten und öffentlichen Gebeten. Folglich hat es im Unterschied etwa zu Frankreich oder Italien auch keine Polizeieinsätze in Kirchen gegeben.[9] Dass dies möglich war, liegt vielleicht an der langen Tradition der Loyalität von Kirchen und Religionsgemeinschaften gegenüber dem Staat in Österreich und an der Bereitschaft, staatliche Erwartungen zu erfüllen. Jedenfalls war der Verzicht auf öffentliche Gottesdienste und Gebete ein Akt der Solidarität der Kirchen und Religionsgemeinschaften mit der österreichischen Bevölkerung im Dienste der Gesundheit und entsprach ihrem grundlegenden Verständnis sowie ihrer Verpflichtung, dem Gemeinwohl zu dienen. Die Aussetzung der Gottesdienste bezeichnete die Evangelisch-methodistische Kirche als »Liebesdienst«.[10] Der Wiener Dompfarrer Anton Faber formulierte es kurz vor Weihachten 2020 treffend: »So leid es uns tut, so schwer es uns fällt, so wichtig ist dieser Akt der Solidarität mit der Gesamtgesellschaft.«[11]

An der jeweils aktualisierten Rahmenordnung der Österreichischen Bischofskonferenz zur Feier öffentlicher Gottesdienste orientierten sich auch die anderen Kirchen. Während eines Lockdowns blieben Kirchen für das persönliche Gebet offen und nicht öffentlich zugängliche Gottesdienste mit fünf bis höchstens zehn Personen konnten gefeiert werden.

FINANZIELLE FOLGEN DER PANDEMIE

Auch wenn zu Jahresende 2020 noch keine konkreten Zahlen vorlagen, sind die Kirchen und Religionsgemeinschaften durch die Pandemie mit gravierenden finanziellen Einschnitten konfrontiert worden. Jene Kirchen, die ein an das Einkommen gebundenes Kirchenbeitragssystem für ihre Grundfinanzierung haben, wie die Katholische Kirche, die Evangelischen Kirchen A.B. und H.B. oder die Altkatholische Kirche werden allein durch die infolge von Kurzarbeit, Arbeitslosigkeit und unternehmerischen Verlusten gesunkenen Einkommen ihrer Mitglieder dementsprechend niedrigere Einnahmen verbuchen können. Hinzu kommt der Ausfall von Spenden beim nur unter Einschränkungen oder gar nicht möglichen Kirchenbesuch, die der Finanzierung der Pfarren und dem Erhalt der Kirchengebäude, aber auch sozialen Zwecken dienen. Große Spendenaktionen wie etwa jene der Dreikönigsaktion der Katholischen Jungschar, die in den letzten Jahren ca. 18 Millionen Euro aufbringen konnte, müssen mit einem großen Einbruch rechnen. Die Sternsinger konnten infolge der Lockdown-Regelungen nur in einem äußerst geringen Umfang öffentlich auftreten. Kirchliche Bildungseinrichtungen von Kindergärten über Schulen, Bildungshäuser und Hochschulen haben finanzielle Mehrbelastungen durch den Ausfall von Einnahmen wegen geringerer oder gar nicht möglicher Teilnahme an Veranstaltungen, bei gleichzeitig zusätzlichen Kosten durch die Maßnahmen zur Digitalisierung sowie die Einhaltung der Hygienevorschriften. Betroffen sind auch jene Stifte, für die Einnahmen aus dem Tourismus essentiell sind, oder kirchliche Museen. Finanziell besonders schwer getroffen sind jedoch kleinere Religionsgemeinschaften, deren Spendenaufkommen primär vom Besuch ihrer gottesdienstlichen Veranstaltungen abhängig ist und deren Fixkosten nicht reduzierbar sind. Zugleich wurden soziale Einrichtungen der Kirchen als Folge der Pandemie verstärkt in Anspruch genommen, beispielsweise jene der Caritas und der Diakonie oder auch die ökumenische Telefonseelsorge, die von 50 Prozent mehr Anrufen berichtete.

INNOVATIONEN DURCH DIE KRISE

Die ganz neue Situation führte in den jeweiligen Religionsgemeinschaften zu vielfältigen, teils sogar recht innovativen Praktiken. So kam es zu einem regelrechten Digitalisierungsschub in vielfacher Hinsicht und einer entscheidend größeren Präsenz der Kirchen und Religionsgemeinschaften in sozialen Medien. Öffentlich besonders auffällig wurde das Livestreaming von Gottesdiensten. Der

Streaming-Boom, den der erste Lockdown ausgelöst hat, förderte allein schon durch die optische Priesterzentrierung ein klerikalistisches Kirchenverständnis, gegen das nicht nur Papst Franziskus ankämpft. Die Erzdiözese Wien erstellte daher im Gefolge des ersten Lockdowns Hinweise für die Durchführung von »Liturgie im Livestream« und bot technischen Support an.[12] Auf der Website der Katholischen Kirche wurde eine kalendarische Übersicht über die Vielzahl der Streaming-Gottesdienste eingerichtet, die auch nach dem jeweiligen Tag abrufbar blieben.[13] Ebenso verstärkten die evangelischen Gemeinden im Lockdown ihre Internetpräsenz.[14] In den Zeiten der Lockdowns wurden sonntags Orthros und Göttliche Liturgie von der griechisch-orthodoxen Kathedrale in Wien aus per Livestream übertragen.[15]

Die gesteigerte Nachfrage nach Gottesdienstübertragungen veranlassten Privatsender wie Servus-TV dazu, diese ins Programm aufzunehmen und den ORF, sein diesbezügliches Angebot zu erhöhen. Es wurden aber auch neue Orte für Gottesdienste erschlossen. Bereits im Mai 2020 fand ein ökumenischer Drive-in-Gottesdienst am Venetparkplatz in Zams in Tirol statt, ein Beispiel, das Schule machte. Für die Christmette gab es Angebote »Vom Drive-in bis Livestream«. So feierte die Salzburger Stadtpfarre Mülln eine Familien-Christmette als Drive-in mit Übertragung ins Auto am Bräustübl-Parkplatz. Im Wiener 4. Bezirk gab es am Nachmittag des 24. Dezember »Pop-up-Gottesdienste« an verschiedenen Plätzen. Bereits am 16. Dezember fand in Wien eine coronakonforme Chanukkafeier im Autokino statt, an der jüdische Familien in hunderten Autos teilnahmen.[16] Die Wiener liberale jüdische Synagoge Or Chadasch bot – nicht nur in Zeiten der Lockdowns – alle Veranstaltungen, auch Gottesdienste, im Livestream.[17]

Durch die Corona-Krise gediehen auch ganz neue Formate wie die »Sonntag für alle«-Gottesdienste (SOFA), zu der ab Jänner 2021 auf dem Youtube-Kanal der Evangelischen Kirche die evangelischen Pfarrerinnen und Pfarrer Niederösterreichs einladen. SOFA sind Kurzgottesdienste, die vom Wohnzimmer des Pfarrhauses aus gefeiert werden, und damit auch auf die Sofas der Userinnen und User kommen.[18]

THEOLOGISCHE REFLEXION DER PANDEMIE

Bereits zu Beginn der Pandemie startete das Institut für Praktische Theologie der Katholisch-Theologischen Fakultät der Universität Wien einen Blog »THEOCARE.NETWORK. Theologie im Zeichen von (Post)Corona« mit dem Ziel, »dass die globale Corona-Krise zu einem Lernort für eine bessere Zukunft in Kirche,

Gesellschaft und Bildung wird.«[19] Die Beiträge stammen nicht nur von Institutsmitgliedern, sondern auch von Angehörigen anderer Konfessionen und Religionen. Die Grazer Theologische Fakultät erstellte eine Übersicht der Corona-Beiträge ihrer Theologinnen und Theologen.[20]

Vielen theologischen Überlegungen gemeinsam ist der Verweis auf die grundlegende und bleibende Verletzbarkeit menschlichen Daseins, die die dominierenden gesellschaftlichen und politischen Anstrengungen um Planbarkeit und Sicherheit durchkreuzt. In einem Geleitwort schrieb Papst Franziskus: Die Corona-Krise »hat uns die Verwundbarkeit, die Hinfälligkeit und die Erlösungsbedürftigkeit von uns Menschen deutlich vor Augen geführt und viele Gewissheiten, auf die wir [...] gebaut haben, infrage gestellt.«[21] Der Blog des interdisziplinären Forschungszentrums »Religion and Transformation« (RaT) der Universität Wien veröffentlichte ein Interview mit dessen Leiter Kurt Appel, das in der Corona-Krise spirituell und theologisch neue Perspektiven eröffnet: Bewundert werde, wer die gesellschaftlichen Kriterien wie Erfolg, Selbstsicherheit und Lebenstüchtigkeit erfülle, doch »in deiner Verletzbarkeit«, so Kurt Appel, »liegt eine unglaubliche Schönheit. Sie macht dich liebenswürdig in den Augen Gottes und des Menschen« und fordert dazu auf: »Lerne sie anzunehmen!«[22]

Der katholische Dogmatiker der Universität Wien, Jan-Heiner Tück, kommentierte im März: »Die Bischöfe handelten richtig – und mit dem Aussetzen der öffentlichen Liturgie ist die Kirche in der Moderne angekommen.«[23] Zugleich äußerte er aber »leises Unbehagen, wenn Gottesdienste zusehends virtualisiert werden«, denn wir »feiern Realpräsenz, nicht Virtual-Präsenz«.[24] Aus dem Beitrag von Karl Rahner zur Auseinandersetzung um die erstmalige Übertragung von Gottesdiensten im Fernsehen im Jahre 1953 zieht Henning Klingen zwei Schlüsse: Es braucht »ein kritischeres Verhältnis zu den Orten, d. h. zu den Portalen, die zum Streaming genutzt werden« und »ein Nachdenken über die Formen des Gestreamten, also darüber, ob die bloße Übertragung eines Gottesdienstes, wie er »offline« in einer Kirche stattfindet, dem Medium wirklich gerecht wird.«[25]

Nach der Online-Studie »Gott im Lockdown« des Wiener Pastoraltheologen Paul Zulehner fürchten viele »beim Kirchgang einen weiteren dramatischen Rückgang«. Bisherige »Gewohnheitschristen« hätten sich »entwöhnt«. Wer eher aus Tradition in die Kirche ging, werde künftig wegbleiben.[26]

Mit den lang andauernden Belastungen durch die Pandemie wurden die innerkirchlichen Spannungen durch das Aussetzen der Gottesdienste deutlich, wenn Jan-Heiner Tück, der im März den Bischöfen noch bescheinigte, richtig zu handeln, ihnen im November »mangelnde Solidarität mit jenen Gläubigen« vorwirft, für die »die Eucharistie das Grundnahrungsmittel ihrer Existenz ist«. Er befürchtet einen massiven »Säkularisierungsschub«, eine »geistliche Versteppung« der Kirche und einen liturgischen »Tiefpunkt, den es selbst in Zeiten des Krieges und der Pest so nicht gegeben hat.«[27] Für die innerkirchliche Kritik, dass für einige Zeit öffentliche Gottesdienste ausgesetzt wurden, zeigte Kardinal Schönborn kein Verständnis: »Das Jammern darüber empört mich«, so Schönborn wörtlich: »Es empört mich, wenn ich daran denke, dass in den Flüchtlingslagern der Welt zahllose Menschen über Monate und Jahre von ihrer Religionsausübung abgehalten sind und keinen Trost eines gemeinsamen Gottesdienstes haben.«[28]

Die im Judentum tief verwurzelte Heiligkeit des Lebens kommt im Gebot »Pikuach Nefesch« zum Ausdruck, der Pflicht Leben zu retten. Da dieses Gebot andere Gebote der Tora außer Kraft setzen kann, erklärte z. B. der Zentralrat der Juden in Deutschland es zur Pflicht, »sich an die Vorgaben zur Sicherung der Gesundheit zu halten«.[29] In der Pandemie hat der katholische Sozialethiker an der Universität Innsbruck, Wolfgang Palaver, »gelernt, mit dem Judentum den Vorrang des Lebens zu betonen und keiner Verwässerung dieser Haltung zuzustimmen«. Er bezeichnet eine christliche Theologie, die »nur einen Millimeter von der jüdischen Präferenz für das Leben abweicht«, als »schlechte Theologie«.[30]

VERÄNDERT DIE PANDEMIE DAS VERHÄLTNIS DER RELIGIONEN ZUEINANDER? EINE SPURENSUCHE[31]

Es wäre verständlich, wenn die jeweiligen Religionsgemeinschaften ihre ganze Aufmerksamkeit angesichts der widrigen Umstände auf deren Bewältigung innerhalb der eigenen Gemeinschaft richten würden. Daher ist es bemerkenswert, wenn der Blick über die eigene Gemeinschaft hinaus auf die Situation der Menschheit gerichtet wird, wie dies z. B. bei der Aktion »#KeepingItTogether« der Fall war, bei der Oberrabbiner aus Israel, Frankreich, Russland, dem Vereinigten Königreich, Argentinien, Südafrika, Italien und Belgien sowie von der Konferenz der europäischen Rabbiner weltweit Jüdinnen und Juden aufgerufen haben, zu Schabbat für die gesamte Menschheit zu beten. Vereint sollten Jüdinnen und Juden den wöchentlichen Ruhetag begehen, »um sich gegenseitig zu unterstützen und für das Wohlergehen der anderen zu beten«.[32] Roms Oberrabbiner Riccardo Di Segni betonte die Bedeutung gegenseitiger Unterstützung, um einen Weg durch die Krise zu finden: »Wir sind gesegnet mit dem Schabbat, und je spezieller wir ihn für uns und unsere Haushalte gestalten können, desto mehr Kraft werden wir daraus schöpfen, um dieses Virus zu bekämpfen.«[33]

Dort, wo bereits Beziehungen bestanden, wie etwa im Rahmen des christlich-jüdischen Gesprächs, wurde in der Phase des Lockdowns aufeinander geschaut und so das Grußwort zu Ostern – Pessach 2020 erstmals gemeinsam geschrieben, wie dies im Falle des Koordinierungsausschusses für christlich-jüdische Zusammenarbeit durch die beiden evangelischen und jüdischen Vizepräsidenten, Margit Leuthold und Willy Weisz, erfolgte.[34]

Vielerorts wird berichtet, wie sehr die Pandemie in unerwartetem Ausmaß solidarisches Verhalten bei vielen Menschen gefördert hat. Dies trifft in gewisser Weise auch auf Religionsgemeinschaften zu. Als die Bedingungen für die Wiederaufnahme der öffentlichen Gottesdienste einige Kirchen in Österreich, die nur über kleine Gotteshäuser verfügen, in Bedrängnis gebracht hatten, wurde ihnen die Möglichkeit geboten, »in großen Gottesdiensträumen anderer Mitgliedskirchen liturgische Feiern abzuhalten«. Der Vorstand des Ökumenischen Rates der Kirchen in Österreich sah darin »ein erfreuliches ›Zeichen der Ökumene‹«. Zugleich ermutigte er »alle Mitgliedskirchen, diese Möglichkeit konkreter ökumenischer Hilfe anzubieten und in Anspruch zu nehmen.«[35]

War dies in Österreich auf eine »ökumenische Gastfreundschaft« beschränkt, gingen die evangelische und die katholische Kirche in Berlin einen Schritt weiter. Erzbischof Heiner Koch und Landesbischof Christian Stäblein boten in religiöser Gastfreundschaft kleineren Kirchen oder Religionsgemeinschaften an, Kirchen oder Räume des Erzbistums Berlin und der Evangelischen Kirche Berlin-Brandenburg-schlesische Oberlausitz mit zu nutzen. Sie sahen dies »als gelebte Solidarität unter glaubenden Menschen.«[36] Die Evangelische Martha-Gemeinde in Berlin-Kreuzberg hat dabei den Anfang gemacht und Musliminnen und Muslimen ermöglicht, am Freitag in der Kirche zu beten. Die Pfarrerin Monika Matthias berührte der muslimische Gebetsruf so sehr, dass er bei ihr »durch die Ohren ins Herz« ging und ihr dabei half, »mich mit der höchsten und tiefsten Wirklichkeit zu verbinden«. Ein aus der Türkei stammender Mann sagte zu ihr am Telefon: »Ich bin Moslem. Ich lebe schon seit 30 Jahren hier und jetzt habe ich das mitbekommen. Jetzt fühle ich mich das erste Mal richtig zuhause hier in Kreuzberg.« Für Pfarrerin Matthias brauchen globale Krisen solidarische Antworten, und »wir brauchen die Weisheit, die Friedenskraft und die Kraft zur Umkehr aller Religionen, damit wir eine zukunftsfähige und lebenswerte Welt weiterentwickeln.«[37] Übrigens öffneten auch Einrichtungen, die keinerlei Bezug zu Religionen haben, erstmals ihre »Tore« für muslimische Gläubige. In Wetzlar stellte an einem Sonntag die Firma Ikea ihren Parkplatz zur Verfügung und ermöglichte so 700 Musliminnen und Muslimen, unter Einhaltung der Pandemie-Verhaltensregeln das Ende des Fastenmonats Ramadan zu feiern und zu beten.[38]

Auf Einladung des Bürgermeisters von Jerusalem, Masche Leon, kamen bereits Ende März 2020 erstmals Vertreter verschiedener Religionen im Jerusalemer Rathaus zu Gebeten um ein baldiges Ende der Corona-Pandemie zusammen, »weil wir ein gemeinsames Problem haben«. Denn »ob Juden, Christen, Muslime: Wir rufen Gott um Hilfe an«, sagte der Bürgermeister. »Die Gefahr schwebt über uns allen, und als solche liegt die Verantwortung bei uns allen, bei jedem einzelnen von uns.« Leon rief die Versammelten dazu auf, Gebete in den Traditionen ihrer jeweiligen Religionen zu sprechen, in der Hoffnung, das Gebet möge »helfen, das Virus verschwinden zu lassen«. Auf einer Terrasse des Rathauses fanden sich neben Muslimen-, Drusen- und Bahaivertretern auch der sephardische und der aschkenasische Oberrabbiner Jerusalems ein, Schlomo Amar und Arieh Stern. Von christlicher Seite nahmen der griechisch-orthodoxe Patriarch Theophilos III., Patriarchatsleiter Erzbischof Pierbattista Pizzaballa und Franziskanerkustos Francesco Patton teil. Schlomo Amar betonte, dass »Jerusalem der rechte Ort« für derartige Gebete sei. »König Salomon, der wenige Meter von hier den Tempel errichtet hat, hat Gott gebeten, alle zu erhören, die hierher zum Gebet kommen, ob Juden oder Nichtjuden.«[39]

Schließlich hatte der »Hohe Ausschuss für die menschliche Geschwisterlichkeit« auf Anregung von Papst Franziskus für den 14. Mai 2020 zu einem interreligiösen Gebetstag aufgerufen. Alle Menschen – gleich welcher Religion – waren angesprochen, für die Betroffenen der Pandemie zu beten. Der Gebetsappell ist Frucht der Zusammenarbeit zwischen dem Heiligen Stuhl und Vertretern der islamischen Welt. Der Ausschuss wurde 2019 vom Vatikan und Vertretern der höchsten sunnitischen Lehrautorität, der Al-Azhar-Universität zu Kairo, ins Leben gerufen. Die Grundlage dafür war das christlich-muslimische Dokument »Die Brüderlichkeit aller Menschen. Für ein friedliches Zusammenleben in der Welt«, das Papst Franziskus und der Großimam von Al-Azhar, Ahmad Al-Tayyeb, 2019 in Abu Dhabi unterzeichnet hatten. Zum möglichen Vorwurf, der Gebetstag sei »religiöser Relativismus«, sagte der Papst: »Das ist es nicht. Jeder betet zu Gott, so gut er kann, nach der je eigenen Kultur und Religion.«[40]

Dass es aber auch ganz gegenteilige Tendenzen in den Religionsgemeinschaften gab, zeigt der Aufruf des Papstkritikers Erzbischof Carlo Maria Viganò gegen angeblich überzogene Maßnahmen in der Corona-Pandemie und eine mögliche Weltregierung. Für den orthodoxen deutschen Rabbiner Jehoschua Ahrens war dieser Aufruf ein »Schock«, bediente er sich doch Weltverschwörungstheorien, die stets antisemitisch unterfüttert sind. Der Bischof von Erfurt, Ulrich Neymeyr, verurteilte den Mythos einer jüdischen Weltverschwörung, die seit Beginn der Pandemie in »Querdenker«-Demonstrationen die Runde mache. Es sei »erschreckend, wie in der Antike und im Mittelalter die Juden für Seuchen verantwortlich zu machen. Das ist purer Antisemitismus.«[41] Gegen die Verbreitung solcher Theorien einzuschreiten, dazu hatte schon der Präsident des Jüdischen Weltkongresses Ronald S. Lauder aufgerufen. Anstatt die Ausbreitung des Virus zu bekämpfen, würden jüdische Frauen und Männer zu Sündenböcken gemacht. Dabei hätte man aus den vorangegangenen Wochen lernen können, »dass wir durch diese Krise nur gemeinsam hindurchkommen. Das Virus unterscheidet nicht zwischen Reich und Arm, Stadt oder Land, Asiaten, Europäern, Afrikanern oder Amerikanern.« Und wenn »wir diese schwierige Zeit mit Schuldzuweisungen vergeuden, wird es umso schwieriger, nicht nur die Menschheit von dieser Erkrankung selbst zu heilen, sondern auch unsere Gesellschaften angesichts unabsehbarer sozialer und wirtschaftlicher Auswirkungen.«[42]

Diese Solidarität und Verbundenheit der Menschheit in der Pandemie ist die Schlüsselbotschaft führender Bischöfe, Imame, Rabbiner oder Swamis, darunter auch Kardinal Schönborn. Deren spirituelle Impulse, Einsichten in Glaube und Gesellschaft wurden während der Pandemiezeit vom Onlineprojekt »Coronaspection« des internationalen »Elijah Interfaith Institute«[43] verbreitet. In einem Grußwort dankte Papst Franziskus für das Coronaspection-Projekt: »Mein Bestreben ist es, dass diese Worte Gutes bewirken und dass sie den Menschen helfen, das Gefühl der weltweiten Brüderlichkeit zu vertiefen, das die gegenwärtige Krise erfordert.«[44]

Die COVID-19-Pandemie verstärkte soziale Disparitäten und traf besonders Menschen in prekären Verhältnissen. Hinzu kamen jene, die nie daran gedacht hatten, jemals auf fremde Hilfe angewiesen zu sein. Die einen lebten schon bisher am Rande der Gesellschaft, die anderen sind, ohne es zuvor für möglich zu halten, an den Rand der Gesellschaft geraten. Zugleich machte gerade diese Pandemie durch die globale Betroffenheit aller die Einheit der Menschheit erfahrbar. So waren die Religionsgemeinschaften herausgefordert, sich miteinander in ihrer Vielfalt in den Dienst dieser Einheit der Menschheit zu stellen.

Optimistisch blickte der Generalsekretär der Europäischen Rabbinerkonferenz (CER), Gady Gronich, in die Zukunft, in der er als Konsequenz aus der Pandemie mit Fortschritten im Gespräch der Weltreligionen rechnete. Gronich zeigte sich »sehr zuversichtlich, dass dank Corona ein neues Zeitalter im interreligiösen Dialog eintritt, eben weil wir erkennen, dass wir alle im gleichen Boot sitzen«. Da die Probleme und Herausforderungen eigentlich überall die gleichen seien, habe das auch im Dialog zwischen den Religionen bereits eine neue Dynamik ausgelöst. Der CER-Generalsekretär nannte gemeinsame Gebete, Online-Botschaften oder Erfahrungsaustausch, alles »Aktivitäten, die es wohl vor Corona so nicht gegeben hätte.«[45] Und der Präsident der Islamischen Glaubensgemeinschaft in Österreich, Ümit Vural, resümierte schon nach den ersten Monaten: »Die Krise ist für uns alle eine große Herausforderung. Der ständige Austausch mit anderen ReligionsvertreterInnen, die Suche nach zumutbaren Lösungen für alle und der Wille, einen Religionen übergreifenden Weg zu finden, waren wichtige Signale für den Zusammenhalt aller Glaubensgemeinschaften in unserem Land.«[46]

KULTURLOSE BRILLENTRÄGER

Nicht minder dramatisch wie die Auswirkungen der Pandemie auf die Glaubensgemeinschaften waren die Einschränkungen, die der Wissenschafts- und der Kulturbetrieb erfuhren. Tagungen fanden nicht mehr statt und Vorträge wurden auf unbestimmte Zeit verschoben. Das Internet wurde zwar häufig als Ersatz angeboten, jedoch nicht immer genutzt. Auch die großen Wissenschaftseinrichtungen und die Kulturtempel konnten nicht anders, als ihre Vorhaben auf null herunterzufahren. Opernhäuser, Konzertsäle, Museen, Theater und Kleinkunstbühnen schlossen, Festspiele wurden abgesagt. Die Betroffenen zerbrachen sich den Kopf, ob sich das jemals aufholen lassen würde. Nicht alles ließ sich ja auf Eis legen. Für Schauspieler und Sängerinnen, Musiker aber auch Wissenschaftlerinnen und Wissenschaftler galten oft jahrelange Terminplanungen. Da ließen sich abgesagte Engagements, Vorstellungen und Tagungen nicht einfach zu einem ohnedies unbekannten Zeitpunkt zusätzlich einschieben. Forschungsvorhaben, die auf Teams beruhten, erfuhren Verzögerungen. Stillstand drohte. Es war also nicht damit getan, sich das Temporäre der Maßnahmen erklären zu lassen. Der Lockdown war weit mehr als eine Denk- und Spielpause.

Wie auch in anderen Sparten des Zusammenlebens wurde auf vergleichbare Ereignisse zu schauen gesucht, doch wieder wollte kaum etwas passen. Während der Cholera-Epidemie 1831/32 hatte es Theater, Konzerte und Unterhaltung fast ohne Einschränkung gegeben; 1918 hatte die Hofoper nur für einige Tage geschlossen, dann war es weiter gegangen; 1945 waren Staatsoper, Burgtheater und andere Häuser zwar zerstört oder schwer beschädigt, doch es war ausgewichen worden, um gerade in so kritischen Wochen ein Zeichen der Normalität zu setzen. Und jetzt? Man konnte nirgendwohin ausweichen. ♦ M. R.

Abb. 9: Motiv einer Plakatserie, die von November 2020 bis Februar 2021 in Wien affichiert wurde. Die Originalität des Textes sollte zumindest nachdenklich stimmen.

Michael Köhlmeier

WARUM EIGENTLICH KULTUR?

Ein Gesellschaftsbrief[1]

KRISE – ALSO GRUNDSÄTZLICH:

Im ersten Band von »Das Kapital« analysiert Karl Marx die Ware nach ihrem Gebrauchswert und ihrem Tauschwert.[2] Der Tauschwert realisiert sich auf dem Markt als Preis, und der schwankt je nach Angebot und Nachfrage. Der Gebrauchswert einer Ware ist, vom ökonomischen Standpunkt aus betrachtet, uninteressant, weil er individuell definiert wird und die Definitionen so verschieden ausfallen, wie eben Individuen verschieden sind. Das spielt bei Lebensmitteln kaum eine Rolle, denn ob einer Schinken mag und ein anderer Speck, reißt die Schere zwischen Tauschwert und Gebrauchswert nicht groß auseinander.

Ganz anders sieht das aus bei Kulturgütern. Den »Zauberberg« von Thomas Mann oder »Sämtliche Erzählungen« von Franz Kafka kann man für wenig Geld erwerben, mit zwei Schachteln Zigaretten sind Sie dabei. Für den, der die Literatur liebt, aber haben diese Bücher einen unschätzbaren Wert – einen hohen Gebrauchswert. Während Schinken und Speck in wenigen Minuten verzehrt sind – konsumiert sind –, erfreuen sich der Thomas-Mann-Leser und die Franz-Kafka-Liebhaberin noch Jahre an der Lektüre und hüten ein womöglich zerfleddertes Taschenbuch. Aber auch umgekehrt: Schauen wir uns »Das Schwarze Quadrat« von Kasimir Malewitsch an, 79,5 cm mal 79,5 cm, das auf dem Kunstmarkt einen gigantischen Preis erzielen würde, angenommen, die Tretjakow-Galerie in Moskau bräuchte dringend Geld, so sehen wir ein schwarzes Quadrat und sonst nichts, und hätte dieses Gemälde nicht die Aura einer Ikone, könnte einer kommen und sagen, das Ding hat weder einen Tausch- noch einen Gebrauchswert, erstens, wozu soll man es brauchen, zweitens, das kann ich mir selber machen. Es gibt nicht wenige, die dieser Meinung sind, und wir können ihnen mit einem unkomplizierten klaren Argument nicht Paroli bieten. Und damit betreten wir ein Gebiet, das dem reinen Ökonomen unheimlich ist: eben das Gebiet der Kunst, der Literatur, der Musik.

Die Kunst, die Literatur, die Musik – sie haben keinen Wert. Niemand weiß, wozu sie gut sind. Sie lassen uns weder länger leben, noch machen sie uns zu besseren Menschen. Sie sind unglaublich teuer, oder unglaublich billig, oder sie kosten gar nichts, ihre Fertigstellung hat Jahrhunderte gedauert wie der Kölner Dom oder nur eine Viertelstunde wie mancher Song von Bob Dylan. Wenn einer sagt, er sammle Bilder als Kapitalanlage, dann meint er nicht die Kunst, dann meint er das Geld – also kommen Sie mir nicht damit! Ein Kunsthändler erzählte mir, er habe Bilder verschiedener Künstler, alter, neuer, Klassiker und Avantgardisten, für einen mehr als sehr vermögenden Herrn aus Saudi-Arabien ersteigert, und dieser habe nicht einmal einen Blick darauf geworfen, die Exponate seien vom Flughafen direkt ins Depot gebracht und dort sachverständig verstaut worden. Nein, Kunst hat keinen Wert, ganz gleich, wie viel sie kostet. Und was noch schwerer wiegt: Sie hat auch keinen Sinn. Was hat sie dann? Warum glotzt man so romantisch, wenn ihr Name fällt? Warum werden Literatur, Musik, Malerei, Theater, Tanz, Fotografie geliebt? Ich kenne nicht wenige, die würden jetzt antworten: Ja, warum eigentlich? Ich komme gut ohne sie aus, ich bin immer gut ohne sie ausgekommen. Und auch ihnen kann ich nichts entgegenhalten. Ich kann sie nur billig verachten – aber das ist eben billig.

Wir stecken in einer Krise, das bringt mit sich, dass man sich grundsätzliche Fragen stellt. Und so eine Frage ist: Warum Kultur? Ich habe in den letzten Wochen als Antworten nur hilfloses Gestammel gehört. Hilflos, weil ihnen anzuhören war, der Stammler glaubt selber nicht einmal an das, was er stammelt. Ich hörte zum Beispiel: »Kunst, Literatur, Musik, Theater, Tanz – Kultur eben – ist Nahrung für die Seele!« Gut, das darf man nicht eins zu eins nehmen, es ist eine Metapher, und jede Metapher liegt daneben. Von Nahrung kann nicht die Rede sein, denn Nahrungsentzug bedeutet Tod – was in diesem Fall seelischen Tod bedeuten würde. Abgesehen davon, dass Seele wahrscheinlich auch wieder nur eine Metapher ist, kenne ich etliche Männer und Frauen, die sich nie um Kunst, nie um Literatur und so weiter gekümmert haben, die weder Musik hören noch ein Buch auch nur besitzen, geschweige denn lesen, die nie ein Theater von innen gesehen haben, und die trotzdem liebevolle, empathische, interessante Menschen sind, die lachen, wenn man sie kitzelt, die weinen, wenn man sie sticht. Ich schätze, die Zahl der Arschlöcher, statistisch gesehen, ist bei den Kulturmenschen gleich wie bei den Banausen.

Besonders ärgerlich finde ich allerdings, wenn in Diskussionen vorgerechnet wird, dass die Kultur-Branche eben auch Geld bringt, viel sogar. Wenn das Wort »Umwegrentabilität« fällt, dann kann ich gar nicht schnell genug zum Radio hechten, um den Sender zu wechseln, oder auf den Ausknopf bei der Fernsehfernbedienung drücken. Ein Künstler, der sich auf diese jämmerliche Argumentation einlässt, der hat schon verloren. Der hat in der Diskussion gegen die Betriebswirte verloren, und er hat sich selbst verloren – seine Berufung nämlich. Künstler zu sein ist auch ein Beruf, siehe Finanzamt, aber es ist in erster Linie eine Berufung.

Was für ein Wort! Berufung. Jemand ruft, jemand wird gerufen. Das haben wir Künstler uns abgeschaut von den Priestern. Priester ist ein Beruf und eine Berufung. Beim Priester ist klar, wer ruft. Beim Künstler weiß man das nicht. Jedenfalls heute nicht mehr.

Im Unterschied zum Priester hat der Künstler keine Aufgabe. Das macht ihn angreifbar. Weil er in einer Gesellschaft, in der jeder seine Rolle spielt, nämlich ein Zuträger für die Ökonomie zu sein, unter einen Rechtfertigungsdruck gerät. »Zu irgendetwas musst du doch gut sein!« In letzter Zeit konnten wir von Politikern, die es gut mit uns Künstlern meinten, immer wieder hören, wie wichtig wir sind. »Der Künstler muss aufbegehren, darauf kann eine Demokratie nicht verzichten!«, sagte der eine. Ich dachte: Warum muss er das? Hat Goethe aufbegehrt? Hat Michelangelo aufbegehrt? »Der Künstler muss sich auf die Seite der Schwachen stellen«, sagte der andere. Hat sich Mozart auf die Seite der Schwachen gestellt? Oder Seneca? Oder Balzac? »Der Künstler muss Verdrängtes ans Licht bringen!«, sagte ein Dritter. Was hat ein so merkwürdiger Roman wie Locus Solus von Raymond Roussel ans Licht gebracht? Oder das Decamerone von Boccaccio, das immerhin zur Zeit der Pest in Florenz spielt. »Kunst muss fortschrittlich sein!«, ruft ein Vierter. Und was, wenn ein Stinkreaktionär wie der Kolumbianer Nicolá Gómez Dávila so Unerhörtes schreibt, soll man das dann weghauen? »Wahre Kunst darf sich nicht prostituieren!« – Das ist doch alles Quatsch! Das läuft doch alles darauf hinaus, dass der Künstler ein besserer Mensch sein soll oder sogar ist, und wenn er sonst schon keine Aufgabe hat, wenigstens ein gutes Beispiel abgeben kann.

Was der Künstler erzeugt, hat keinen Sinn, der außerhalb seines Werks liegt. Kunst, Musik, Literatur sind vorerst nur schön. Was dann noch dazu kommt, Psychologie, Polemik, Bekenntnisse aller Art, das ist nur Beiwerk, Transportmittel, Bilderrahmen, Arrangement. Wer ratlos vor einem Kunstwerk steht, kann nicht begreifen, dass der Sinn von Schönheit die Schönheit ist.

Schönheit ist ein merkwürdiges Ding. Man kann sie zu gar nichts brauchen. Sie ist. Und man kann sie nicht messen. Der sogenannte gute Geschmack ist ein sehr unzuverlässiges Gerät. Unter betriebswirtschaftlichen Gesichtspunkten ist die Schönheit nichts. Schönheit kann man nicht brauchen, man muss sie wollen. Die BWL-isierung unserer Gesellschaft erzeugt gnadenlose Hässlichkeit, die Betriebswirte merken das gar nicht, also ist sie nicht. Dann ist weder die Hässlichkeit noch die Schönheit. Es gab einen Finanzminister – der sich selbst übrigens für sehr schön hielt –, der prägte das Wort »Orchideenstudium«, er meinte damit, ein Studium, das niemand braucht und das abgeschafft gehört. Überflüssig zu fragen, ob er sich je Gedanken über die Schönheit einer Orchidee gemacht hat.

»Der schlechteste Bettler hat bei der größten Not noch Überfluss. Gib der Natur nur das, was nötig ist, so gilt des Menschen Leben wie des Tiers.« So spricht König Lear bei Shakespeare. Überfluss ist ein anderes Wort für Kultur. Kultur ist Überfluss, und Überfluss ist bereits das Denken über das Denken. Was uns aus dem Tiersein in die Würde des Menschen erhebt, ist zuvorderst nicht die zweckmäßig organisierte Befriedigung unserer basalen Bedürfnisse, was man Ökonomie nennt, sondern der Überfluss, das Zwecklose, das Sinnlose, das Unbrauchbare, das Verzichtbare.

Aber wir stecken in einer Krise. Soll da einer aufstehen und sagen: Her mit den Millionen für das Unbrauchbare, das Zwecklose, das Sinnlose! Was kriegt der zu hören? Und nicht nur von den amtsbekannten üblichen Banausen. Als während des Krieges im englischen Parlament ein Abgeordneter den Antrag stellte, das Kulturbudget zu kürzen, weil ja unbedingt gespart werden müsse, empörte sich Premierminister Winston Churchill: »Wozu führen wir diesen Krieg denn!«

Es fällt schwer, für etwas zu werben, das sich per se gegen jede Werbung sträubt. Unsere Zeit hat aus uns allen, sogar aus den Einsiedlern, Betriebswirte gemacht. Der Mensch der Renaissance hätte nicht verstanden, wenn jemand aufgezeigt hätte, um die Schönheit zu verteidigen oder gar um für ihre Existenzberechtigung zu plädieren. Schönheit und menschliches Sein wurden als eins gesehen. Dieses Selbstverständnis schrumpfte im 19. Jahrhundert zum Slogan »Kleider machen Leute« – heute wird jemand, der die Trainingshosenträger in den Innenstädten unerträglich findet, entweder bemitleidet oder gescholten. Niemand hätte sich in der Renaissance Gedanken gemacht, welche Funktion Literatur, Kunst, Musik haben. Was für eine Funktion, wäre gegengefragt worden, hat ein Sonnenuntergang?

Natürlich sind Künstler arrogant, selbstverständlich sind sie überheblich, niemand darf sich wundern, wenn sie auf alle anderen herunterschauen – sie sind ja auch von der BWL-isierung angesteckt, sie selber verfluchen ja ihre Berufung, nur dass sie niemanden finden, gegen den sie die Faust schwingen könnten, niemanden, der nach ihnen gerufen hat. Sie sind sich selber unheimlich. Sie geben heimlich und ganz tief drinnen dem smarten Bundeskanzler und dem noch smarteren Finanzminister, der weiland Kulturminister war und es also wissen muss, recht, wenn sie mit blindem Blick dem zuhören, der von Kultur spricht.

Wir müssen grundsätzlich denken! Wir müssen nicht nur akzeptieren, wir müssen darüber jubeln, dass es etwas gibt in der Welt, das keinen Tauschwert hat, das sich nicht in Mammon umrechnen lässt. Ich warte auf den Minister, der auf die Frage, warum Kultur, antwortet: Weil wir sie wollen.

LOCKDOWN-BONUS GESUCHT

»Weil wir sie wollen«, könnte man als klares Bekenntnis zur Kultur werten. Gegen Jahresende 2020 wurde denn auch erhoben, dass die Kultur 63 Prozent der Bevölkerung fehlte.[1] Ein Kulturvolk, würde man meinen. War das Defizit aber nur auf die Pandemie zurückzuführen? Man wird zur Beantwortung dieser Frage sicher nicht nur die ressortmäßig Zuständigen im Bundeskanzleramt zu interviewen haben, sondern die Kulturszene selbst als Referenz heranziehen müssen. Seit Mitte März wendeten sich immer mehr Menschen, die mit Kunst und Kultur in ihren vielfachen Ausformungen zu tun hatten, mit recht konkreten Forderungen an jene, von denen sie sich nicht nur Verständnis, sondern auch Hilfe erwarteten. Es konnte doch nicht sein, dass Hunderttausende, die in besonderer Weise zur österreichischen Identität beitrugen, in Prekariate abglitten und die ohnedies schon um ihre Existenz Ringenden vermehrten. Es waren aber zum wenigsten die Heroen von Musik, Theater und Literatur, die Theaterdirektorinnen und -direktoren oder auch die mit nennenswerten Gagen beschäftigten Ausnahmekünstlerinnen und -künstler, die ihre Sorgen artikulierten, sondern jene, denen die existentielle Not eminent zu schaffen machte. Sie taten daher schon früh, was das Gebot der Stunde war, und schlossen sich zusammen. Ihre Klientel war meist noch zu jung, um schon arriviert zu sein. Es waren die oft von der Hand in den Mund lebenden Musikerinnen und Musiker, Theatermenschen, bildenden und darstellenden Künstlerinnen und Künstler, Tänzer und Tänzerinnen aber auch einfache Angestellte in den Kunstbetrieben, nicht zu vergessen die Lehrenden, die sich rührten. Und es waren existentielle Fragen, die sie formulierten. Für sie ging es darum, die von Regierungsseite ständig wiederholte Formel »niemand soll durch den Rost fallen« auf ihre eigene Situation hin zu testen. Letztlich waren es banale Fragen, die sie formulierten: Wie und wohin wendete man sich, um Unterstützung zu bekommen? Ließen sich bereits erbrachte Leistungen in Rechnung stellen? Was sollte bei Absagen passieren und was sollte geschehen, wenn sich ein Projekt nicht verschieben ließ? Wie sollten Löhne und Grundkosten bezahlt werden? Das mochte trivial klingen, war aber auch als Aufschrei zu verstehen, denn natürlich regten Äußerungen von Maestri und Intendanten auf, die Kunst und Kultur als »systemrelevant« bezeichneten.[2] Die von niemandem wirklich zu beantwortende Frage lautete in der Folge: Wie lange würde es die massiven Einschränkungen geben und was würde dann sein?[3] Da konnte wer immer auch nur Hoffnung artikulieren. Aber es kam auch Ärger auf, und die

Solidarität bröckelte weg. Eine gewisse Hoffnung gab es nach einem Wechsel im Staatssekretariat für Kunst und Kultur ab dem 20. Mai 2020. Und es war wohl mehr, als dass nur Köpfe ausgetauscht worden wären.[4] Schließlich galt auch und besonders für die Kunst- und Kulturschaffenden, dass sie eine Art Gleichwertigkeit zugestanden bekamen wie Bedienstete im Gastgewerbe oder auch Friseure und Friseurinnen. Ein »Lockdown-Bonus« für freischaffende Künstlerinnen und -künstler wurde allerdings erst im November beschlossen.[5]

Ab dem Frühsommer und vollends im Sommer gab es zwar zunächst eine zögerliche Rückkehr zu dem, was vorher gewesen war. Klar, dass sich vieles, das verschoben worden war, nicht einfach wieder aufgreifen ließ, so als ob nichts gewesen wäre. Doch es war zumindest ein Anfang. Im November kam der zweite Lockdown. Nolens, volens wurden jene Maßnahmen wieder zur Geltung gebracht, die man schon aus dem Frühjahr kannte. Aber wieder war etwas anders geworden und nun mischte sich jede Menge Unmut in den Alltag. Man hatte auch die schon oft gehörten Floskeln satt. Zweifellos originell war ein vornehmlich in Wien affichiertes kleines Plakat: »Ohne Kultur sind unsere Ohren nur Brillenhalter«. Darunter konnten sich wohl die Meisten etwas vorstellen.

Der Schweizer Journalist Tobi Müller forderte im November 2020 in einem Kommentar im deutschen Wochenblatt »Die Zeit« Gesten der Solidarität statt Beschwörung des »Menschenrechts« auf Kunst »quasi von der Kanzel herab«.[6] Da war was dran. Es gab Vorschläge, Aufführungen der großen Bühnen an kleinere Spielstätten zu verlegen, Burgtheater und Staatsoper mit kleineren Betreiberinnen und Betreibern unterschiedlichster Etablissements zu verschränken. Doch konnte das die Lösung sein? Ähnelte es nicht zu sehr Sommerfestspielen, und beseitigte es wirklich das Dilemma? Die Salzburger Festspiele fanden statt. Auch das Sommerkonzert in Schönbrunn war nachgeholt worden. Statt 100 000 Besucherinnen und Besuchern waren nur 1 000 zugelassen. Die Wiener Philharmoniker gaben Konzerte und verzichteten wie andere auch auf großes Publikum. Die Staatsoper machte eine Japan-Tournée und konnte dank rigoroser Schutzmaßnahmen ohne einen einzigen Corona-Fall zurückkehren.[7] Österreich zeigte gerade im kulturellen Bereich Flagge. Und die Beispiele machten Schule. Opernaufführungen wurden vermehrt ohne Publikum gespielt, auch und vor allem Neuinszenierungen. Auch das Neujahrskonzert der Wiener Philharmoniker fand (ohne Publikum) unter dem Dirigat von Riccardo Muti statt. Der Beifall wurde über Handys weltweit zugeschaltet. Das konnte man als beispielhaft sehen, und es zeigte, dass auch eine Krise allmählich ihre Normalitäten entwickelte. Es gab auch andere Beispiele. Ausstellungen ließen sich auch ohne Massenansturm an den ersten Tagen zeigen. Galerien wichen ins Internet aus. Es ging also gar nicht um den wirtschaftlichen Nutzen, sondern primär darum, jeden gangbaren Weg zu gehen. Auch das war eine Art Kunst. Ebenso gab es freilich Maßnahmen, die man nur als Rückschritt und wenig durchdacht bezeichnen konnte, denn während des zweiten großen Lockdowns im November und Dezember mussten auch Buchhandlungen zusperren, und die Lesehungrigen waren gezwungen, sofern sie nicht online bestellen wollten, von der Herbstproduktion der Verlage zu den Taschenbüchern in den Ständern der Supermärkte auszuweichen. Statt Christopher Clarks »Gefangene der Zeit« oder Barack Obamas Autobiografie »Ein verheißenes Land« wurde offensichtlich Stangenware als adäquat angesehen. Zur selben Zeit konnte man ohne weiteres Gewehre und Faustfeuerwaffen kaufen. Die Zahl der »Waffenträger« nahm sprunghaft zu.

Der Journalist Norbert Rief stellte gegen Ende November 2020 in der »Presse« einen netten Bundeskanzler-Vergleich zwischen dem 1990 verstorbenen Bruno Kreisky und Sebastian Kurz an. Kreisky ließ sich wiederholt und gerne mit dem Ausspruch zitieren, dass ihm ein paar Milliarden (Schilling) weniger schlaflose Nächte bereiten würden als Hunderttausende Arbeitslose. Für Kurz würde das analog heißen: Ein paar Milliarden Euro würden ihm weniger den Schlaf rauben als Hunderttausende Menschen ohne Beschäftigung.[8] Natürlich ließ sich seinerzeit kontern, dass womöglich der Zeitpunkt kommen würde, wo man Schulden und Arbeitslose hätte. Und in der Nach-Kreisky-Zeit war das zeitweilig durchaus der Fall. Aber würde das selbe auch für Sebastian Kurz zutreffen? Waren die gewaltigen Beträge, die für Stützungsmaßnahmen veranschlagt worden waren, überhaupt finanzierbar? Die einfache Antwort lautete: Sicherlich! Der Schuldenstand Österreichs, der in den vorangegangenen Jahren auf unter 70 Prozent des Bruttoinlandsprodukts (BIP) gesunken war, kletterte rapid auf rund 84 Prozent. 2015 war er allerdings schon einmal höher gewesen. Doch offenbar irritierte die Neuverschuldung nicht, denn sie schien alternativlos zu sein.

Auch in Österreich waren im März 2020 ganze Wirtschaftszweige stillgelegt worden. Industriesparten kämpften um ihre Existenz, Geschäfte außer dem Lebensmittelhandel sperrten zu wie auch Hotels, Beherbergungs- und Freizeitbetriebe und Gaststätten. Vom 16. März bis 1. Mai 2020 galten rigorose Einschränkungen. Für die Gastronomie und Hotellerie gab es darüber hinausgehend bis 14. Mai eine Totalsperre. Hilfspakete wurden geschnürt. Man hoffte, mit 38 Milliarden Euro das Auslangen zu finden. Nachbesserungen ließen den Umfang der in Aussicht genommenen Hilfszahlungen auf 50 Milliarden ansteigen. Es sollte noch immer nicht reichen. Die materiellen Auswirkungen des zweiten und schließlich dritten Lockdowns mutierten zu Schätzgrößen. Schon längst galt nicht mehr, was bis Anfang 2020 als Dogma der Finanz- und Wirtschaftspolitik

Abb. 10: Bundeskanzler Sebastian Kurz und Vizekanzler Werner Kogler beim Betreten des Kongresssaals des Bundeskanzleramts, April 2020.

gegolten hatte: Prosperität, ausgewogene Staatshaushalte, Nulldefizit, jährliches Plus im Außenhandel und im Fremdenverkehr. Stattdessen wurde immer drängender die Frage gestellt, wie lange die Einschränkungen noch gelten sollten und ob der Wirtschaftsstandort Österreich das »überleben« konnte. ♦ M. R.

Abb. 11: Banknoten-Bundel der Österreichischen Nationalbank. 60 Milliarden an Hilfsgeldern wurden nach und nach von der Bundesregierung bereitgestellt, um die Auswirkung der Pandemie in Österreich zu mindern.

Christoph Badelt

GELD SPIELT KEINE ROLLE

Die COVID-19-Krise und die österreichische Wirtschaft

PROLOG: COVID-19 UND DIE WIRTSCHAFTSFORSCHUNG

Die COVID-19-Pandemie hat in der ganzen Welt massive wirtschaftliche Verwerfungen nach sich gezogen. Auch in Österreich haben die notwendigen gesundheitspolitischen Maßnahmen der Regierung die schwerste Wirtschaftskrise seit dem Zweiten Weltkrieg ausgelöst. Dieser Beitrag beschreibt die ökonomischen Wirkungen der Pandemie in Österreich und die Zukunftsperspektiven, die sich aus ihr ableiten lassen.

Die Krise hat auch die Wirtschaftsforschung vor besondere Herausforderungen gestellt. Diese werden im Prolog beschrieben, weil sie einen wichtigen Hintergrund für das Verständnis und die Interpretation der in diesem Beitrag dargestellten ökonomischen Analysen und Prognosen liefern.

Die empirische Wirtschafsforschung wurde in der COVID-19-Krise mit zwei Aufgabenbereichen befasst: Erstens waren Wirtschaftsprognosen gefragt, die hohe Anforderungen an die Ökonominnen und Ökonomen stellten, zweitens ging es um die Erarbeitung von theoretisch wie empirisch gestützten Wirkungsanalysen von wirtschaftspolitischen Instrumenten, die zur Bekämpfung der Krisenfolgen geplant oder eingesetzt wurden.

Wirtschaftsprognosen werden sowohl in der Wirtschaftspolitik als auch für die Markteinschätzungen durch private Unternehmen laufend benötigt. Auch in den Medien finden diese vielfach Beachtung, weil die Beschreibung und Vorhersage globaler wirtschaftlicher Entwicklungen nicht nur für diverse Stakeholder, sondern auch für viele Menschen wichtig sind. Sehr oft konzentriert sich die öffentliche Wahrnehmung von Prognosen auf wenige Indikatoren, wie z. B. die Wachstumsrate des realen Bruttoinlandsprodukts (BIP), die Arbeitslosigkeit, die Inflationsrate oder einige Einkommensindikatoren. Im Zusammenhang mit der Wirtschaftspolitik geht es meist um die Vorausschätzungen von Budgetdefiziten oder -überschüssen, um die Entwicklung der Staatsverschuldung oder von Staatsquoten.

Obgleich in seriösen Wirtschaftsprognosen stets die getroffenen Annahmen, die Konfidenzintervalle für die wichtigsten Prognosewerte und die -risken dargestellt sind, werden in der öffentlichen Diskussion die publizierten Werte meist bis auf Zehntelprozentpunkte genau relativ unkritisch und unkommentiert publiziert. Dadurch entsteht eine trügerische Scheingenauigkeit. Die andere Seite der Medaille ist die oft hämische Kritik an Prognosen, die sich im Nachhinein betrachtet als unzutreffend herausstellen. Dabei werden methodische Grundfragen wie die Selbsterfüllung oder Selbstzerstörung von Prognosen ebenso ignoriert wie z. B. Datenrevisionen, die von der amtlichen Statistik vorgenommen werden und die Grundlage der Prognosen völlig verändern können.

Das Auftreten der Pandemie und die innerhalb kürzester Zeit gesetzten drastischen Schritte zu ihrer Eindämmung haben das allgemeine Interesse an verlässlichen Prognosen über die Auswirkungen der gesundheitspolitischen Maßnahmen auf die wirtschaftliche Entwicklung massiv gesteigert. Die Nachfrage nach Prognosen stieg rapid, die Möglichkeiten, dieser Nachfrage seriös zu entsprechen, gingen aber im gleichen Ausmaß zurück. So gab oder gibt es keine Erfahrungen mit Wirtschaftskrisen, die durch ein »politisches Zusperren« der Wirtschaft verursacht worden sind. Auch ergab sich die Notwendigkeit, die wirtschaftliche Aktivität fast im Wochenrhythmus zu messen, um die Effekte von Schließungen und darauffolgenden Öffnungen abbilden zu können. Ferner war zunächst völlig unklar, wie lange die vorgeschriebenen Schließungen andauern würden und wie rasch Kompensationsmaßnahmen der Regierung, die zwar umgehend beschlossen, aber noch eine Weile nicht in konkrete rechtswirksame Formen gegossen werden konnten, Wirkung entfalten würden. Nicht zuletzt ist der mögliche Einfluss der Erwartungen von Haushalten und Unternehmen bezüglich der weiteren gesundheitspolitischen und ökonomischen Entwicklung auf Entscheidungen hinsichtlich Konsum, Produktion, Investitionen sowie Arbeitsnachfrage und -angebot schwer in Prognosen zu integrieren. Man kann es auch etwas überspitzt so zusammenfassen: Je mehr Fragen an die Ökonominnen und Ökonomen gerichtet wurden, desto geringer war der Wissensfundus, auf den man für eine seriöse Antwort auf diese Fragen zurückgreifen konnte.

Für die Profession der Wirtschaftsforschung brachte diese Situation beträchtliche Frustrationen mit sich. Der erste Ausweg bestand darin, statt Prognosen in der üblichen Tiefe tentative Szenarien einiger wirtschaftlicher Kerngrößen zu entwickeln, die auf unterschiedlichen Sets von Annahmen beruhten. Ergänzend dazu wurden in kurzen Zeitabständen Szenarien neu berechnet und die aktualisierten Ergebnisse veröffentlicht, wenngleich diese Vorgangsweise auch ironische Kommentare auslöste, die Wirtschaftsforscherinnen und Wirtschaftsforscher hätten ihre Prognosen

»schon wieder revidieren müssen«[1]. Diese Situation führte dann z. B. dazu, dass der Finanzminister im Parlament seinen Plan, ein revidiertes Budget für 2020 erst gar nicht vorzulegen, unter anderem damit begründete, dass er bei der Vielzahl der Wirtschaftsprognosen und deren häufigen Revisionen keinerlei verlässliche Grundlage für eine Abschätzung der Staatseinnahmen für das Jahr 2020 habe.[2]

Die Auswirkungen dieses »iterativen Prognoseprozesses« kann durch ein paar Zahlen illustriert werden: Das Österreichische Institut für Wirtschaftsforschung (WIFO) erstellt im Normalfall vierteljährlich Konjunkturprognosen (mit zweijähriger Perspektive) und dreimal jährlich Mittelfristprognosen (mit fünfjähriger Perspektive), die unter anderem an die Europäische Kommission gemeldet und der jährlichen Budgeterstellung bzw. dem mehrjährigen Finanzrahmen der Bundesregierung zugrunde gelegt werden. Bis Jahresende 2020 wurden statt der in anderen Jahren üblichen sieben Prognosen bereits 17 Prognosen, teils in Form verschiedener Varianten oder Szenarien, vorgelegt. All diese Prognosen bauten auf jeweils neuen Annahmen auf, die sich teils aus dem Pandemieverlauf, teils aus (wirtschafts)politisch gesetzten Maßnahmen in Österreich (unter anderem dem partiellen Lockdown Anfang November 2020) und teils aus internationalen Entwicklungen (z. B. Reisewarnungen, Weltkonjunktur) ergaben. Die Prognosen bezogen sich auf zentrale wirtschaftliche Indikatoren wie z. B. die Wachstumsraten des BIP für die Jahre 2020 und 2021, aber auch auf Arbeitslosigkeit und Budgetdefizite.

Allerdings hatte die akute Krise auch positive Auswirkungen methodischer Natur: Schon seit längerer Zeit wird in der empirischen Wirtschaftsforschung nach Möglichkeiten gesucht, die aktuelle wirtschaftliche Entwicklung mit einer Art »Echtzeitdaten« innerhalb weniger Tage zu diagnostizieren. Dazu zählten anfangs z. B. Börsendaten oder der jeweils aktuelle Stromverbrauch. Diese Indikatoren erwiesen sich jedoch als unzuverlässig; Börsenkurse spiegeln nicht immer realwirtschaftliche Änderungen wider, der Stromverbrauch hängt auch von nicht ökonomischen Faktoren wie z. B. der Wetterlage ab. Auch in Österreich gab es bereits in der Vergangenheit ähnliche Versuche, die Entwicklung wurde aber durch die COVID-19-Krise wesentlich beschleunigt. So publizierte die Oesterreichische Nationalbank seit 28. Mai 2020 einen wöchentlichen Indikator, der den Stand der wirtschaftlichen Aktivität im Vergleich zur jeweiligen Woche des Vorjahrs widerspiegeln sollte. Methodisch am weitesten entwickelt ist der wöchentliche Index des WIFO (WWW-Index), weil dieser nicht nur realisierte Indikatoren darstellt, sondern mittels ökonometrischer Verfahren auch eine aus dem Index abgeleitete Prognose des BIP für das ganze laufende Jahr zulässt.[3] In den Index gehen u. a. Lkw-Fahrleistungen, Kreditkartenzahlungen, Google-Daten zur Mobilität, Schadstoffemissionen und die monatlichen WIFO-Konjunkturbefragungen ein. Diese modernen Prognosemethoden können zwar die konventionellen Wirtschaftsprognosen nicht ersetzen, sie aber wesentlich ergänzen, wenn rasche Diagnosen zur aktuellen Situation der Wirtschaft benötigt werden. Eine traditionelle Wirtschaftsprognose ist im Vergleich dazu machtlos, gehen doch z. B. Informationen über die Produktionsleistungen der Industrie erst mit 55 Tagen Verspätung in die offiziellen Statistiken ein, ganz zu schweigen von Daten zum Kaufverhalten, auf die man im Normalfall mehrere Monate warten muss. Der volle Wert dieser methodischen Innovationen wird sich erst in Zukunft erweisen. Jedenfalls hat die aktuelle Krise hier einen Impuls gegeben, der langfristig positive Wirkungen haben wird.

Schließlich hat die COVID-19-Krise auch die Rolle der Wissenschaft in der Beratung verändert. Während in den letzten Jahren der Bedarf der Regierung an wirtschaftspolitischer Expertise außerhalb der eigenen Ministerkabinette nicht sehr groß war,[4] brachte die Krise eine Intensivierung der Kontakte zwischen politischen Entscheidungsträgerinnen und -trägern und der Wissenschaft. Dies gilt einerseits für die Wirtschaftswissenschaft, wo z. B. Vertreterinnen und Vertreter der großen Wirtschaftsforschungsinstitute zu Gesprächen eingeladen wurden bzw. wo die zuständigen Ministerien in einem bemerkenswerten Ausmaß auch Detailstudien zu COVID-19-relevanten Themen beauftragten. Noch mehr waren aber Epidemiologinnen und Epidemiologen und mathematische Prognoseexpertinnen und -experten gefragt.

Gleichzeitig wurden durch die intensive Einbindung von Wissenschaftlerinnen und Wissenschaftlern verschiedener Fachrichtungen auch die Zusammenarbeit zwischen Disziplinen verstärkt. Dazu hat maßgeblich die eigens zu diesem Zweck eingerichtete »COVID-19 Future Operations Plattform« beigetragen, die das Ziel verfolgt, wissenschaftliche Arbeiten zu bündeln und der Politik gut zugänglich zu machen. Im Übrigen wurde bei diesen Kontakten klar, dass nicht nur die Sozialwissenschaften, sondern auch die relevanten Bereiche der Naturwissenschaften keine eindeutigen Antworten auf viele Fragen geben konnten, die für die Bewältigung der Krise wichtig wären.

DIE ÖKONOMISCHEN WIRKUNGEN VON COVID-19

Die stärksten ökonomischen Wirkungen des letzten Jahres gingen nicht von der Pandemie selbst aus, sondern von den Maßnahmen, die die Politik zur Bewältigung derselben in Kraft setzte und die aus medizinischen Gründen unvermeidlich schienen. Ob diese Unvermeidlichkeit wirklich gegeben war, entzieht sich einer ökonomischen Analyse; dies gilt insbesondere für politisch und gesellschaftlich so heiß umstrittene Themen wie Schulschließungen oder Umfang und Länge von Lockdowns.

In der Wirtschaftsgeschichte sind keine Beispiele bekannt, wo eine Wirtschaftskrise durch den rechtlichen Befehl, wirtschaftliche Aktivitäten einzustellen, also insbesondere Geschäfte zu schließen, verursacht worden wäre. Insofern kann die Bekämpfung der schweren Rezession, die durch die COVID-19-Krise ausgelöst wurde, nicht auf Erfahrungen der Vergangenheit zugreifen; auch ökonometrische Modelle, die Wirkungen der Maßnahmen gegen Wachstums- oder Beschäftigungsverluste evaluieren, bauen auf Parametern auf, die möglicherweise für die COVID-19-Krise nicht oder nicht mehr gültig sind.

DIE WICHTIGSTEN EFFEKTE AUF ZENTRALE ÖKONOMISCHE AGGREGATE

Die durch COVID-19 ausgelöste Wirtschaftskrise lässt sich in den Kategorien der üblichen Konjunkturberichterstattung darstellen. Dazu ein paar wichtige Beispiele:

Zu Jahresende 2019 zeigte die davor herrschende Hochkonjunktur schon einige Schwächen. Diese waren vor allem durch zyklische Tendenzen des Welthandels, somit durch eine nachlassende Exportentwicklung und damit verbunden durch eine sich abflachende industrielle Dynamik gekennzeichnet. Die kurzfristige Konjunkturprognose des WIFO ging damals von einem Jahreswachstum 2019 in der Höhe von 1,7 Prozent aus, während für 2020 ein Wachstum von 1,2 und für 2021 ein Plus von 1,4 Prozent vorausgesagt wurden.[5] Nach der Mittelfristprognose sollte diese Größenordnung des Wirtschaftswachstums auch bis 2024 anhalten.[6]

Mit dem Ausbruch der Pandemie, insbesondere aber durch den Mitte März in Österreich verhängten Lockdown und ähnliche gesundheitspolitische Maßnahmen in vielen anderen Ländern, veränderten sich die Perspektiven der wirtschaftlichen Entwicklung rapid. Obgleich verlässliche Prognosen aufgrund der Zeitverzögerung, mit der zugrundeliegende Daten zur Verfügung standen, erst im Laufe des Frühjahrs möglich waren, wurden die Wachstumsaussichten schon zur Jahresmitte auf minus 7,0 Prozent für 2020 herabgesetzt, wobei dann im Jahre 2021 wieder ein Wachstum von plus 4,3 Prozent folgen sollte. Es bestand im Juni die Überzeugung, dass die Rezession sehr tief, aber nur kurz ausfallen würde und es ab dem zweiten Halbjahr 2020 zu einem Rebound kommen würde, der die positiven Aussichten für 2021 begründete.[7] Allerdings war schon damals klar, dass auch im Jahr 2021 nicht das Produktionsniveau der Vorkrisenzeit erreichbar wäre.

Ohne die im Herbst mehrfach leicht veränderten Prognosevarianten im Detail nachzuzeichnen, zeigte sich gegen Jahresende schon ein neuerlich verschlechtertes Bild, vor allem hinsichtlich des Ausblicks auf 2021. So berechnete das WIFO im späten Oktober auf der Basis des damals bevorstehenden partiellen Lockdowns und unter Berücksichtigung der durch Reisewarnungen verschlechterten Situation des Tourismus für 2021 nur mehr ein Wachstum von plus 2,8 Prozent. Ein »Risikoszenario«, das einen totalen Lockdown von zwei Monaten modellierte, rechnete gar nur mehr mit plus 0,4 Prozent für das Jahr 2021.[8]

Zu Jahresende 2020 lagen die Wirtschaftsprognosen für das Jahr 2021 – je nach Annahmen über den Verlauf der Pandemie – wieder in einer Bandbreite zwischen plus 2,5 und plus 4,5 Prozent. Eine Botschaft schien zu Jahresende jedenfalls klar: Die Erwartung, dass durch eine rasche Verbesserung der gesundheitlichen Situation schon im Jahresdurchschnitt 2021 mit einer noch stärkeren Erholung der Wirtschaft zu rechnen wäre, erwies sich mehr und mehr als trügerisch. Und auch wenn gegen Jahresende 2020 die Hoffnungen auf einen Impfstoff schon sehr konkret waren, so schien es doch noch nicht realistisch, dass die Wirtschaftskrise im 1. Quartal 2021 nachhaltig beendet sein könnte. Vielmehr wurde immer deutlicher, dass erst eine nachhaltige Bekämpfung des Virus ausreichend Sicherheit dafür geben würde, dass sich die Wirtschaft verlässlich erholt. Da zu Jahresende noch mit Recht über die Möglichkeit einer »dritten Welle« der Pandemie spekuliert wurde, war zu diesem Zeitpunkt auch kein Ende der Wirtschaftskrise in Sicht – mit all den dramatischen Konsequenzen, die damit verbunden sein können.

Die Wachstumsrate des realen BIP ist ein einfacher und hoch aggregierter Maßstab für die wirtschaftliche Aktivität eines Landes. Auch wenn in der Fachliteratur klar ist, dass eine einseitige Konzentration auf diese Maßzahl viele Dimensionen des Wohlstands ausblendet,[9] gibt sie doch einen ersten Eindruck über die ökonomische Situation eines Landes.

Eine Wirtschaftskrise kann auch sehr gut an der Entwicklung der Arbeitslosenzahlen bzw. der Arbeitslosigkeitsrate illustriert werden, drücken diese doch eine der wichtigsten sozialen Komponenten einer Krise aus. Grafik 2 spricht dazu eine klare Sprache, indem der monatliche Verlauf der Arbeitslosenzahlen während des Jahres 2020 dargestellt wird. Im Jahresdurchschnitt 2019 gab es in Österreich rund 300 000 Arbeitslose, zu denen noch mehr als 50 000 AMS-Schulungsteilnehmende kamen. Saisonal bedingt startete das Jahr 2020 mit etwa

350 000 Arbeitslosen. Durch den Lockdown schnellte die Arbeitslosenzahl im März und April auf über 500 000 – ein im Österreich der Nachkriegszeit noch nie erreichter Wert. Die Dramatik dieser Dimension wird jedoch noch deutlicher, bedenkt man, dass es in Österreich um diese Zeit (Stichtag 3. Mai) zusätzlich zu den 522 253 Arbeitslosen[10] noch 1 254 411 Personen in Kurzarbeit gab. Offensichtlich gab es zur Spitzenzeit für fast die Hälfte der in Österreich unselbständig Beschäftigten (Ende April 3 582 751) keinen echten ökonomischen Bedarf!

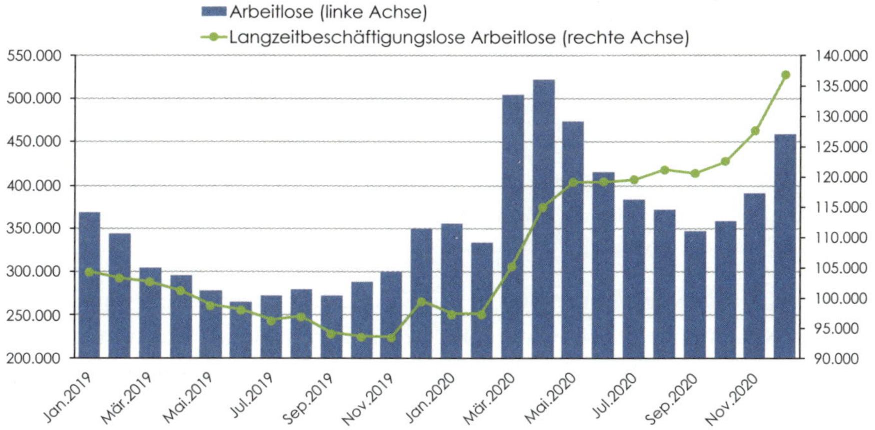

Grafik 2: Entwicklung der Arbeitslosigkeit im Jahr 2020.
Quelle: AMS, WIFO-Darstellung.

Die Dramatik der Arbeitslosigkeit traf Menschen in bestimmten Regionen unterschiedlich stark. Dies ist unter anderem durch die Wirtschaftsstruktur zu erklären, weil manche Branchen, insbesondere der Tourismus, aber generell die Gastronomie und auch Handelsbetriebe besonders sensibel auf die direkten und indirekten Effekte des Lockdowns reagierten. Einen guten Überblick dieser Problematik gibt Grafik 3. Im Krisenmonat April gab es Arbeitsmarktbezirke in Österreich, in denen die Zahl der Arbeitslosen und Schulungsteilnehmenden gegenüber dem Vorjahresmonat um bis zu 180 Prozent emporschnellte. Was dies für eine Region bedeutet, kann man sich unschwer ausmalen. Gleichzeitig ist daran zu erkennen, welch ungeheuer wichtige Wirkungen die sozialstaatlichen Vorkehrungen des Arbeitslosengelds, noch mehr aber die Möglichkeit zur Kurzarbeit, hatten.

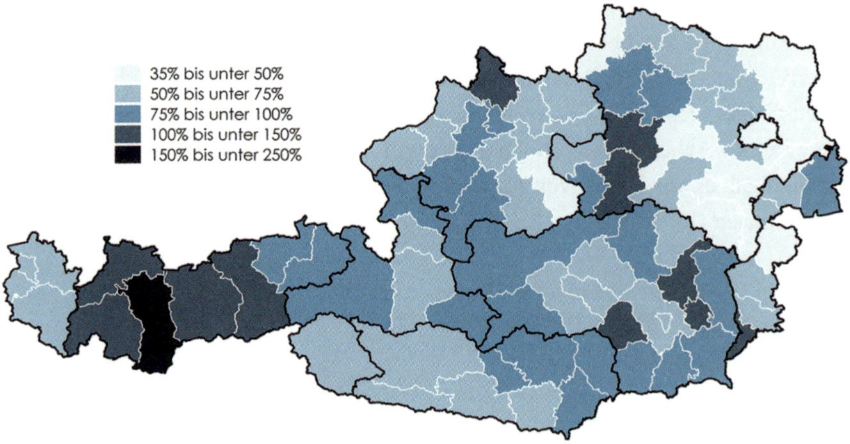

Grafik 3: Entwicklung der Arbeitslosen und AMS-Schulungsteilnehmenden im April 2020 gegenüber dem Vorjahresmonat. Quelle: AMS, WIFO-Darstellung entnommen aus Christoph Badelt, Österreichs Wirtschaftspolitik in COVID-19-Zeiten und danach. Eine Einschätzung zur Jahreswende 2020/2021, in: WIFO-Monatsberichte, 2021, 94(1), S. 3–23.

Die branchenmäßigen Abhängigkeiten, die ganze Regionen prägen, waren nicht auf den Krisenmonat April beschränkt. Gegen Jahresende hat sich durch die internationalen Reisewarnungen die Situation z. B. im Tourismus und im Gastgewerbe, aber auch in allen Branchen, die mit diesen Unternehmen wirtschaftlich eng verbunden sind, nochmals deutlich zugespitzt. Der Städtetourismus kam über weite Strecken vollständig zum Erliegen; ob es im alpinen Raum Österreichs einen Wintertourismus mit ausländischen Gästen geben kann, wurde von Woche zu Woche fraglicher.

Eine verlässliche Analyse der sozialen Betroffenheit durch die COVID-19-Krise ist erst im Entstehen. Dies gilt insbesondere für die Verteilungswirkungen der staatlichen Ausgaben, aber auch für die immer wieder diskutierte Frage, wer »letztlich für die Kosten der Pandemie bzw. die Kosten der wirtschaftspolitischen Maßnahmen zahlen muss« – wie dies in der parteipolitischen Diskussion oft überspitzt formuliert wird.[11] Erste Hinweise auf die sozialen Auswirkungen der Pandemie gibt ein Forschungsprojekt, das im Auftrag des Bundesministeriums für Soziales, Gesundheit, Pflege und Konsumentenschutz auf der Basis des Wissensstandes vom Sommer 2020 erarbeitet wurde.[12] Das WIFO hat im Rahmen dieses Projekts mithilfe einer Mikrosimulation die Auswirkungen der COVID-19-Krise auf die Einkommenslage der privaten Haushalte evaluiert.[13] Allerdings konnte diese Simulation aufgrund von Datenlücken nur unter Ausschluss der Selbstständigenhaushalte durchgeführt werden. Die Ergebnisse zeigen eine heterogene Entwicklung der verfügbaren Haushaltsäquivalenzeinkommen nach

Personengruppen und Einkommensklassen. Das unterste Einkommensquintil, in dem viele erwerbsferne Personen vertreten sind, die von krisenbedingten Einkommensverlusten weniger stark betroffen sind, erreichte durch Krisenmaßnahmen wie dem Kinder- oder dem Arbeitslosenbonus eine leichte Verbesserung der Einkommen. Mit steigendem Quintil stiegen die Einkommenseinbußen der Haushalte sowohl absolut als auch relativ. Die Einkommenseffekte sind allerdings so gering, dass sie sich nicht in wachsenden Armutszahlen niederschlagen.

Ergebnisse dieser Art bedürfen einer sorgfältigen Interpretation. Erstens stehen die Einkommensverluste stark mit durch COVID-19 ausgelöster Arbeitslosigkeit im Zusammenhang. Solange die Arbeitslosigkeit durch Kurzarbeitsregelungen begrenzt werden kann, entstehen auch noch keine sehr weit verbreiteten ökonomischen Nachteile – was die Relevanz der Kurzarbeit, aber auch die Labilität der ökonomischen Situation unterstreicht.

Zweitens ist auf die Lage von Selbstständigen, vor allem auf die »Ein-Personen-Unternehmen« (EPUs) ausdrücklich zu verweisen. Diese Bevölkerungsgruppe wurde durch die Lockdowns zum Teil in echte Existenzkrisen gestürzt und ist sozialrechtlich wesentlich schlechter abgesichert als unselbstständig Beschäftigte, die zumindest Arbeitslosengeld beziehen können. So mussten gemäß der WIFO-Studie[14] bis zu 50 Prozent der EPUs Förderungen aus dem Härtefallfonds in Anspruch nehmen, was als Indikator für die prekäre Situation dieser Bevölkerungsgruppe gesehen werden kann.

Schließlich darf ob der relativ günstigen ökonomischen Situation eines Aggregats niemals darauf geschlossen werden, dass es nicht einzelne Angehörige einer Gruppe oder auch ganze Subgruppen geben kann, die sich in großen wirtschaftlichen Schwierigkeiten befinden. So gibt es empirische Hinweise darauf, dass Bevölkerungsschichten, die schon vorab armutsgefährdet waren, besonders stark von der COVID-19-Krise betroffen wurden, dass aber darüber hinaus z. B. mit den EPUs ganz neue Bevölkerungsschichten in die Armutsgefährdung gleiten können.[15] Auch die anekdotische Evidenz, wonach sich bei Wohlfahrtsorganisationen plötzlich Menschen um Hilfe bemühten, die dies in ihrem ganzen Leben vorher nicht getan hatten,[16] deutet in diese Richtung.

»WEICHE«, ABER WICHTIGE LANGZEITFOLGEN DER COVID-19-KRISE

Während die traditionellen Maßzahlen der konjunkturellen Entwicklung gut darstellbar sind, hat die Pandemie eine Reihe von langfristigen gesellschaftlichen und ökonomischen Wirkungen, die sich derzeit einer Quantifizierung entziehen, dennoch aber nicht ignoriert werden sollten. Diese Wirkungen sind meist mit den Schattenseiten der Lockdown-Phasen verbunden.

Zahlreiche Repräsentanten der Ärzteschaft und der Psychotherapie verweisen z. B. auf die rasch steigenden Zahlen von psychischen Problemen, die Menschen durch die Kontaktlosigkeit erleiden, welche mit Lockdowns einhergehen.[17] Diese erreichen oft den Status regelrechter psychischer Erkrankungen und wirken auch auf die Arbeitsfähigkeit vieler Menschen. Dazu kommen somatische Erkrankungen, die aufgrund der Konzentration der Krankenhäuser auf die COVID-Problematik nicht rasch genug diagnostiziert oder behandelt wurden – wie erste medizinische Fallstudien ergaben.[18] Weitere ökonomische Langzeitwirkungen gehen mit den Schulschließungen einher, bei denen nach offizieller Lesart der Unterricht in den Klassenräumen durch »Fernunterricht«, meist unter Zuhilfenahme von elektronischen Medien, ersetzt wurde. Die familiäre Belastungssituation, die sich durch das notwendige Engagement der Eltern (meist der Mütter) zur Unterstützung ihrer Kinder ergab, ist mehrfach beschrieben worden.[19] Wenn »Home-Schooling« mit »Home-Office« kombiniert werden muss, dann hat dies nicht nur auf die Qualität des Lernerfolgs der Kinder deutlich negative Auswirkungen, sondern auch auf die Produktivität der Eltern. In dieser Konstellation liegt auch ein Grund für die voraussichtlich deutlich sinkende volkswirtschaftliche Arbeitsproduktivität in Zeiten der COVID-19-Krise.[20]

Dazu kommt die langfristige Wirkung auf die ökonomische und soziale Situation jener Kinder, die durch ihren familiären Hintergrund a priori benachteiligt sind, z. B. weil sie die Eltern in ihren Bildungsbemühungen nicht unterstützen können oder wollen. Oft ist diese Situation auch mit einer fehlenden Ausstattung mit IT-Geräten verbunden, der Kontakt zur Schule wird nicht gepflegt, sodass Kinder in der Zeit der Schulschließungen gar nicht vom Lehrkörper erreicht wurden. Da im Jahr 2020 von den 38 Unterrichtswochen nicht einmal die Hälfte im Regulärbetrieb abgehalten wurden, ist durch diese Benachteiligung ein weiteres Zurückbleiben dieser Kinder im Lernerfolg zu befürchten, der sich auch auf die späteren Berufschancen negativ auswirken wird.[21] Dies ist im Hinblick auf die generellen Bildungsdefizite unter anderem auch wegen des Mangels an Fachkräften ein Problem mit volkswirtschaftlichen Dimensionen.

DIE REAKTION DER (WIRTSCHAFTS)POLITIK

Auf die Pandemie musste die Politik zunächst mit gesundheitspolitischen Maßnahmen reagieren. Diese sind hier nicht näher zu erörtern. Für die wirtschaftliche Entwicklung zählen erstens jene Maßnahmen, die die wirtschaftliche Aktivität beeinträchtigten, vor allem also Lockdown- oder andere Sicherheitsbestimmungen, die sich direkt wirtschaftlich auswirken (z. B. Kapazitätsbeschränkungen bei Veranstaltungen oder im Kulturbereich, Abstandsregeln in der Gastronomie). Zweitens wird die ökonomische Entwicklung stark durch die Maßnahmen beeinflusst, die zur Abfederung der gesundheitspolitischen Regelungen getroffen werden, insbesondere alle Arten von Förderungen und Erleichterungen, die an Unternehmen oder potentiell von Arbeitslosigkeit betroffene Personen ausgeschüttet werden bzw. ihnen zu Gute kommen.

Um den Zusammenhang zwischen gesundheitlichen Maßnahmen und wirtschaftlicher Entwicklung konkret darstellen zu können, wurde von der Blavatnik School of Government der Universität Oxford ein Index der Lockdown Intensität ermittelt,[22] in dem die typischen Lockdown-Maßnahmen (z. B. Versammlungseinschränkungen, Schulschließungen, Reisebeschränkungen, Ausgangsbeschränkungen, etc.) zusammengefasst wurden. Auf diese Weise kann auch ein internationaler Vergleich der Maßnahmen vorgenommen werden.

Wie in Abbildung 3 ersichtlich, spricht schon die deskriptive Evidenz für einen Zusammenhang zwischen Lockdown-Intensität und Rückgang des Wirtschaftswachstums. In der Grafik 4 wird dies durch die Zusammenschau der Veränderung der Lockdown-Intensität und der Veränderung des Wirtschaftswachstums (jeweils im Vergleich zum Vorquartal) für einige Länder illustriert. Dies kann sehr gut für das das zweite Quartal 2020 gezeigt werden, wo die Lockdown-Maßnahmen der ersten Pandemiewelle am stärksten wirkten.

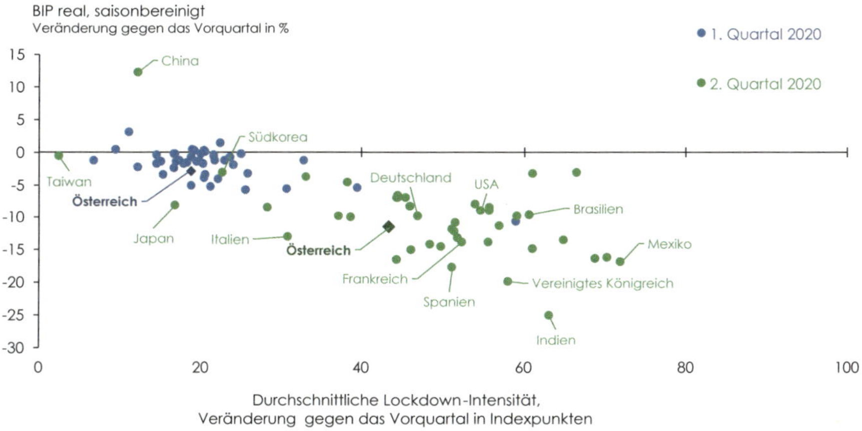

Grafik 4: Wirtschaftswachstum und Lockdown-Intensität im internationalen Vergleich.
Quelle: Oxford Economics, Blavatnik School of Government, University of Oxford, WIFO-Darstellung.

Der Index kann auch dazu verwendet werden, die österreichische Politik in einem internationalen Vergleich zu analysieren. In Grafik 5 wird zu diesem Zweck die Intensität der gesetzten Maßnahmen auf einer Skala von 0 bis 100 dargestellt, wobei 100 für einen vollständigen Lockdown einschließlich umfassender öffentlicher Informationskampagnen steht und die verschiedenen Farben des Säulendiagramms die Einzelbereiche der getroffenen Maßnahmen ausdrücken. Die Säulen zeigen die Situation in Österreich in verschiedenen Phasen des Jahres 2020, die Punkte drücken den Vergleich zu einer Reihe von wichtigen Ländern des Auslands dar.

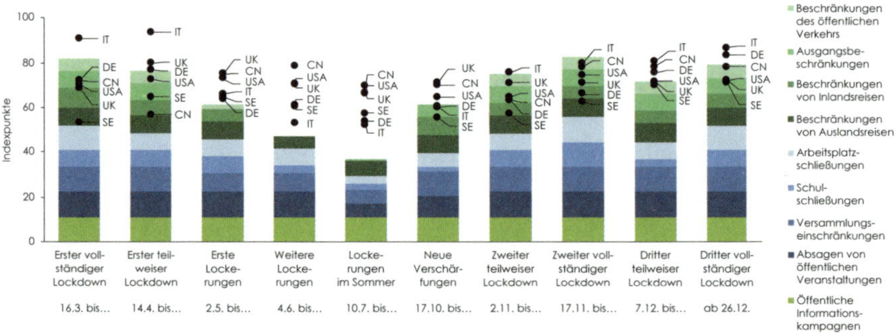

Grafik 5: Lockdown-Intensität in Österreich und ausgewählten Vergleichsländern.
Quelle: Blavatnik School of Government, University of Oxford, WIFO-Darstellung; entnommen aus: Christoph Badelt, Österreichs Wirtschaftspolitik in COVID-19-Zeiten und danach. Eine Einschätzung zur Jahreswende 2020/2021, WIFO-Monatsberichte, 2021, 94(1), S. 12.

Aus der Grafik ist deutlich zu erkennen, dass Österreich im Frühjahr 2020 zu den Ländern gehörte, die am radikalsten mit Maßnahmen zur Eindämmung der Ausbreitung des Virus reagierten, während sich im Sommer 2020 das Bild ins Gegenteil verkehrte. Schon ab dem Frühsommer gehörte Österreich im internationalen Vergleich zu den liberalsten Ländern, was auch zu der relativ günstigen Entwicklung des Sommertourismus führte. Auch wenn es naheliegt, diesen Effekt als Ursache für die starke Verschlechterung der Infektionszahlen in Österreich im Herbst anzusehen, kann die deskriptive Statistik alleine nicht als ein wissenschaftlichen Kriterien genügender Beweis angesehen werden.

Wie radikal auch immer die gesundheitspolitischen Regulierungen in Österreich gewesen sein mögen, die Wirtschaftspolitik hat sehr prompt und unter Bereitstellung umfangreicher Mittel auf die Regulierungen reagiert. Dabei ist es nicht leicht, einen vollständigen Überblick zu geben, weil im Laufe des Jahres immer wieder neue Maßnahmen entwickelt bzw. einzelne Maßnahmen im Laufe der Monate auch abgeändert wurden. Dies gilt auch für Bereiche, die besonders ausgabenintensiv sind, wie etwa die Kurzarbeit, die es während des Jahres 2020 in drei verschiedenen Versionen gab.

Grafik 6 gibt einen schematischen Überblick über die verschiedenen Maßnahmen. Grundsätzlich sind direkte Transferzahlungen (an Unternehmen wie auch an Haushalte) und steuerliche Maßnahmen zu unterscheiden, die durch Steuersenkungen, Stundungen und weitere steuerliche Erleichterungen entweder die Kaufkraft von Konsumentinnen und Konsumenten stärken oder die Belastung von Unternehmen reduzieren sollten. Dazu kommen noch eine Reihe von »sonstigen« Maßnahmen im Zusammenhang mit der Krise, wie etwa direkte Gesundheitsausgaben.

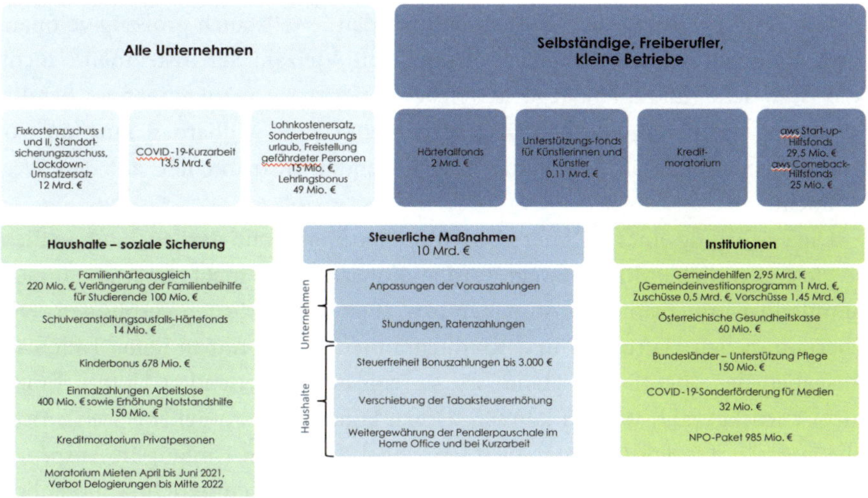

Grafik 6: Die COVID-19-Hilfsmaßnahmen des Bundes[23].
Quelle: BMF, WIFO-Darstellung entnommen aus Loretz, Simon, Pitlik, Hans, Schratzenstaller, Margit, »Bundeshaushalt und Staatsschuld in der COVID-19-Krise. Bundesvoranschlag 2021 und Mittelfristiger Finanzrahmen 2021 bis 2024«, WIFO-Monatsberichte, 2021, 94(1), S. 57.

In zeitlicher Hinsicht stand am Anfang des Lockdowns die Sicherung der Liquidität von Unternehmen und der Versuch, durch Kurzarbeit die Kündigung von Beschäftigten zu vermeiden. Im Laufe der Wochen wurden zusätzlich verschiedene Spezialgruppen mit Maßnahmen unterstützt, z. B. der Kultur- und Non-Profit-Organisations-Bereich, aber auch die Gastronomie und einige andere Branchen wurden durch Mehrwertsteuersenkungen begünstigt. Parallel dazu ging es um den Aufbau eines Fixkostenzuschusses, der auch längerfristig Unternehmen, die auch nach dem Wiederhochfahren der Wirtschaft massiv unter COVID-19 leiden, eine Teilabgeltung ihrer Kosten ermöglichen soll. Bei diesen Förderungen gab es lange Verhandlungen mit der EU-Kommission.

Schließlich wurde mit dem partiellen Lockdown im November das Instrument des Umsatzersatzes eingeführt, der zunächst für die Hotellerie und Gastronomie galt und ohne Anrechnung von anderen Förderungen (z. B. der Kurzarbeit) mit 80 Prozent des entsprechenden Vorjahresumsatzes festgelegt wurde. Die dadurch entstehende Überförderung wurde seitens der Regierung in Kauf genommen, um dem im Frühjahr häufig geäußerten Vorwurf, die Auszahlung der Mittel würde zu lange dauern, entgegen zu wirken. Aufgrund des wenig später folgenden totalen Lockdowns wurde nach Schließung der Handelsbetriebe ein Umsatzersatz zwischen 20 und 60 Prozent – je nach Branche – beschlossen.

Mit der Einführung der Maßnahmen wurden jeweils auch großzügige finanzielle Rahmen definiert. Obgleich es durch die Vielzahl der Instrumente nicht klar ist, welche Ausgabenkategorie welchem Budgettopf zuzurechnen ist, hat die Regierung einen Rahmen von insgesamt mehr als 50 Milliarden Euro an Corona-Hilfsmaßnahmen und konjunkturstützenden Instrumenten auf den Weg gebracht.

Die Festlegung eines Rahmens bedeutet allerdings nicht, dass auch tatsächlich so viele öffentliche Mittel bewegt werden. Zunächst sind nicht alle Maßnahmen unmittelbar mit staatlichen Ausgaben bzw. Einnahmeverlusten verbunden: Die übernommenen Haftungen und Kreditgarantien führen nur in jenen Fällen zu Ausgaben der öffentlichen Hand, wo sie von den betreffenden Unternehmen nicht zurückgezahlt werden können. Hinzu kommt, dass möglicherweise nicht alle budgetierten Fördermittel auch tatsächlich in vollem Umfang in Anspruch genommen werden. Das Bundesministerium für Finanzen berichtet monatlich über die Höhe der tatsächlich abgerufenen bzw. ausgezahlten Mittel.[24] Dabei zeigen sich beträchtliche Abweichungen zwischen der Höhe der genehmigten Mittel und jenen Summen, die tatsächlich zur Auszahlung gelangen. Vollständig ausgeschöpft waren die Mittel (mit Stand Mitte Dezember 2020) nur in relativ kleinen, sozial orientierten Töpfen, wie etwa die Einmalzahlung für die Arbeitslosen. Hingegen war z. B. die Auszahlung des Fixkostenzuschusses aus einer Reihe von Gründen bis zum genannten Stichtag noch kaum erfolgt. Grafik 7 gibt dazu eine Übersicht:

Bezeichnung	Zielgruppe	Abgewickelt durch...	Rahmen	Auszahlung oder Leistung an Zielgruppe	Freier Rahmen	Ausschöpfungsgrad
				Mio. €		in %
COVID-19-Kurzarbeit	Unternehmen/Beschäftigte	AMS - Arbeitsmarktservice	13.500	5.346	8.154	39,6
Gemeindeinvestitions-programm[1)]	Kommunen	Bund	1.000	207	793	20,7
Haftungen, Garantien [2)]	KMU, Großbetriebe, Exportbetriebe	Bundesministerium für Finanzen/COFAG [5)]	11.017	6.572	4.580	59,7
Härtefallfonds	EPU, Freie DN, Kleinst-unternehmen, Landwirte, Privatzimmervermieter	WKO – Wirtschaftskammer Österreich, AMA – Agrarmarketing Österreich	2.000	828	1.172	41,4
Fixkostenzuschuss I und II sowie Lockdown-Umsatzersatz[3)]	Unternehmen	COFAG[5)]	12.000	1.884	10.116	15,7
NPO-Unterstützungsfonds	Gemeinnützige sowie kirch-liche Organisationen, frei-willige Feuerwehren und Sportligen	aws, SV der Selbständigen, Betriebssport-GmbH	985	173	812	17,5
Unterstützungsfonds für selbständige Künstlerinnen und Künstler[4)]	Selbständige Künstlerinnen und Künstler	Sozialversicherung der Künstlerinnen und Künstler	110	53	57	47,8
Steuererleichterungen	Unternehmen, Selbständige	Finanzamt, Bundesministerium für Finanzen	10.000	6.421	3.579	64,2
Genehmigte Herab-setzungen von Einkommen-steuervorauszahlungen				1.110		
Genehmigte Herab-setzungen von Körperschaft-steuervorauszahlungen				2.760		
Genehmigte Stundungen				2.549		

Grafik 7: Tatsächliche Aufwendungen für Corona-Hilfsmaßnahmen (Stand 15. Dezember 2020).
Quelle: BMF, WIFO-Darstellung, entnommen aus Simon Loretz, Hans Pitlik, Margit Schratzenstaller, »Bundeshaushalt und Staatsschuld in der COVID-19-Krise. Bundesvoranschlag 2021 und Mittelfristiger Finanzrahmen 2021 bis 2024«, WIFO-Monatsberichte, 2021, 94(1), S. 53–65.– [1]) Anteil gemäß Kommunalinvestitionsgesetz 2020. – [2]) Rahmen; tatsächliche Zahlungsverpflichtung abhängig vom Ausmaß der Inanspruchnahme. – [3]) Bzw. Verlustersatz und Ausfallsbonus. – [4]) Stand September 2020 (Budgetdienst) mangels Ausweis in Bundesministerium für Finanzen. – [5]) COVID-19-Finanzierungsagentur des Bundes GmbH

Noch wichtiger als die Einzelmaßnahmen ist die fundamentale budgetpolitische Wende, die im Rahmen der COVID-19-Krise beschritten wurde. Als am Beginn der Pandemie Bundeskanzler Sebastian Kurz[25] und Finanzminister Gernot Blümel[26] den Satz aussprachen, man werde die Krise bekämpfen, was immer das auch koste, hatten wahrscheinlich viele politische Beobachterinnen und Beobachter Zweifel, ob dieser Ankündigung auch Taten folgen würden. Zwar ist der Umfang der finanziellen Mittel, die zur Bekämpfung einer Krise »notwendig« sind, nicht objektiv bestimmbar, doch zeigte sich im Laufe das Jahres 2020, aber auch bei der Präsentation des Bundesbudgets 2021, dass für Maßnahmen, die die Regierung als sinnvoll ansieht, tatsächlich keine finanziellen Grenzen zu gelten scheinen. Dies hat bei Kritikerinnen und Kritikern auch schon zur ironischen Äußerung geführt, »Geld spiele gegenwärtig in Österreich keine Rolle mehr.«[27] Hinter dieser Kritik steht die naheliegende Sorge, dass die aus COVID-19-Gründen aufgenommenen Schulden irgendwann auch Maßnahmen zur Budgetkonsolidierung notwendig machen würden.

Betrachtet man die Problematik anhand von makroökonomischen Daten, zeigt sich tatsächlich eine finanzpolitische Entwicklung, die in der Zweiten Republik einmalig ist. Schätzte etwa das WIFO für das Jahr 2019 für den öffentlichen Sektor in Österreich noch einen Maastricht-Budgetüberschuss von plus 0,7 und eine Staatsverschuldung von 70,4 Prozent des BIP,[28] so änderte sich die Situation – je nach unterstelltem Prognoseszenario – für die Folgejahre dramatisch: Für 2020 erwartete das WIFO ein Maastricht-Defizit zwischen minus 9,4 und minus 10,8 Prozent sowie eine Staatsverschuldung zwischen 84,1 und 87,4 Prozent. Für 2021 werden Werte beim Budgetdefizit zwischen minus 4,7 und minus 8,2 Prozent, bei der Staatsverschuldung zwischen 83,0 und 93,2 Prozent erwartet.[29] Dies alles wird von einer Regierung verantwortet, die in ihrem Regierungsprogramm ursprünglich einen (über den Konjunkturzyklus) ausgeglichenen Staatshaushalt und eine deutliche Senkung der Abgabenlast als Ziel definiert hatte.

Wenngleich gegen Ende des Jahres 2020 bisweilen auch Kritik über zu großzügige Förderungen laut wurde, ist es doch bemerkenswert, dass die drastische und rasche Verschuldungspolitik sowohl im Kreis der ökonomischen Fachleute als auch in der politischen Arena weitgehend auf Zustimmung stieß. Die Schärfe der gesundheitlichen Krise hat offensichtlich zumindest vorübergehend die traditionell unterschiedlichen Positionen innerhalb der Ökonomie geeint und auch in der Politik zu einem Paradigmenwechsel geführt. Dieser war relativ leicht umzusetzen, als die ökonomische und budgetpolitische Ausgangssituation Österreichs im internationalen Vergleich sehr günstig ist und sich die Republik de facto zu Nullzinsen verschulden konnte. Es bleibt abzuwarten, wie lange diese Einigkeit anhalten wird und welche Konflikte entstehen werden, wenn nach Überwindung der Pandemie wieder ein langfristiger Finanzplan zu beschließen sein wird, in dem es wohl zumindest zu einem Abbau der Budgetdefizite kommen wird müssen.

Zusätzlich zum Paradigmenwechsel in der Finanzpolitik wurde die politische Diskussion noch um eine wichtige andere Dimension erweitert: Die Frage nach einer »adäquaten« Reaktion der Wirtschaftspolitik auf die Pandemie brachte auch den Trade-off zwischen gesundheitlichen und ökonomischen Zielen in einer Gesellschaft ans Tageslicht. Während am Anfang der Pandemie das Primat der gesundheitlichen Ziele weitgehend außer Streit stand, veränderte sich diese Gewichtung im Laufe der Zeit – ohne dass dies an dieser Stelle exakt durch demoskopische Daten belegt werden könnte. Wesentlich zu diesem Stimmungswandel trug die Dramatik des Geschehens bei, in dem wirtschaftliche Not und weit verbreitete soziale Probleme plötzlich von vielen Menschen als reale Bedrohung erfahren wurden. Es ist zu vermuten, dass die zum Teil als zögerlich empfundene Haltung der Regierung, im Herbst einen neuerlichen Lockdown zu verhängen, Ausdruck eines Stimmungswandels in der Bevölkerung war. Ähnliches ist für die Entscheidung über die Verlängerung des Lockdowns Anfang Dezember anzunehmen.

HYPOTHESEN ZUR ENTWICKLUNG IN DER ZUKUNFT

Auch wenn im Augenblick ein Ende der Pandemie nicht verlässlich absehbar ist, kann man doch davon ausgehen, dass durch Impfungen und verbesserte Therapien die Krankheit in der mittleren Zukunft ihren Schrecken verlieren wird. In dieser Situation entfällt dann auch die Notwendigkeit weiterer wirtschaftspolitischer Stützungsmaßnahmen. Die Wirtschaftspolitik wird sich ab diesem Zeitpunkt mehr des traditionellen konjunkturpolitischen Instrumentariums bedienen, um ein Ende der Rezession zu bewirken bzw. zu beschleunigen. Aufgrund der Tiefe des ökonomischen Einbruchs wird die Bestandsaufnahme, wie z. B. die öffentlichen Finanzen wieder ins Gleichgewicht gebracht werden können, zu schmerzhaften Entscheidungen führen. Gleichzeitig stellt sich die Frage, ob die COVID-19-Krise fundamentale Folgen für das Wirtschaftssystem mit sich bringen wird.

EINE KONVENTIONELLE SICHT DER ZUKUNFT

Eine konventionelle Sicht der ökonomischen Entwicklung in der Post-COVID-19-Zeit geht davon aus, dass – unterstützt durch die Wirtschaftspolitik – nach der Wiedereröffnung geschlossener Betriebe sowie nach der Aufhebung der Reisewarnungen bzw. -beschränkungen und dem damit verbundenen Abbau von Arbeitslosigkeit und Kurzarbeit die Wirtschaft wieder rasch an Fahrt gewinnen kann. Zunächst würde es beim Konsum zu einem kräftigen Nachholprozess kommen, parallel dazu würde eine positiv verlaufende Nachfrageentwicklung bei den wichtigsten Handelspartnern (vor allem in Deutschland) die Exportdynamik zurückkehren lassen, womit auch die industrielle Produktion wieder wachsen könnte. In einem Klima des wieder gewonnenen Optimismus würden auch die Investitionen wieder ansteigen. Das anziehende Wirtschaftswachstum würde die öffentlichen Einnahmen erhöhen, wodurch es – gemeinsam mit einer Reduktion Corona-bedingter Staatsausgaben – auch zu einer Verringerung des Budgetdefizits kommen würde. Mit anderen Worten: Anders als in einer »gewöhnlichen Rezession« würde der Wiederaufschwung zuerst durch Veränderungen im Bereich des Gesundheitswesens und durch Änderungen im Bereich staatlicher Regulierungen (d.h. durch die Aufhebung diverser Verbote) in Gang kommen. Sobald der Prozess angestoßen wurde, verliefe er aber in den üblichen Bahnen; untypisch wäre lediglich, dass in üblichen Rezessionen meist die Industrie der Hauptbetroffene ist, während in der COVID-19-Krise eher die Dienstleistungen und auch viele kleine Unternehmen die hauptsächlich Leidtragenden waren.

In den üblichen makroökonomischen Daten lässt sich eines solche Entwicklung an Hand einer Mittelfristprognose gut abbilden. Das WIFO hat im Oktober eine solche Prognose bis zum Jahr 2025 vorgelegt.[30] In der »Hauptvariante« (die allerdings keinen Lockdown im Herbst 2020 angenommen hatte) hätte sich das Wirtschaftswachstum zwischen 2022 und 2025 zwischen plus 1,8 und plus 1,5 Prozent eingependelt. Der Finanzierungssaldo des Staats wäre bis 2025 auf minus 1,0 Prozent zurückgegangen, die Arbeitslosenrate auf 7,5 Prozent. Dieses Beispiel zeigt die Unsicherheit über den Zeitpunkt und das Tempo einer wirtschaftlichen Erholung, weil die Prognosen völlig von der Richtigkeit der Annahmen über die Entwicklung der Pandemie abhängen. Und diese wagt gegenwärtig niemand verlässlich vorherzusagen.

Um den Spielraum der denkbaren Entwicklungen auszuloten, hat das WIFO im Oktober auch ein »Risikoszenario« prognostiziert, das von einem zweimonatigen totalen Lockdown im Jahr 2020 ausging und im Jahr 2021 nur eine langsame epidemiologische Verbesserung unterstellte. Das Szenario war allerdings insofern optimistisch, als für 2021 keine dritte Pandemiewelle angenommen wurde, die so stark wäre, dass es wieder zu Lockdown-Maßnahmen kommen müsste. Von diesen Annahmen ausgehend, läge das Wirtschaftswachstum im Jahr 2021 nur bei 0,4 (und nicht bei 4,4 Prozent wie in der »Hauptvariante«), dafür käme es 2022 zu einem höheren Wachstum (4,8 Prozent), das sich bis 2025 dann auf plus 1,4 Prozent reduzieren würde. Als Konsequenz würden sich zum Ende der Prognoseperiode sowohl die Arbeitslosigkeit (8,1 Prozent) als auch das Budgetdefizit (minis 2,4 Prozent) deutlich ungünstiger darstellen als in der »Hauptvariante«.

Die Quintessenz dieser Alternativszenarien ist ernüchternd. Sollte die Pandemie auch im Jahr 2021 noch längere Zeit andauern und die wirtschaftlichen Aktivitäten behindern (z.B. durch einen dritten partiellen oder totalen Lockdown), würde sich auch der wirtschaftliche Aufschwung wesentlich später einstellen und die Situation der öffentlichen Haushalte weiter verschlechtern. Dies lässt sich auch an der Staatsverschuldung zeigen: In der »Hauptvariante« wäre diese im

Jahr 2025 auf 80,1 Prozent gesunken (nach einem Maximum von 84,1 Prozent im Jahr 2020), im »Risikoszenario« läge sie im Jahr 2025 noch bei 93,2 Prozent.

Sämtliche Wirtschaftsprognosen für die staatlichen Finanzen beruhen auf einer »No-Policy-Change«-Annahme. Wirtschaftsforscherinnen und -forscher können nämlich bei ihren Prognosen nicht darüber spekulieren, welche politischen Entscheidungen in den Folgejahren getroffen werden, die sich auf die Ausgaben- oder Einnahmenseite der Budgets auswirken. Vielmehr ist es der Sinn der Prognosetätigkeit, einen Spielraum für finanzpolitische Maßnahmen aufzuzeigen, bzw. nachvollziehbar zu machen, welche Folgen politische Entscheidungen z. B. auf den Budgetsaldo hätten. Auf diese Randbedingung muss im Zusammenhang mit der Beschreibung einer Post-COVID-19-Welt besonders hingewiesen werden, birgt sie doch eine beträchtliche politische Brisanz. Die COVID-19-Krise hat einige politische Themen in den Hintergrund treten lassen oder überhaupt negiert, deren Auflösung mit Sicherheit zu zusätzlichen Staatsausgaben führen wird; ob und inwieweit auch eine Veränderung der Staatseinnahmen wahrscheinlicher wird, bleibt ebenfalls offen. Wichtige Beispiele für solche Themen sind die Pflegeproblematik, die langfristige Finanzierung der Pensionen, Investitionen im Klima- und Umweltbereich einschließlich des Verkehrssektors, Initiativen in Bildung und Forschung einschließlich Infrastruktur (z. B. Digitalisierung), aber auch eine grundsätzliche Reform der Abgabenstruktur, die mit einer Entlastung des Faktors Arbeit und einer stärkeren ökologischen Orientierung einhergehen müsste. Durch die COVID-19-Krise verschlechtert sich die ökonomische und budgetpolitische Ausgangslage für all diese Vorhaben beträchtlich, wenngleich einige COVID-19-bedingte konjunkturpolitische Maßnahmen schon mit Schwerpunkten der Klimapolitik oder der Digitalisierung versehen wurden. Dennoch wird es schwierig werden, eine politische Einigung über Lösungen zu erzielen.

COVID-19 ALS AUSGANGSPUNKT FÜR GRUNDSATZREFORMEN DES WIRTSCHAFTSSYSTEMS?

Kritikerinnen und Kritiker der marktwirtschaftlichen Wirtschaftsordnung sehen in den erzwungenen geänderten Verhaltensweisen vieler Menschen (z. B. mehr Heimarbeit bzw. Haushaltsproduktion, weniger Konsum) den Startpunkt für eine fundamentale Reform des Wirtschaftssystems. Die COVID-19-Krise könnte uns lehren, bescheidener zu leben und aus dem dem Kapitalismus inhärenten Wachstumszwang auszusteigen.[31] Auch gab es in der öffentlichen Debatte immer wieder Äußerungen von Menschen, die ihrer Zeit im Home-Office oder in der

Kurzarbeit auch viel Positives abgewinnen konnten, weil sie diese Periode als weitgehend stressfrei erlebt hatten.

Mit Blick auf die von der Krise ökonomisch betroffenen Menschen, die ohne staatliche Hilfen in massive, wenn nicht gar existentielle wirtschaftliche Notlagen gerutscht wären, kann der unfreiwillige Wachstumsrückgang wohl nicht als Modell für eine neue ökonomische Zukunft angesehen werden. Vielmehr belegt die Krise, dass ein ungewollter und ungeordneter Wirtschaftseinbruch untragbare ökonomische und soziale Verwerfungen mit sich bringen würde. Damit soll die Ernsthaftigkeit der gesellschaftspolitischen Diskussion über die »Grenzen des Wachstums« bzw. über den Ersatz eines rein quantitativen Wachstumsdenkens durch eine qualitative Wachstumsstrategie nicht bestritten werden. Jedoch erfordert die Frage, ob und welche Konsequenzen aus der COVID-19-Krise für eine Neuorientierung des Wachstumsdenkens zu ziehen sind, eine differenzierte Analyse. Diese kann hier nicht in der nötigen Tiefe geleistet werden. In der Folge sollen aber ein paar Gesichtspunkte dargestellt werden, die jedenfalls eine Rolle spielen werden:

Die am Beginn der Krise dramatischen Engpässe bei der Versorgung mit wichtigen medizinischen Gütern oder Hygieneartikeln, wie z. B. Masken, Schutzanzügen oder manchen Medikamenten, haben die Schattenseite einer nur an kurzfristiger Kostenminimierung orientierten internationalen Arbeitsteilung aufgezeigt. Die Abhängigkeit Europas von asiatischen Lieferanten führte drastisch vor Augen, dass es für lebensnotwendige Produkte auch Vorsorgen im nationalen oder regionalen Umfeld braucht, die auch in der industriellen Standortpolitik bedacht werden müssen. Risikovorsorge für die Gesellschaft könnte als eine neue Variante des Marktversagens bezeichnet werden, das zu vermeiden eine öffentliche Aufgabe ist. Insgesamt muss auf eine höhere Resilienz des Wirtschaftssystems hingearbeitet werden, da es durchaus denkbar ist, dass sich Ausfälle in den internationalen Wertschöpfungsketten in der Zukunft wiederholen könnten.[32]

Die Behandlung des Risikos sollte auch bei der Entscheidung über öffentliche Ausgaben stärker in Betracht gezogen werden, als dies bisher der Fall war. So hat die relativ hohe Zahl von Krankenhausbetten pro Kopf in Österreich dem Land dabei geholfen, zumindest die erste Welle der COVID-19-Pandemie gut zu meistern. Dies erinnert daran, dass Rationalisierungen im Bereich des Gesundheitswesens (z. B. durch eine Reduktion von Spitalsbetten) auch unter Risikogesichtspunkten betrachtet werden müssen.

Auch die Arbeitswelt wurde durch die Pandemie rascher als geplant mit Fragen konfrontiert, deren endgültige Lösung noch aussteht. So wird es in der Zukunft noch intensive Diskussionen darüber geben, welche Vor- und Nachteile mit der Verlagerung konventioneller Arbeitsplätze in das »Home-Office« verbunden sind. Dabei ist sowohl die betriebliche Perspektive als auch die Situation der Arbeitnehmerinnen und Arbeitnehmer zu bedenken, setzt doch die Einrichtung eines Home-Office entsprechende Wohnbedingungen voraus. Dass mit dieser Problematik auch eine heikle Gender-Dimension anzuschneiden ist, ist offensichtlich, besteht doch die Gefahr, dass mit dem Home-Office auch traditionelle Rollenverteilungen zwischen den Geschlechtern wieder eine Renaissance erfahren könnten.

Besonders komplex ist der Zusammenhang zwischen der COVID-19-Krise und der Klima- bzw. Umweltproblematik. Dabei geht es weniger um kurzfristige Effekte wie die Reduktion der Treibhausgasemissionen auf Grund sinkenden Wirtschaftswachstums, die offensichtlich nicht nachhaltig sind.[33] Größere Relevanz könnten schon Verhaltensänderungen entwickeln, die in der COVID-19-Krise gleichsam eingeübt wurden, wie z. B. der Ersatz von kurzen Flugreisen durch Videokonferenzen, Veränderungen im Urlaubsverhalten oder auch der Stellenwert des Flugverkehrs an sich.

Die bedeutendste Dimension des Zusammenhangs dürfte auf der politischen Ebene liegen. So ist es einerseits bemerkenswert, wie rasch die vor COVID-19 in der Öffentlichkeit stark präsente Problematik des Klimawandels durch ein anderes akutes Thema verdrängt werden konnte. Andererseits hat die COVID-19-Krise auch gezeigt, wie schnell auch schwerwiegende politische Entscheidungen samt bedeutenden finanziellen Konsequenzen getroffen werden können, wenn es nur in der Politik wie in der breiten Bevölkerung ein Einsehen in die Dringlichkeit und Dramatik eines Problems gibt. Ein Einsehen dieser Art könnte der Klimapolitik in der Zukunft wichtige Anstöße geben. In einem ersten, und daher noch eher bescheidenen Ausmaß hat sich eine solche politische Einsicht in den konkreten Budgetplänen der Regierung gezeigt. Da die Bekämpfung der Rezession einen massiven Ausbau der öffentlichen Investitionen erfordert, ist es gelungen, Anliegen der Konjunkturpolitik und der Umweltpolitik gleichzeitig zu verfolgen. So sieht das Budget 2021 mehr als eine Milliarde Euro für umweltrelevante Investitionen vor und auch die beschlossene Investitionsprämie trägt durch die Staffelung der Fördermöglichkeiten eine klare umweltpolitische Handschrift. Mit diesen Beispielen könnte eine längerfristige Strategie eingeleitet werden: Bei öffentlichen Ausgaben sollte die Umweltrelevanz geprüft werden und Investitionsschwerpunkte sollten auch in der Zukunft primär in den Dienst der Umwelt gestellt werden.[34]

Die sozialen und ökonomischen Langzeitwirkungen der COVID-Krise können insgesamt noch nicht abschließend beurteilt werden. Einzelne Wirkungsrichtungen zeichnen sich aber auch heute schon ab.

ES STAUT SICH

Dass große Teile der Weltwirtschaft seit dem Frühjahr 2020 in der Krise steckten, war eine der Binsenweisheiten, die immer wieder erwähnt wurden. Es sei die größte Wirtschaftskrise der Nachkriegszeit, hieß es. Wenn man das so akzeptiert, bleiben als Vergleichsmöglichkeit lediglich die Zwischenkriegszeit und die Weltwirtschaftskrise zwischen 1929 und 1933. Doch wie auch in anderen Fällen will der Vergleich nicht so recht passen. 1933 kamen in Deutschland die Nationalsozialisten an die Macht, gefielen sich in einem übersteigerten Nationalismus und einer menschenverachtenden Rassenideologie, verstärkten die Binnenwirtschaft nicht zuletzt mit Hilfe einer gewaltigen Aufrüstung und kappten soweit wie möglich die Verbindungen zum Ausland. Dergleichen würde heute als absurd gelten. Wohl aber wurde im Jahre 2020 ernsthaft darüber nachgedacht, ob die weltweite Vernetzung nicht Abhängigkeiten geschaffen hat, die sich pandemiebedingt als problematisch erwiesen. Würde COVID-19 gar das Ende der Globalisierung zur Folge haben? Oder würde sie sich unter geänderten Verhältnissen fortsetzen? Auch auf diese Frage lässt sich noch keine definitive Antwort geben, wohl aber vermuten, dass die Globalisierung irreversibel ist. China, das am Anfang der Pandemie stand, meldete schon im Sommer 2020 nicht nur eine Erholung seiner Wirtschaft, sondern einen rasanten Exportzuwachs und mutierte solcherart zum COVID-Gewinner.

Für Europa und insbesondere Österreich hieß es zunächst einmal, sich mit Sofortmaßnahmen zu beschäftigen und Handelsströme umzudirigieren. Geld spielte – wie erwähnt – keine Rolle. Milliardenbeträge wurden eingesetzt, um mehr als 400 000 Menschen in Kurzarbeit zu schicken. Das ging in mehreren Phasen vor sich und wurde nicht nur 2020, sondern auch 2021 immer wieder verlängert. Zeitgleich stieg freilich auch die Zahl der Arbeitslosen und übersprang im Frühjahr 2020 und Anfang 2021 die Schwelle von mehr als einer halben Million Menschen. Ohne Kurzarbeit und andere wohl nur als temporär gedachte Maßnahmen hätten Geschäfte, Gast- und Beherbergungsbetriebe, Klein- und Mittelbetriebe massenhaft Konkurs anmelden müssen. Ein zumindest partieller Zusammenbruch der Volkswirtschaft wäre nicht auszuschließen gewesen. So aber hatte man allen Betroffenen zumindest eine Atempause verschafft, die es zu nützen galt. Aber natürlich gab es auch in Österreich Segmente der Wirtschaft, die florierten und als ausgesprochene Krisengewinner gelten konnten. Die Immobilienpreise stiegen in noch nie dagewesene Höhen. Besonders gefragt waren Einfamilienhäuser in ländlicher Umgebung. Dort, so die Annahme, würde man weit eher vor Ansteckung geschützt sein. Das an sich kostbare und teure Gut Wohnraum wurde noch kostbarer. Doch nicht nur die Maklerbüros und Grundstücksspekulanten profitierten. Zu den Gewinnern in der Krise gehörte etwas überraschend auch der Möbelhandel. Den höchsten und kaum streitig zu machenden Zuwachs hatte jedoch der Lebensmittelhandel. Ebenso erlebte der Versandhandel einen regelrechten Höhenflug. Wer konnte und wollte bestellte online und ließ sich die Waren nach Hause liefern. Nach einiger Zeit und mit zunehmender Dauer der Lockdowns stellten sich auch immer mehr Einzelhändler auf Lieferungen oder zumindest einen Abholservice ein. Das gab auch der Gastronomie Möglichkeiten, die Schließzeiten zu überdauern. Voraussetzung für alle Handelssparten wie für Industrien und Betriebe war natürlich, dass sie mit den notwendigen Rohstoffen und Ausgangsmaterialien versorgt wurden. Und abgesehen von kurzfristigen Grenzstaus und Lieferschwierigkeiten schien es keine logistikabhängigen Probleme zu geben, die nicht zu bewältigen waren. Auch in diesem »Krieg« mussten Räder rollen. ♦ M. R.

Abb. 12: Nicht alltäglich, aber immer wieder: Lkw-Stau an der ungarisch-österreichischen Grenze.

Lydia Novoszel · Tina Wakolbinger

WERTSCHÖPFUNGSKETTEN ALS RÜCKGRAT IN DER KRISE

Supply-Chain-Management beschreibt die Organisation des Informations-, Güter- und Finanzflusses vom Rohstoff bis zu den Endkundinnen und -kunden, um diese mit Gütern und Dienstleistungen zu versorgen. Die Corona-Krise hat verdeutlicht, wie wichtig Supply Chains (Wertschöpfungsketten) sind. Supply Chain-Themen stehen zum Beispiel im Fokus, wenn es darum geht, die Bevölkerung auch im Lockdown mit Gütern zu versorgen, notwendige Schutzausrüstung für Mitarbeiterinnen und Mitarbeiter im Gesundheitsbereich zu organisieren oder die Verteilung der Impfstoffe zu planen.

Die gegenwärtige Krise hat sowohl die Stärken als auch die Schwächen existierender Wertschöpfungsketten sichtbar gemacht. Der hohe Grad an Vernetzung zwischen lokalen und internationalen Akteurinnen und Akteuren (wie zum Beispiel Lieferanten, Produzenten und Transportunternehmen) ist in den Fokus gerückt. Abhängigkeiten wurden verdeutlicht. Die Bedeutung des Risikomanagements ist sichtbar geworden und hat an unternehmerischer und gesellschaftlicher Relevanz zugenommen. Für Supply-Chain-Manager ist das Thema Risikomanagement kein neues. Verschiedene historische Ereignisse, wie beispielsweise Naturkatastrophen, großflächige Stromausfälle oder Terrorangriffe waren in der Vergangenheit Anlass für die Entwicklung von Gegenmaßnahmen und Strategien.

Während der COVID-19-Pandemie findet ein reger Diskurs zu Supply-Chain-Themen sowohl im privatwirtschaftlichen als auch im akademischen Umfeld statt.[1] Der Austausch erfolgt hauptsächlich virtuell in Form von Online-Konferenzen, Podcasts, Webinars sowie in sozialen Medien. Diese Vernetzung ermöglicht es, voneinander zu lernen sowie Ideen und Konzepte auszutauschen. Damit ergeben sich Möglichkeiten, akademische Konzepte praxisrelevant darzustellen und gleichzeitig Daten und Ansätze für neue Forschungsansätze zu generieren.[2] Auch in der Bevölkerung wächst das Interesse an Supply-Chain-Themen.

Die Krise hat die österreichische Bevölkerung und Wirtschaft vor viele Herausforderungen gestellt. In der Krise liegt aber auch die Chance, die Zukunft nachhaltiger und effizienter zu gestalten. Im folgenden Beitrag wird zuerst die Bedeutung des Supply-Chain-Managements für die österreichische Wirtschaft beleuchtet. Danach werden exemplarisch Auswirkungen der COVID-19 Pandemie, auf Wertschöpfungsketten in Österreich sowie Lösungsansätze präsentiert. Insbesondere wird die Beschleunigung der Digitalisierung beleuchtet.

SUPPLY-CHAIN-MANAGEMENT

Supply-Chain-Management beschäftigt sich mit den Prozessen zur Rohstoffgewinnung, Produktion, Lieferung und Entsorgung. Das Ziel des Supply-Chain-Managements ist es, das richtige Produkt, zur richtigen Zeit, am richtigen Ort, in der entsprechenden Qualität und Menge kosteneffizient zur Verfügung zu stellen.[3]

Wie in Grafik 8 dargestellt, bedarf es einer Reihe von Aktivitäten, die entlang einer Wertschöpfungskette synchronisiert stattfinden müssen, um effizient und effektiv die Ware den Endkundinnen und -kunden zur Verfügung zu stellen. Die notwendigen Rohstoffe werden von den Zulieferinnen und Zuliefern zu Halbfertigerzeugnissen zusammengestellt, die von den Herstellerinnen und Herstellern in den Werken zu Endprodukten montiert werden. Groß- und Einzelhändlerinnen und -händler bringen die Waren zu den Endkundinnen und -kunden. Wenn die verschiedenen Akteurinnen und Akteure an unterschiedlichen Orten sind, gibt es in den Zwischenschritten jeweils einen Transport und je nach Losgröße und Taktung der Beschaffungsvorgänge auch Zwischenlager, bis die Ware bei den Endkundinnen und -kunden ankommt. Der Prozess gleicht somit den Warenfluss vom Angebot zur Nachfrage aus.

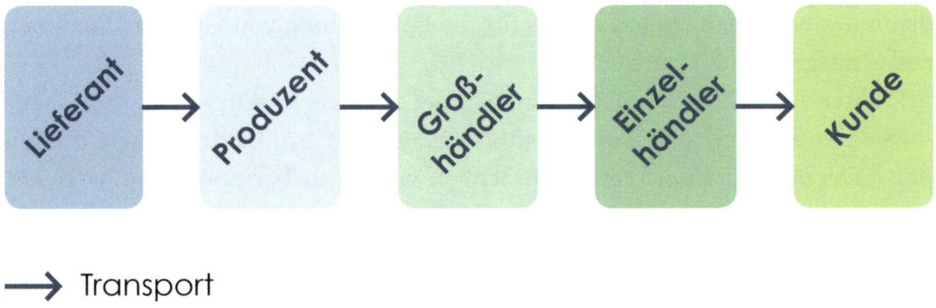

Grafik 8: Akteure in der Wertschöpfungskette.
Quelle: angelehnt an Chopra und Meindl 2014, S. 24.

HUMANITÄRE SUPPLY CHAINS

Humanitäre Supply Chains, Wertschöpfungsketten zur Erfüllung des Bedarfs im Katastrophenfall, spielen in der aktuellen Krise eine besondere Rolle. Eine aktuelle Studie der Kühne Logistics University (KLU) und HELP Logistik quantifiziert den Anteil der Logistikkosten inklusive Beschaffung bei den Kosten für die Katastrophenhilfe mit 73 Prozent.[4] Dies zeigt die wichtige Rolle der Logistik bei der Bewältigung von Krisen. Humanitäre Supply Chains unterscheiden sich von kommerziellen Wertschöpfungsketten insbesondere durch die Unvorhersehbarkeit und Unplanbarkeit der Nachfrage. Auch der hohe Zeitdruck, die Vielzahl der involvierten Akteurinnen und Akteure sowie die Abhängigkeit von Spenderinnen und Spendern sind charakteristisch. Das dominante Erfolgskriterium für unternehmerische Supply Chains ist typischerweise bei geringen Kosten einen hohen Servicegrad zu erzielen. Im humanitären Kontext ist es das Ziel, möglichst viele betroffene Menschen, in allen betroffenen Regionen, möglichst schnell mit den richtigen Hilfsmaßnahmen zu erreichen. Unter diesen Rahmenbedingungen hat die Humanitäre Logistik Konzepte und Prozesse entwickelt, die in Situationen, wie der derzeit stattfindenden globalen Pandemie Anwendung finden. Die Humanitäre Logistik kennt die Handlungsabläufe, um in solch herausfordernden Situationen erfolgreich und wirkungsvoll zu sein.

Die Tätigkeiten in der Katastrophenhilfe werden in unterschiedliche Phasen eingeteilt: Vermeidungs- (mitigate), Vorbereitungs- (prepare), Reaktions- (respond) und Regenerationsphase (recover).[5] Für den vorliegenden Fall einer Pandemie kann man dieses Konzept wie folgt anwenden: In der proaktiven Vermeidungsphase werden Tätigkeiten, die dazu beitragen, dass die Krise nicht auftritt oder ihr Einfluss möglichst gering ist, zusammengefasst. Dazu zählen zum Beispiel allgemeine Hygienemaßnahmen in Krankenhäusern oder öffentliche Aufklärung in Schulen und Unternehmen. Vorbereitungsmaßnahmen haben das Ziel, auf das bevorstehende Pandemiekrisenereignis bestmöglich eingestellt zu sein, beispielsweise mit Überprüfung der Bestände von Sicherheitsausrüstungen, dem Aktivieren von Risikomanagementprozessen und Krisenstäben. Während der Reaktionsphase geht es um die Maßnahmen, die nach dem Auftreten der Krise unternommen werden, um die Auswirkungen zu minimieren. Darunter fallen unter Anderem das Verteilen von Schutzausrüstungen, die Abdeckung besonders nachgefragter Konsumgüter und die Kommunikation der Aktivitäten und deren Wirksamkeit. In der Regenerationsphase stabilisieren sich die Prozesse wieder und der Fokus richtet sich auf die kontinuierliche, selbstständige und nachhaltige Verbesserung der Abläufe. Die derzeit stattfindende Pandemie tritt in ihrer Intensität in Wellen auf und damit finden die unterschiedlichen Aktivitäten nicht nur sequentiell ihre Anwendung, sondern finden auch parallel statt.

Für die Verteilung der Impfstoffe werden einzigartige logistische Leistungen erforderlich sein. Auf Grund des großen globalen Bedarfs, des hohen Zeitdrucks und der unterschiedlichen Temperaturanforderungen der verschiedenen Impfstoffe bereiten sich die beteiligten Unternehmen und Akteurinnen und Akteure auf diese Herausforderung vor. Impfstoffe, die geringere Anforderungen (z. B. bezüglich Temperatur) für Lagerung und Transport mit sich bringen, erlangen einen Vorteil im Wettbewerb um die Einführung und Verimpfung.[6] Die globale Zusammenarbeit der verschiedenen Supply-Chain-Akteurinnen und -akteure sowie von Staaten, Staatenverbünden und Hilfsorganisation und vielen mehr wird für die erfolgreiche und effiziente Verteilung eines Impfstoffes unumgänglich sein.[7]

EINFLUSS DER COVID-19-PANDEMIE AUF SUPPLY CHAINS

Trotz ausgedehnter Forschung zum Thema Supply-Chain-Resilienz und Risikomanagement sowie vorangegangener Epidemien und Pandemien (wie zum Beispiel SARS, MERS, Schweinegrippe) hat die COVID-19-Pandemie die Welt und damit auch viele Supply-Chains vor neue Herausforderungen gestellt.

Dmitry Ivanov formalisiert die Ausbreitung von Pandemien in folgenden Dimensionen: langfristige Beeinträchtigung und ungewisse Größenordnung sowie gleichzeitige Auswirkungen auf Angebots-, Nachfrage- und Infrastrukturseite.[8] In Grafik 9 werden die Auswirkungen der Pandemie auf die einzelnen Akteurinnen und Akteure der Wertschöpfungskette dargestellt. Die Implikationen auf der Seite der Güterherstellung werden als Angebotsschock und jene auf der Konsumentenseite als Nachfrageschock bezeichnet. Bei der Verteilung der Güter kommt es zu Distributionseinschränkungen. Während in der Vergangenheit diese Einflüsse häufig unabhängig voneinander aufgetreten sind, kommt es während der COVID-19-Pandemie dazu, dass alle Schocks gleichzeitig eintreten.

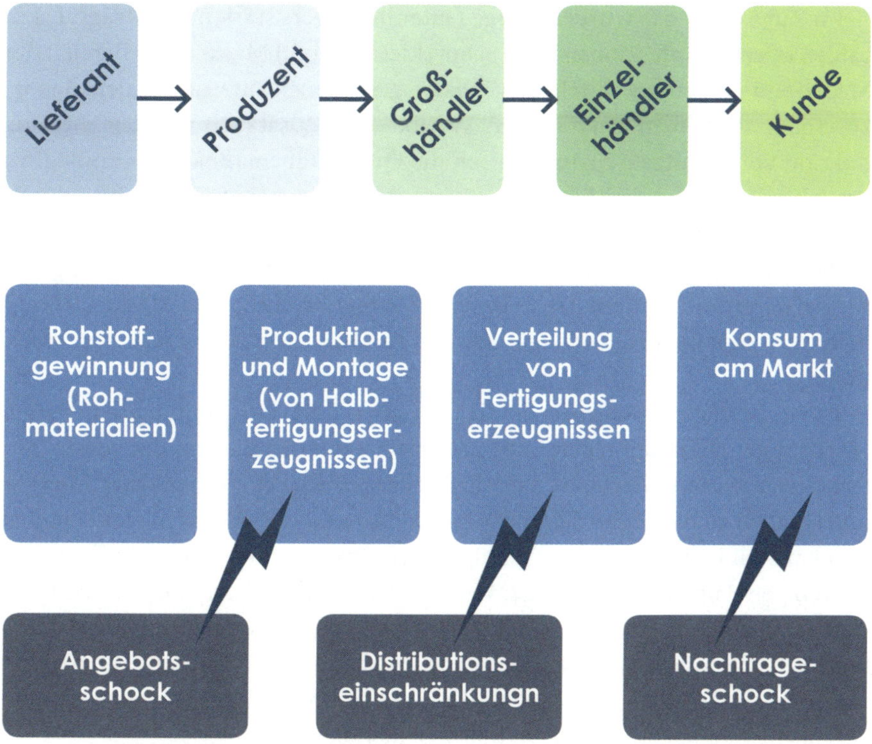

Grafik 9: Einfluss der Pandemie auf die Wertschöpfungskette.
Quelle: angelehnt an Rodrigue 2020.

Rohstofflieferanten und -Produzenten

Der Bergbau und die Herstellung von Waren machten im Jahr 2019 zirka 16,9 Prozent des Bruttoinlandsprodukts (BIP) in Österreich aus.[9] Die Veränderung im Jahr 2020 wird mit minus 7,3 Prozent prognostiziert.[10] In diesem Bereich zeigen sich die Auswirkungen der Pandemie in Form von geringerer Verfügbarkeit von Rohstoffen, Transporteinschränkungen und veränderten operativen Arbeitsbedingungen. Insbesondere die COVID-19-Maßnahmen in China zu Beginn der Krise haben zu Engpässen in der Lieferung von wichtigen Rohstoffen geführt. Dies zeigt die starke Abhängigkeit der Wirtschaft von Rohstoffen und Produkten aus China. Auf europäischer Ebene beschäftigt sich die 2020 gegründete European Raw Materials Alliance (ERMA) mit autarker Rohstoffversorgung auch im gegenwärtigen Pandemiefall.

Im Zuge der Krise wurden einige Güter besonders stark nachgefragt. Dazu zählen etwa Desinfektionsmittel, Schutzkleidung und Masken. Im Bereich der Medizingüter kam es durch den massiv gestiegenen internationalen Bedarf zu einem starken internationalen Wettbewerb. Zusätzlich wurden die Produktion von Schutzausrüstung durch die Quarantänemaßnahmen zu Beginn des Jahres in China deutlich beeinflusst und internationale Transporte durch Maßnahmen und Regeln der Krisenbekämpfung erschwert. Neben der Verfügbarkeit von Produkten ist auch die Qualität von höchster Bedeutung wie die Krise veranschaulicht hat. Fehlerhafte Schutzkleidung und Masken führen nicht nur zu hohen zusätzlichen Kosten, sondern auch zu zusätzlichen Infektionen.

Es ist wichtig, im Rahmen der Transparenz der Wertschöpfungskette einen ausgeprägten internationalen Informationsfluss mit den Lieferantinnen und Lieferanten und Herstellerinnen und Herstellern bezüglich vorhandener Mengen und Qualität zu haben. Ist dies nicht der Fall, kommt es – wie derzeit anschaulich sichtbar – zu Lieferengpässen, Verzögerungen und Qualitätseinbußen.[11]

Weniger Halbfertigerzeugnisse, weniger verfügbare Arbeitskräfte durch Lockdowns, Quarantäne und Erkrankungen sowie Produktivitätseinbußen durch neue Schichtmodelle aufgrund der neuen Abstandsregeln führten zu einem geringeren Output in der Produktion. Die Reduktion des Warenangebots machte sich als Angebotsschock auf dem Markt bemerkbar.

Handel

Der Handel trug 2019 zu 10,16 Prozent zum österreichischen BIP bei.[12] Die prognostizierte Veränderung zum Jahr 2020 beträgt minus 14,9 Prozent[13]. Der Handel ist ein wichtiger Arbeitgeber.[14] Je nach Zielgruppe ist der Handel unterschiedlich von den Maßnahmen zur Eindämmung der Krise betroffen. Viele Unternehmen, die Einbußen durch die Schließung der Gastronomie und Hotellerie verzeichneten, versuchten, neue Konsumentinnen und Konsumenten zu gewinnen. So baute zum Beispiel ein Gemüsegroßhändler einen zusätzlichen Endkundenvertrieb inklusive online-Plattform auf.[15]

Im Einzelhandel fielen die Auswirkungen für verschiedene Produktkategorien unterschiedlich aus. Der Lebensmittelhandel wird auf Grund der Versorgungsaufgabe der Bevölkerung als systemrelevant angesehen und ist daher auch in Lockdown-Phasen geöffnet, während zum Beispiel der Sportartikel- und Buchhandel sowie Bekleidungsgeschäfte geschlossen haben. Verschiedene Maßnahmen der Regierung versuchen, diese Umsatzeinbußen sowie Fixkosten mit Steuergeldern abzufedern.

Im stationären Handel wurden Einbußen durch die verordneten Schließungen im Frühjahr und Herbst verzeichnet. Dagegen profitierte der (internationale und regionale) Onlinehandel vom veränderten Einkaufsverhalten der Österreicherinnen und Österreicher. 64 Prozent der österreichischen Bevölkerung (ab 15 Jahren) kauften laut KMU Forschung im Zeitraum von Mai 2019 bis April 2020 in Österreich im Internet ein. Die Zuwachsraten waren größer als in den vergangenen Jahren.[16] Um die Präsenz von lokalen Webseiten zu erhöhen, haben verschiedene Medien wie der Falter oder Institutionen wie die Wirtschaftskammer Österreich (WKO) Verzeichnisse von österreichischen Webshops veröffentlicht oder auch österreichische Plattformen gegründet.[17]

Die Herausforderungen im Rahmen der Pandemie sind vielfältig. Einerseits kommt dem Handel eine wesentliche Rolle bei der Versorgung der Bevölkerung zu. Dabei muss der Handel sowohl angebotsseitige als auch nachfrageseitige Schocks ausgleichen. In der operativen Durchführung der Tätigkeit haben sich die Arbeitsbedingungen zur Sicherung der Gesundheit der Mitarbeiterinnen und Mitarbeiter und Kundschaft verändert. Das äußert sich z. B. durch das Tragen von Schutzmasken und das Aufstellen von Plexiglaswänden. Weiters sieht sich der Handel mit einem geänderten Einkaufsverhalten und der steigenden Bedeutung des Onlinehandels konfrontiert.

Transport

Der Verkehr in Österreich erwirtschaftete im Jahr 2019 4,9 Prozent des BIP[18] und beschäftigte eine große Zahl an Arbeitnehmerinnen und Arbeitnehmern.[19]

Erste »Flash Estimates« der Statistik Austria prognostizieren das Transportaufkommen (gemessen in Tonnen) im Straßengüterverkehr österreichischer Unternehmen im zweiten Quartal 2020 mit 14,6 Prozent geringer als im zweiten Quartal 2019.[20] Für das dritte Quartal 2020 zeichnete sich eine teilweise Erholung ab.[21]

Weitere Indikatoren für die Volumens- und Wirtschaftsentwicklung im Bereich Transport sind Preisindikatoren für Transportleistungen und das Paketvolumen. Die Anzahl der Pakete in Österreich wird auf Grund des erhöhten Onlineshoppings, der Zunahme von Teillieferungen und Retouren im Jahr 2020 prognostiziert auf 268 000 Pakete steigen, dies würde ein Wachstum von zirka 9 Prozent im Vergleich zu 2019 bedeuten.[22]

Die globale Pandemie hat auch Auswirkungen auf den internationalen Güterverkehr. Für die Luftfracht kam es durch die starke Reduktion des Personenflugverkehrs zu einer Reduktion der Transportkapazitäten für Güter. Dies ist darauf zurückzuführen, dass auch in Passagierflugzeugen Güter transportiert werden. Für den Straßengüterverkehr hatten die unkoordinierten Schließungen von Landesgrenzen und unterschiedliche Einreisebestimmungen Auswirkungen auf den grenzübergreifenden Gütertransport und beeinflussten die Arbeit von Lkw-Fahrerinnen und -Fahrern. Die für die Distribution von Gütern relevanten Tätigkeiten von Personen im Güterverkehr sind essentiell für die Versorgung der Bevölkerung.[23]

Endkundinnen und -kunden

Der private Konsum sinkt prognostiziert von 2020 zu 2019 um zirka 8,3 Prozent.[24] Zusätzlich erkennt man ein verändertes Konsumverhalten. Durch das Arbeiten von zu Hause statt im Büro werden Lebensmittel anders nachgefragt. Zusätzlich haben psychologische Faktoren zum Horten von Grundnahrungsmitteln und Hygieneartikeln geführt. Auf Grund des Lockdowns und der Reisewarnungen sowie der unsicheren Wirtschaftsentwicklung ist auch die kommerzielle Nachfrage gesunken.[25] Indikativ für die globale Nachfrageveränderung für österreichische Unternehmen in Österreich ist die Export-Entwicklung. Der Export von Waren und Dienstleistungen ist 2020 im Vergleich zum Jahr 2019 prognostiziert um 11,6 Prozent gesunken.[26]

Es gibt weitere Logistikphänomene, die in der Pandemiesituation sichtbar werden. Wertschöpfungsketten sind für private und kommerzielle Verbraucherinnen und Verbraucher unterschiedlich aufgesetzt. Lebensmittel und Hygieneartikel für die Gastronomie werden anders vertrieben und verpackt als für den Haushalt.[27] Zum Beispiel wird Bier für den Gastronomiebetrieb eher in Fässern und für die Endkonsumentinnen und -konsumenten eher in Flaschen vertrieben. Dies führte dazu, dass einige Produkte zwar grundsätzlich verfügbar waren, aber für den privaten Konsum nicht unmittelbar zur Verfügung standen. Der Bullwhip-(Peitschenschlag-) Effekt und Nachfrageschwankungen[28] sind ein weiteres Beispiel für angewandte Logistikkonzepte, die in der Pandemie offensichtlich werden. Auf Grund der Veränderung des Konsumentenverhaltens (zum Beispiel bei Toilettenpapier) kann es kurzfristig zu sichtbaren Engpässen kommen. Das Nachfüllen der Regale, Wiederbestellen, Liefern und Produzieren benötigt Zeit. Die Schwankungen im Verbrauch setzen sich in Wertschöpfungsketten (vom

Kunden über den Handel und die Produzenten bis zu den Lieferanten) überproportional fort und führen zu Bestandsaufbau, Produktionszunahme und anderen logistischen Überreaktionen.[29] Als Resultat folgt auf eine Periode, die von zu wenig verfügbaren Produkten gekennzeichnet wird, oft eine Zeitspanne mit übervollen Lägern und daraus entstehenden hohen Kosten.

Die Krise beeinflusst jeden Bereich entlang der Supply Chains. Dies zeigt die Komplexität der Aufgaben und wie viele Dinge berücksichtigt werden müssen, damit die Endkundinnen und -kunden die Waren zur Verfügung haben. Zusammenfassend hat die Pandemie zu einer Angebots- und Nachfrageerschütterung geführt, gepaart mit operativen und persönlichen Herausforderungen aller Akteurinnen und Akteuren. An der Diskussion über systemrelevante Arbeitskräfte sieht man erstmals eine Auseinandersetzung über wichtige, aber oft für den Großteil der Bevölkerung »unsichtbare« Tätigkeiten, die durch Personen in der Logistikbranche erbracht werden.[30]

DIE PANDEMIE ALS TREIBER DER DIGITALISIERUNG

Disruptive Situationen und Ereignisse bieten Möglichkeiten für Veränderungen. In den vorhergehenden Subkapiteln beschäftigten wir uns hauptsächlich mit negativ wahrgenommenen Auswirkungen. Die Krise bietet aber auch die Chance für neue Herangehensweisen sowie Innovationen bei Produkten und Prozessen.[31] Digitalisierung kann in verschiedenen Bereichen entlang der Wertschöpfungskette erfolgen, zum Beispiel als zusätzliche Informationsquelle, in den Arbeitsprozessen der unterschiedlichen Akteurinnen und Akteure, zum Informationsaustausch, und als zusätzlicher Service. Effektiv eingesetzte Digitalisierung führt zu einer Stärkung der Zusammenarbeit zwischen Akteurinnen und Akteuren und unterstützt Unternehmen in der Wettbewerbsfähigkeit.[32] Durch verschiedene Datenquellen werden sowohl unternehmensintern als auch extern Daten generiert. Um aus diesen Daten Informationen zur Entscheidungsfindung zu erhalten, gibt es verschiedene Vorgehensweisen. Künstliche intelligente Systeme benutzen Algorithmen,[33] die es ermöglichen, mit großen Datenmengen (Schlagwort: Big Data) umzugehen, um relevante Informationen so aufzubereiten, dass diese zeitnah zum Treffen von Entscheidungen herangezogen werden können.[34]

Die Arbeitsprozesse der Akteurinnen und Akteure können digitalisiert werden. Beispiele dazu sind der Einsatz von Robotern in der Produktion und bei Lagertätigkeiten sowie selbstfahrende Fahrzeuge im Transport. Beim Einsatz von 3D-Druckern wird ein Produkt am Bestimmungsort ohne vorgelagerte Produktionsstätten und Transport erzeugt. Für Ersatzteile hat sich diese Anwendung bereits bewährt.[35]

Digitaler Informationsaustausch zwischen Akteurinnen und Akteuren (oder auch zwischen Abteilungen desselben Unternehmens) kann direkt über Schnittstellen erfolgen, wodurch die verschiedenen IT-Systeme der Supply-Chain-Partner miteinander verbunden sind, oder über Plattformen. Integrierte Prozesse dienen dazu, Reaktionszeiten zu verkürzen. Prozessschritte können automatisiert abgehandelt werden. Anhand ihrer Ergebnisse können zeitnah relevante Entscheidungen (operativ, taktisch oder strategisch) getroffen werden.

Die COVID-19-Pandemie hat sich als Treiber für vorhandene Digitalisierungsbemühungen erwiesen. Die folgenden Faktoren haben dazu beigetragen: größere Unsicherheit entlang der gesamten Wertschöpfungskette, verändertes Verhalten der Konsumentinnen und Konsumenten und die Notwendigkeit der Reduktion des physischen Kontakts.

Die Pandemie hat zu stark schwankender Nachfrage sowie zu Unsicherheiten in der Beschaffung geführt. Dies hat die Bedeutung einer integrierten Absatz- und Vertriebsplanung hervorgehoben. Diese ist ein softwareunterstützter Prozess, der es zum Ziel hat, die Angebots- und Nachfragefunktionen für ein Unternehmen abzugleichen. Dabei geht es darum, anhand der verfügbaren Informationen (mit mathematischen Modellen) eine Abschätzung des Kundenbedarfes vorzunehmen und diesen für die Abschätzung der benötigten Produktions- und Einkaufskapazitäten sowie für die finanzielle Planung und Steuerung des Unternehmens zu nutzen. Der Prozess findet in regelmäßigen Abständen, zum Beispiel monatlich für einen definierten Zeitraum, beispielsweise die nächsten sechs Monate statt. Durch die Abstimmung aller relevanten Unternehmensbereiche wie Produktion, Logistik, Vertrieb, Marketing und Finanz dient es auch zur Ausrichtung und Abstimmung hinsichtlich eines gemeinsamen Verständnisses des besprochenen Zeitfensters.[36] Während der COVID-19-Pandemie werden diese Prozesse häufiger in vielen Unternehmen angepasst, um die unterschiedlichen Informationen zeitgerecht berücksichtigen zu können.[37]

Die Einführung von Schichtmodellen, um Infektionen zu reduzieren und erhöhte Fehlzeiten durch Krankheiten und Quarantäne haben zu Veränderungen in der Personaleinsatzplanung geführt. Auch die Unsicherheit in Bezug auf die Verfügbarkeit von Arbeitskräften insbesondere aus anderen Ländern hat aufgrund der Reisebeschränkungen zugenommen. Dies leistet einer verstärkten Automatisierung Vorschub.

Für die Vermeidung des physischen Kontaktes beim Ausüben einer physischen beruflichen Tätigkeit (zum Beispiel in einem Produktionsprozess oder bei Lagertätigkeiten) oder beim Einkaufen bieten sich digitalisierte Lösungen an. Die Anwendung von Digitalisierungsmaßnahmen und des damit verbundenen verstärkten Informationsflusses zwischen den Akteurinnen und Akteuren erhöht die Transparenz für alle Prozessteilnehmerinnen und -teilnehmer. Damit ermöglicht es widerstandsfähigere Wertschöpfungsketten, welche auf veränderte Rahmenbedingungen und wechselnde Bedingungen schneller und effektiver eingehen können.[38]

Wie zuvor beschrieben, hat die Pandemie zu einem geänderten Konsumentenverhalten, insbesondere einem Ansteigen der Nachfrage nach Online gehandelten Gütern geführt. Viele Anbieterinnen und Anbieter haben auf diese neue Situation reagiert und Onlineshops eröffnet. Es entwickeln sich Logistik-Services, die die physische Infrastruktur mit digitalen Aspekten verbinden. Unter dem Begriff »Omni-Channel« werden die gleichwertige Abwicklung von Logistikprozessen unabhängig vom Vertriebskanal zusammengefasst. Die jeweilige Person kann selbst entscheiden, ob eine Bestellung zum Beispiel über den Kundenservice, im Geschäft oder online abgesetzt wird. Das Click-and-Collect-Service (auf Deutsch: »klicken und abholen«) ermöglicht es Kundinnen und Kunden, Ware online zu bestellen und physisch an einem angebotenen Ort – etwa in Lebensmittelgeschäften oder Drogeriemärkten – ohne Wartezeiten abzuholen. Damit kann ohne physische Exposure die gewünschte Ware ohne Abhängigkeit von einem Zustelldienst entgegengenommen werden.

Das Serviceangebot, das Online-Versandhändlerinnen und -händler wie Amazon für Endkundinnen und -kunden schaffen, hat dazu geführt, dass Konsumentinnen und Konsumenten eine hohe Transparenz erwarten. Es wird immer schwerer akzeptiert, wenn es keine Informationen über den Verbleib einer Ware, deren zuverlässigen Zustellzeitpunkt oder etwaige Kapazitätsengpässe gibt. Tatsächlich ist die nahtlose Integration von Informationen und Informationsflüssen zwischen Unternehmen und verschiedenen IT-Systemen eine Herausforderung, die mit einem hohen Aufwand, Kosten und Prozessänderungen verbunden ist. Die Integration ermöglicht es, Verzögerungen zwischen dem Auftreten eines Ereignisses und der Umsetzung von Mitigationsmaßnahmen zu verkürzen.[39]

LEHREN AUS DER KRISE – SUPPLY CHAINS IM WANDEL

Risikomanagement ist im Kontext von Supply-Chain-Management schon lange ein wichtiger Begriff. Dies hat zum Ziel, Risiken, denen ein Unternehmen ausgesetzt sein kann, einzuschätzen, Aktivitätenpläne für den Ernstfall und Mitigationsmaßnahmen zu definieren.[40] Im Kontext von Naturkatastrophen und Terror, wird vermehrt die Widerstandsfähigkeit von Wertschöpfungsketten in den Fokus gerückt: die Ausfallssicherheit einer Lieferkette, die Fähigkeit auf unerwartete Ereignisse zu reagieren und sich schnell zu erholen.[41]

Mit dem Verständnis, dass sich Prozesse und Handlungsweisen ändern sollten, um erfolgreich aus der Krise zu kommen und besser für zukünftige Störungen vorbereitet zu sein, stellt sich die Frage, wo und wie man damit beginnt. Im Folgenden werden Maßnahmen entlang der Wertschöpfungskette sowie erprobte Logistikanwendungen vorgestellt. Grafik 10 zeigt beispielhaft, welche Maßnahmen entlang der Supply Chain gesetzt werden können, um besser auf Störungen aller Art vorbereitet zu sein.

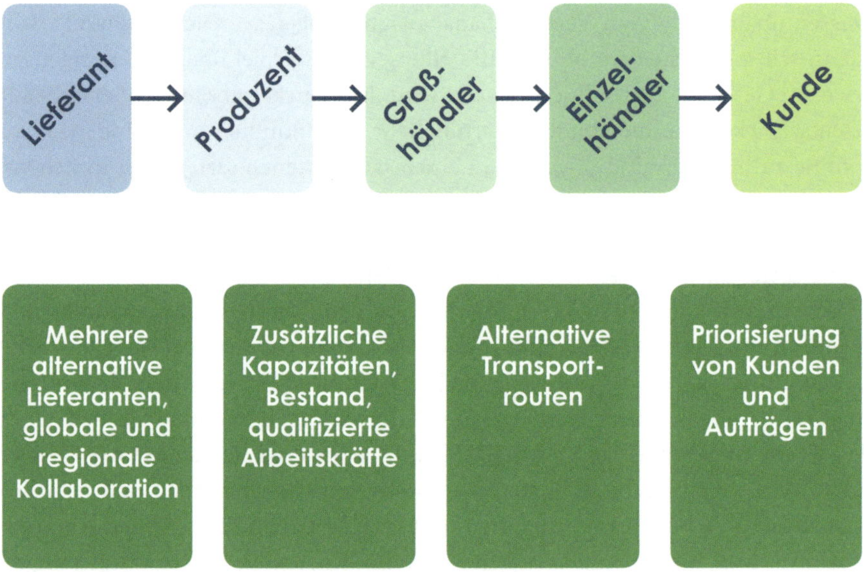

Grafik 10: Aktivitäten zur Erlangung einer widerstandsfähigeren Wertschöpfungskette.
Quelle: eigene Abbildung

Die Widerstands- und Anpassungsfähigkeit von Wertschöpfungsketten kann mit Hilfe unterschiedlicher Aktivitäten erhöht werden. Im Rahmen des Lieferantenmanagements für Rohstoffe und Halbfertigerzeugnisse kann eine diversifizierte Lieferantenplattform Ausfälle von einzelnen Zulieferunternehmen abfedern.[42] Internationale oder europäische Kollaborationen im Einkauf, strategische Lagerhaltung und Recycling sind weitere Maßnahmen zur nachhaltigen Rohstoffversorgung für die Industrie.

In der Produktion sind zusätzliche Flexibilität hinsichtlich Maschinenkapazitäten und qualifizierter Arbeitskräfte, sowie die Bestandsführung kritischer Materialien bedeutend. Der Handel kann Nachfrageschwankungen teilweise über Bestände ausgleichen. Alternative Transportwege sind zum Beispiel durch den Wechsel vom Straßengüterverkehr auf die Schiene möglich. Es hilft auch in diesem Bereich, bestehende Kontakte und Verträge mit unterschiedlichen Transportdienstleisterinnen und -dienstleitern zu pflegen. Bei Engpässen können bei etablierten Kundenbeziehungen gemeinsame Lösungen für nicht verfügbare Produkte gefunden werden.[43] Darüber hinaus hat das ausliefernde Unternehmen die Möglichkeit, Aufträge von Kundinnen und Kunden entsprechend zu priorisieren. Diese Maßnahmen sollten im Vorfeld etabliert und mit allen relevanten Abteilungen besprochen werden. Die Implementierung und Umsetzung erfordert Kompetenzen der Mitarbeiterinnen und Mitarbeiter sowie Prozesse und klarer Entscheidungskriterien, wann welche Maßnahmen zum Tragen kommen. Bei diesen Initiativen ist zu beachten, dass dabei die Komplexität und auch die Kosten erhöht werden könnten.

Daran angelehnt bietet es sich an, für systemkritische Wertschöpfungsketten ein nachhaltiges Konzept zu entwickeln. Beispielsweise wurde 2014 erstmals auf europäischer Ebene eine Evaluierung von kritischen Rohstoffen vorgenommen, die für europäische Industriezweige relevant sind.[44] Dabei werden wirtschaftliche Bedeutung und Versorgungssicherheit erhoben und gegenübergestellt. Mobiltelefone, Windturbinen, Solarpanele und weitere industrielle und technologische Produkte benötigen Rohstoffe, die bis zu 90 Prozent außerhalb der Europäischen Union abgebaut werden, Beispiele für solche Rohstoffe sind Antimon, Magnesium, Phosphor und Siliziummetall.[45] Alle drei Jahren werden kritische Rohstoffe in diesem Rahmen evaluiert und europäische Aktivitäten zur nachhaltigen Verfügbarkeit definiert.[46] Der Aktionsplan umfasst folgende Punkte: widerstandsfähige europäische Wertschöpfungsketten für Industriezweige zu entwickeln, Abhängigkeiten von kritischen Rohstoffen durch Recycling und nachhaltige Produktinnovationen zu reduzieren, EU-inländische Beschaffung zu stärken und Beschaffungsvorgänge zu diversifizieren. Als erster Schritt wurde die European Raw Materials Alliance im September 2020 gegründet.[47]

Im Rahmen der derzeitigen Situation und den Erfahrungen mit der Verfügbarkeit und Verteilung von Schutzausrüstungen argumentieren einige Wissenschaftlerinnen und Wissenschaftler für die Einführung eines Stress-Tests für kritische Produkte. Ähnlich wie jene für Banken sicherstellen sollen, dass diese über ausreichend Geldmittel verfügen, könnte dieses Konzept auf Supply Chains angewandt werden.[48]

Unter dem Schlagwort »*Re-shoring*« wird diskutiert, welche Waren und Rohstoffe aus welchem Teil der Welt beschafft werden, welche Abhängigkeiten dadurch entstehen und ob es aus europäischer Perspektive sinnvoll wäre, die Produktion von bestimmten Gütern nach Europa zurückzuholen. Mit den Entscheidungen, Produktionsprozesse auf Grund von geringeren Löhnen in China anzusiedeln, sind komplexe und lange Lieferketten entstanden, die nun in Frage gestellt werden. Dabei ist jedoch anzumerken, dass China nicht nur eine Produktionsstätte ist, sondern gleichzeitig einen relevanten Absatzmarkt[49] für österreichische Unternehmen darstellt.[50]

Vorpositionierung (*Pre-positioning*) von Waren mit langen Lieferzeiten zur Abdeckung von sporadischem Bedarf ist ein Konzept, das auch in der humanitären Logistik starke Bedeutung hat.[51] Gleichzeitig liegt diese Logik auch einer allgemeinen Lagerhaltung zu Grunde. Sicherheitsbestände werden abhängig von Lieferzeiten, Ziel-Servicegraden und Volatilität der Nachfrage vorgehalten.[52] Als Beispiel mit öffentlicher Relevanz kann man hier die nationalen Ölreserven anführen.

Die aktuelle Situation fordert Supply Chains heraus und offenbart, welche Unternehmen unter den veränderten Rahmenbedingungen erfolglreich sein können. Für einen bestimmten Zustand ist eine Wertschöpfungskette optimierbar. Im Sinne von statischen Annahmen für Nachfrage und Rahmenbedingungen werden Beschaffung, Produktions-, Distributions- und Transportkapazitäten sowie Bestände gemäß ökonomischer Kriterien ausgerichtet. Redundante Lieferantenverbindungen, zusätzliche Kapazitäten in Form von Maschinen, Arbeitskräften und höhere Sicherheitsbestände sind mit Kosten verbunden, die sich auf die Produktkosten und auf das Betriebsergebnis niederschlagen.[53] Es sind Vorkehrungen, die dem Unternehmen und je nach Zweig auch der Gesellschaft im Ernstfall zu Gute kommen. Diese Konsequenz muss von Eigentümerinnen und Eigentümern sowie von Kundinnen und Kunden mitgetragen werden. Es ist eine Frage der wahrgenommenen Relevanz solcher zusätzlicher Ressourcen. Gleichzeitig zeigt die akademische Diskussion, dass derartige Maßnahmen zur Erhöhung der Widerstandsfähigkeit die Wettbewerbsfähigkeit eines Unternehmens langfristig verbessern können.

ZUSAMMENFASSUNG

Der vorliegende Beitrag zeigt die Relevanz des Supply-Chain-Managements für die österreichische Wirtschaft. Wertschöpfungsketten mit ihren Akteurinnen und Akteuren und Prozessen agieren als Rückgrat der Wirtschaft, um mit den Herausforderungen vor, während und nach der Pandemie klarzukommen.

Die Darstellung der Geschehnisse und die Auswirkungen auf die unterschiedlichen Akteurinnen und Akteure der Supply Chains zeigen die Implikationen der globalen Pandemie in Österreich. Die Aktivitäten zur Vorbereitung und Reaktion auf die Pandemie unterscheiden sich nach Zeitpunkt, Intensität und Fortschritt der Krise. Planung und Transparenz unterstützt durch Digitalisierung helfen bei der unternehmensübergreifenden Umsetzung und Interaktion. Die gesetzten Aktivitäten aller Beteiligten haben finanzielle, ökologische und wettbewerbstechnische Auswirkungen auf die gesamte Wertschöpfungskette. In der Welt von gestern gibt es erprobtes Wissen des Supply-Chain-Managements, welches uns auch in der gegenwärtigen neuen Situation unterstützt. Gleichzeitig gibt es auch für die Welt von morgen Konzepte, die analog angewandt werden können, sowie neue Herangehensweise und Methoden. Krisen bergen die Möglichkeit etwas zu verändern und zu verbessern, so auch in dieser Situation. Beispielsweise hilft die Beschleunigung von Digitalisierungsinitiativen mit der neuartigen Situation umzugehen. Kritische Wertschöpfungsketten können widerstandsfähiger gestaltet werden. Ein europäisches Konzept für kritische Rohstoffe könnte auch für weitere systemrelevante Waren etabliert werden. Die nachhaltige Bewirtschaftung nationaler, regionaler und lokaler Bestandsreserven von Schutzausrüstungen für den gesamten Gesundheits- und Pflegebereich ist auch in Zeiten nach der Pandemie wichtig. Darüber hinaus werden sich auch ökologisch nachhaltige Logistikmethoden etablieren, die weitere zukünftige Herausforderung adressieren. Es geht dabei nicht um die Vorbereitung auf den nächsten »schwarzen Schwan«, sondern vielmehr um das Erlernen von nachhaltigen Kompetenzen, die den gesamten Prozess widerstandsfähiger machen.

FREIHEIT, DIE ICH MEINE

Mag sein, dass Österreich auf eine Krisensituation, bei der die Wertschöpfungsketten Gefahr liefen, eine Unterbrechung zu erfahren, besser vorbereitet war als auf andere Krisen. Seit in den 1970er-Jahren die »Umfassende Landesverteidigung« aufgebaut wurde, war eines ihrer Standbeine die wirtschaftliche Landesverteidigung gewesen. Dass im Lauf der Jahrzehnte ein wenig der Elan geschwunden war, auf diesem Sektor mit der nötigen Intensität weiterzuarbeiten, konnte einem 2020 durch den Kopf gehen, doch die Versorgungsketten hielten, während andere Ketten abzureißen drohten. Das Bild, das der öffentliche Verkehr bot, war freilich nicht nur ungewohnt, sondern konnte regelrecht verstören. Abgesehen von den regionalen Verbindungen war ja auch etwas zum Erliegen gekommen, das so lange als selbstverständlich gegolten hatte, nämlich die Möglichkeit, weltweit Kontakte zu pflegen.

Der Sommer nährte dann die Illusion, dass das Schlimmste schon überstanden wäre. Und das machte regelrecht sorglos. Nachträglich wurde die Bundesregierung dafür kritisiert, dass sie die Einschränkungen zu früh gelockert und großteils aufgehoben sowie zu wenig für einen zweiten Lockdown vorgesorgt habe. Abstand halten, Händewaschen und Maskenpflicht waren vielleicht wirklich zu wenig. Dazu kam, dass weiterhin auf Vernunft und Eigenverantwortung gesetzt wurde. Und da kamen sich gleich mehrere und denkbar unterschiedliche Ansätze ins Gehege: Die Freude, sich zumindest im Inland einigermaßen frei bewegen zu können, und der Geschäftssinn unter dem Vorwand der notwendigen Ankurbelung der Wirtschaft einerseits, sowie die Sorge, dass es mit der ersten Ansteckungswelle nicht getan sei und ihr in naher Zukunft eine zweite Welle folgen würde, andererseits.

Die gewisse Leichtfertigkeit, aber auch der Blick nach vorne kamen auch darin zum Ausdruck, dass Kritik an den getroffenen Maßnahmen laut wurde. Das geschah wohl nicht immer in der Absicht, gewappnet zu sein, damit das, was schiefgelaufen war, sich nicht wiederholte, sondern diente auch dazu, sich abzugrenzen und eigene Ideen zu präsentieren, die vielleicht ja das eine oder andere verhindert hätten. Wieder war man in der politischen Gegenwart angelangt. Alle möglichen Bereiche bekamen dabei ihre »Dellen« ab, nicht zuletzt der Glaube an den Rechtsstaat. Er wurde – aus welchen Gründen immer – mit Zähnen und Klauen verteidigt und von allen jenen in den Zeugenstand gerufen, die sich schlecht behandelt oder benachteiligt fühlten. Nicht nur die Auswirkungen, sondern vor allem die Kontrollen der verordneten Corona-Maßnahmen wurden immer wieder thematisiert und inkriminiert. An sich hätte man meinen können, dass sich das dabei gerne verwendete Wort vom »Überwachungsstaat« angesichts der rigorosen Maßnahmen anderer Staaten von selbst ad absurdum führte. Doch hierzulande galt anderes. Die Überwachung der einschränkenden Bestimmungen, Kontrollen an den Grenzen, die Isolation von Infizierten und Strafmaßnahmen bei Verstößen mochten vielleicht gut gemeint gewesen sein und zudem das probateste Mittel, um die Ausbreitung der Pandemie zu behindern. Aber es war die Diktatur der wissenschaftsgestützten Politik über die Freiheit, und der Umstand, dass der Verfassungsgerichtshof nachträglich Maßnahmen der Bundesregierung für ungesetzlich erklärte, gab jenen recht, die sich in ihren Rechten verletzt sahen. Das war zu respektieren, auch wenn man die Absicht der Regierung durchaus anerkannte, dass es ihr um den Schutz der Bevölkerung gegangen war. Dass das Anrufen des Höchstgerichts auch als Ermunterung gesehen werden konnte, alle weiteren und alle nicht genehmen Maßnahmen vorweg als möglicherweise nicht verfassungskonform anzuzweifeln, musste dabei in Kauf genommen werden. Tische in Gasthäusern brauchten nun einmal keinen Mindestabstand. ♦ M. R.

Abb. 13 (Symbolfoto): Urteilsverkündung nach einer Session des Verfassungsgerichtshofs am 11. Dezember 2020. Mündliche Verkündungen erfolgen nur in Fällen von besonderer Bedeutung. Die Aufhebung einiger Covid-Verordnungen wurde jeweils nur schriftlich ausgefertigt.

Wolfgang Brandstetter

FREIHEIT UND/ODER VERANTWORTUNG

Persönliche Erfahrungen und Erkenntnisse aus der Coronazeit

PRIVATE CORONA-ERFAHRUNGEN UND EINSICHTEN

Anfang Februar 2020 hätte ich mir nicht gedacht, dass meine Reise nach Paris – mit dem Zug über München – für längere Zeit meine letzte problemlose Auslandsreise sein würde. Der Besuch der »Retromobile«, Frankreichs größter Oldtimermesse, war großartig und anfangs nur dadurch getrübt, dass wir bei der Ankunft am Bahnhof mitten in eine ziemlich heftige »Gelbwesten-Demo« mit für Österreich damals ungewohnter Aggression gegen Polizistinnen und Polizisten sowie Geschäftslokale gerieten (ja, das waren die Schlagzeilen vor Corona), sodass mangels Taxis ein längerer Fußmarsch in Richtung Hotel nötig war. Auch die Rückfahrt mit dem TGV bis München war – speziell für mich als passionierten Bahnfahrer – ein Erlebnis, ein schönes Beispiel jener Freiheit und Normalität, die wir jetzt schon ein knappes Jahr schmerzlich vermissen.

Bis Ende Februar war auch in meinem Tagesablauf noch alles normal, »business as usual« sowohl am Verfassungsgerichtshof (VfGH), an dem ich als Richter tätig bin, als auch an der Wirtschaftsuniversität Wien (WU), wo ich weiterhin meine Lehrveranstaltungen am von mir vor rund 15 Jahren begründeten Institut für Europäisches und Österreichisches Wirtschaftsstrafrecht abhalte. Die ersten Meldungen über das Corona-Virus nahm man noch nicht so ernst. Wuhan war weit weg, und die Fälle in Norditalien brachte man schon zur eigenen Beruhigung mit der großen dort lebenden chinesischen Community in Verbindung, von der man erstmals – verwundert darüber, dass solche »Arbeitskolonnen« mit schlechten Lebens- und Hygienebedingungen in einem EU-Staat möglich sind, – Kenntnis nahm. Anfang März dann die Berichte über Ischgl und der aufkeimende Verdacht, dass gerade im Wintersport ökonomische Interessen über Gesundheitsinteressen dominieren könnten.

Mitte März dann die aus meiner Sicht entscheidende Veränderung: der erste Todesfall in Wien, Einreisebeschränkungen, rund 500 Personen in Heimquarantäne, großer Stress bei den Bezirksverwaltungsbehörden, die ja anfangs mittels Kontaktnachverfolgung jeden Infektionsfall hinsichtlich seiner Genese genau rückverfolgten, was leider bald unmöglich wurde, und die Einschränkung von größeren Veranstaltungen auf anfangs maximal 100 Personen indoor und 500 Personen outdoor.

»Heimquarantäne«, das Wort weckte in mir längst verschüttete Erinnerungen an meine frühe Kindheit, als ich einmal nicht in die Schule gehen durfte, weil meine Schwester an Scharlach erkrankt war. Aber diese Krankheit haben wir auch damals nicht als wirklich bedrohlich empfunden. Diesmal war und ist es jedoch anders. Mögen auch die ersten Befürchtungen mancher Wissenschaftlerinnen und Wissenschaftler, die sich auf mathematische Modelle stützten, und die Bundeskanzler Sebastian Kurz zu der Äußerung verleiteten, dass bald jeder einen Corona-Todesfall in seinem Bekanntenkreis haben werde, in der Rückschau überzogen gewesen sein, so ist die Gefahr zwar einerseits diffus, weil die Infektionen großteils harmlos verlaufen, aber doch schmerzlich real, wenn man Fälle mit schwerem Verlauf kennt.

Tatsache ist, dass wir in Österreich zum Jahreswechsel 2020/2021 rund 6 500 Corona-Tote zu beklagen haben, und das entspricht exakt der Einwohnerzahl der Bezirkshauptstadt Horn, in deren Nähe ich wohne! Ich selbst habe mittlerweile zwei Corona-Toten in meinem Bekanntenkreis und nehme die von diesem teuflischen Virus ausgehende Gefahr durchaus ernst, ohne mich zu fürchten. Ich bin dort vorsichtig, wo es möglich ist, und werde für die Möglichkeit einer Impfung natürlich dankbar sein. Alles andere wäre unvernünftig. Aber, wie schon Sigmund Freud sagte: »Die Stimme der Vernunft ist leise.« Dieser berühmte Satz ist in einem kleinen Denkmal für Sigmund Freud im Votivpark in Stein gemeißelt, in Sichtweite so mancher Demos, bei denen seine Richtigkeit nur allzu oft bestätigt wird.

Die Einschränkungen im Handel trafen mich persönlich weniger als jene im Gastronomiebereich. Sich mit Freundinnen und Freunden, mit Kolleginnen und Kollegen nicht mehr ohne weiteres gemütlich treffen zu dürfen, das tat und tut echt weh. Da wird einem schmerzlich bewusst, wie wichtig auch die non-verbale Kommunikationsebene ist, die man »online« einfach nicht ganz ersetzen kann. Das betrifft natürlich auch die ganz normalen und für unsere Kultur typischen Begrüßungsgesten. Das Händeschütteln musste ja coronabedingt durch andere Formen des Ausdrucks von Respekt ersetzt werden, was aber ganz gut gelingen kann. Der Wegfall der in der »Bussi-Bussi-Gesellschaft« sprichwörtlichen Begrüßungsgeste war sogar leicht zu verschmerzen. Die Grußalternative des »Ellbogen-pushings« gefällt mir – weil zu aggressiv – persönlich auch nicht wirklich, das Beste und Gediegenste ist immer noch, sich mit der Hand auf dem Herzen kurz zu verbeugen, wie von Bundespräsident Alexander Van der Bellen vorexerziert.

Ich habe mich übrigens – das sei gestanden – dabei ertappt, dass ich Verständnis und Sympathien für den Bundespräsidenten entwickelte, als er wegen Überziehens der Sperrstunde in einem Innenstadtlokal, das ich auch selbst gerne besuche, kritisiert wurde. Vorbildfunktion hin oder her, das kann schon passieren, zumal es juristisch auch einen großen Unterschied macht, ob man ein Lokal während der Sperrzeit betritt, oder eben nur in gemütlicher Runde – wohl unbewusst – auch noch sitzenbleibt, wenn das Betreten bereits verboten ist. Ich wäre jedenfalls nicht bereit, den ersten Stein zu werfen, und ich kenne auch niemanden, den ich für moralisch dazu berechtigt hielte.

Die Kontaktbeschränkungen im persönlichen Bereich waren für mich am schmerzlichsten hinsichtlich des Kontakts mit meinen Enkelkindern, die sich beide in rasch wechselnden Lebensphasen befinden, von denen man als Opa natürlich keine verpassen möchte. Die Besuche meines damals vierjährigen in Wien lebenden Enkels wurden seltener und fielen zu Ostern praktisch aus, und an den Besuch meines knapp fünfjährigen Enkels in den USA war durch die Reisebeschränkungen ohnehin nicht zu denken, woran sich bis dato leider nichts geändert hat. Er freut sich dafür über eine höhere Frequenz an kleinen Paketen aus Österreich, die mit Sondermarken frankiert werden, die er zu sammeln begonnen hat.

Mein Internist, der mich seit vielen Jahren sorgfältigst betreut und dem ich wahrscheinlich mein Leben verdanke, weil er vor einigen Jahren einen Lungeninfarkt frühzeitig erkannte, forderte von mir eindringlich massive Änderungen in meinem persönlichen Lebensstil. Diesmal ging das über den permanenten Kampf gegen das Übergewicht, den ich noch nie gewinnen konnte, deutlich hinaus: Er verordnete mir neue Medikamente zur Senkung des Bluthochdrucks und empfahl dringend die Meidung nicht wirklich notwendiger sozialer Kontakte sowie den Verzicht auf öffentliche Verkehrsmittel. Daraus ergab sich die für mich gravierendste Veränderung in meinem persönlichen Alltag und Tagesablauf: Kein Pendeln mehr mit der Bahn nach Wien! Ich musste nun trotz ÖBB-Jahreskarte schweren Herzens auf das Auto umsteigen und künftig die Parkgarage auf der Freyung oder jene an der WU ansteuern, um meine jeweiligen Büros mit wenigen Schritten erreichen zu können. Die Freyung-Garage hat zwar eine perfekte Lage, aber die Dimensionierung der Parkplätze stammt aus einer Zeit, als die Autos im Schnitt noch deutlich kleiner waren als heute. Mit meinem Mittelklasseauto hatte ich hier wiederholt Probleme. Also musste ein passendes Gefährt her, und per Zufall habe ich es gefunden: einen älteren, längst nicht mehr produzierten Peugeot 1007, extrem kurz, klein, höhergestellt und mit zwei Schiebetüren versehen. Dieses obendrein auch lustige Fahrzeug macht einen zum König der Parkgaragen, und ich bin bis dato mit ihm nahezu täglich unterwegs. Es bringt mich barrierefrei überall hin, und ich nenne es mein »Coronamobil«, weil ich es mir ohne Corona sicher nicht zugelegt hätte. Dieses Modell hieß ursprünglich wegen seiner elektrischen Schiebetüren »Peugeot Sesam« und mein Enkel in Wien ist fasziniert davon, dass sich – dank von mir unbemerkt betätigter elektronischer Fernbedienung – die Türen öffnen, wenn er das Zauberwort »Sesam öffne dich« spricht. Es wird nicht mehr lange dauern, bis er darüber nur milde lächeln oder diese Funktion der allmächtigen »Alexa« zuschreiben wird, womit der derzeit noch bestehende Zauber endgültig verschwunden wäre.

Es ist interessant, den eigenen Terminkalender von 2020 näher zu betrachten. Aus ihm ist unmittelbar das Ausmaß der Einschränkungen abzulesen, wenn die Terminvereinbarungen in Restaurants oder auch sonstige Termine – insbesondere auch von Kulturveranstaltungen – im Frühjahr plötzlich abreißen, im »goldenen« Sommer, als vieles wieder möglich war und wir uns schon in Sicherheit wähnten, wieder häufiger werden und dann im Spätherbst wiederum völlig verschwinden. So sind wohl alle unsere Terminkalender aus der »Coronazeit« zu Belegen einer wirklich abnormalen Zeit geworden.

BERUFLICHE CORONA-ERFAHRUNGEN UND EINSICHTEN

An der WU war die Absage von Lehrveranstaltungen im Zuge des ersten Lockdowns nicht zu vermeiden, Präsenzlehre war nicht möglich. Diese Auswirkung der Corona-Krise war für mich gravierend., Ich war physisch kaum noch am Institut, fast alle Kontakte wurden über E-Mail und Telefon abgewickelt. Es ist aber gelungen, den Lehrbetrieb im Wesentlichen digital aufrechtzuerhalten, und das ist auch jetzt noch so. Beeindruckend für mich als »älteres Semester« war, mit welchem Eifer und welcher Begeisterung sich unser junges Lehrpersonal der für mich eher schwierigen Aufgabe widmete, unseren Lehrbetrieb praktisch vollständig zu digitalisieren. Gemeinsam mit unserer ebenfalls hervorragend motivierten jungen Institutssekretärin und meinem jungen Nachfolger als Institutsvorstand ist es gelungen, den gesamten Betrieb praktisch ohne Nachteile für die Studierenden aufrechtzuerhalten. Dabei wurde auch mir mit viel Geduld noch einiges an Computerfähigkeiten beigebracht. Das war – trotz allem – eine schöne Erfahrung und bestärkt mich in der Überzeugung, dass es richtig ist, der Jugend Verantwortung zu übertragen und sich selbst rechtzeitig zurückzunehmen.

Was die Tätigkeit am VfGH betrifft, ist festzuhalten, dass sie unvermindert und bei voller Präsenz der Richterinnen und Richter fortgesetzt werden konnte, weil der Präsident rechtzeitig für entsprechende Maßnahmen gesorgt hatte, von einem deutlich größeren Tagungsraum bis hin zu Desinfektionsmaßnahmen und Luftreinigern. Es ist bemerkenswert, dass der Gerichtshof dank dieser Maßnahmen trotz der widrigen Umstände sein gerade in dieser Zeit gewaltiges Arbeitspensum mit einigen auch wirklich sehr schwierigen und heiklen Themen (z. B. Sterbehilfe, Kopftuchverbot, U-Ausschuss) zur Gänze bewältigen konnte.

Von Anfang an war auch klar, dass das von der Regierung initiierte COVID-Maßnahmengesetz und insbesondere die darauf gestützten Verordnungen den Verfassungsgerichtshof sehr bald auch beschäftigen würden, er also auch die legistischen Konsequenzen der Corona-Krise selbst rasch zu beurteilen haben würde. Dies war schon deshalb zu erwarten, weil die durch diese Gesetze und Verordnungen ermöglichten Grundrechtseingriffe erheblich waren und sind, und es ist die Aufgabe des VfGH, zu prüfen, ob die für solche Eingriffe in individuelle Grundrechte vorgegebenen Bedingungen der Notwendigkeit und Verhältnismäßigkeit vom Gesetz- bzw. Verordnungsgeber auch wirklich eingehalten wurden oder nicht.

An dieser Stelle macht es Sinn, innezuhalten und an den Ursprung dieser Regelungen zu denken. Die Aktivitäten der Bundesregierung und die Äußerungen mancher Regierungsmitglieder im Frühjahr 2020 erinnerten mich an die historische Epoche der »guten Ordnung und Polizei«, als die Staatslenker den Eindruck erweckten, sich aktiv und intensiv um die Belange der Bevölkerung kümmern und in deren Leben zu deren Gunsten mit weitreichenden Regulativen eingreifen zu müssen. Diese grundsätzliche Einstellung ist zwar nach unserem traditionellen Verständnis anerkennenswert, aber keineswegs selbstverständlich. Bei Naturkatastrophen bisheriger Dimensionen wie Erdbeben und Überschwemmungen war die Aktivierung der Solidargemeinschaft im Staat, durch den Staat und auch außerhalb desselben zur Beseitigung bekannter und berechenbarer Schäden eine Selbstverständlichkeit. Eingriffe in Grundrechte waren – abgesehen von präventiv absolut erforderlichen Zwangsevakuierungen – kein Thema und rechtlich kein großes Problem.

Der Staat hat unbestrittenermaßen das Recht und unter bestimmten Voraussetzungen auch die Pflicht, das Leben eines Menschen unter bestimmten Umständen auch gegen seinen grob unvernünftigen oder auch pathologisch motivierten Willen zu schützen. Bei der COVID-Pandemie lag und liegt die Problematik aber insofern anders, als die Gefahr weitgehend unberechenbar ist, und es Eingriffe in Grundrechte Einzelner braucht, um sie nicht nur vor Selbstgefährdung zu schützen, sondern auch und vor allem, um die von ihnen ausgehende Fremdgefährdung hintanzuhalten. Ginge es nur um Selbstgefährdung, könnte sich der

Staat theoretisch auch mit dem Hinweis auf Eigenverantwortung freispielen. Einige Staaten haben versucht, damit auch in der COVID-Krise durchzukommen, so wie die USA und anfangs wohl auch Schweden. Dies ist jedoch im Ansatz verfehlt. Appelle an die Eigenverantwortung reichen nicht. Wenn es dafür noch eines Beweises bedurft hätte, die Corona-Krise wäre ein solcher. Bei schwer einschätzbarer Fremdgefährdung ist es die Verpflichtung des Staates, seine Bürgerinnen und Bürger zu schützen, auch um den Preis von Grundrechtseingriffen, deren Notwendigkeit und Verhältnismäßigkeit letztlich vom VfGH zu prüfen ist. Der Staat ist ja auch der Einzige, der diese Möglichkeiten dank seines demokratisch legitimierten Gewaltmonopols hat. Ein besseres System wurde noch nicht erfunden.

Die eigentliche Crux mit Corona ist, dass eine nachhaltige Beurteilung der Notwendigkeit und Verhältnismäßigkeit von Grundrechtseingriffen bei rasch wechselndem Gefahrenszenario praktisch nur sehr schwer möglich ist. In so einer Ausnahmesituation staatliche Maßnahmen entsprechend dem verfassungsrechtlich vorgegebenen Legalitätsprinzip mit allen erforderlichen demokratischen Prozessen zeitlich punktgenau und legistisch treffsicher zu setzen, ist in der Praxis eine extrem schwierige Aufgabe. Dies gilt uneingeschränkt für den ersten Lockdown im Frühjahr 2020, und zwar im Wesentlichen auch für jene Verordnungen, die in der Folge vom VfGH ganz oder teilweise für gesetzwidrig erklärt wurden. In diesem Kontext kann ich auch die vielkritisierte und politisch gewiss unglückliche Äußerung des Bundeskanzlers, dass einige legistische Maßnahmen, falls sie vor dem VfGH nicht halten würden, zu diesem Zeitpunkt wahrscheinlich ohnehin schon längst außer Kraft wären, insofern nachvollziehen, als es ja teilweise genauso gekommen ist, nur dass der VfGH in diesen Fällen nichts mehr aufheben, sondern nur die gegeben gewesene Rechtswidrigkeit feststellen konnte. Aber aus der Sicht des Gesetz- bzw. Verordnungsgebers war der mit diesen Maßnahmen angestrebte gesundheitspolitische Effekt erzielt worden.

Natürlich ist aus zwingenden rechtsstaatlichen Gründen daran festzuhalten, dass jede Regierung und jedes seiner Mitglieder bei allen gesetzlichen Vorschlägen für Gesetze und umso mehr bei deren konkreter Umsetzung durch Verordnungen im eigenen Vollzugsbereich die verfassungsrechtlichen Grenzen nach bestem Wissen und Gewissen strikt zu beachten hat. Nichts anderes ist der Kerninhalt ihres Amtseides, und Institutionen wie der Verfassungsdienst im Bundeskanzleramt, aus dem ja bereits einige Präsidenten und Mitglieder des VfGH hervorgegangen sind, sollen genau das sicherstellen, sofern man sie seitens der Ministerien auch befasst und ihnen die Chance dazu gibt. Aber ich habe durchaus Verständnis dafür, dass bei derart unklaren und rasch wechselnden Gefährdungsszenarien und auch unterschiedlichen Expertenmeinungen eine Regierung aus ihrer Sicht auch an ihre Grenzen gehen muss, um sich nur ja nicht dem Vorwurf auszusetzen, nicht wirklich alles versucht zu haben, um gegen diese Gemeingefahr anzukämpfen. Dies auch um den Preis des Risikos, dass eine unter extremem Zeitdruck gesetzte Maßnahme einige Zeit später vom VfGH nach wochenlangem Studium der Sach- und Rechtslage und intensiver Debatte als unverhältnismäßig und damit verfassungswidrig qualifiziert wird. Dazu kommt, dass es dabei oft nur um Formalia geht, die die Entscheidung des rechtssetzenden Organs – im konkreten Fall des Bundesministers als Verordnungsgeber im jeweils zuständigen Bundesministerium – inhaltlich nachvollziehbar machen müssen, und oft genug fehlt schlicht die Zeit, um auch diesen Formalia ausreichend Beachtung zu schenken. Wenn man selbst einmal in der Regierung war, dann hat man solche Situationen auch hautnah erlebt und daher auch mehr Verständnis dafür.

Bei allem Verständnis für solche Ausnahmesituationen muss man aber doch auch festhalten, dass ein Höchstgericht solche Situationen nicht wirklich berücksichtigen und letztlich nur nach Lage der Akten entscheiden kann, ob die jeweiligen Maßnahmen ausreichend gesetzlich fundiert sind oder nicht. Wenn daher einer der profiliertesten Mediziner des Landes, der von mir höchst geschätzte Prof. Ernst Wolner, dem VfGH vorwirft, dass er als ein »in Gesundheitsangelegenheiten inkompetente[s]« Organ durch »[d]ie Aufhebung der prinzipiell inhaltlich richtigen Verordnungen [des Gesundheitsministers] während des ersten Lockdowns« und durch »eine sehr kleinliche Auslegung der Gesetze […] eine Mitschuld an der Verunsicherung der Bevölkerung« trage,[1] so kann ich das aus seiner medizinischen Sicht sehr gut nachvollziehen. Die juristische Sichtweise ist aber – wiewohl auch nicht immer einheitlich – eine grundsätzlich andere und muss es auch sein.

In diesem Zusammenhang soll auch nicht unerwähnt bleiben, dass die zu Jahresende 2020 getätigte Äußerung des Bundeskanzlers, dass Entscheidungen des VfGH nicht immer leicht vorhersehbar seien, zumal auch im Richtergremium letztlich die Mehrheit entscheidet, grundsätzlich nicht falsifizierbar ist.[2] Das Beratungsgeheimnis und die Unzulässigkeit der Einsicht in die Beratungsprotokolle lassen es gar nicht zu, der Frage nachzugehen, ob es sich im Einzelfall um einstimmige Entscheidungen oder um – vielleicht auch knappe – Mehrheitsbeschlüsse handelte. Aus diesem Grund kann und soll auch an dieser Stelle inhaltlich nicht mehr dazu gesagt werden.

Kehren wir daher zurück zur Grundsatzfrage, ob und inwieweit sich Regierung und Gesetzgeber in das Leben der Menschen einmischen sollen, dürfen oder müssen, wenn es um Gemeingefahren wie eine Pandemie geht.

An sich ist es ja nichts Neues und schon seit dem Epidemiegesetz 1950 unbestritten, dass der Staat Einschränkungen in der Lebensführung seiner Bürger bis hin zu zwangsweise durchsetzbaren Einschränkungen der persönlichen Freiheit anordnen kann und im Interesse des Lebensschutzes auch muss.[3] Dies gilt für alle nach dem Epidemiegesetz anzeigepflichtigen Krankheiten, zu denen nun auch die Infektion mit dem Corona-Virus zählt. Der Staat hat sich aber auch von Anfang an dazu verpflichtet, Entschädigungszahlungen zu leisten, wenn Unternehmerinnen und Unternehmer oder Arbeitnehmerinnen und Arbeitnehmer durch behördliche Maßnahmen in diesem Zusammenhang Verluste erleiden. Diese Regelungen wurden im Zuge der legistischen COVID-Maßnahmen erweitert und brauchen international keinen Vergleich zu scheuen.[4] Dazu kommen noch die Hilfsfonds speziell für die Kulturschaffenden. Wenn der Staat also die wirtschaftlichen Aktivitäten seiner Bürgerinnen und Bürger begrenzt, um Ansteckungsrisken und Gefahren für deren Gesundheit zu reduzieren, so ist er gesetzlich zu entsprechenden Ausgleichszahlungen verpflichtet. Das ist fair, weil es die Risikolast für unverschuldete Schäden Einzelner auf den Staat abwälzt, der sie leichter tragen kann. Umgekehrt ist die Rechtsfolge für diejenigen, die sich nicht an entsprechende Vorgaben zur Risikoverringerung halten, obwohl sie dadurch das Leben anderer gefährden, vergleichsweise gering. Die Schwelle gerichtlicher Strafbarkeit nach den an sich mit hohen Strafdrohungen versehenen Gefährdungsdelikten des Strafgesetzbuchs (Vorsätzliche und fahrlässige Gemeingefährdung nach den §§ 176 und 177 StGB) wird nur in den allerseltensten Fällen überschritten sein, im Regelfall wird es daher um Verwaltungsstrafen gehen, die – wie auch jüngste Erfahrungen zeigen – nicht wenige gerne riskieren, um ihre persönliche Freiheit ausleben zu können.

Blickt man nun im Detail auf jene Verordnungen, die erlassen und teilweise vom VfGH als gesetzwidrig erkannt wurden, so ergibt sich folgendes Bild:

Im Kern handelte es sich dabei um Fälle, in denen es dem Verordnungsgeber nicht gelungen ist, seine Maßnahmen und seine Argumentation für den VfGH nachvollziehbar zu machen und dies auch aktenmäßig zu dokumentieren. Als typisch dafür sei das Erkenntnis des VfGH vom 1. Oktober 2020, V 428/2020-10 hervorgehoben, wo als Begründung für die Aufhebung einer Verordnung des Gesundheitsministers, mit der Begrenzungen der Teilnehmerzahl an Zusammenkünften neu festgelegt worden waren (konkret handelte es sich um die COVID-19-Lockerungsverordnung BGBl. II 197/2020), folgendes festgestellt wurde: »§ 10 COVID-19-LV, BGBl II 197/2020, verstößt sohin gegen § 15 Epidemiegesetz 1950, weil es der Verordnungsgeber gänzlich unterlassen hat, jene Umstände, die ihn bei der Verordnungserlassung bestimmt haben, so festzuhalten, dass entsprechend nachvollziehbar ist, warum der Verordnungsgeber die mit dieser Bestimmung getroffenen Maßnahmen für unbedingt erforderlich gehalten hat. Da diese Bestimmung bereits außer Kraft getreten ist, genügt es festzustellen, dass diese gesetzwidrig war.«[5] Da ist also ein eher formaler Fehler passiert, den man künftig sicher vermeiden wird.

Andere Entscheidungen betrafen auch inhaltliche Gesichtspunkte, so z. B. die im Rahmen von Betretungsverboten sachlich nicht nachvollziehbare Differenzierung zwischen Waschstraßen, die Tankstellen angeschlossen sind, und anderen, bei denen dies nicht der Fall ist,[6] oder auch die Erklärung der Gesetzwidrigkeit jener Regelung, mit der eine für den VfGH sachlich nicht nachvollziehbare Differenzierung zwischen Handelsbetrieben mit mehr als 400 Quadratmetern (verboten) und kleineren Geschäften (erlaubt) verordnet wurde.[7]

Diese Verordnungen werden hier ihrer Typizität wegen hervorgehoben. Der Vollständigkeit halber sei jedoch darauf hingewiesen, dass man weitere Entscheidungen den jeweils aktuellen Fassungen dieser Verordnungen entnehmen kann.[8] Weitere Verordnungskontrollen in diesem Bereich sind ja auch in Zukunft leicht möglich, dieser Prozess ist wohl noch nicht abgeschlossen.

Der jeweilige Verordnungsgeber hat die Geltung von Verordnungen auf der Basis des COVID-Maßnahmengesetzes in verantwortungsvoller Weise von vornherein zeitlich begrenzt. Niemand dachte daran, Grundrechtseinschränkungen länger als unbedingt notwendig aufrechtzuerhalten. So gesehen scheint mir so manche mediale Reaktion oder Kommentierung als überzogen. Ich sehe die Durchsetzung der Grundrechte in Österreich keineswegs ernsthaft in Gefahr. Zwar ist tatsächlich, wie es der Präsident des VfGH, Christoph Grabenwarter, kürzlich treffend formuliert hat, »jede gesetzwidrige Verordnung eine zuviel«, aber das Kontrollorgan VfGH hat funktioniert und durch seine Entscheidungen auch klargemacht, »dass, wenn ein Gesetz relativ allgemein formuliert ist und weitreichende Grundrechtseinschränkungen vorliegen, es erhöhte Anforderungen an die Dokumentation der Entscheidungsgrundlagen des Ministers gibt.«[9] Genau so funktioniert der Rechtsstaat, und das ist eigentlich nichts Aufregendes. Der VfGH muss sich selbstverständlich wie jedes Höchstgericht der Kritik der Wissenschaft und der Fachwelt stellen, die oft auch anderer Meinung sein mag. Das ist in einem liberalen Rechtsstaat völlig normal und sogar ein wesentliches Element davon.

WAS MAN AUS DER CORONA-KRISE LERNEN KANN

Wollte man aus der Art und Weise, wie die verantwortlichen Politikerinnen und Politiker im Jahr 2020 die Pandemie bekämpft haben und die Bevölkerung darauf reagiert hat, ein Fazit ziehen, so wäre es wohl durchwachsen.

Am Beginn der Pandemie in Österreich gab es im Frühjahr 2020 noch einen gemeinsamen Feind, der auch mit großer Unterstützung der Bevölkerung bekämpft wurde. Es gab starke Solidarität und ein aus heutiger Sicht unglaubliches »Wir-Gefühl«, das im ersten Lockdown seinen Höhepunkt fand, als Fahrzeuge der Polizei im Kontrolldienst unter dem Beifall der Bevölkerung über die Lautsprecher ihrer Einsatzfahrzeuge keine Verhaltensanweisungen geben mussten, sondern regelmäßig Rainhard Fendrichs geniales »I am from Austria« spielten, um sich bei der Bevölkerung für die Kooperation bei der Umsetzung der ersten Lockdown-Maßnahmen zu bedanken.[10] Die Regierung setzte dieses »Wir-Gefühl« auch bewusst ein und übernahm konsequent und medienwirksam die Verantwortung für alle Maßnahmen, die gesetzt wurden.

Eine Krise ist für jede Regierung auch eine Chance, und mit dieser Pandemie hatte sie eine verdammt große Chance. Ihr Argument, dass jedenfalls verhindert werden müsse, dass es zu »Triage«-Entscheidungen kommt, weil die medizinischen Kapazitäten nicht reichen, war lange Zeit alternativlos und überzeugend. Meldungen darüber, dass der Rechnungshof offenbar früher die Anzahl der Intensivbetten in Österreichs Spitälern als zu hoch kritisierte,[11] gingen leider ebenso unter wie der Umstand, dass die von der früheren Gesundheitsministerin Maria Rauch-Kallat (Österreichische Volkspartei, ÖVP) 2006 wegen der damaligen Befürchtungen hinsichtlich der Gefahren der Vogelgrippe beschafften und letztlich nicht benötigten Masken nun offenbar zumindest teilweise noch eingesetzt werden konnten.[12]

Der erste Lockdown tat offenbar seine Wirkung, die Geduld der Menschen wurde nicht überstrapaziert, die Anzahl der Verwaltungsübertretungen war überschaubar, die Exekutive ging mit wenigen Ausnahmen überzogener Auslegung auch wirklich mit Augenmaß vor. Die Möglichkeiten von Home-office wurden mehr und mehr geschätzt, die intensivere Nutzung digitaler Kommunikation zeigte nachhaltige Möglichkeiten an Effizienzverbesserung und auch Umweltschutz auf, weil sich immer öfter zeigte, dass man nun wirklich nicht wegen einer Besprechung nach München, Prag, Frankfurt oder wohl auch Brüssel düsen muss. Da wird auch vieles bleiben, was auf der Positivseite verbucht werden kann.

Was aber auch zu beobachten war und ist, das ist die Tatsache, dass das Anspruchsdenken dem Staat gegenüber in der Corona-Krise nachhaltig gestärkt wurde. Ein Blick in die USA macht dies besonders deutlich. Dort bekam jede Bürgerin und jeder Bürger durch den »Cares Act« – in Abhängigkeit vom Einkommen – einmalig maximal 1 200 Dollar und Ende 2020 eine zweite Zahlung von maximal 600 Dollar.[13] Das war es auch schon, die Arbeitslosenunterstützung ist im Vergleich zu Österreich extrem niedrig, Kurzarbeitsmodelle sind unbekannt, und für die Unternehmen gibt es nur günstige »PPP«-Kredite (steht für »paycheck protection program«). Staatshilfen, die sich am Umsatz der Unternehmen orientieren, wie wir sie nun haben, wären in den USA völlig undenkbar und würden wohl als leistungsfeindlicher purer »Sozialismus« abqualifiziert werden. Es war aber auch zu erwarten, dass im »Land der Eigenverantwortung«, in dem die allgemeine Krankenversicherung bis zuletzt immer ein politisches Thema und keine Selbstverständlichkeit war, größere Verluste in Kauf genommen werden als dies in Europa je vorstellbar wäre.

Mit dem Nachlassen der subjektiven Gefahreneinschätzung in der Bevölkerung und der Lockerung der Einschränkungen glaubte man naturgemäß nur zu gerne, man hätte es schon geschafft. Der »homo austriacus« ist ja ein großer Optimist, was seine eigenen Möglichkeiten oder auch Gefährdungen betrifft, aber kein Weltmeister, wenn es um Eigenverantwortung und Selbstdisziplin geht. Ich nehme mich da selbst gar nicht aus, da gilt auch für mich: »I am from Austria«.

Die Einschränkungen bei den Urlaubsreisen wurden im Sommer als schlimm genug empfunden, aber wenigstens konnte man wieder in Restaurants gehen und Menschen treffen, das war schon was. Der Handel erholte sich allmählich, und man dachte an Weihnachten und Urlaub, als der zweite Lockdown – wenn man ehrlich ist, nicht unerwartet – hereinbrach, und zwar mit einer Heftigkeit, die man so auch nicht erwartet hatte. Die Corona-Ampel hatte sich leider sehr bald als Fehlschlag erwiesen, weil eine Ampel, die immer rot zeigt, ihre Funktion nicht erfüllt, und auch die Kontaktnachverfolgung mittels Apps erwies sich als letztlich bei uns nicht machbar. Immerhin gab es aber schon den Hoffnungsschimmer einer baldigen Impfung, aber doch – und das war neu – mit starker Polarisierung der mittlerweile höchst unterschiedlichen Positionen in der öffentlichen und mittlerweile auch in der veröffentlichten Meinung.

Das gemeinschaftliche »Wir-Gefühl« war weg, der Feind wurde nicht mehr nur bei denen gesehen, die das böse Virus aus dem Ausland einschleppten, sondern mehr und mehr im Inneren des Landes. Einerseits bei denen, die andere Auffassungen vertraten, immer öfter aber auch bei den Politikerinnen und Politikern und in der Bundesregierung. Die Polarisierung der Meinungen eröffnete die Möglichkeit, sich auch politisch in der Debatte unterschiedlich zu positionieren, je nachdem, wo man Stimmenpotential ortete. Der am Beginn der Pandemie noch vielbeschworene »Schulterschluss« über Parteigrenzen hinweg war illusorisch geworden. Das Thema wurde immer polarisierender, die Meinungstoleranz auf allen Seiten geringer. Der bekannte und fälschlich Voltaire zugeschriebene Satz: »Ich hasse, was Du sagst, aber ich würde darum kämpfen, dass Du es sagen darfst«, passt nicht in solche Zeiten, wie wir sie nun beim Thema «Corona« erleben. Beflügelt durch die Möglichkeiten des Internets entstehen plötzlich Flashmobs und nicht genehmigte Kundgebungen und Demos, bei denen manche ihren Frust abreagieren und auf jenen Staat losgehen, dessen Unterstützung sie gleichzeitig massiv einfordern und nutzen. Mittlerweile gibt es in diesem Zusammenhang leider auch bei uns Szenen, die jenen, wie ich sie vor fast einem Jahr bei den Gelbwesten in Paris gesehen habe, nicht unähnlich sind.

Man fragt sich, woher dieses gewaltige Aggressionspotential kommt, das sich hier zeigt. Offensichtlich geht es nicht nur um »Coronafrust«, den man auf diese Weise abreagieren will, sondern um ein merkwürdiges und eher unlogisches Zusammentreffen mehrerer unterschiedlicher Faktoren. Dazu gehören anarchistische Tendenzen nach dem Motto »egal, worum es geht, Hauptsache gegen den Staat« genauso wie rechtsradikales Gedankengut, wie man aus den Vorfällen zu Jahresende 2020 und Jahresanfang 2021 – insbesondere im Zusammenhang mit nicht genehmigten Kundgebungen der »Querdenker-Bewegung« – ableiten muss.[14] Bemerkenswert auch, dass der Begriff des »Querdenkers«, der eigentlich einmal positiv besetzt war, durch diese Ereignisse eine negative Konnotierung bekam. So ändern sich Sprache und Inhalt.

Es ist schwer, Demonstrantinnen und Demonstranten mit Argumenten zu begegnen, die – wie bei den jüngsten Vorfällen – ein großes Transparent mit dem Slogan »Heimatschutz statt Mundschutz« vor sich hertragen. Aber das Grundrecht auf Kundgebungs- und Versammlungsfreiheit hat zurecht einen sehr hohen Stellenwert, der auch in der Praxis uneingeschränkt respektiert wird, selbst wenn das Verständnis der von solchen Kundgebungen unmittelbar negativ betroffenen Bevölkerungskreise gegen null tendiert. Das muss ein Rechtsstaat aushalten, da gab es soweit ersichtlich selbst in der Corona-Zeit keinerlei Einschränkungen. Grundrechte haben auch ihren Preis. Es ist verständlich, wenn die Exekutive defensiv, maßvoll, besonnen und situationsangepasst agiert wie zu Jahresbeginn 2021 in Salzburg, als die Polizei nicht gegen Teilnehmerinnen und Teilnehmer eines Protestmarschs vorging, die ohne Maske und Mindestabstand unterwegs waren, weil die Situation andernfalls in unverhältnismäßiger Weise eskaliert wäre.[15] Wenn aber bei angekündigten Demos – und nur um solche kann es gehen – schon im Vorfeld klar erkennbar ist, dass es nicht um die Kundgebung irgendwelcher Meinungen – und seien sie noch so seltsam – geht, sondern um die demonstrative Begehung von Verwaltungsstraftaten vor den Augen der Polizei, um diese zu provozieren, so sind Grenzen erreicht, die es rechtfertigen, derartige Kundgebungen im Vorfeld genauer zu überprüfen.[16]

Die Corona-Krise hat zu der merkwürdigen Situation geführt, dass viele vom Staat sehr viel als »selbstverständliche Leistung« verlangen, selbst aber möglichst keine Gegenleistung erbringen wollen. Unter den Demonstrantinnen und Demonstranten auf den diversen Anti-COVID-Kundgebungen sind nur allzu viele, die dort ungeniert in die Hand beißen, die sie füttert. Da fällt mir noch ein berühmtes und auch tatsächlich verbürgtes Zitat ein, das nicht in solche Zeiten passt: Es ist John F. Kennedys berühmter Satz, eingemeißelt in seinem Grabstein auf dem Friedhof von Arlington, der frei übersetzt lautet: »Frage nicht, was der Staat für Dich tun kann, sondern frage, was Du für den Staat tun kannst.« Ist wohl weitgehend in Vergessenheit geraten, jedenfalls aber derzeit nicht populär.

Die Erkenntnis, dass wir alle der Staat sind, hat bei zu vielen derzeit keine Chance gegen die »mia san mia und lassen uns nichts vorschreiben«-Mentalität. Der Journalist Gernot Bauer hat dieses Phänomen von immer weniger Disziplin und immer mehr Unzufriedenheit bei trotz Corona-Krise vergleichsweise hohem – und teilweise auch staatlich garantiertem – Lebensstandard in einem profil-Leitartikel mit dem Titel »Amateure und Anarchisten« im November 2020 mit der Frage »Sind die da oben unfähig oder wir da unten naturdeppert?« eingeleitet und das Verhältnis zwischen Staat und Bürger in hervorragender Weise wie folgt auf den Punkt gebracht: »Kurz und Anschober haben unterschiedliche Vorstellungen, wie man die Bürger in der Krise zum Wohlverhalten […] bringt. Kurz glaubt an Angstmache als notwendiges Mittel. Im Zweifel ist der Bürger rechtsunterworfener Untertan. Anschober glaubt an das weiche Mittel Überzeugungskraft. Der Bürger handelt voller Eigenverantwortung. Die Lehre der vergangenen Wochen: Der autoritäre Ansatz des Kanzlers funktioniert unter Umständen. Anschobers Kuschelkurs mit dem Bürger funktioniert mit Sicherheit nicht. Man muss die Österreicher offenbar zu ihrer Gesundheit zwingen […]. Die Wissenschaft spricht von Adhärenz. Sie beschreibt das Ausmaß, mit dem sich Patienten (die Österreicher) an die Empfehlungen der Ärzte (der Regierung) halten. Die Adhärenz in Österreich ist mittlerweile so schlecht, dass die Wirkung von Maßnahmen gegen die Pandemie kaum mehr berechnet, geschweige denn prognostiziert werden kann. […] Die Hauptschuld am Lockdown tragen wir Bürger. Der Österreicher ist dem Virus ein guter Wirt.«[17]

CONCLUSIO

Alle Maßnahmen im Zusammenhang mit Corona bewegen sich letztlich innerhalb der Pole »Freiheit« und »Verantwortung«, die sich wie kommunizierende Gefäße verhalten. Es sollte keine Freiheit ohne Verantwortung geben. Freiheit einzufordern ohne Verantwortung für sich und andere zu übernehmen, ist schlicht unsozial. Das ist für mich eine der wesentlichen Erkenntnisse aus der Corona-Krise. Abgesehen davon fällt mir noch folgendes auf:

Die furchtbaren Probleme der »Triage«, die man sich durch entschlossene Maßnahmen – bislang erfolgreich – ersparen wollte, tauchen nun im Zusammenhang mit Überlegungen zu Impfstrategien wieder auf, wenn man genau zuhört. Hier gilt es, besonders sensibel zu sein, gerade auch in Zeiten, in denen über die Grenzen des Lebensschutzes in Form der Sterbehilfe debattiert wird.

Gemessen an dem, wofür die jetzige Bundesregierung angetreten ist, ergeben sich durch die Corona-Krise erhebliche Defizite. Das ist gar nicht budgetär gemeint, denn dieses Problem ist ein EU-weites und wird daher auch nur auf dieser Ebene gelöst werden können, sondern vielmehr strukturell. Man wollte – zumindest auf Seiten der ÖVP – einen schlanken Staat mit Deregulierung und Bürokratiereform. Gekommen ist – coronabedingt – das Gegenteil: ein fetter Staat, nach dem der Bürger ruft, mit noch mehr Bürokratie, über die er sich dann erst recht aufregt.

Man wollte – zumindest seitens der Kanzlerpartei – den Gedanken leistungsorientierter Verteilungsgerechtigkeit stärken. Gekommen ist – coronabedingt – das Gegenteil, ein System von Unterstützungszahlungen, die nach Meinung vieler in der Wirtschaft praktisch tätiger Expertinnen und Experten nicht immer treffsicher und tendenziell leistungsfeindlich sind. Manche sehen darin auch die grüne Handschrift in der Koalitionsregierung.

Unbestritten ist, dass der Bundeskanzler während seiner gesamten bisherigen politischen Tätigkeit gebetsmühlenartig stets den Gedanken stärken wollte, dass sich Leistung wieder lohnen muss und die Unterschiede zwischen durch Arbeit erlangtem Einkommen und staatlichen Unterstützungszahlungen wieder größer werden müssen. Das Gegenteil ist eingetreten. Man wollte in diesem Zusammenhang durch entsprechende Anreize auch die Arbeitsmoral wieder stärken. Tatsächlich wurde sie nach meinem Eindruck eher geschwächt. Auch die großen Umweltthemen in Verbindung mit den großen ökonomischen Chancen neuer Umwelttechnologien, in denen Österreich vergleichsweise stark ist, wurden coronabedingt verdrängt. Vielleicht kann man den Klimaschutzgedanken wieder ins Spiel bringen, indem man sich überlegt, dass aus der Sicht des lebenden »Planeten Erde« der Mensch wohl ein gefährliches, höchst mutationsfähiges und oft genug parasitäres Virus ist.

Aber eines steht für mich fest: wenn wir Corona bald los sein werden, so ist das vor allem dem Staat und seinem konsequenten Eingreifen zu verdanken. Aber das wird dann sicher bald wieder vergessen sein. Fragt sich nur, wogegen dann demonstriert werden wird.

Am hoffnungsvollen Beginn eines neuen Jahres darf man sich etwas wünschen: Möge sich das Pendel zwischen Freiheit und Verantwortung 2021 mehr in die Richtung von Verantwortung sich selbst und anderen gegenüber bewegen, denn die Gefahr ist noch lange nicht vorbei!

VERFRÜHTE HOFFNUNGEN

Im Mai und in den ersten Sommermonaten 2020 sah man sich österreichweit auf einem guten Weg. Es gab die ersten Lockerungsmaßnahmen. Beherbergungsbetriebe und Gaststätten hatten wieder aufgesperrt. Bei weitem nicht alle schafften es. Doch auch Konzerte und Theateraufführungen mit meist deutlich reduziertem Publikum vermittelten ansatzweise das Gefühl der Normalität. Sportveranstaltungen mit wenigen oder gar keinen Zuschauerinnen und Zuschauern fanden statt. Man sah sich auf dem Weg zurück zur Normalität. Es sollte eine verfrühte Hoffnung sein. Schließlich konnte man sich an die Anfänge der Pandemie gemahnt sehen, als wieder und in immer kürzeren Abständen Infektionszahlen genannt und Szenarien entwickelt wurden, die noch weit mehr als jene im Frühjahr verstören mussten.

Wohl war schon im Sommer vorauszudenken gesucht und gefragt worden, was denn sein würde, wenn es sich abermals als notwendig erweisen sollte, zumindest Teile des normalen Alltags »ruhend zu stellen«. Würden neuerliche Appelle an die Eigenverantwortung ihre Wirkung tun? Würde eine monatelang vorbereitete »Corona-Ampel« die Lösung sein? Sie war deshalb bald über das Stadium der Überlegungen hinausgeraten, da Gemeinden, Bezirke oder auch Bereiche der Wirtschaft erfolgreich gegen das Gleichmacherische protestiert hatten. Warum sollte ein ganzes Bundesland oder eine ganze Sparte unter restriktiven Maßnahmen leiden, nur weil es in einzelnen Orten und einigen Bereichen höhere Infektionszahlen gab? Folglich sollte differenziert werden. Grün, gelb, orange und rot sollten die Lösung bringen. Der Gedanke war wohl grundsätzlich richtig. Bei der Umsetzung zeigte sich aber, dass auch diese Maßnahme ihre Schwächen hatte und letztlich nicht den gewünschten Erfolg brachte. Bezirke wurden auf »Orange«, die höchste Vorwarnstufe gestellt, während Schulen in ebendiesen Bezirken »Gelb« blieben, also nur erhöhte Vorsichtsmaßnahmen signalisierten. Was hatte es denn zu bedeuten, wenn man vielerorts aufgefordert wurde, bekannt zu geben, ob man aus einer auf »Rot« geschalteten Region kam? War man dann automatisch verdächtig? Halfen falsche Angaben? Zuerst waren es einzelne Orte, dann Bezirke, Städte und Bundesländer, die auf »Rot« gestellt wurden. Bis dann ganz Österreich »Rot« eingefärbt war. Gefahr im Verzug; Kontakte vermeiden! hieß das. Die Auswirkungen zeigten sich unvermittelt. Die Nachbarn achteten noch strenger darauf, Reisende aus Österreich nicht passieren zu lassen, sondern in Quarantäne zu schicken. Und im Land selbst wurden die Lockerungen des Sommers zurückgenommen.

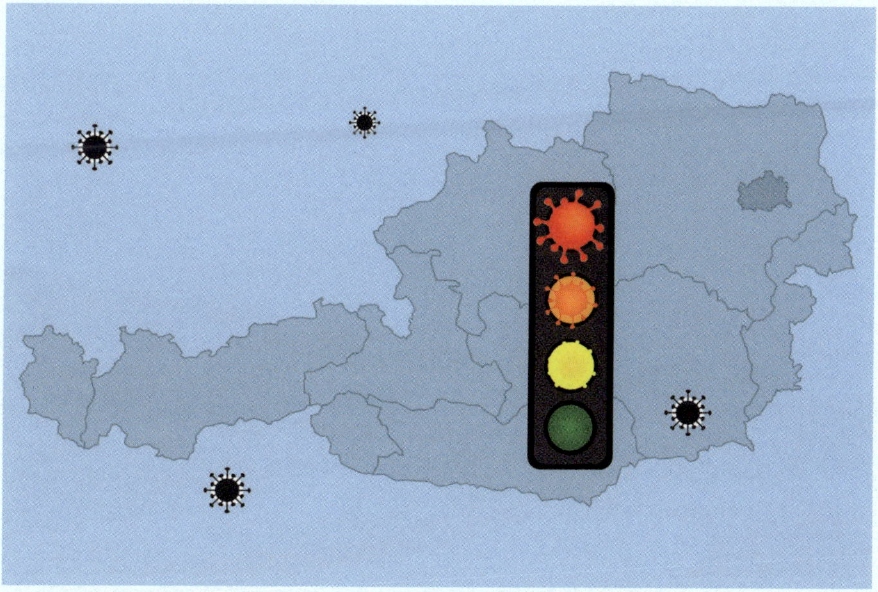

Abb. 14: Die Corona-Ampel. Die Anfang September 2020 von der österreichischen Bundesregierung eingeführte Corona-Ampel sollte Gemeinden nach regionaler Risikoeinschätzung kennzeichnen. Dazu gab es die vier Farben Grün, Gelb, Orange und Rot. Schon bald überwogen die rot eingefärbten Gemeinden und Bezirke. Im November war ganz Österreich »Rot«.

Fast wehmütig konnte man auf das Frühjahr zurückblicken, als 50 Infizierte pro Tag den ersten Lockdown zur Folge gehabt hatten. Jetzt machten die Tageszahlen ein Vielfaches aus. Am 3. November wurde ein »Lockdown light« verfügt, professionelle Fußballspiele verkamen wiederum zu Geisterspielen, überall sonst ruhte der Ball gänzlich. Ab dem 17. November galten eine Reihe weiterer Beschränkungen. Jetzt kam auch das Aus für den Wintersport vor der gewohnten Zuschauerkulisse. ♦ M. R.

Abb. 15: Der menschenleere Zielraum beim Österreich-Grand-Prix der Formel 1 am 12. Juli 2020 in Spielberg.

Markku Datler

GEISTERSPIELE

Das Corona-Virus hat auch dem österreichischen Sport gewaltige Probleme beschert. Spielbetriebe wurden ausgesetzt, bis auf die beiden höchsten Fußball-Profiligen sogar alle Meisterschaften im Frühjahr 2020 abgebrochen. Es hagelte Absagen und Verschiebungen, es gab keinen Vienna City Marathon. Der Sport stand auch weltweit still: es gab keine Fußball-Europameisterschaft und keine Olympischen Sommerspiele in Tokio. Virus und Gegenmaßnahmen erreichten, und das bleibt erinnerlich, unsere sozialen Wurzeln, wucherten bis vor die Haustüre, in Schulen, in den eigenen Vereinen. Es gab nur noch Sport, wenn überhaupt, vor leeren Tribünen und ohne Applaus. Das wichtige Beisammensein nach einem Match, egal ob Fußball, Tennis oder Volleyball, in Kantinen oder Stüberln, war verboten. Weil dort die Gefahr einer Infektion mit jedem Schmäh mitlief.

Während sich der Profisport nach und nach mit dieser einzigartigen Problemstellung arrangierte und seinen Betrieb dank teurer Sicherheits- und Hygienekonzepte ohne Zuschauerinnen und Zuschauer fortsetzen konnte, blieben Hobbysportlerinnen und Hobbysportler und Kinder jeweils monatelang und damit viel zu lange, von Sportstätten ausgesperrt. Sie waren zum Zuschauen verdammt und die Folgen, also Kollateralschäden von Fettleibigkeit über Einsamkeit bis psychische Störungen, werden der Gesellschaft weitere Probleme bereiten. Das weckte in der breiten Masse der Bevölkerung jedoch weder Unbehagen noch Unverständnis, weil es in Österreich an einer essenziellen Sportkultur mangelt. Die nachrangig gestellte Rolle der täglichen Bewegung oder des Sports an sich ist das Grundproblem unserer Gesellschaft. Dass beides der Gesundheit förderlich ist, hatte bei Entscheidungsträgern wenig Relevanz beim Setzen ihrer Einschnitte.

Bei manch Spezialistinnen und Spezialisten jedoch setzte die Krise Impulse ungeahnter Größe frei. Sie warfen, sprangen und schwammen plötzlich besser denn je. Tore da und Titel dort oder Weltbestleistungen, Nr.-1-Status, Grand-Slam-Sieg und Wahl zum »Sportler des Jahres« als Draufgabe. Radfahren erlebte neben historischen Erfolgen bei Klassikern im Hobbybereich einen unfassbaren Aufschwung. Und Events? Die gab es! Beim Tennisturnier in der Wiener Stadthalle begrüßte man just in dieser Krisensaison das beste Starterfeld aller (bisherigen) Zeiten. Österreich stand mehrmals im Jahr 2020 gar im Mittelpunkt des Weltsports: die Formel 1 startete ihre Saison in Spielberg mit zwei Grands Prix.[1] Die MotoGP rollte durch die Steiermark. Es gab eine Mountainbike-Weltmeisterschaft. Selbst die Skisaison hob wie gewohnt auf dem Rettenbachferner zu Sölden an.

Jede Krise birgt doch eine Chance. Man kann lernen. Etwas anders machen, Neues beginnen. Österreichs Sport steht jetzt an einer Weggabelung. Vieles wird unverändert schlecht bleiben. Im inexistenten, bloß humpelnden Schulsport etwa. Oder in landesweiten Bewegungsinitiativen für Kinder. Der Hobbysport wird lange brauchen, um geschlossen wieder Fahrt aufzunehmen nach der Corona-Impfung. In der Profiszene wird alles weitergehen wie bisher, wobei sich insbesondere die Fußballklubs die Frage ihrer Fankultur stellen müssen. Kommt das Publikum zurück in die Stadien? Zu welchem Preis? Österreichs Sport kann, trotz aller individueller Fehler und systematischer Untiefen, einer der Gewinner dieser Pandemie sein. Wenn man den Mut aufbringt, Veränderungen durchzusetzen in Schulen, wenn man Vereinen und Dachverbänden bei Bewegungsprogrammen hilft. Und die Fans in die Stadien und Hallen zurückkehren.

Österreich bewegt sich. Trotz Corona. Und in Zukunft auch ohne.

FUSSBALLER ALS PIONIERE

Österreichs Fußball wird Manchester United nie vergessen. Freilich, der englische Rekordmeister mit 20 Titeln ist auch ohne Bundesliga-Kontakt eine unvergessliche Allzeitgröße. Doch das Europa-League-Achtelfinale gegen den LASK bleibt nicht zuletzt wegen immenser Aufregung, kapitaler Vorfreude, plötzlich einsetzender Angst, restlos geleerter Tribünen statt eines ausverkauften Gugl-Hexenkessels in Erinnerung. Von der ernüchternden 0:5-Niederlage der Linzer ganz zu schweigen.[2] Sie hatten bis dahin eine höchst respektable Saison gespielt. Und verspielten in der folgenden Unterbrechung der Saison auch noch alles wegen einer unfassbaren Dummheit. Doch dazu später. Aber, was hat es jetzt mit den »Red Devils« auf sich? Das Duell mit United war das letzte Profispiel im österreichischen Sport vor dem ersten Lockdown. Es war der 12. März 2020. Was ein Festtag hätte werden sollen mit 10 000 Gästen, verwandelte sich in ein gruseliges Geisterspiel.

Zu diesem Zeitpunkt wollte bzw. konnte sich noch keiner vorstellen, dass diese Kulisse die nahe Zukunft des weltweiten Profisports sein sollte. »Geisterspiele«, an sich als »Strafmaß« für Verfehlungen stets ein von Vereinen gefürchtetes, weil kostspieliges Mittel, wurden der lebensrettende Strohhalm. Nur so konnte weitergespielt werden. Im Live-TV, zur Freude der Sponsoren. Zum Leidwesen der (echten) Fans, die zuhause bleiben mussten.

Während die Linzer ihre Wunden leckten, legte sich über Österreichs Sport eine gespenstische Friedhofsstille. Die Bundesliga hatte schon zwei Tage zuvor, am 10. März, alle Spiele bis Anfang April ausgesetzt in weiser Voraussicht, dass tiefgreifende Systemänderungen anstehen würden. Geplant waren Trainings- und Testspiele trotzdem noch. Doch letzten Endes setzte der Österreichische Fußball-Bund (ÖFB) dem Bestreben ein Ende. Der Spielbetrieb in allen Ligen, von der Bundesliga abwärts bis in die allerletzte Klasse, wurde ausgesetzt. Mit 16. März galten zur Eindämmung der Pandemie rigorose Reisebeschränkungen. Der Sport stand im kompletten Profi- und Amateurbereich still. Es folgten Sitzungen, Diskussionen und Streit, weil auch im Fußball »Corona-Leugner« unterwegs waren und die Ausmaße nicht begreifen konnten. Und kaum hatte man sich in Gremien darauf geeinigt, dass man es Anfang Mai wieder versuchen sollte, war die Bundesregierung prompt am Ball. Am 6. April verhängte sie das Verbot von öffentlichen Veranstaltungen bis Ende Juni. Darunter fielen ausnahmslos alle Sport-Events unter Einbeziehung von Publikum.

Spätestens jetzt war klar, dass auf lange Zeit nichts mehr so sein sollte wie es einmal war. Es war eine beklemmende Bestandsaufnahme. Mitte April 2020 war jedem bewusst, dass Kurzarbeit – bis auf Red Bull Salzburg und den zu diesem Augenblick in der Tabelle führenden LASK nahmen alle anderen zehn Profi-Klubs der höchsten Spielklasse das staatlich geförderte Modell in Anspruch – bei ruhendem Spielbetrieb die Gegenwart war. Das ÖFB-Präsidium, dem der Oberösterreicher Leo Windtner vorsteht, beschloss, alle Bewerbe bis auf Bundesliga, Zweite Liga und Cup abzubrechen. Der Aufschrei in diversen Unterligen war groß, weil darob Aufsteiger nicht mehr ermittelt werden konnten. Manch potenzieller Absteiger hingegen applaudierte, der Abbruch rettete den Klassenerhalt.

Und ohne Neid geht im österreichischen Fußball auch nichts: ab 20. April trat eine Verordnung in Kraft, wonach nur die zwölf Bundesligisten und der zweitklassige Cupfinalist Austria Lustenau in Kleingruppen, unter Einhaltung grotesker Abstandsregeln (im Mannschaftssport) das Training wieder aufnehmen durften. Alle anderen mussten zusehen und es offenbarte eine Zweiklassengesellschaft. Arm und Reich, von Bedeutung oder von keinerlei Relevanz für die breite Wahrnehmung; Österreichs Fußball schien gespalten wie das ganze Land, das nicht verstehen wollte, warum ein Virus aus China alles ins Abseits drängte bzw. außer Kraft setzte. Nicht unerwartet wurde prompt der Vorwurf laut: »Typisch, die Fußballer haben es sich wieder einmal gerichtet.« Denn die Liga, geführt von dem stets umsichtig wie diplomatisch agierenden Christian Ebenbauer, einigte sich auf ein »Geisterspiel-Konzept«. Es sollte weitergehen, aber ohne Fans, und da zogen alle Beteiligten in seltener Manier doch gemeinsam an einem Strang.

Während alle anderen Sportligen, egal ob Basketball, Handball, Eishockey oder Volleyball, ihre Saison abgebrochen hatten und vor einem finanziellen Scherbenhaufen standen, wollten die Fußballer ihre zu Ende spielen. Der ÖFB stimmte am 29. April zu, das Gesundheitsministerium lehnte tags darauf ab. Es war einer von so vielen, bloß rein bürokratischen Doppelpässen: Mannschaftstraining sei vor dem 15. Mai nicht erlaubt. Zweifel wuchsen da am Spielbetrieb, Ängste plagten, ob es einen Meister, ob es Europacup-Starter (Top 5 der Liga) geben könne. Einnahmen fehlten, laufende Kosten wie Stadionmiete und Gehälter drückten trotz Kurzarbeit auf die Klubkassa. Liquidität war jetzt kein Fremdwort mehr. Vizekanzler Werner Kogler hatte als Sportminister das letzte Wort. Dazu stand ihm mit Rudolf Anschober ein Parteikollege als Gesundheitsminister zur Seite und beide wurden zu den »Buhmännern des Sports«. Sie ließen nicht zu, dass der Fußball einfach so wieder rollte und all die Beschränkungen für Mannschaftstrainings im Freien oder in Hallen trotz sinkender Corona-Fallzahlen weggelassen werden durften. Also wurde nachverhandelt, manch einer ätzte es sei »Hof gehalten« worden. Denn, und das war die erste große Überraschung: trotz erster Ablehnung wurden die gleichen Konzepte mit nur geringer, respektive gar keiner Adaption akzeptiert. Mit 15. Mai war das Mannschaftstraining wieder erlaubt. Die Chance auf ein reguläres Saisonende lebte.

Es war ein Vorgriff darauf, was Österreichs Fußball als Vorbild und Pionier für den gesamten Sport gegen Ende des Frühjahrs gelang. Die Bundesliga zeigte und ebnete allen anderen einen Weg aus der Krise. Man hatte Hygiene-Maßnahmen und Sicherheitskonzepte entwickelt, sie mit der Liga und die wiederum mit der Politik akkordiert. Laufende PCR-Tests, Isolation von Mannschaften und deren Umfeld von der Außenwelt, die »Presse« berichtete über das tägliche Schreiben von »Gesundheitstagebüchern«.[3] Fiebermessen samt folgerichtiger Quarantäne für Betroffene wurde genauso wichtig wie das Aufwärmen. Gestaffelte An- und Abreisezeiten für Spieler – jeder bekam einen »Stundenplan«. Alle anderen Sportarten sollten dieses Konzept später mehr oder minder übernehmen. Bundesliga-Geschäftsführer Ebenbauer strahlte, als er die Termine für den Neustart präsentieren konnte in einer Videokonferenz.

Es ging am 29. Mai mit dem Cupfinale zwischen Meister Red Bull Salzburg und Zweitligist Austria Lustenau (5:0) wieder los. Ab 2./3. Juni rollte die Meisterschaft in englischen Wochen – aus Angst, erneute Corona-Konter könnten alles wieder torpedieren – bis 15. Juli in ihre Entscheidung. Salzburg wurde zum achten Mal in Folge Champion. Rapid landete sensationell auf Platz zwei und durfte sich in der Champions-League-Qualifikation versuchen. Die Austria stolperte nur durch die Qualifikationsgruppe, im Fachjargon auch »Unteres Playoff«

genannt– und die WSG Tirol wäre abgestiegen. Es blieb beim Konjunktiv. Denn der Bilanz-Skandal der Commerzialbank von Martin Pucher und der damit verbundene Kollaps des von ihm aufgebauten und restlos finanzierten SV Mattersburg verhinderten den Absturz in die Zweite Liga.[4] Die SV Ried kürte sich zum Aufsteiger.

Österreichs Fußball ist immer das Spiel zwischen Schwarz und Weiß, oben und unten, Himmel und Hölle, Gold oder Blech. Man kennt keinen Mittelweg. Und braucht Gut oder Böse – wie den LASK, der mit gleich vier verbotenen Trainings in der Lockdown-Zeit all die redlich verdienten Sympathien mit einem Schlag verspielt hatte. Anonyme Videos tauchten auf und lieferten einen Skandal; just in einer Zeit, in der die Liga mit der Politik noch um die Zukunft »dealen« musste. Gräben des Zorns und der gegenseitigen Beschuldigungen wurden ausgehoben, LASK-Präsident Siegmund Gruber stellte sein Liga-Aufsichtsratsmandat ruhend. Die Folge: Dem Klub wurden sechs Punkte abgezogen und 75 000 Euro Geldstrafe aufgebrummt. Das Strafmaß wurde später auf vier reduziert – doch die Hoffnung auf den ersten Meistertitel seit 1965 und jegliches Vertrauen (zu Trainer Valerien Ismael) waren endgültig verloren.

Aber, wie war er so, der Stadionbesuch ohne Publikum? »Geisterspiele« haben durchaus etwas Beklemmendes, weil die gewohnte Atmosphäre, für viele der eigentliche Grund des Ticketkaufs, verloren ist. Es ist still, man hört bloß das dumpfe Treten gegen den Ball. Schreie, Kommandos, der Pfiff des Schiedsrichters ist schriller als man glauben möchte. Trainer schimpfen doch sehr oft, zumeist nicht druckreif. In Hütteldorf hörte man Züge oder die U4 vorbeifahren. In Favoriten lieferte der Verteilerkreis seine rauschende Hintergrundkulisse. In Salzburg hörte man außer der zuvor erwähnten Laute gar nichts, trotz der Nähe zur A1. Für Puristinnen und Puristen ist das ein Fluch, kein Fußball, bloß ein wertloses, bedeutungsloses Testspiel. Für manch andere aber, die nicht durchwegs negativ denken, eröffnete sich eine neue Perspektive: kein Gebrüll von Ultras oder anderen Hardcore-Fans.

Die Saison 2019/2020 war mit Geisterspielen en gros im Pay-TV und ausgewählten Spielen im ORF (nach Intervention mit politischer Note: die Freigabe erhalten für den Spielbetrieb als einzige Sportart und diese hinter einer Paywall verstecken sei für die Allgemeinheit nicht erbaulich) gerettet worden. Einher gingen allerdings unaufhaltsam lauter werdende Forderungen nach staatlichen Hilfsfonds, von denen kein Cent geflossen war bis in den Sommer und viele – nicht nur im Fußball – in finanzielle Nöte gedrängt hatte. Doch um diesen »Sturm« zu kalmieren wurde von Minister Kogler im Sommer eine Zahl genannt, an der man sich sehr lange reiben sollte: 10 000 Zuschauerinnen und Zuschauer sollten mit Start der neuen Saison im Freiluftsport zugelassen werden. 5 000 in Hallen – jedoch unter der Bedingung, dass es Präventionskonzepte und fix zugewiesene Sitzplätze gab. Was im freudigen Aufschrei an diesem 24. Juni überhört wurde, war der Beisatz: wenn die Corona-Zahlen es denn zulassen. Nur den wollte keiner mehr hören. So wie ihn am 16. März schon keiner glauben konnte.

Österreichs Fußballklubs gaben im Sommer 2020 sündhaft teure Konzepte in Auftrag, an denen renommierte Virologinnen und Virologen oder Kapazitäten wie Uni-Professor Hans-Peter Hutter mitwirkten. Sitzplatz-Pläne (Stichwort: Schachbrett-Muster), separate Einlasszeiten pro Sektor, Maskenpflicht im gesamten Stadionareal und an die Einbindung der öffentlichen Verkehrsmittel wurde gedacht. Alle COVID-19-Konzepte für Stadionbesuche in der Bundesliga und Zweiten Liga wurden genehmigt, vorbehaltlich temporärer Einschränkungen durch die groß angekündigte vierstufige »Corona-Ampel«. Die meisten Zuschauerinnen und Zuschauer waren mit je 10 000 bei Rapid Wien und Red Bull Salzburg zugelassen. Am wenigsten mit 2 700 bei der SV Ried – und alle Abos, damit war jeder Gast namentlich bekannt mit Telefonnummer, Anschrift, E-Mail, etc. –, waren längst verkauft. Mit siebenwöchiger Verspätung sollte am 11. September die 47. Bundesliga-Saison (2020/2021) schließlich mit der Partie Rapid gegen Admira angepfiffen werden. 10 000 Sitzplätze waren tatsächlich auch besetzt. Nur, es sollte ein einmaliges Schauspiel bleiben. Denn die Fallzahlen stimmten nicht mehr, sie liefen aus dem Ruder. Wenige Tage vor dem Auftakt hatten Kogler und Bundeskanzler Sebastian Kurz die Bremse gezogen. Die Bundesregierung stutzte die Zuschauerzahlen bei Veranstaltungen drastisch zurück. Ab 14. September durften maximal 3 000 Menschen zu Outdoor-Sportevents. Vier Wochen später waren es nur noch 1 500 – und mit dem zweiten Lockdown gab es im November 2020 gar keine mehr. Zumindest durften Profisportlerinnen und Profisportler weitermachen, im Amateur- und Hobbybereich war gleich alles eingestellt worden.

Und all die Versprechen? Die Konzepte, es gab doch keinen einzigen Fußball-Cluster? Zeit zur Trauer und zum geliebten Nörgeln blieb bloß keine. Der Betrieb rollte auch ohne Fans nahtlos weiter – dank Live-TV. Salzburg traf in der Champions League nach dem historischen Aufstieg im zwölften Qualifikations-Versuch (gegen Maccabi Tel Aviv; Hinspiel in Israel während eines Lockdowns und trotz zahlreicher Corona-Fälle im gegnerischen Team) auf Bayern München, Atlético Madrid und Lok Moskau. Rapid spielte in der Europa League gegen Arsenal. Natürlich wurde da dann in Hütteldorf nachgerechnet. 28 000 passen normalerweise in das Allianz Stadion, 10 000 hätten es sein können, 1 500 waren immerhin da. Die Tickets wurden unter den Abonnentinnen und Abonnenten verlost. Der LASK traf auf den Londoner Großklub Tottenham mit Startrainer José Mourinho – das nächste englische Drama vor leeren Rängen, ohne jegliche Emotion. Ganz ohne Applaus.

Weil das Geschäft keine Unterbrechung mehr duldete, selbst im zweiten Lockdown des Herbsts 2020 nicht, war klar, dass es auch 2021 weitergehen würde. Ob mit Fans oder ohne, das war egal – diese Erkenntnis mag viele zwar treffen und schmerzen; sie trifft jedoch zu. Und es gab eine Perspektive, die man noch im März dieses Jahres nicht einmal zu träumen gewagt hatte. Mit Ligen, Bewerben, Länderspielen – mit einer Fußball-EM, bei der Österreich auf die Ukraine, Niederlande und Nordmazedonien treffen wird. So unvorstellbar schön ein Spiel mit 48 000 Zuschauer im Happel-Stadion einmal war, so unvorstellbar offen blieb allerdings der Zeitrahmen, ehe solch ein Event wieder gelingen wird. Doch die Fußballer müssten schleunigst den breiten Applaus erhalten, den sie verdienen. Denn sie waren mit dem Erarbeiten von Hygeniekonzepten und Testsystemen, dem Neustart ihrer Liga tatsächlich der Wegbereiter für den Fortbestand des ganzen österreichischen Sports.

Davon profitierte auch das ÖFB-Team der Frauen. Dieses durfte nach dem 1:0-Heimsieg gegen Serbien zum Abschluss der EM-Qualifikation Anfang Dezember weiter auf ein Fixticket für die Endrunde hoffen. Die Auswahl von Teamchefin Irene Fuhrmann stand als zweitbester aller Gruppenzweiter da und hat damit keine schlechten Karten im Kampf um einen Platz unter den drei besten Zweiten, die neben den Pool-Siegern ihre Fahrkarte für das erst im Juli 2022 stattfindende Turnier in England in der Tasche haben.

WELTSPORT IN ÖSTERREICH

Österreich ist nicht nur das Land der Fußballerinnen und Fußballer, sondern auch Heimat der Wintersportlerinnen und Wintersportler – allen voran der Skifahrerinnen und Skifahrern. Vor allem, Rotweißrot ist zudem als Veranstalter von Sportevents gern gebucht und bekannt. Ob Beachvolleyball-World-Tour mit Hannes Jagerhofer, der Vienna City Marathon von Wolfgang Konrad oder das Tennisturnier in der Wiener Stadthalle von Herwig Straka, Skirennen in Sölden, Lech/Zürs, die legendären Hahnenkammrennen in Kitzbühel, das »Night Race« zu Schladming: es sind Klassiker des internationalen Sportkalenders. Sie erbringen jährlich unter Garantie Höchstleistungen und liefern wirtschaftliche Impulse. Nur, gelingt das in Zeiten von Corona, eines Lockdowns? Während Events der Leichtathletik in Serie ausfielen oder der Vienna City -Marathon abgesagt wurden bzw. auch auf der Wiener Donauinsel nicht nach dem Volleyball »gebaggert« wurde, setzten Tennis, Ski und Formel 1 ihre Auftritte beispiellos in Szene.[5] Und das allen Widerständen und Einflüssen zum Trotz. Allerdings, alles vor (fast) leeren Rängen.

Österreich wurde 2020 in der Formel-1-WM zur absoluten Nummer 1. Was mit dem Start in Melbourne im März noch mit einem Abbruch in letzter Sekunde als Totalflop zu verfolgen war, wegen positiver Tests zweier McLaren-Techniker und dem Rückzug des Rennstalls, bügelte die steirische Gemeinde Spielberg dank des Marketing- und Event-Genius der Red-Bull-Maschinerie makellos aus. Die Idee dazu hatte der Grazer Hotelier, Ex-Rennfahrer und RB-Berater Helmut Marko. Er hielt Spielberg für den optimalen Ort, um die Formel-1-WM neu zu starten. Ob der Lage, der modernen, perfekten Infrastruktur der Rennstrecke mit ihrer Nähe zum Militärflughafen Zeltweg. Und dank des Know-hows, wie man Veranstaltungen reibungslos in Szene setzen kann. Und das erzählte er genau so RB-Eigentümer Dietrich Mateschitz.

Lange wurde dementiert, in diesem Punkt stimmten die Maschinerie des Energydrink-Herstellers und die Kommunikation der österreichischen Politik vollends überein. Doch sukzessive sickerten Details durch, wie dieser Weltsport in Österreich seinen Betrieb starten wollte. Mit negativem Test bei der Ankunft, jedes Team in eigenen Hotels. Die komplette Crew jedes Rennstalls musste von der Außenwelt isoliert sein und – täglich getestet – überall die Mund-Nasen-Schutzmaske tragen. Zudem, der ganze Tross musste für die geplante Doppel-Veranstaltung am 5. und 12. Juli in der Steiermark bleiben. Damit diese »Blase«, da tauchte erstmals dieser Begriff überhaupt auf, nicht platzt. Auch passte es wunderbar ins so gegensätzliche Bild, das dieses Virus in unsere Gesellschaft gezeichnet hat: zwei Grün-Politiker mussten grünes Licht für eine Motorsportveranstaltung geben. Ob sie es wollten oder nicht, denn Impuls, Signalwirkung, Wertschöpfung und Werbewert für Land und Red Bull mit global gesendeten Live-Bildern konnten nicht ausgeschlagen werden. Also sagte Anschober – nach ersten Vorbehalten und Zögern wie im Fall der Bundesliga – am 30. Mai zu. Allerdings unter einer Bedingung: es dürfe nur vor leeren Rängen geschehen und das Hygiene- und Sicherheitskonzept müsse rigoros umgesetzt werden. Das Virus lande doch nicht mit dem F1-Privatjet in der Steiermark…

So flatterte Anfang Juli also die mächtige Formel 1 in Österreich ein. Zehn Teams bezogen wie vereinbart Stellung, der gesamte F1-Tross schlüpfte in diese »Spielberger Blase«. Es gab keine üblichen PR-Events oder mondäne Motorhomes. Stars wie Lewis Hamilton blieben in Wohnwägen oder kleinen Pensionen und die Handvoll Journalistinnen und Journalisten, die akkreditiert war, musste ausnahmslos im Pressezentrum ausharren. Besuche im Fahrerlager waren untersagt und – auch in diesem Punkt war die Formel 1 ein Vorreiter – Pressekonferenzen oder Interviews gab es nur noch via Videowall, Online, MS-Teams oder Kommunikationsplattformen wie Zoom. Einmal mehr an Bedeutung gewann das Fernsehen. Sponsoren waren zufrieden, Automobilweltverband FIA ebenso und »Liberty Media«, Eigentümer der Formel 1 auch. Nur der Gastgeber Red Bull haderte. Beide Rennen wurden von Mercedes – zuerst Valtteri Bottas, dann Lewis Hamilton (der 35-jährige Brite gewann in diesem Jahr zum siebenten Mal die Formel-1-WM) – dominiert.

Die Motorrad-WM folgte diesem Beispiel mit zwei Rennen im August, auch die Mountainbike-WM in Saalfelden tobte sich in einer »Blase« aus. Und im Skisport sollte die Weltcupsaison ebenso nach diesem Muster starten. Ein Faible für schnelle Autos hat Peter Schröcksnadel, der Präsident des Österreichischen Skiverbandes (ÖSV) ja. Noch mehr Freude bereiten ihm aber Skirennen. Vor allem dann, wenn seine Landsleute gewinnen, respektive Veranstaltungen in der Heimat ein Erfolg sind. Traditionell macht der FIS-Zirkus seit 1993 auf dem Rettenbachferner-Gletscher in Sölden Station. Seit dem Jahr 2000 hebt auch hier durchgehend die Weltserie ihre Saison mit einem Riesentorlauf für Damen und Herren an. Und weil Erfolg einer gewissen Sturheit und Durchsetzungskraft bedingt, durfte das 2020 nicht ausfallen. Virus hin oder her.

Die 55. Weltcup-Saison startete am 17./18. Oktober im Ötztal nach Plan. Nachdem die vergangene Saison abgebrochen worden war und mit dem Norweger Aleksander Aamodt Kilde den Nachfolger von Marcel Hirscher als Gesamtweltcupsieger gefunden hatte, begann alles bar jedweder Hysterie. Ist normalerweise das Ski-Event rund um den Nationalfeiertag gelegt und ein absoluter Pflichttermin für Party-Fans und Ski-Industrie, wurde es jetzt um eine Woche vorgezogen und Sölden für den normalen Publikumsverkehr komplett gesperrt. Nach dem weiterhin heiklen Thema für den Wintersport und nicht absehbaren rechtlichen Folgen nach Ischgl war man in den Reihen des ÖSV tunlichst darum bemüht, keinerlei Reibungspunkte zu liefern. Also waren negative Corona-Tests aus einem Zeitraum von 72 Stunden obligatorisch für Akkreditierung, Quartier und Anreise. Aus dem Hotel durften Stars nur, wenn sie zur oder auf der Piste fuhren. Essen gehen war nur in Lokalen erlaubt, die vorab zugewiesen worden waren. In Söldens Straßen gab es weder Feste, Alkoholausschank noch Verkehr. Teils sehr zum Leidwesen der Hoteliers, von denen auch mancher die Wirksamkeit der Werbebilder infrage stellte. Wer komme denn Skifahren in ein Land, das sich im Lockdown befinde? Aus einem Land, in dem selbst das Virus grassiere? Söldens umfangreiches COVID-19-Präventionskonzept griff jedenfalls eisern.

Bis auf zwei Mitglieder des schwedischen Kaders gab es keine positiven Tests – und nur beste, dem Image taugliche Werbebilder.

Zurück blieb die Vision, dass die Methodik ebenso für Events im November in Lech/Zürs (unter Ausschluss der Öffentlichkeit), vor allem aber für die Klassiker in Kitzbühel und Schladming greifen werde. Mit Applaus? Gar vor gut besuchten Rängen? Dass es sie 2021 am Streckenrand geben wird, schloss Schröcksnadel schon sehr früh nicht aus. Nur, riskieren werde man nichts. Dafür stehe zu viel auf dem Spiel – dafür komme man bei einem Rennen auch sehr gut »ohne Gebrüll am Streckenrand« aus. Gleiches galt auch für die Biathletinnen und Biathleten in Hochfilzen, wobei ihr Saisonstart im finnischen Kontiolahti (28. November) dank der niedrigen Corona-Inzidenz vor bis zu 4 500 Zuschauerinnen und Zuschauer stattfinden konnte. In Österreich fehlten auch Fans bei den Nordischen Kombinierern in Ramsau oder bei den Skispringern im Rahmen der Vierschanzentournee in Innsbruck und Bischofshofen im Jänner 2021: es blieben, aus Sicherheitsgründen, Geisterspiele.

Eine ähnliche Ausgangslage muss Österreichs beste Langläuferin, Teresa Stadlober, meistern. Die für Anfang Jänner in Val Müstair, Toblach und Val di Fiemme angesetzte Tour de Ski konnte auch 2021 stattfinden. Der Internationale Ski-Verband (FIS) stimmte mit Verweis auf die Genehmigung der Corona-Schutzmaßnahmen durch die jeweils zuständigen Gesundheitsbehörden in der Schweiz und Italien alles für die Athletinnen und Athleten ab. Die 16. Tour-Auflage ist für die 27-jährige Radstädterin, die von ihrem Loipen-Papa Alois betreut wird, eines der Highlights in dieser Saison. Vor allem, sie lieferte einen Vorgeschmack auf die Nordische WM in Oberstdorf, für die Bayerns Landesregierung grünes Licht erteilte. Weil alle Sicherheitskonzepte und Test-Kapazitäten erfüllt wurden.

Ideen, Vision und Hilfe braucht jeder Veranstalter, der ein Turnier mit Topstars, aber fast ohne zahlende Gäste über die Bühne bringen will. Es ist ein finanzieller Trapezakt. Herwig Straka ist das beim Stadthallen-Turnier gelungen. Die Top 7 der Tenniswelt, angeführt vom Serben Novak Djokovic und Lokalmatador-Titelverteidiger Dominic Thiem (Nr. 3) gab sich in Wien ein Stelldichein beim ATP-500-Event. Und zu jeder Session, jeweils vormittags und abends, durften 1 000 Zuschauerinnen und Zuschauer. Normalerweise füllt Thiem die Halle bei den »Erste Bank Open« allein mit 10 000 Fans und hängt das »Ausverkauft«-Schild schon Monate vor dem ersten Aufschlag an der Tür. 2020 war aber wegen Corona alles anders, und Straka wäre dank seiner Partner sogar dazu bereit gewesen, das Turnier mit dem »Szenario 0« zu stemmen. Also vor leeren Rängen, als Geister-Turnier. So wie es die US-Open in New York, die Thiem (zweiter Grand-Slam-Sieg eines Österreichers nach Thomas Muster in Paris 1995) sensationell gewinnen konnte, waren. Vermeldet er normalerweise jährlich neue Rekorde, hatte Straka in seinem Rückblick eine Zahl vorzuweisen, die beeindruckte: null positive Fälle. Die Sicherheits- und Hygienevorschriften waren makellos. Das beste Spielerfeld aller Zeiten (Sieger: der Russe Andrej Rublev) mit den wenigsten Zuschauerinnen und Zuschauern aller Zeiten wird Wien nie vergessen.

Aber, was sollte erst Sandra Reichel über ihr »Upper Austria Ladies Linz«-Turnier berichten? Die 30. Jubiläumsauflage musste im November, mitten im zweiten Lockdown, über den Platz laufen. Komplett ohne Publikum, aber: wieder mit Live-TV. Und der Auszeichnung, dass die WTA-Saison der Tennis-Damen 2020 in Linz zu Ende gehen sollte. Mit dem Versprechen, dass es wie in Wien 2021 ungeachtet aller Einflüsse, Strömungen, Verluste und Viren unaufhaltsam weitergehen werde. Ob Siegerin Aryna Sabalenka (Weißrussland) erneut aufschlagen wird?

Damit Österreichs Veranstalter-Branche allerdings eine Zukunft hat, war staatliche Hilfe unerlässlich. Ein »Schutzschirm« wurde gespannt, um existenzbedrohende Verluste abzufedern. Denn nicht immer gelingt ein Kraftakt, wie ihn Straka hingelegt hat. Nicht jeder hat den finanziellen Background, den Mateschitz mitbringt. Nicht jeder hat diese emotionale Bindung wie beim Wien-Marathon, als 28 000 Starter ihre Anmeldung sofort auf 2021 weiterreichten, statt ihr Geld zurückzuverlangen. Oder wie Rapid, weil 81 Prozent aller Abonnentinnen und Abonnenten ihr Geld nicht einfach prompt zurückverlangten, sondern in die Zukunft mit den Hütteldorfern investierten.

IN DER KRISE BESSER

Ein, womöglich österreichisches, Phänomen machte sich in diesem Jahr bemerkbar. Je mehr Aussperrungen, Diskussionen oder Verbote die Gesellschaft belasteten, desto mehr setzten Einzelne neue Richtwerte. Bestmarken, die in der Welt des Sports auffielen, weil sie von Gewicht und Reichweite waren. Weil sie zeigten, dass in Österreich durchaus Talent und Wille vorhanden sind. Also kann die Krise auch eine Chance sein, weil wir gewinnen oder Historisches schaffen? Nach dem Motto: Jetzt erst recht.

Die Leichtathletik gilt weltweit als »Olympischer Kernsport«, sie steht in Österreich allerdings im Schatten von Fußball und Ski. Sie wird von vielen Medien uncharmant als Randsportart eingestuft. Doch auch hier blühen Ausnahmen, die es ins breite Rampenlicht schaffen. Wie Diskus-Gigant Lukas Weißhaidinger etwa. Der WM-Dritte von Doha 2019 gewann mehrere Events in Schwechat-Rannersdorf und fiel mit einer PR-Aktion auf, als er von einem überdimensionalen roten Sessel eines Möbelhauses neben der Autobahn den Diskus warf. Nach der Verschiebung der Olympischen Sommerspiele in Tokio, Absage der EM und Streichung des Diskus-Bewerbes aus der lukrativen Eventserie »Diamond League« war er auf nationale Starts beschränkt. Die Staatsmeisterschaften in der Südstadt gewann der 150-kg-Mann locker mit 64,81 Metern. Den ersten 70-m-Wurf hat der 28-Jährige in der Pandemie-Saison knapp verpasst, mit 68,63 Metern war er in der Weltrangliste Dritter. Siebenkämpferin Ivona Dadic schaffte hingegen eine vielbeachtete Bestleistung: Sie gewann im Mehrkampf-Mekka Götzis die Staatsmeisterschaft mit der Jahresweltbestleistung von 6 419 Punkten – und wurde dafür von Österreichs Sportjournalistinnen und Sportjournalisten (»Sports Media Austria«) zur »Sportlerin des Jahres« gewählt.[6]

Auch bei den Herren fiel die Wahl klar aus: Dominic Thiem siegte als erster Tennisspieler seit 25 Jahren nach Thomas Muster. RB Salzburg wurde zum dritten Mal als Mannschaft des Jahres ausgezeichnet. Dass die »Galanacht des Sports« mitten im Lockdown überhaupt stattfinden konnte, war einer Schlupfloch-Idee der Veranstalter Sporthilfe und ORF zu verdanken. Es galt ein generelles Veranstaltungsverbot, also wurden ausnahmslos alle Gäste als »Teilnehmer einer TV-Sendung« deklariert. Stars und ihre Begleitung wurden schnell-getestet und an Tische gesetzt, die en gros mit »Dancing-Stars«-Pappfiguren besetzt wurden, damit die »Marx Halle« nicht gar so leer erschien. Weil ab 20 Uhr die Ausgangssperre griff, wurde die Sendung kurzerhand am Nachmittag aufgezeichnet und am Abend »live« gesendet.

Radfahren erlebte in dieser Pandemie in Österreich einen ungeahnten Höhenflug. Räder zu kaufen in einem Fachgeschäft war auf Anhieb fast ein Kunststück, ohne Bestellung rollte zumeist gar nichts. Österreich, so schien es, hatte das Zweirad als Bewegungsmittel für Groß und Klein wiederentdeckt – weil es ein Freiluftsport ist und auch relativ leicht ausgeübt werden kann. Und auch die oft wegen Dopings geschundene Profi-Szene hatte eine ungeahnte Saison auf den Asphalt gezaubert. Die Rad-Profiteams der WorldTour kamen mit einem blauen Auge davon. Mit Ausnahme von Paris–Roubaix wurden alle wichtigen Rennen in knapp dreieinhalb Monaten vom 1. August bis Ende Oktober abgespult. Einige der zehn in Top-Teams engagierten Österreicher zeigten mit Spitzenplätzen auf Etappen der großen Rundfahrten auf: Felix Großschartner fuhr wie sein Bora-hansgrohe-Teamkollege Patrick Konrad (Achter des Giro d'Italia) und Team-Bahrain-McLaren-Fahrer Hermann Pernsteiner (Zehnter des Giro trotz Helferrolle) bei der Vuelta, der Spanien-Rundfahrt, als Neunter in die Top 10.

Sogar ein kleiner Handballklub schrieb in der größten Krise ein Märchen. Erstmals seit 20 Jahren waren die Fivers Margareten wieder im Europacupeinsatz.[7] Sie hatten sich für die EHF European League, dem Pendant zur Europa League im Fußball, qualifiziert. Der finale Gegner in der Qualifikation, der spanische Großklub Benidorm, musste vor dem Rückspiel wegen zu hoher Corona-Fälle passen. Glück im Unglück könnte man sagen, doch für die Fivers, die in der Wiener Hollgasse werfen, war es der Coup überhaupt. Obwohl: für die Mannschaft, die en gros aus Eigenbauspielern besteht, weil immer Geld für teure Legionäre fehlt, war es mehr als nur eine Doppelbelastung. Die meisten haben tatsächlich »echte« Berufe. Drei sind Lehrer, einer Controller – viele sind Studenten und für sie ist Handball sozusagen eine Leidenschaft nach Dienstschluss. Für Europacup-Reisen musste Urlaub genommen oder im Fall der Lehrer sogar um Vertretung angesucht werden. Wien war dadurch wieder auf der Handball-Europakarte zu finden. Nicht nur, weil die Europäische Handballföderation (EHF) in Meidling residiert, sondern ein Außenseiter aufzeigte und damit seine Spieler zum Leidwesen von Manager Thomas Menzl in die Auslage stellte.

Sport ist immer die Welt der Zahlen, der Ergebnisse, der Formkurven. Aber: in Krisen denken internationale Organisationen einen Schritt weiter. Sie reiben sich nicht mit politischen, rotweißroten Grabenkämpfen in den eigenen Reihen auf, sondern suchen diese Energie anders, nämlich sinnvoll einzusetzen mit effektiven Lösungen, um Saisonen, Stars und Ziele zu retten. Im Schwimmsport wurde die »International Swimming League« (ISL) vom Weltverband Fina in Kooperation mit Sponsoren aus der Taufe gehoben. Über 300 Athletinnen und Athleten wurden im August engagiert. Und entlohnt mit einem bis Ende Dezember laufenden Monatsfixum von 1 500 Dollar (ca. 1 270 Euro). Darunter waren auch zwei OSV-Starter: Caroline Pilhatsch und Felix Auböck. Der 23-Jährige schrieb dabei ein wunderbares Kapitel Sportgeschichte: ein Österreicher war im Sommer 2020 über 400 Meter Kraul die Nummer 1 der Welt.[8] Weder Tippfehler noch Übertreibung: der Niederösterreicher (1,97 Meter groß, 85 kg schwer, Spannweite der Arme über zwei Meter) war in der Corona-Saison der schnellste Schwimmer der Welt über diese Distanz in 3:37,48 Minuten. Dass es ohne den längst verbotenen Hightech-Anzug gelang, ist das eine, das andere ist: er hatte sich das Jahr davor nach der Rückkehr aus den USA in der Südstadt in Form gebracht und eine höher liegende Schwimmtechnik gelernt. Nebenbei studiert er auf der Universität von Loughbourogh (nahe Leicester) das Master-Programm für »International Relations and Economy«. Natürlich kennt er Begriffe wie Krise und Corona, weil es lange keine Wettkämpfe und nur erschwertes Training gab. Doch er bekam eine Chance, er glaubt an sein

Talent, er hat ein Ziel: Tokio 2021, wenn es freilich das Virus zulässt bzw. Impfstoffe ermöglichen.

Während der Spitzensport auch im zweiten Lockdown weiterlief, standen der Amateur- und Breitensport, vor allem das damit verbundene soziale Leben in Kantinen oder dem Wirtshaustisch mit Inkrafttreten der neuen Pandemie-Verordnung still. Nur Freiluftsportstätten wie Golf- oder Tennisplätze durften offenbleiben. Erlaubt waren bloß individuelle Aktivitäten, bei denen man nicht mit anderen in Kontakt kam. Zum Leidwesen vieler Kinder, denen das Fußballtraining mit ihren Freundinnen und Freunden, das Gemeinsame, schmerzvoll abging. Wer will schon alleine auf der Laufbahn Kilometer abspulen? Alleine Tennis spielen, immer nur die Wand anschießen? Offene Parkanlagen blieben ein kleiner Trost und Zufluchtsort (der Massen). Die Frisbee-Scheibe erlebte eine Renaissance, wer Tischtennis spielen wollte auf einem öffentlichen Tisch, brauchte fast einen Termin – so lange war die Schlange in mancher Parkanlage. Bäder oder Fitnessstudios waren im November zum zweiten Mal geschlossen. Sogar Skilifte, ein Heiligtum der Österreicherinnen und Österreicher, mussten bis in den Jänner 2021 den Betrieb einstellen…. Und, wer hätte das je gedacht: als sie den Betrieb 2021 dank Erlaubnis der Regierung doch starten durften, wurden sie ob Dränglereien (dank veröffentlichter Fotos) nebst britischer, Corona-positiver Skilehrer in Tirol zum Zankapfel der Gesellschaft.

Was geschah mit all den kleinen Vereinen, die sich um Kinder und Hobbysportlerinnen und -sportler kümmern? Mit denen, die fern des Rampenlichts großartige Arbeit leisten und dafür sorgen, dass sich Kinder und Jugendliche (richtig) bewegen, den Spaß an der Bewegung schätzen lernen? Die Gefahr, dass mit rigorosen Sperren – zum Wohl der Allgemeinheit – zu viele individuelle Wünsche abgewürgt wurden, war real. Mit der breiten Folgewirkung, dass viele ob der Verbote und des verlockenden Überangebots der Unterhaltungsbranche (TV, Computer, Internet) das Interesse am Sport verloren. Und in diesem Punkt zeigte sich Österreichs Zerrissenheit im Sport am deutlichsten: denn es gibt keine Lobby, die pro Bewegung und Stellenwert argumentiert. Es gibt keinen, der wie der Kabarettist Lukas Resetarits für seine Zunft offen auf den Tisch haut und Kritik übt. Der Gründe gibt es sonder Zahl, nur spricht das kein Star oder Verband offen aus. Einer ist nicht zu übersehen: aus Angst, Sponsoren und Geldgeber mit öffentlicher – und richtiger – Kritik zu vergrämen, wird geschwiegen. Politische Botschaften sind im Sport verpönt, weil sie schlecht fürs Geschäft sind. Dann haben Polit-Funktionäre das Wort, verteilt auf die Dachorganisation Sport Austria (Präsident ist traditionell SPÖ-nah, aktuell: Hans Niessl) und Verbände wie ASKÖ (SPÖ), Sportunion (ÖVP) oder ASVÖ (parteilos). Allein der Blick auf die politische Couleur zeigt, immer wieder, dass Dissonanzen mit Werner Kogler vorprogrammiert waren und es in der Krise zusehends mehr wurden. Fehlendes Interesse da, zu knappe Zeit für wichtige Agenden dort. Gut gemeinte Ansätze, die aber, etwa im Finanzministerium, von hochrangigen Beamten anders interpretiert wurden in puncto Förderung und Notfall-Fonds. Auch die mangelnde Krisenkommunikation blieb eine große Hürde dieser Krise: lange bemängelten Klubs die ausbleibenden Unterstützungen. Dass nur Ligen geschlossen ansuchen konnten, wollte später keiner gewusst haben.

Wer im Gesundheits- und Amateursport sowie im Kinder- und Jugendsport rigoros Einschränkungen setzt, darf nie erwarten, dass dann der Impuls wieder von allein aus den eigenen vier Wänden kommt. Für den Hobby-Sektor war im November 2020 jede Halle komplett tabu. In Wien hielt sich sogar das böswillige Gerücht, die für Sport zuständige Abteilung der MA51 habe Hallen sicherheitshalber zugesperrt, damit sich keine Amateure hinein verirren. Koglers Aussagen waren also höchst unglücklich gewählt. Die »Ausbremsung des organisierten Vereinssports« war in Echtzeit, live, mitzuverfolgen. Und nicht nur Niessl hoffte, dass nach dem Lockdown und mit der Impfung eine neue »Bewegungs-Offensive« gestartet werden konnte.[9] 15 000 von Sport Austria betreute Vereine standen jedenfalls auf Abruf bereit.

DIE ZUKUNFT

Nicht nur große Fußballspiele, globale Motorsportserien wie Formel 1 und Moto GP, Skirennen und Tennisturniere fanden in der Pandemie in Österreich statt, sondern auch einzelne Ausnahmekönner hielten ihre Karriere mit historischen Bestleistungen auf Kurs. Womöglich besser denn je, weil die Anforderungen an sie und ihr Umfeld auch härter waren denn je? Es hat durchaus den Anschein, dass Österreicherinnen und Österreicher mit der Methode »Jetzt erst recht« besser unterwegs sind denn mit dem alltäglich-gängigen »Es wird schon werden«. Der Profisport wird immer seiner Wege gehen, weit über jede Krise hinaus. Weil Industrie, Medien und Entertainment-Branche dahinterstehen und darüber berichten bzw. daraus selbst Kapital schlagen. Der Breitensport wird ebenso weiter existieren, und das ist beruhigend – wenngleich mit der traurigen Gewissheit verknüpft, tatsächlich eines der letzten Räder in dieser Gesellschaft zu sein. Mit dieser kognitiven Dissonanz kann Österreich offensichtlich sehr gut leben. Und die Mär der »Täglichen Turnstunde«? Sie wird getrost ewig eine bleiben. Auch diese Chance wurde von Politik, Eltern und Sportverbänden kläglich vergeben.

Allerdings ist die Politik erstaunlicherweise in Vorauskassa gegangen, hat Fördergelder überwiesen und für die Zukunft auch mehr Mittel für die allgemeine Sportförderung in Aussicht gestellt. Irgendwie scheint es, als wäre durch Corona plötzlich ein Hauch mehr Relevanz im Spiel mit der Bewegung. Selbst in Wien, wo man Sportstätten seit Jahrzehnten beim Verrotten zuschauen kann, wurden – vor der Wahl – 150 Millionen Euro versprochen, die bis 2023 in neue Hallen und Sanierungen geflossen sein sollen. Machte just ein Virus der Politik und den Entscheidungsträgern den Stellenwert von Sport bewusster? Und, auch das war zu hören, es gab bereits im Herbst 2020 Ideen und neue Konzepte, die zwischen Sportministerium und Verbänden wie der Sportunion geschmiedet wurden. Damit sich Kinder tatsächlich mehr bewegen. Es war also kein reines politisches Farbenspiel mehr?

Was diese Pandemie uns alle lehrte, war, dass Sport immer Emotionen liefert. Über ihn wurde trotz Lockdown und Sperren diskutiert, gestritten und geschwärmt – leider haben wir ihn getrost viel zu selten selbst betrieben. Unübersehbar war, dass die Show (weltweit) selbst ohne Applaus munter weiterlief in jeder professionell vermarkteten Sportart. Der Fan ist natürlich immer gern gesehen. Aber wenn es wirklich sein muss, geht es flott ohne ihn, weil Live-Übertragungen den Vereinen oder Events noch mehr Geld bringen und Geldgebern mit der jeweiligen Sendezeit maximale Weitreiche garantiert. Mit dem Ausbruch des Virus waren auch kein Termin und keine Tradition mehr in Stein gemeißelt. Verschieben sich halt Austragungen von globalen Großereignissen wie EM oder Olympia, finden Turniere fortan in anderen Jahreszeiten statt, gibt es einen neuen Modus in der Champions League mit Finalturnieren, darf im Fußball fünfmal gewechselt werden. Oder werden halt einzelne, qualifizierte Schwimmerinnen und Schwimmer von einer Meeting-Serie saisonal monatlich entlohnt – wieso nicht? Österreich bewegte sich also doch. Sogar in Krisenzeiten. Jeder Stillstand war nur von kurzer Dauer. Der Sport kennt und kann sie, diese wunderbaren, rührenden Comebacks und Fortsetzungen.

Und die Zukunft? Wie wird sie, wird es wieder Sport mit Publikum geben? Die fürwahr wegweisende Antwort gab Österreich ein Weltsport. Der Ticketverkauf für den Formel-1-GP am 4. Juli 2021 in Spielberg begann bereits mitten im November-Lockdown.

SPORT-CHRONOLOGIE DER CORONA-PANDEMIE IN ÖSTERREICH

März 2020

10. Sportveranstaltungen dürfen nur noch ohne Publikum stattfinden Die Fußball-Bundesliga setzt alle Spiele der beiden höchsten Ligen aus, der ÖFB stellt am 12.3. den gesamten Spielbetrieb ruhend. Die Eishockey-Liga beendet die Saison vorzeitig, ohne einen Meister zu küren.
16. Es ist kein Training an Sportstätten mehr möglich, der Vereinsbetrieb wird eingestellt. Infolgedessen werden zahlreiche Meisterschaften, u. a. im Basketball, Volleyball und Handball abgebrochen. Der Sport steht im Profi- und Amateurbereich still.

April 2020

6. Die Bundesregierung verkündet ein Verbot von öffentlichen Veranstaltungen bis Ende Juni. Dazu zählen auch alle Sport-Events mit Publikum. Das Gerücht von »Geisterspielen« taucht auf.
20. Spitzensportlerinnen und -sportler dürfen wieder an Sportstätten unter Einhaltung der Abstandsregeln trainieren. Die Fußballer (zwölf Bundesligisten, Cup-Finalist Lustenau) durften bereits seit 15. in Kleingruppen von bis zu sechs Spielern das Training wieder aufnehmen.

Mai 2020

1. Verschiedene Sportstätten werden für den Breitensport geöffnet, so u. a. Leichtathletik-Anlagen, Tennisplätze, Golfplätze sowie Pferdesport- und Schießanlagen. Ermöglicht werden nur Outdoor-Aktivitäten, keine in der Halle.
12. Die Fußball-Bundesliga bekommt grünes Licht für den Neustart. Unter strengen Bedingungen sollen die Meisterschaften Anfang Juni ohne Zuschauerinnen und Zuschauer fortgesetzt werden. Der Auftakt erfolgt mit dem Cupfinale Salzburg gegen Austria Lustenau (5:0).
30. Gesundheitsminister Anschober gibt das Okay für die Formel 1 in Spielberg. Der Saisonauftakt erfolgt am 5. und 12. Juli unter strengsten Vorkehrungen (»Blase«) mit einer Doppelveranstaltung, Publikum ist nicht zugelassen.

Juni 2020

2. Die Bundesliga startet, die Zweite Liga am 5. Juni.
24. Die Regierung gibt bekannt, dass ab 1. Juli wieder jeder Indoor- als auch Outdoor-Sport erlaubt ist, also auch Kontakt- und Mannschaftssport. Auf zugewiesenen und gekennzeichneten Sitzplätzen sind bis zu 250 Personen in geschlossenen Räumen und 500 im Freiluftbereich gestattet. Für 1. September wird avisiert, in Gebäuden bis zu 5000

Besucherinnen und Besucher, im Freien bis zu 10 000 zu erlauben. Voraussetzung: Präventionskonzepte.

September 2020

7. Weil der Europäische Fußballverband (UEFA) weiterhin kein Publikum zulässt, gehen die ersten Fußball-Länderspiele ohne Fans über die Bühne. Etwa in Klagenfurt, 2:3 gegen Rumänien.

4. Österreichs Fußball-Bundesligisten haben ihre COVID-19-Konzepte für Stadionbesuche fertig und genehmigt bekommen, sie gelten alle vorbehaltlich temporärer Einschränkungen durch die vierstufige »Corona-Ampel«. Am meisten Zuschauerinnen und Zuschauer sind mit je 10 000 bei Rapid Wien und Red Bull Salzburg zugelassen, am wenigsten mit 2 700 bei SV Ried.

11. Die Bundesregierung stutzt die erlaubten Publikumszahlen drastisch zurück. Ab 14. September dürfen maximal 3 000 Menschen zu Outdoor-Sportevents. Besonders betroffen sind Rapid und Salzburg, die jeweils 10 000 Abos verkauft hatten. Indoor sind 1 500 Besucherinnen und Besucher mit fixem Sitzplatz erlaubt. Damit waren die Planungen aller Ligen und Veranstalter über den Haufen geworfen.

Oktober 2020

17./18. Der Ski-Weltcup in Sölden startet ohne Zuschauerbeteiligung. Das passiert auf Wunsch des Weltverbandes (FIS) und des ÖSV.

19. Die Bundesregierung reagiert auf die steigenden Corona-Fallzahlen abermals mit Verschärfungen: Professionelle Events werden ab 25. Oktober weiter beschränkt, das betrifft unter anderem die Fußball-Bundesliga oder die Eishockey-Liga, aber auch das Stadthallen-Tennisturnier. Outdoor werden nur noch 1 500 Besucherinnen und Besucher zugelassen, indoor 1 000. Das Tragen eines Mund-Nasenschutzes am zugewiesenen Sitzplatz ist verpflichtend.

23. Die Möglichkeit zur Ausübung von Amateursport wird in Österreich von Woche zu Woche eingeschränkter. Im Burgenland und in Salzburg gelten bereits weitgehende Sportverbote.

31. Die Regierung verkündet mit 3. November den zweiten Lockdown. Spitzensport und Spitzensportveranstaltungen sind weiterhin möglich, aber nur noch ohne Publikum und unter Einhaltung strikter Hygienekonzepte. Außerdem dürfen nicht mehr als 100 Sportlerinnen und Sportler und 200 outdoor daran teilnehmen. Der Amateursport wird eingestellt, Hobbysportlerinnen und -sportler dürfen nur noch im Freien ihrer Leidenschaft nachgehen.

Dezember 2020

Bis Jahresende waren nur Profisport-Events, ob Fußball, Biathlon, Nordische Kombination, Handball, Basketball, Eishockey oder Volleyball erlaubt. Der Breitensport kam zwar langsam wieder zum Erwachen, wurde aber für die breite Öffnung und sein Comeback auf 2021 vertröstet.

20. Die Fußball-Bundesliga trat in die Winterpause, RB Salzburg durfte sich offiziell die Krone des »Winterkönigs« nach zwölf Runden aufsetzen. Doch dahinter lauerte Sturm Graz als »heimlicher« Tabellenführer mit einem Spiel weniger.

29. Die 69. Vierschanzentournee hob wider die Umstände (erstmals ohne Publikum) an. Ein falsch-positiver Test eines polnischen Springers führte zu einer 22 Stunden währenden Aussperrung des Teams Polens. Dem Wirrwarr folgte eine Trendwende – Kamil Stoch gewann den Klassiker zum dritten Mal nach 2017 und 2018. Die ÖSV-Adler enttäuschten herb ohne Podestplatz.

31. Bis Jahresende waren nur Profisport-Events, ob Fußball, Biathlon, Nordische Kombination, Handball, Basketball, Eishockey oder Volleyball erlaubt. Der Breitensport kam zwar langsam wieder zum Erwachen, wurde aber für die breite Öffnung und sein Comeback auf 2021 vertröstet.

Jänner 2021

7. Der ÖSV gab bekannt, dass alle Weltcupevents in Österreich bis Saisonende ohne Publikum gelingen müssten. Ob Skirennen in Flachau, Kitzbühel und Schladming, am Kreischberg (Freeski, Snowboard), Bad Gastein (Snowboard), Seefeld (Nordische Kombination) oder Skispringen in Hinzenbach: alles ohne Applaus.

8. Wiens Sportstättenbau begann sich neu zu entfalten, just in der Krise. Es sickerte durch, dass das in die Jahre gekommene Dusika-Stadion 2021 geschliffen wird und bis 2023 durch die »Sport-Arena Wien« ersetzt wird. Kosten-Annahme: 50 Millionen Euro.

10. Die Handball-WM in Ägypten fand mit Österreichs Herren, aber vor leeren Rängen statt. Karten waren verkauft worden, doch im letzten Augenblick zogen die Veranstalter im Chaos die Notbremse. Team Tschechien musste ob zu vieler COVID-Falle passen, als Ersatz sprang Nordmazedonien ein.

17. Die Fußball-Bundesliga kehrte aus ihrer kurzen Winterpause zurück und nahm den Spielbetrieb (Saisonende 22. Mai) mit einem Nachtragsspiel von Sturm Graz wieder auf.

Februar 2021

7. Die Ski-WM rief den Tross nach Cortina d'Ampezzo, ungeachtet aller Fallzahlen in Italien sollte das Wintersport-Event stattfinden.

23. Die Nordische WM in Oberstdorf erfüllte das Allgäu mit Stolz, wenngleich bis zur letzten Minute vergebens an ein Konzept mit Publikum visionär geglaubt wurde.

Was waren das doch für Zeiten gewesen, als man reisen, Fußball spielen, zur Schule gehen und mit Freunden und Freundinnen Restaurants, Kaffeehäuser und Bars besuchen konnte. Den Heurigen nicht zu vergessen. Je mehr aber das Jahr 2020 voranschritt, umso öfter bekam man das Gefühl: Vorbei, vorbei! Stattdessen waren Distance-Learning und Home-Office angesagt, wurde man eingeladen, Theateraufführungen und Konzerte per Live-Stream zu erleben und konnte versuchen, sich für Sportveranstaltungen ohne Publikum zu begeistern. Auch das war mittlerweile eine Art Normalität geworden. Natürlich ging das Leben weiter. Immer noch wurde produziert und gearbeitet, wurde verkauft und wurden Termine genannt, an denen es wieder wie früher sein würde. Das konnte man glauben – oder auch nicht.

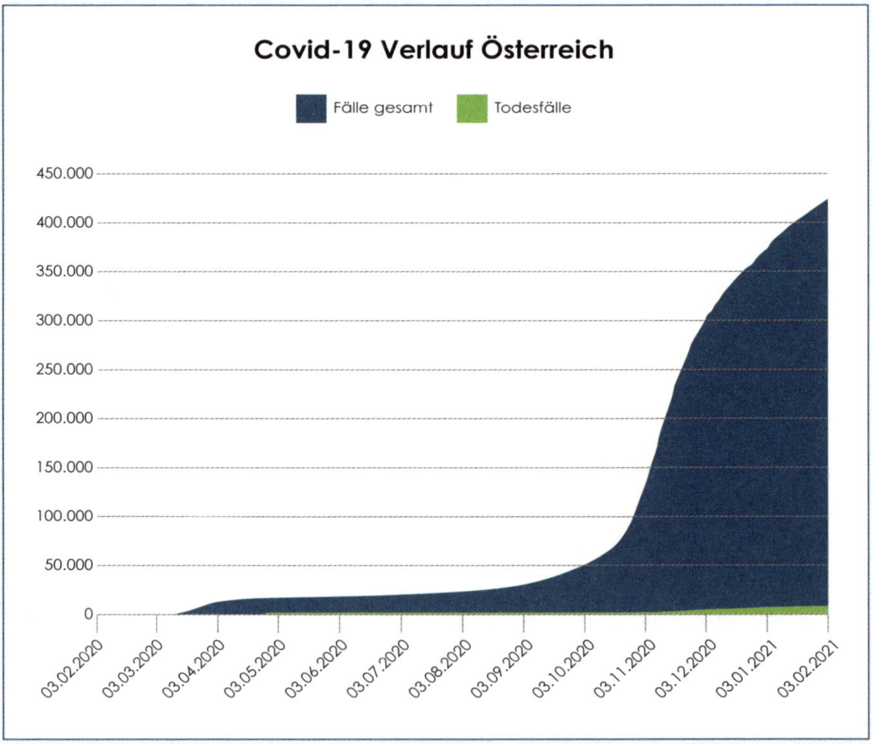

Grafik 11: 2020/21: Das COVID-19-Jahr im Überblick. Der steile Anstieg ab September 2020 ist auffallend. Er stellte gewissermaßen den Wendepunkt der Infektion dar. Quelle: Österreichische Agentur für Gesundheit und Ernährungssicherheit GmbH (AGES)
Grafik: Mag. Diego Rainer

Der Umstand, dass im Herbst 2020 die Zahlen der COVID-19-Infizierten, der Krankenhauspatientinnen und -patienten sowie der Toten wieder deutlich nach oben wiesen und einen weiteren Lockdown in absehbarer Zeit ankündigten, hatte nicht zur Folge, dass man aufgeschreckt worden wäre, vielmehr wurden immer häufiger Zweifel geäußert: Stimmten die mathematischen Modelle überhaupt? Hatten womöglich jene z. B. nordischen Staaten wie anfangs Schweden recht, die davon ausgingen, dass sich das Virus austoben sollte? Gab es so etwas wie Herdenimmunität? Wurde mit der Pandemie nicht überhaupt zu viel hergemacht? Gingen die Einschränkungen nicht zu weit? Die Meinungen drifteten weit auseinander. Und jeder und jede hatten ihre Argumente – und Hoffnungen.

Und die Hoffnung lebte. Die Wissenschaft war gefordert. Zwar weniger die Geisteswissenschaften als Medizin und Pharmakologie. Erstere stand schon deshalb im Fokus, weil die Behandlung der Corona-Patientinnen und -Patienten nichts an Dringlichkeit verlor. Von der Pharmakologie wiederum, der weltweit jede Menge andere Wissenschaften zuarbeiteten, wurden regelrecht Wunder erwartet. Die europazentrische Sicht verstellte dabei ein wenig den Blick auf die weltweiten Bemühungen, denn es waren schließlich nicht nur deutsche, US-amerikanische und britische Wissenschaftlerinnen und Wissenschaftler, die Wunder vollbringen und in kürzester Zeit einen Impfstoff zur Zulassung bringen sollten. Ebenso konnten russische, chinesische, iranische und andere Forschungszentren und Pharmakonzerne mithalten und stellten in Aussicht, Impfstoffe für Massenimpfungen bereit zu stellen. Andere Konzerne hinkten vielleicht etwas nach, wollten aber umso bessere Produkte anbieten. Wie auch immer: Man konnte durchaus von einem Triumph der Wissenschaft sprechen.

Im August 2020 meldete Russland, dass es die Nase vorne hätte und bereits mit einem Vakzin mit der Bezeichnung »Sputnik V« Massenimpfungen beginnen könne. Man wollte es nicht glauben. Anfang November meldeten auch europäische und US-amerikanische Pharmakonzerne einen Durchbruch. Von der Zulassung geeigneter Präparate war man aber noch etliche Wochen entfernt. Dennoch: Die Europäische Union und die G-20 der wichtigsten Industriestaaten und Schwellenländer bekundeten ihre Absicht, Milliarden von Impfdosen so zur Verteilung zu bringen, dass alle Kontinente mit jenen Mengen rechnen konnten, die zumindest für einen Teil ihrer Bevölkerung ausreichten und damit eine Eindämmung der Corona-Seuche ermöglichten. Das sollte auch keine Frage der finanziellen Mittel sein. Nachträglich musste man freilich feststellen, dass die Verteilung von Impfdosen alles andere als einheitlich war und dass auch die Zahlungswilligkeit eine Rolle spielte. Israel, beispielsweise, war bereit, jeden Preis zu zahlen und hatte bereits einen Teil seiner Bevölkerung geimpft, ehe in anderen Staaten auch nur daran gedacht werden konnte, mit den Impfungen zu beginnen. Auch Österreich hinkte nach. ♦ M. R.

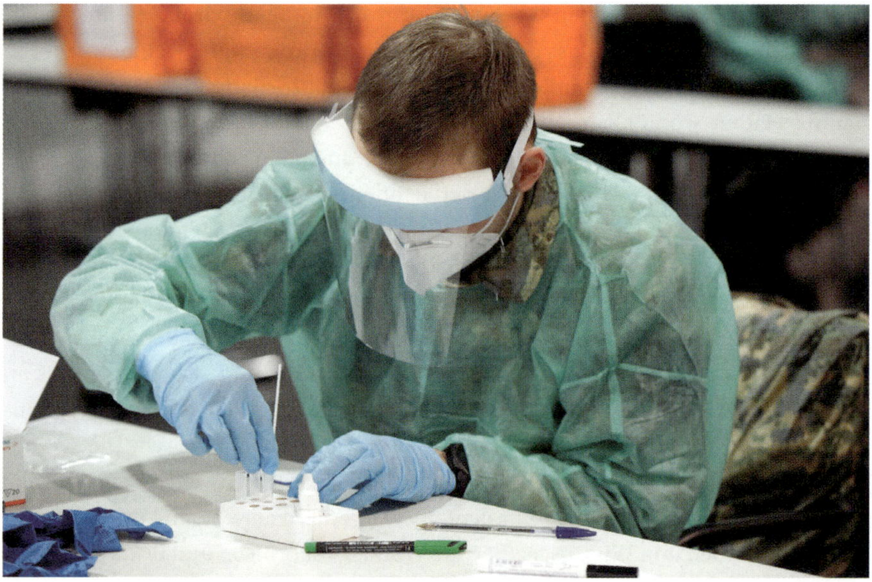

Abb. 16: Testen, testen testen. Trotz der rasch verfügbaren Testmöglichkeiten und der Verfolgung der Infektionsketten (contact tracing) breitete sich die Infektion ab März 2020 immer weiter aus. Einen ersten Höhepunkt der Massentests gab es Mitte November.

Klement Tockner

DIE WISSENSCHAFT GEFORDERT

Die Wissenschaft als globaler Hoffnungsträger

Die Corona-Krise verlangt den Menschen auf der ganzen Welt viel ab. Sie trifft Länder in voller Härte, und die Weltwirtschaft steuert auf eine Rezession zu. Große Hoffnungen ruhen auf der Wissenschaft: Forscherinnen und Forscher liefern Wissen und Werkzeuge, um diese und künftige Krisen in den Griff zu bekommen.

Die Dimension der Pandemie ist in der Tat kaum begreifbar. Am 25. Dezember 2020 waren in 191 Ländern knapp 80 Millionen Menschen mit dem SARS-CoV-2 Virus infiziert und 1,75 Millionen sind bis dahin daran gestorben. Allein in den ersten drei Dezemberwochen sind 250 000 Tote zu beklagen.[1] Noch gibt es keine Entwarnung und die Fallzahlen steigen weltweit weiter stark an. Alle warten auf den Beginn großangelegter Impfkampagnen.

Es sind Epidemiologen, Modelliererinnen, Mediziner und vermehrt auch Sozialwissenschaftlerinnen, Ökonomen und Psychologinnen, die den politischen Entscheidungsträgern die aktuellen wissenschaftlichen Erkenntnisse mitgeben, um die Pandemie und deren Folgen bekämpfen zu können. Nicht, dass die Wissenschaft die Wahrheit besitzt, es ist vielmehr das kontinuierliche Streben nach Wissen und Erkenntnis, das erfolgreiche Wissenschaft auszeichnet. Dazu gehören das kritische Hinterfragen, das Irren und das Umdenken. Und die Politik und die Öffentlichkeit bringen der Wissenschaft großes Vertrauen entgegen, denn wir haben nur die Wissenschaft, um dem Virus Einhalt zu gebieten.

Wo würden wir stehen, wenn wir in den letzten Jahren nicht so intensiv in die Grundlagenforschung investiert hätten? Dazu zwei Beispiele: Zum einen haben es moderne Sequenziertechniken erst erlaubt, SARS-CoV-2 innerhalb von Wochen als Auslöser von COVID-19 zu identifizieren. Durch den Sequenziervergleich erkennt man auch, dass es nahverwandte Stämme in Fledermäusen gibt, von denen das neue Virus wohl über einen Zwischenwirt auf den Menschen übergesprungen ist. Es gibt auch keinen Hinweis auf eine Manipulation des Genoms durch den Menschen, es handelt sich somit nicht um eine Biowaffe. Genomvergleiche erlauben es auch zu verfolgen, wie schnell das Virus mutiert und sich entsprechend ausbreitet. Zum anderen wäre ohne RT-qPCR (eine Vervielfältigungsmethode für Nukleinsäuren) ein Nachweis von akut infizierten Personen nicht möglich. Wir wüssten dann weder wie viele Menschen infiziert sind, noch dass es ca. 40 Prozent asymptomatische Trägerinnen und Träger gibt. Eine Prävention durch regelmäßiges Testen von Menschen in Pflege- und Gesundheitsbereichen wäre unmöglich und man könnte nicht sagen wann eine erkrankte Person nicht mehr infektiös ist.[2]

Daher bezeichnete das deutsche Wochenblatt »Die Zeit« am 9. November 2020 den Durchbruch bei einem Impfstoff gegen SARS-CoV-2 – nach weniger als einem Jahr Entwicklungs- und Zulassungszeit – als einen »Sieg für die Wissenschaft«.[3] Bislang benötigte es im Durchschnitt 10,7 Jahre von der Entwicklung bis zur Zulassung eines Impfstoffs. Beim bisherigen Rekordhalter, dem Mumps-Impfstoff, waren es nur 4 Jahre, beim Grippe-Impfstoff hingegen 30 Jahre und für eine Reihe an Infektionskrankheiten wie Hepatitis-C oder HIV gibt es auch nach Jahrzehnten noch keinen Impfstoff.[4]

Der Schlüssel zum Erfolg heißt Parallelisierung. Die Impfstoffe werden parallel und nicht sequentiell entwickelt und bei ersten Erfolgen in den klinischen Studien werden bereits die notwendigen Herstellungskapazitäten aufgebaut. Das ist äußerst kostspielig und risikoreich. Insgesamt werden etwa 10 Milliarden Impfdosen weltweit benötigt. Zugleich müssen alle Qualitätsschritte rigoros eingehalten werden; ein Fehlschlag würde das Vertrauen in die Impfbemühungen für lange Zeit untergraben, die Folgen für die öffentliche Gesundheit wären verheerend.

ETHISCHE IMPLIKATIONEN

Die derzeitige Krise entfacht intensive ethische Diskussionen, die ausführlich fortgeführt werden müssen. Die einschneidenden Maßnahmen gegen die Corona-Pandemie werden mit einem übergeordneten Argument gerechtfertigt: dem Schutz des menschlichen Lebens.[5] Die Herausforderungen betreffen dabei nicht nur Fragen hinsichtlich der Triage – die Priorisierung medizinischer Hilfeleistung bei unzureichenden Ressourcen – sondern auch die massiven Einschränkungen bei Familienbesuchen in Krankenhäusern und Pflegeanstalten, die fehlende Sterbebegleitung oder auch die psychische Belastung des Pflegepersonals. Sehr häufig handelt es sich um ein ethisches Dilemma, da es keine allgemein zufriedenstellenden Lösungen gibt und geben kann.[6] Wichtig bleibt aber, dass die Diskussion zu diesen für den Zusammenhalt unserer Gesellschaft immens wichtigen Fragen offen geführt wird; es geht um eine breite Sensibilisierung für ethische Fragen in der Wissenschaft und in der Gesellschaft sowie um die politischen Reaktionen auf die Pandemie.

Dürfen etwa Menschen, die immun gegen COVID-19 sind, sich freier in der Gesellschaft bewegen, ohne die allgemeinen Einschränkungen in Kauf nehmen zu müssen? Es ist zu befürchten, dass ein angedachter Immunitätsausweis ein falsches Anreizsystem darstellt und einer Diskriminierungskultur bis hin zu einer Spaltung in der Gesellschaft Vorschub leisten kann, etwa da Menschen gezielt eine Ansteckung herbeiführen, um immun zu werden, oder weil gefälschte Ausweise in Umlauf geraten. Es geht auch um die grundsätzlichere Frage, inwieweit individuelle Freiheit vor gesellschaftlicher Verantwortung steht. Ist die hohe Verankerung der Individualität in Ländern wie Großbritannien oder den USA mit ein Grund für die weitaus höheren Todeszahlen im Vergleich zu Ländern wie Japan, Südkorea oder Taiwan?

Weltweit werden derzeit 180 Impfstoffe entwickelt, 12 davon befinden sich in der entscheidenden Phase III (Stand Dezember 2020). Sputnik V, der russische Impfstoff, ist ab 1. Dezember 2020 zugelassen (bislang nur in Russland und Argentinien) obwohl Phase-III-Studien fehlen. Hingegen wurden in Europa bereits drei Impfstoffe zugelassen (mRNA, moderna; Cominarty, Biontech/Pfizer) bzw. stehen knapp vor der Zulassung (AZD1222, Astrazeneca/Uni Oxford). Notzulassungen sind dann möglich, wenn zumindest eine 50-Prozent-Wirkung im Vergleich zu einem Placebo erreicht wird und wenn keine adäquaten zugelassenen und verfügbaren Alternativen bestehen. Sollen aber Placebo-Versuche bei den anderen Kandidatenstoffen weitergeführt werden, nachdem die ersten Impfstoffe als sicher eingestuft sind?[7]

Trotz des Erfolgs bei der Entwicklung eines Impfstoffs und effektiver Behandlungsmethoden bei Ausbruch der Krankheit bleibt die Eindämmung der Übertragungswege noch immer die wirksamste Strategie: zu Hause bleiben, räumliche Distanz halten, Hände waschen – nicht viel anders als bereits vor 100 Jahren. In jenen Ländern wo die Infektionszahlen niedrig sind, werden Ausbreitung, Quarantänemaßnahmen und Abstand halten rigoros implementiert und überwacht.

FORSCHUNG IN ECHTZEIT

Es wird unter einem enormen Zeitdruck geforscht, was zahlreiche Erfolge zeitigt, aber auch Fehler unvermeidbar macht. Zudem lastet die Verantwortung auf den Schultern weniger besonders exponierter Forscherinnen und Forscher; zumindest war das am Beginn der Pandemie der Fall. Wissenschaft ist etwas Unfertiges und sich Entwickelndes, daher benötigt es besonderes Vertrauen in ihre Prozesse und Methoden. Wissenschaft ist Konsensfindung, wofür es im Vorfeld den permanenten Diskurs benötigt – und Diskurs bedeutet nicht Konflikt.

Zugleich werden politische Entscheidungen unter Unsicherheit getroffen; es geht um das kontinuierliche Abwägen von Interessen und Werten. Insofern ist die Politik – wie eben auch die Wissenschaft – Gegenstand permanenter Auseinandersetzungen und offener Diskussionen. Und die Politik muss auf Basis des besten verfügbaren Wissens offen und transparent Entscheidungen treffen, ohne sich hinter der Wissenschaft zu verstecken beziehungsweise unzureichendes Wissen als Ausrede für fehlenden Mut im politischen Handeln zu nehmen.

Wissenschaft erfolgt derzeit in Echtzeit, man arbeitet quasi am offenen Herzen, und alle können dabei zuschauen. Zentral für die Auswertung der Corona-Virus-Daten ist das Open-Source-Projekt Nextstrain. »Anhand der genetischen Daten des Virus können wir in Echtzeit sehen, wie es sich auf der ganzen Welt ausbreitet«, erklärt die Molekularepidemiologin und Mitentwicklerin von Nextstrain Emma Hodcroft von der Universität Basel.[8] Das Team analysiert Genomsequenzen, erstellt Stammbäume, visualisiert Übertragungsketten und Ausbreitungswege und stellt alle Daten und Informationen auf nextstrain.org online zur Verfügung.[9]

Auch müssen die Maßnahmen zur Eindämmung der Pandemie in Echtzeit evaluiert werden, um sie erfolgreich weiterführen zu können. Wir haben gesehen, dass Verzögerungen von einer Woche während eines exponentiellen Anstiegs in den Infektionsraten drastische Konsequenzen nach sich ziehen können. Wichtig wiederum ist das Zusammenführen und Standardisieren von globalen Datensätzen, da diese Daten die Basis bilden, um die Effektivität von Maßnahmen zu verstehen. Dieses Wissen wird bei den noch viel größeren Herausforderungen wie der Eindämmung der globalen Erwärmung oder des Artensterbens gebraucht werden.

Wir erleben zugleich einen massiven Schub im Bereich der Digitalisierung und der künstlichen Intelligenz. Computerprogramme des maschinellen Lernens beispielweise können bei der Auswertung von Röntgenaufnahmen der Lunge oder bei Vorgaben zur räumlichen Distanzierung massive Unterstützung leisten. Stimmanalysen von Menschen, zum Beispiel die Art des Hustens, kann Aufschluss über eine mögliche COVID-19-Erkrankung geben.[10] Künstliche Intelligenz ermöglicht es etwa, durch sogenanntes Natural Language Processing zu verstehen, welche Maßnahmen gegen COVID-19 getroffen werden und wie sie wirken. Daraus lassen sich die kausalen Zusammenhänge eruieren und diese auch zu visualisieren.[11]

OPEN SCIENCE – FREIER ZUGANG ZU DATEN, INFORMATIONEN UND WISSEN

Gerade in einer globalen Krise ist die weltweite Zusammenarbeit in der Wissenschaft unabdingbar und das Teilen von Daten und Informationen buchstäblich überlebenswichtig. So sind von Beginn des Ausbruchs der Pandemie bis Mitte Dezember 2020 mehr als 230 000 Publikationen weltweit zum Thema erschienen.[12] Forschungsergebnisse werden zudem vermehrt in Form von Preprints (d. h. Vorab-Publikationen) veröffentlicht,[13] mit dem Vorteil einer sehr raschen, offenen Verfügbarkeit. Das Preprint-System setzt aber ein Mindestmaß an Vertrauen in den Wissenschaftsprozess voraus und ersetzt keinesfalls den aufwendigen Begutachtungsprozess, das sogenannte Peer-Review-Verfahren.

Methoden, Daten, Informationen und Wissen müssen offen zugänglich, nachvollziehbar und nachnutzbar sein. Open Science bedeutet daher, dass das Wissen, welches von der öffentlichen Hand finanziert wurde, ein Gemeingut darstellt. Open Science kann gar als fundamentales Menschenrecht betrachtet werden; es stärkt nicht nur die Wissenschaft – durch Transparenz und Reproduzierbarkeit –, es erhöht auch die Effektivität in der Forschung und fördert deren Diversität. Open Science durchdringt zudem viel stärker die Gesellschaft und führt wissenschaftliche Erkenntnisse rascher und näher an die politischen Entscheidungsträger heran.

Open Access, d. h. der offene Zugang zu Forschungsergebnissen und das Verbleiben der Rechte bei den Autorinnen und Autoren und deren Institutionen, ist eine der Komponenten von Open Science, neben Open Data oder Open Governance. Die derzeitigen subskriptionsbasierten Publikationssysteme stehen einer offenen Wissenschaft entgegen und gefährden dadurch das menschliche Wohlergehen, da die Verfügbarkeit von Daten, Informationen und Wissen von wenigen kommerziellen Anbietern kontrolliert wird. Europäische und auch globale Forschungsförderungsorganisationen – federführend dabei ist auch der österreichische Wissenschaftsfonds FWF – haben sich als Koalition zusammengeschlossen, um mit dem sogenannten »Plan S« den offenen Zugang zu Forschungsergebnissen uneingeschränkt zu ermöglichen.[14]

Und wie sieht es in Österreich aus? Der Zugang und die Nutzung forschungsrelevanter Daten ist in Österreich noch immer stark eingeschränkt.[15] In anderen Ländern, etwa in Dänemark, Finnland und Schweden, können Forscherinnen und Forscher auf anonymisierte Register- und Statistikdaten zugreifen und diese auswerten. So lassen sich Zusammenhänge zwischen Vorerkrankungen, sozialem Umfeld und der Schwere von COVID-19-Erkrankten verstehen, um Risikogruppen gezielt zu identifizieren und zu schützen. In Österreich besitzt der

Staat de facto ein Monopol auf die wertvollen Register- und Statistikdaten und erschwert zugleich deren Nutzung. Die Leidtragenden sind dabei die Menschen. Durch Register erhaltene Forschungsergebnisse bieten solide, hochwertige Erkenntnisse, die die Basis für die Erarbeitung und Umsetzung wissensgestützter politischer Maßnahmen darstellen, die Lebensqualität zahlreicher Menschen verbessern und die Effizienz der Sozialdienste steigern können.[16] Zwar wurde im Jahr 2018 das Forschungsorganisationsgesetz (FOG) novelliert, um die Voraussetzung für den Zugang der Wissenschaft zu Registerdaten in den Lebens- und Sozialwissenschaften zu verbessern. Die in Registern enthaltenen Forschungsergebnisse bedürfen aber einer Standardisierung, damit sie einfach verknüpft werden können.[17] Selbstverständlich müssen zur Verhinderung von Missbrauch der Daten jeweils sehr hohe ethische Standards eingehalten werden, etwa durch die Anonymisierung von Patienten- oder Kundendaten.

Es ist in Zukunft mit einem enormen Digitalisierungsschub bei privaten und öffentlichen Dienstleistungen im Wissenschafts- und Innovationsbereich zu rechnen, wobei darauf zu achten ist, dass durch diesen Schub die Macht der großen Technologiekonzerne nicht weiter zunimmt und damit auch die Privatisierung des Wissens (»Dark Knowledge«[18]) nicht weiter vorangetrieben wird. Schon jetzt beobachten wir eine zunehmende Oligopolisierung des Wissens – viele wissen wenig, und wenige wissen viel. Zugleich könnte der öffentlichen Hand eine Gewinnbeteiligung eingeräumt werden, wodurch der kommerzielle Erfolg der Forschungsergebnisse der Gesellschaft und nicht nur privaten Unternehmen zustehen würde (»Sozialisierung der Gewinne«). Entscheidend ist, auf ein ausgewogenes Verhältnis von denen, die Risiko übernehmen (Arbeitskraft, Investitionen) und denen, die Renditen aus den Innovationen abschöpfen, zu achten. Ansonsten kann es zu einer Destabilisierung des Innovationsprozesses und in Folge zu einer Verringerung des Wirtschaftswachstums kommen.[19]

EIN FALLBEISPIEL: UNMITTELBARE REAKTIONEN DES WISSENSCHAFTSFONDS FWF AUF DIE KRISE

Von Beginn an war es das wichtigste Ziel von Österreichs Förderungsorganisation für Grundlagenforschung, Forschende in der Krise bestmöglich zu unterstützen, ihnen Sicherheit und die nötige Flexibilität zu geben, Forschungsprojekte fortführen und speziell in Corona-relevanten Bereichen auch intensivieren zu können. Es ist dem Wissenschaftsfonds FWF gelungen, die laufende Förderungsabwicklungen und -entscheidungen trotz Wechsel aller Mitarbeiterinnen und Mitarbeiter ins Home-Office bzw. Umstellung auf virtuelle Gremienmeetings ohne Unterbrechung fortzuführen.

Gerade zu Beginn der Pandemie-Maßnahmen gab es natürlich Unsicherheiten bei den Forschenden. Wie geht es mit meinem Projekt weiter? Müssen Forschungsaufenthalte im Ausland abgebrochen werden? Es gab ja keine Erfahrung mit einer solchen Krise. Schnelle Kommunikation, flexible Lösungen und Transparenz waren Eckpunkte in der Krisenbewältigung im Sinne aller FWF-geförderten Forschenden, sowohl national als auch international.

Rückblickend können wir festhalten: Keine Forscherin, kein Forscher musste ihr oder sein Projekt abbrechen, in einzelnen Notfällen wurden finanzwirksame Zusatzanträge gestellt. Es hat sich als Vorteil erwiesen, dass Forschende beim FWF ein Globalbudget erhalten. Da wirkt sich die flexible Nutzung der Mittel als ausgesprochen positiv aus – und natürlich sind Forscherinnen und Forscher generell kreativ und anpassungsfähig zugleich.

Als unmittelbare Antwort auf die Corona-Pandemie initiierte der FWF im März 2020 die SARS-CoV-2-Akutförderung – ein Fast-Track-Verfahren für Forschungsanträge, die sich mit der Prävention, Früherkennung, Eindämmung sowie der Erforschung von SARS-CoV-2 beschäftigen und besonders auf internationale Kooperation setzen. Die Expertise nahezu aller Fachgebiete der Grundlagenforschung ist in der aktuellen Situation gefragt. Wegweisende Forschungsprojekte konnten so an Österreichs Forschungsstätten auf Schiene gebracht werden. Es war auch ein solidarischer Akt der wissenschaftlichen Gemeinschaft, in der Begutachtung der Anträge den Corona-relevanten Projekten temporär den Vortritt zu überlassen. Und es haben sich sofort und mit Begeisterung sieben europäische Länder am AKUT-Programm des FWF beteiligt. Bis Jahresende konnten sechzehn Corona-Forschungsprojekte mit einem Förderungsvolumen von insgesamt rund 5 Millionen Euro aufgrund ihrer wissenschaftlichen Exzellenz bewilligt werden.

Auch in Zukunft können Gremiensitzungen und Auswahlverfahren ganz oder teilweise virtuell abgehalten werden. Dazu muss allerdings noch technisch nachgerüstet werden. Die virtuellen Sitzungen sind meist effizienter, auch nachhaltiger, weil sich die Kommunikation auf die wesentlichen Punkte konzentriert. Aus dem gleichen Grund werden sie aber von den meisten Teilnehmerinnen und Teilnehmern auch als weniger angenehm und anstrengender empfunden. Mittel- und langfristig ist eben in der Kommunikation »nur das Nötigste« einfach nicht genug. Nichtsdestotrotz bleibt der persönliche Kontakt ausschlaggebend, zur Vertrauensstärkung, um Peer-to-Peer-Lernen zu unterstützen und um den Zusammenhalt in den Gremien der Förderorganisation zu stärken. Die virtuellen

Sitzungen hätten nicht so ausgezeichnet funktioniert, würden wir uns nicht so gut kennen und hätten wir nicht weit vor der Krise das große Vertrauen ineinander kontinuierlich ausgebaut.

WISSENSCHAFTSKOMMUNIKATION STÄRKEN

Wissenschaft muss auch gegenüber der Gesellschaft offen bleiben. Unsicherheiten müssen kommuniziert werden, Wissenschaftsjargon ist zu vermeiden und es muss noch stärker vermittelt werden, auf welch hohen Qualitätsmaßstäben wissenschaftlicher Erkenntnisgewinn basiert. Zudem will sich die Öffentlichkeit aktiv in den Forschungsprozess einbringen.[20] Bei akuten oder neuartigen Krisen können wir zwar auf bewährtes Wissen zugreifen, dennoch trifft es uns in manchen Bereichen unvorbereitet. Dadurch steigt das Misstrauen und es kommt vermehrt zu subjektiven Fehleinschätzungen. Das wiederum kann zu Orientierungskrisen führen, und es wird nach Schuldigen gesucht. AIDS etwa wurde als Strafe für »abartige« sexuelle Orientierung gesehen. Alarmisten und Leugnerinnen und Leugner stehen sich plötzlich gegenüber und wissenschaftliche Kontroversen werden wie Glaubenskriege geführt. Philip Strong spricht in diesem Zusammenhang von einer Epidemie des Erklärens und einer Epidemie der Handlungsempfehlungen.[21]

Wissenschaftskommunikation und -journalismus sind so wichtig wie nie zu vor, um bei der immensen Fülle an Informationen und Wissen die Spreu vom Weizen zu trennen. Derzeit beobachten wir den Trend, dass Institutionen ihre Öffentlichkeitsabteilungen und Wissenschaftskommunikation ausbauen, während dem Wissenschaftsjournalismus die wirtschaftliche Basis und somit die notwendige Sicherheit und Unabhängigkeit entzogen wird. Die Vermittlung und die Interpretation von Informationen und Wissen dürfen nicht alleine den Forschungseinrichtungen und deren Wissenschaftlerinnen und Wissenschaftlern überlassen werden. Es benötigt jene »unabhängige Einordnung politischer Entscheidungen und ihrer empirischer Grundlage«, wie es etwa der Wissenschaftsjournalist Jan-Martin Wiarda formuliert.[22]

Journalistische Berichterstattung dient als unabhängiges Korrektiv, um Falschinformationen, Halbwissen und manipulatives Wissen von seriöser Wissenschaft rigoros zu trennen. Auch Wissenschafts-PR muss sehr darauf achten, nicht manipulativ zu sein und sich an den entsprechenden eigenen Richtlinien orientieren.[23] Ansonsten tut sich ein gefährlicher Engpass in der Qualitätssicherung bei der Wissensvermittlung auf. Daher ist die Finanzierung eines unabhängigen

Wissenschaftsjournalismus genauso wichtig wie die Finanzierung einer unabhängigen Wissenschaft. Bezahlte Medienpartnerschaften, ein Unikum in Österreich, sind hingegen keine tragbare Alternative, da diese Grauzonen zwischen Wissenschaft und Wissenschaftsjournalismus schaffen. Die Wissenschaft und der Wissenschaftsjournalismus müssen frei von politischen, ideologischen und ökonomischen Interessen bleiben. Es ist somit zu hoffen, dass die Corona-Krise dem hochwertigen und unabhängigen Wissenschaftsjournalismus einen nachhaltigen Boom verschafft. In diversen Medien (Podcasts, Talkshows etc.) übernehmen Wissenschaftler wie Christian Drosten oder Stefan Rahmsdorf das, was früher Wissenschaftsjournalisten taten: Das Einordnen und Bewerten des laufenden Erkenntnisgewinns der Wissenschaft. Natürlich spielt der Wissenschaftsjournalismus eine wichtige Rolle (wenn auch mit neuen Formaten und Kanälen, wie z. B. YouTube), aber die gesamte Landschaft der Wissenschaftskommunikation ändert sich rasant, gerade durch die neuen Medien.[24] Durch einen qualitätsgetriebenen Wissenschaftsjournalismus wird langfristig auch das Vertrauen in die Wissenschaft gesichert.[25]

ONE-HEALTH-ANSATZ – PRÄVENTION STATT HEILUNG

Die derzeitige Pandemie zeigt auch, dass isolierte Lösungen nicht greifen. So ist die Gesundheit von Mensch, Tier und Umwelt eng miteinander verknüpft. Wir benötigen einen ganzheitlichen Ansatz, um beispielsweise der Übertragung von Krankheitserregern entgegenzuwirken. Mehr als 60 Prozent aller Infektionskrankheiten werden durch so genannte Zoonosen verursacht, d. h. Krankheitserreger werden von Wild- und Haustieren auf den Menschen übertragen. Zoonosen werden von der Abholzung des Regenwaldes, vom Klimawandel und vom Verlust der natürlichen biologischen Vielfalt begünstigt, da die Umwelt- und Naturzerstörung die Übertragung der Erreger auf den Menschen erleichtert. Verarmte und degradierte Ökosysteme haben nämlich einen Verstärkungseffekt hinsichtlich der Übertragbarkeit von Krankheitserregern auf den Menschen. Zugleich sind wir nicht in der Lage Vorhersagen zu treffen, wo und wann Pandemien entstehen werden.[26] Sicher ist nur, dass COVID-19 nicht die letzte Pandemie gewesen sein wird.

Beim One-Health-Ansatz arbeiten die Akteurinnen und Akteure verschiedener Disziplinen – insbesondere Human-, Veterinärmedizin, Umweltwissenschaften – fächerübergreifend zusammen, um etwa der Übertragung von Krankheitserregern entgegenzuwirken. Neu auftretende Infektionskrankheiten werden in

Zukunft nur unter Berücksichtigung aller Zusammenhänge bezüglich Übertragung und Ausbreitung, Prävention, Management und Elimination vermieden werden können. Daher wird der One-Health-Ansatz von der Weltgesundheitsorganisation (WHO), der Ernährungs- und Landwirtschaftsorganisation der Vereinten Nationen (FAO), der Weltorganisation für Tiergesundheit (OIE), des Centers for Disease Control (CDC) und der Europäische Union (EU) unterstützt.

Die Entwicklung eines Impfstoffes entspricht ja in erster Linie einer technokratischen Lösung; was wir aber dringend benötigen, sind System- und Transformationswissen, denn ohne dieses Wissen gibt es keine nachhaltigen Lösungen und kein gesellschaftsfähiges Orientierungswissen. Der Erfolg bei der Impfstoffentwicklung darf uns daher nicht dazu verleiten auch bei anderen Krisen in erster Linie auf großtechnische Lösungen zu vertrauen, sei es im Bereich der Erderwärmung (Stichwort Climate Engineering) oder in der Sicherstellung unserer Wasserressourcen, etwa durch den Bau von Staudämmen, Wasserumleitungen oder Entsalzungsanlagen.

Prävention ist um ein Vielfaches besser und kostengünstiger als Heilen. Wissenschaft soll vor allem der Prävention von Krisen dienen und ist somit eine wichtige Vorsorge für die zukünftigen Generationen. Daher müssen Investitionen in eine themenoffene Grundlagenforschung massiv erhöht werden; nur so können wir zukünftige Krisen früher und besser in den Griff bekommen. Verantwortungsvolle und vorausschauende Politik wird daher massiv in eine themenoffene und längerfristig orientierte Grundlagenforschung investieren.

COVID-19 bietet natürlich auch einzigartige Chancen für die Forschung. Die »Great Pause«, die große Pause, wie die Epidemie aufgrund der eingeschränkten Mobilität auch bezeichnet wird, stellt ein globales Großexperiment dar, um die Auswirkungen der menschlichen Aktivitäten – zumindest kurzfristig – auf unsere Umwelt noch besser zu verstehen.[27] So wird angenommen, dass bereits geringe Änderungen im menschlichen Verhalten, etwa in den Transportsystemen, sich positiv auf die Natur und die Umwelt auswirken können. Es sind die ethischen Bedenken zu berücksichtigen, wenn man eine menschliche Tragödie als Opportunität für die eigene Forschung ausnutzt.

Konferenzen und Workshops sind der Motor für die globale Vernetzung in der Wissenschaft. Dort entsteht Vertrauen innerhalb der wissenschaftlichen Gemeinschaft; sie sind die Ideenbörsen der Wissenschaft und Karrieren werden bei diesen Zusammenkünften gestartet. Seit März 2020 wurden jedoch fast alle großen wissenschaftlichen Veranstaltungen abgesagt beziehungsweise auf digitale Formate umgestellt. Das hat nicht nur Nachteile, sondern eröffnet auch ganz neue Möglichkeiten. Durch diese Umstellung hat sich der Zugang zu den Konferenzen vereinfacht. Wissenschaftlerinnen und Wissenschaftler aus dem globalen Süden, die bei den gängigen Konferenzen massiv unterrepräsentiert sind, können jetzt aktiv teilnehmen. So wird eine inklusive Wissenschaft befördert – ganz zu schweigen von den geringeren ökologischen Kosten eines weltweiten Wissenschaftstourismus.

Natürlich leidet derzeit das Kongressgeschäft, welches gerade in der Bundeshauptstadt Wien florierte. Im Jahr 2018 fanden alleine in Wien fast 5 000 Kongresse und Firmenevents mit knapp 630 000 Teilnehmerinnen und Teilnehmern und insgesamt mehr als 1,9 Millionen Nächtigungen statt. Kongressbesucherinnen und -besucher geben zudem pro Tag etwa das Doppelte von Touristinnen und Touristen aus: ein lukratives Geschäft somit, das durch Corona weggebrochen ist.

EIN GLOBALES UMDENKEN?

Was wirklich wichtig ist, tritt in einer Krise besonders deutlich zutage. Wissenschaft und Forschung zählen dazu. Am Ende werden Impfstoffe, Medikamente und Therapien den Ausschlag geben, wann die Corona-Krise vorbei sein wird. Das grundlegende Wissen, um das Virus zu verstehen und die gesamtgesellschaftlichen Folgen der Pandemie in den Griff zu bekommen, stammt aus öffentlich finanzierter Wissenschaft und Forschung.

Zugleich sind internationale Kooperationen wichtiger denn je. Die Pandemie kennt ja keine Grenzen, daher helfen nationale Alleingänge in der Wissenschaft und in der Politik keinem. Es benötigt eine Kultur, die eine große Aufgeschlossenheit fördert. Es ist ein immenses Privileg, in der Wissenschaft tätig zu sein, Grenzen zu überwinden und womöglich sogar zu verschieben. Damit verbunden ist aber auch die Verpflichtung, mutig und langfristig zu denken und gesellschaftliche Verantwortung zu übernehmen.

Die Emissionen an Treibhausgasen, die Luft- und Wasserverschmutzung und der Lärm sind vorübergehend zurückgegangen. Fotos von glasklarem Wasser in Venedig, ungeahnte Fernsicht in Delhi, Pumas in Santiago de Chile, Delfine in der Bucht von Triest und Schakale in den Parkanalagen von Tel Aviv wecken die Hoffnung auf eine ausgeprägte Regenerationsfähigkeit der Natur und Umwelt. Andererseits kann der fehlende Tourismus in Schutzgebieten die Wilderei befördern, während andere Naturschutzgebiete, etwa in Teilen Europas und den USA, einen regelrechten Boom erfuhren, da die Bevölkerung aus Mangel an Alternativen verstärkt in die freie Natur ausgewichen ist. Dabei ist es nichts anderes als ein kurzes Luftholen und noch lange nicht der erforderliche Umschwung im Umgang mit unserem Naturkapital. Aber es erzeugt Hoffnung zu erleben, zu welchen Anstrengungen die Menschheit bereit ist, wenn es um unsere Gesundheit und unser langfristiges Wohlergehen geht.

Corona zeigt, welch hohen »Return on Investment« eine unabhängige und themenoffene Grundlagenforschung bringen kann. Innovation kann man nicht anordnen; vielmehr benötigt es eine Wissenschaftskultur die Risiko, Mut und Langfristigkeit ermöglicht. Dazu müssen auch die Anreiz- und Belohnungssysteme in der Wissenschaft ausgeweitet werden. Die Anzahl der Publikationen und die Summe der eingeworbenen Drittmittel reichen bei weitem nicht aus, um Innovation, Vielfalt und Inklusion in der Wissenschaft zu befördern. Inklusion und Diversität müssen auf allen Ebenen gefördert werden, da wir aus der intellektuellen, sozialen und demographischen Vielfalt schöpfen um die komplexen Herausforderungen heute und in Zukunft bewältigen zu können. Durch die Pandemie haben Wissenschaftlerinnen und Wissenschaftler, insbesondere wenn sie zugleich Kinderbetreuungspflichten nachkommen mussten, in der Karriereentwicklung gelitten. Zugleich muss man aufpassen, dass es jetzt nicht aus opportunistischen Gründen zu einer zu starken Fokussierung auf den biomedizinischen Bereich kommt und andere Forschungsthemen, die nicht so unmittelbar wirksam sind, an Anerkennung und Bedeutung verlieren.

Um die großen gesellschaftlichen Herausforderungen bewältigen zu können, müssen die traditionellen disziplinären, institutionellen und geografischen Grenzen in der Wissenschaft überwunden werden. Inter- und transdisziplinäre Forschung bedeuten eine systemische Herangehensweise, um Wechselwirkungen und Pfadabhängigkeiten zu verstehen und nicht so sehr lineare, kausale Zusammenhänge anzunehmen. Und es geht um die Zusammenarbeit von wissenschaftlichen mit gesellschaftlichen Akteurinnen und Akteuren (»Stakeholdern«) – und zwar von Beginn an, d. h. bereits bei der Formulierung von Forschungsfragen und des Forschungsdesigns. Wirksames Handeln erfordert das Zusammenführen akademischen Wissens mit gesellschaftlichem Wissen. Daher soll die Partnerschaft zwischen der Wissenschaft und der Industrie gestärkt werden – wie wichtig das ist, zeigt die erfolgreiche Entwicklung von Impfstoffen.

Unabhängige Wissenschaft ist ein Grundpfeiler einer aufgeklärten Demokratie, so wie Meinungs- und Pressefreiheit. Die derzeitige Pandemie hat der Wissenschaft eine ungeahnte Beachtung und Bedeutung gebracht. Die großen Herausforderungen für die Wissenschaft kommen noch: Die Krise hat gezeigt, wie zentral internationale Kooperationen, Open Science und die Vielfalt und Breite der Wissenschaft sind. Das Vertrauen in die Wissenschaft ist ganz wesentlich ein Vertrauen in höchste Qualitätsstandards und die Unabhängigkeit der Wissenschaft. Dazu zählen auch die hohen ethischen Standards und jene der guten wissenschaftlichen Praxis. Die Wissensgenerierung selbst erfordert einen transparenten und breiten Diskurs. Wir müssen alles daran setzen, dass die Breite und die Vielfalt in der Wissenschaft erhalten und sogar gestärkt werden. Eine thematische Einengung wäre mittel- und langfristig fatal. Das gilt natürlich auch für den Kultur- und den Medienbereich.

Forschende aus allen Wissenschaftsdisziplinen tragen zum Verständnis der Krise bei – nicht nur Biologie und Medizin bringen große Errungenschaften hervor. Die Ergebnisse von Naturwissenschaften und Technik schaffen Fortschritt und Wohlstand. Das Wissen der Geistes- und Sozialwissenschaften hilft uns, den Menschen und seine Geschichte besser zu verstehen und daraus für die Zukunft zu lernen. Erkenntnisse zahlreicher Disziplinen tragen dazu bei, Auswege aus der Krise zu finden. Die aktuelle Situation beinhaltet auch eine Chance: Das hohe Vertrauen der Bevölkerung, der immense Bedarf an Evidenz sowie Expertise und das Bewusstsein, nie zu wissen, welche Krise als Nächstes auftritt, verdeutlichen die Notwendigkeit einer breit aufgestellten Spitzenforschung. Wer jetzt verstärkt in Wissenschaft und Forschung investiert, erhöht die Chancen, besser aus der gegenwärtigen und aus künftigen Krisen zu kommen.

VIELE KÖCHE KEIN BREI

Die Wissenschaftsgläubigkeit und die Zukunftserwartungen ähnelten einer Art Achterbahn. Hoffnung – Skepsis – Hoffnung wechselten sich rasch ab. Im Lauf von Monaten war so vieles gesagt und so vieles geschrieben worden, was sich letztlich als irrig oder zumindest fragwürdig erwiesen hatte, dass man den involvierten Wissenschaftszweigen gegenüber immer wieder misstrauisch wurde. Da war verharmlost und die saisonale Grippe als weit schlimmer bezeichnet worden als COVID-19, waren Maßnahmen empfohlen worden, die sich als wenig zielführend erwiesen hatten, wurde auf »Contact Tracing« gesetzt, das nicht mehr funktionieren konnte, nachdem es zu Massenansteckungen gekommen war, denn wie wollte man da dem Einzelnen nachgehen und alle seine Kontakte herausfinden? Die »Ampel« hätte eine Differenzierung bewirken sollen, tat es auch, doch dann war ganz Österreich rot, und fünfte oder sechste Farben wie dunkelrot oder schwarz gab es nicht. Man konnte aber auch ohne weiteres den Glauben an die Einsicht der Mitmenschen verlieren.

Selten kam den Medien eine zentralere Bedeutung zu. Sie berichteten, analysierten, sollten Richtiges von Unrichtigem trennen – und taten es nicht immer. Gerade die intensive Berichterstattung hatte zur Folge, dass man das Wort »Corona« nicht mehr hören konnte, und als ein unwillkommener Nebeneffekt gierten auch jene, die kein ausgeprägtes Informationsbedürfnis hatten, nach anderen Nachrichten und bezogen sie aus alternativen Medien. Doch Corona ließ sich nicht verdrängen. Es behauptete seinen Platz in der Berichterstattung und hatte sie fest im Griff. ♦ M. R.

Abb. 17: Die Medien waren Teil und Spiegel eines breiten Diskursspektrums rund um die Corona-Politik. In ihrer Gesamtheit erfüllten sie die demokratiepolitische Aufgabe einer kritischen Vierten Macht.

Berthold Molden

MEINUNGEN IM WIDERSTREIT

Die Corona-Pandemie und die österreichischen Medien

DIE REGIERUNG IM COVID-RODEO: ÖFFENTLICHER BÄNDIGUNGSVERSUCH EINES WIDERSPENSTIGEN THEMAS

Die politische Auseinandersetzung mit dem Corona-Virus »COVID-19« war von Beginn an das, was in den Sozialwissenschaften ein »Medienereignis« genannt wird. Weil die Krankheit selbst und mehr noch die diese bekämpfenden Maßnahmen die Menschen intensiv betrafen, war der Berichterstattung besondere Aufmerksamkeit beschieden. Zudem handelte es sich um ein »Krisenereignis«, dessen Ausnahmequalität sich für kommunikative Nutzung eignete und so das Medienereignis zusätzlich befeuerte.[1] In Österreich stellte sich dabei immer wieder die Frage, was denn durch die pandemische Bedrohung eigentlich in die Krise gestoßen worden war: Das Gesundheitssystem? Der Arbeitsmarkt? Die Produktions- und Servicesektoren der Wirtschaft? Das Schulsystem? Die »Kultur«? Der gesellschaftliche Zusammenhalt? Die nationale Identität? Die individuelle psychische Unversehrtheit jedes Staatsbürgers? Oder, alles zusammengenommen, die wirtschaftliche, soziale und kulturelle Zukunft Österreichs als politische Einheit insgesamt?

Das Wort »Krise« jedenfalls wurde allgegenwärtig, um zu benennen, dass »alles« nicht so lief, wie »es« laufen sollte und könnte. Die Krise machte das ansonsten als vorausschauend und planend verkaufte Handeln der Politikerinnen und Politiker zum offensichtlichen Spielball notwendiger Improvisation und war damit gleichzeitig auch immer die Rechtfertigung dafür, dass angesichts solcher Herausforderungen eben nicht immer alles gelingen könne. Selbst solchen Ausnahmefiguren nicht, als die sich Politikerinnen und Politiker selbst stets darzustellen bemüht sind. In einem Zuge delegitimierte und legitimierte die Krise die beschleunigte Politik. So brachte sie Bescheidenheit und quasimessianischen Führungsanspruch zugleich hervor. All dies wurde zum Gegenstand medialer Debatten, in denen die oben genannten Leitfragen der österreichischen Politik verhandelt und andere, bis dahin dominante Themen wie die »Klimakrise« in den Hintergrund gedrängt wurden.

Erste Berichte über den Ausbruch im chinesischen Wuhan erreichten die österreichischen Medien um den Jahreswechsel 2019/20. Schon bald war ein alarmierter Ton zu bemerken, als der Mangel an medizinischer Ausrüstung publik wurde. Ende Februar gab es die ersten Fälle in Österreich, und zwar in Tirol, wo wenig später mit dem »Super-Spreader-Ereignis« im Skiort Ischgl Österreich zum Skandalland wurde. Gleichzeitig wurden Österreicherinnen und Österreicher aus dem »gefährlichen« Ausland heimgeholt und dann der Flugverkehr auf ein Minimum reduziert, um der Ausbreitung des Virus Herr zu werden. Grenzschließungen mitten in der EU erinnerten nicht nur an das Migrationsjahr 2015, sondern brachten ein neues Thema ins Spiel: die Unterbrechung von Produktions- und Handelsketten, wenn es um die Versorgung mit medizinischer Ausrüstung ging. Nicht mehr nur Bürgerrechtlerinnen und Bürgerrrechtler, auch Freihandelsapologeten waren nun besorgt.

Mitte März erließ die Regierung zum ersten Mal Ausgangsbeschränkungen, die etwas über einen Monat später wieder gelockert wurden. Österreich war das erste Land Europas, das sich zu einer solchen Lockerung entschloss, und berief sich hierbei auf die besonders niedrigen Infektionszahlen. Hatte Bundeskanzler Sebastian Kurz von der Österreichischen Volkspartei (ÖVP) noch Ende März beunruhigende Prognosen von 100 000 Toten geäußert, um die Bevölkerung zur disziplinierten Einhaltung der Maßnahmen zu motivieren, so folgte wenig später verhaltener Optimismus, es werde bald wieder »normal« zugehen. Um die ökonomischen und sozialen Folgen der Krise aufzufangen, versprach Finanzminister Gernot Blümel ebenfalls im März Sondermittel für unbürokratische Direkthilfe in der Höhe von 38 Milliarden Euro (die später aufgestockt wurden) – Gesundheit, Arbeit und Wirtschaftskraft würden erhalten werden, »koste es was es wolle«.

Verfassungsrechtliche Einwände gegen die Einschränkungen verschiedener Grundrechte und andere Aspekte der Corona-Erlässe wies Kurz als »juristische Spitzfindigkeiten« zurück; zudem wären sie wohl hoffentlich schon wieder außer Kraft, ehe das Höchstgericht sie sich überhaupt vornehmen könnte. Legislative und Judikative wurden von einem durch die Krise zusätzlich ermächtigten Exekutivkabinett zunehmend ausgeblendet, was zahlreiche Journalistinnen und Journalisten mit Sorge um den Rechtsstaat und die Gewaltenteilung quittierten, während etwa ORF-Nachrichten-Chefredakteur Hans Bürger in der Sendung »Zeit im Bild 1« die »richtige und gute […] Wortwahl« der Bundesregierung verteidigte.[2] Insgesamt war dies, was die Selbstdarstellung der Regierung und die Mehrheitswahrnehmung betraf, die Periode des »Corona-Musterlandes« Österreich, obgleich schon im Juli der Verfassungsgerichtshof mehrere Bestimmungen aus dem Frühjahr in die Mangel nahm. Gleichzeitig war bereits von einer vorhersagbaren zweiten Infektionswelle die Rede, und als im September die Zahlen stiegen, die frisch eingeführten Warnampeln bald durchgehend auf »rot« geschalten waren und schließlich im November ein zweiter Lockdown die meisten Geschäfte und Büros erneut zu schließen zwang, wurde der Regierung vorgeworfen, sie habe die positive Ausgangslage des Sommers nicht zu nutzen gewusst. Nun hatte Österreich im weltweiten Vergleich extrem hohe Infektionszahlen vorzuweisen. Der dritte Lockdown im Dezember 2020 verstärkte die Kritik an der Corona-Politik der Regierung weiter.[3]

Im Verlauf des Jahres nahm das Vertrauen in die Regierung zwar ab, allerdings nicht wesentlich. Eine IFES-Erhebung im April ergab, dass 78 Prozent der Bevölkerung der Bundesregierung die »Bewältigung« der Krise zutrauten. Auffällig ist hierbei, dass wesentlich mehr Befragte der Regierung (43 %) »großes Vertrauen« entgegenbrachten als dem Parlament (28 %). Unter den Spitzenpolitikerinnen und Spitzenpolitikern genossen vor allem Sebastian Kurz (47 %) und der grüne Gesundheitsminister Rudolf Anschober (41 %) »großes Vertrauen«, nur 28 Prozent brachten solches dem ÖVP-Innenminister Karl Nehammer entgegen.[4] Auch eine Gallup-Untersuchung zeigte, dass im März noch 91 Prozent der Meinung waren, die österreichische Regierung gehe »richtig mit dem Corona-Virus um«, während es im November es nur noch 50 Prozent waren. Auch die Angst vor den – insbesondere wirtschaftlich, aber auch gesellschaftlich – negativen Folgen der Regierungsmaßnahmen nahm zwischen April und November um etwa 50 Prozent zu. 63 Prozent der Befragten waren der Meinung, »die wirtschaftlichen Folgen der Corona-Maßnahmen werden das Leben von mehr Menschen in unserem Land zerstören als COVID-19/Corona selbst«.[5]

Aus politpropagandistischer Sicht stellte sich das Corona-Virus als gefährliche Chance für den von hohen Beliebtheitswerten verwöhnten ÖVP-Chef heraus: Zunächst ein Vehikel zu den höchsten Zustimmungsraten der jüngeren Geschichte, brachte die gesamtgesellschaftliche Komplexität des Krankheitsphänomens bald die Versprechen des Kanzlers, alles im Griff zu haben (oder es gerade in den Griff zu bekommen), ins Wanken. Unhinterfragte epidemiologische Expertise, souveräne Legitimität für umstrittene (demokratie)politische Entscheidungen und massenpsychologischer Führungsanspruch waren schon bald keine beliebig verfügbaren Ressourcen mehr für das Leitungsteam der Republik, hinter dessen Rampenperformance die Legislative einmal mehr zu verschwinden drohte. Das Themenpferd COVID, das man zunächst zu neuen Erfolgen zu reiten schien, bäumte sich unter der nicht immer sicheren Hand der Exekutivpolitiker immer mehr auf. Und das Publikum – die Österreicherinnen und Österreicher und/oder all jene, die in Österreich lebten – nahmen diese Unsicherheit sehr wohl zur Kenntnis.

Diese Wahrnehmung der Politik durch die Bevölkerung war naturgemäß der Vermittlung durch verschiedenste – vor allem österreichische, teils aber auch deutsche und im Falle von Internetportalen internationale – Medien zu verdanken. Deren Rolle ging freilich, wie stets, weit über jene simpler Informationsvermittlung hinaus. Während des »Krisenjahres« 2020 fungierten öffentliche und private, digitale und gedruckte Medien als Datenquellen, Kommunikationskanäle (von manchen Propagandaplattformen genannt[6]), Aufdeckungsakteurinnen und -akteure und Debattenarenen. Die wichtigste Rolle für die Kommunikation der Regierungspolitik nahm dabei der öffentliche Österreichische Rundfunk (ORF) ein, allen voran die Nachrichtensendungen »Zeit im Bild«. Bereits etablierte Akteure wie Bundeskanzler Sebastian Kurz dominierten weiterhin die Berichterstattung – zwei Befunde, die auch für die nicht unähnliche Medienlandschaft der Schweiz zutrafen.[7] Doch der ORF war mehr als jene Form des Fernsehens, die insbesondere in Krisenzeiten als »Ritualisierungsmaschine [...] durch Orientierungs- und Ordnungsfunktionen [...] Gesellschaft zusammenhält und gleichzeitig das Individuum als soziales Subjekt konstituiert«.[8] Seine Nachrichtensendungen, und hier vor allem die investigativen Interviews durch Armin Wolf, waren der wohl zentralste Ort öffentlicher Hinterfragung der Regierungspolitik.

Statistische Daten lassen einigen Einblick in das Informationsverhalten der österreichischen Bevölkerung während der Corona-Krise zu. Laut einer Erhebung von Gallup, die seit März 2020 die Informationsquellen der Österreicherinnen und Österreicher erfragte, lagen Fernsehnachrichten an erster Stelle, wenn auch abnehmend: Im März bezogen 88 Prozent der Befragten ihr Wissen aus TV-Sendungen, im November nur noch 79 Prozent, mit einem Tiefstand von 70 Prozent im Oktober. An zweiter Stelle finden sich Zeitungen, relativ gleichbleibend zwischen 54 und 56 Prozent mit einem Höchstwert von 60 Prozent im April, dicht gefolgt von Radiosendungen (um die 50 %), sozialen Medien und Behördenwebsites (abfallend von 41 auf etwas über 30 %). Von den konsultierten Fernsehsendern führte im März und April der ORF mit über 80 Prozent, gefolgt von Puls4 und ZDF, die je ca. ein Viertel der befragten Medienkonsumenten erreichten. Der ORF gewann zudem vor allem in der Anfangsphase der Corona-Epidemie an Vertrauen in der Bevölkerung hinzu. Auffällig ist, dass der Fernsehsender der Gratiszeitung Österreich/oe24 seine Corona-Reichweite von 2 Prozent im März auf 16 Prozent im April ausbauen konnte. Die Reihung der zur Corona-Information konsultierten Zeitungen hingegen weicht bedeutend von jener der Auflagenhöhen ab. Zwar führte die Kronen Zeitung mit 35 Prozent, was ihrem Reichweitenranking entspricht (und dieses prozentuell sogar übertrifft), die Gratiszeitungen Heute (12 %) und Österreich (11–12 %) aber verloren ihre Plätze an den Standard (15–21 %) und Kurier (13–18 %), während die vor allem in Südösterreich bedeutende Kleine Zeitung (11–13 %) um einen Platz abrutschte. An Glaubwürdigkeit stellte eine Gallup-Umfrage dem Standard, den Oberösterreichischen Nachrichten und den Salzburger Nachrichten die besten Noten aus.[9] Was soziale Medien betrifft, informierten sich im März 35 Prozent der Befragten über Facebook[10], 14 Prozent auf YouTube, 13 Prozent nutzten Instagram und nur 4 Prozent Twitter.[11]

In diesen Medien wurde im Zusammenhang mit der Corona-Pandemie eine Reihe von Fragen diskutiert, von denen hier drei wegen ihrer demokratiepolitischen Relevanz herausgegriffen werden.

COVIDPROP: KANZLER, KRISE, KOMMUNIKATION

Das Auftreten der Regierung fand von Anfang an gemischte Aufnahme in der Öffentlichkeit. Vor allem die täglichen Pressekonferenzen wurden rasch zum viel diskutierten Ritual, in dem der Bundeskanzler mit den Sachministern Anschober – für die Gesundheit – und Nehammer – für die Überwachung der Freiheitsbeschränkungen im Ausnahmezustand – der Bevölkerung über die Journalistinnen und Journalisten eine überlegte, souveräne Handhabe der Gefahr signalisierte und so für Ruhe sorgte und um Verständnis für die unangenehmen Maßnahmen warb. Anfangs war auch der grüne Vizekanzler Werner Kogler mit dabei, doch bald wurde das Quartett zum »Corona-Trio mit Durchschlagskraft«.[12] Als Zusammenfassung der bereits im Frühjahr einsetzenden kritischen Beobachtung dieser Praxis, die den ORF für eine staatliche Durchschaltung im Sinne nationaler Notstände einspannte, mag ein Standard-Kommentar von Hans Rauscher im September dienen: »Vielleicht ist es eine Täuschung, aber diese aufwendige Orchestrierung und Inszenierung des Wiedereintritts von Kurz in den politischen Prozess beginnt zu ermüden. Hintergrundgespräch mit zizerlweise Infos, dann die halb gare ›Rede an die Nation‹. Im Anschluss gezählte elf Zeitungsinterviews, am Schluss die Sommergespräche: immer das Gleiche, nichts Substanzielles, nichts als Ankündigungen. Wenn man die bisherige Politik der Regierungen Kurz I und II analysiert, wird man erkennen, dass das eine gewisse Kontinuität hat.«[13]

Obwohl diese Art der Kommunikation souveränes, gemeinsames Handeln angesichts der pandemischen Herausforderung vermitteln sollte, fehlte es innerhalb der türkis-grünen Regierungskoalition nicht an Reibereien. Ein Lieblingsthema der Journalistinnen und Journalisten waren die konkurrierenden Beliebtheitswerte von Kurz und Anschober, zumal Kurz vor der Corona-Krise zweistellige Prozentzahlen zwischen sich und allen anderen auf der Popularitätsskala wusste. Selbst die verschiedenen Fehler, die dem Gesundheitsministerium in der Ausarbeitung der Maßnahmen unterliefen, und auch das »Ampel-Chaos« im Herbst schadeten Anschobers Ansehen nicht – auch nicht in den Medien.[14] Dem steht der einzige von Corona ausgelöste Rücktritt innerhalb der politischen Führungsriege gegenüber: jener der grünen Kunststaatssekretärin Ulrike Lunacek, die nach massiver Kritik der Kulturschaffenden – eines besonders betroffenen wirtschaftlichen und sozialen Sektors – im Mai das Handtuch warf. Der Opposition galt dies als Feigenblatt »für das kulturpolitische Scheitern von ÖVP-Kanzler Kurz und Kulturminister Kogler«.[15] Die Ankündigung von Lunaceks Nachfolgerin, Andrea Mayer, einen Hilfsfonds für Künstlerinnen und Künstler einrichten zu wollen, wurde nicht zuletzt im von vielen Kulturschaffenden gelesenen Falter positiv aufgegriffen: »Soll es nach der Krise noch Kunst und Kultur geben, dann muss man jetzt dafür zahlen.«[16]

Auch die Kommunikation der Regierung mit der Opposition innerhalb und außerhalb des Parlaments war Gegenstand medialer Debatten. Einerseits beschwerten sich Oppositionspolitikerinnen und Oppositionspolitiker in Interviews über einen paternalistischen Umgang seitens der Regierung, andererseits griffen Journalistinnen und Journalisten das Thema in Kommentaren auf. So etwa erfuhr die Opposition von der Einrichtung des »Corona Future Operations Clearing Board« erst aus den Medien, wie einer parlamentarischen Anfrage vom 30. März zu entnehmen ist.[17] Das Clearing Board stand unter der Leitung der Unternehmensberaterin Antonella Mei-Pochtler, die für die ÖVP 2017 an den Regierungsverhandlungen teilnahm und in der ersten und zweiten Regierung Kurz dessen Think Tank »Think Austria« als Stabsstelle des Bundeskanzleramtes leitete (während der Regierung Brigitte Bierleins wurde die Stabsstelle aufgelöst und im Jänner 2020 wieder errichtet). Mei-Pochtler erregte im Zuge der Corona-Erlässe Aufsehen mit der Bemerkung, dass man sich an weniger Freiheit werde gewöhnen müssen. Diese Aussage der radikal marktliberalen Unternehmensberaterin wurde als rhetorischer Versuchsballon autoritären Regierens gewertet, was nicht zuletzt angesichts der autoritären Ausprägungen früher neoliberaler Ideologie in Italien und Österreich während der Zwischenkriegszeit interessant ist. Bei neoliberalen Vorkämpferinnen oder – siehe weiter unten – Martina Salomon lassen Konzessionen bei der Beschränkung bürgerlicher Freiheiten an eine Variante der sogenannten Österreichischen Schule neoliberaler Nationalökonomie denken, die sich mit einiger ökonomischer Verrenkung den Regimes von Dollfuß und Schuschnigg andiente.[18]

Wenn auch die Verantwortung für Fehlentscheidungen und die mangelhafte Ausarbeitung von Regeln und Maßnahmen meist dem grünen Gesundheitsminister zugeschrieben wurden, so erregten auch ÖVP-Politikerinnen und -Politiker öffentlichen Unmut. Im Falle des Kanzlers war dies teils mit der Frage nach der Expertise verbunden, die »seinen« Entscheidungen und den Kommunikationsakten der Regierung zugrunde lag. Stammte sie von Spezialistinnen und Spezialisten oder von Politikerinnen und Politikern? Wie fundiert waren die wissenschaftlichen Grundlagen? Spätestens anlässlich des ersten Lockdowns im März wurden diese Fragen heiß diskutiert, keineswegs nur von Verschwörungstheoretikern. So resümierte etwa hinsichtlich der drohenden Aussage von Kurz, es werde 100 000 Tote geben und jeder werde bald ein Todesopfer unter seinen Bekannten haben, die Neos-Chefin Beate Meinl-Reisinger später in einem Falter-Interview, es sei damals doch schon klar gewesen, »dass wir keine italienischen Verhältnisse mehr zu befürchten haben.« Meinl-Reisinger sprach auch von ihrer Forderung, die COVID-Protokolle zu veröffentlichen, was Anschober angekündigt, aber nie verwirklicht habe: »Der Wille zur Transparenz und zur Fehleranalyse innerhalb der Regierenden ist enden wollend. Jede Sorge, jede Kritik, die ich an einzelnen Maßnahmen äußere, wird als Majestätsbeleidigung aufgefasst, ja sogar als antipatriotischer Akt geframt.« Im selben Zuge bezeichnete sie das »Corona Future Operations Clearing Board« als »Pseudo Think-Tank, der irgendwie beim Bundeskanzleramt dranhängt […] so ein Forum gehört ans Parlament angebunden«.[19]

Ebenfalls im Falter erklärte Martin Sprenger, Public-Health-Experte und Berater des Gesundheitsministers: »Was am 30. März passiert ist, war absolut unnötig. Punkt.« Auch der Mathematiker Niki Popper, seinerseits Berater in der Corona-Taskforce des Gesundheitsministeriums, stimmte dem zu: Alle Berechnungen hätten gezeigt, dass keine Horrorszenarien zu befürchten gewesen seien. Dann sei eine »Tischvorlage« aus der Feder von Forscherinnen und Forschern vorgelegt worden, die diese Verschärfungen rechtfertigten, die aber, so Popper, »nichts mit dem Beraterstab im Gesundheitsministerium zu tun« gehabt hätten. Wie Meinl-Reisinger kritisierte Sprenger den alarmistischen Rekurs auf Bedrohungsszenarien: »Es war keine Maßnahme. Es war ein Moment miserabler Risikokommunikation. Es sind bedrohliche Wörter und Sätze verwendet worden, es wurde Angst gemacht. Dabei wäre der Zeitpunkt perfekt für eine beginnende Deeskalation geeignet gewesen.«[20] Auch manche martialisch anmutenden Aussagen des Innenministers bezüglich der Corona-Disziplinierung der Bevölkerung, die mit Mei-Pochtlers zitierter Mahnung, sich an eingeschränkte Freiheiten zu gewöhnen, einhergingen, störten viele Beobachterinnen und Beobachter.

Angesichts solch bedrohlicher Rhetorik löste auch das als lavierend wahrgenommene Verhalten von Sebastian Kurz mitunter Unwillen aus, der sich in Politikerinterviews, Medienkommentaren und Postings niederschlug. Als der Tiroler Skiort Ischgl sich zum Antihelden internationalen »Super-Spreadings« entwickelte, wiegelten Tiroler und Bundespolitikerinnen und -politiker das öffentliche Aufbegehren weitgehend ab, obwohl Kurz gleichzeitig seine Mahnung der vielen Toten verkündete. Als der Kanzler dann Mitte Mai – so wie fast 50 Jahre zuvor Bruno Kreisky – ins Kleinwalsertal fuhr, um medienwirksam Krisenbeschwichtigung zu betreiben, führte dies zu »scharfer Kritik« und »Kontroversen«.[21] Während die Mehrheit der Menschen polizeilich überwachten Ausgangsbeschränkungen und Kurzarbeit unterworfen war, unternahm der Bundeskanzler eine Reise und ließ sich vor Nationalflaggen, aber ohne Masken und Abstand feiern. Dies wurde als Ungerechtigkeit thematisiert, ähnlich wie während des ersten Lockdowns die Sperrung der nicht der Stadtverwaltung unterstehenden Bundesgärten in Wien. Außerdem lösten Drohung und Hoffnung – im August sah Kurz »Licht am Ende des Tunnels« und eine Rückkehr zu »gewohnter Normalität« – einander so rasch ab, dass dies öffentlich verunsicherte.

Die Inszenierung der Regierung als tägliches Orientierungsteam höchster Entscheidungsmacht führte einerseits zu immer höheren Zustimmungsquoten in Meinungsumfragen, erregte aber andererseits – wohl nicht zuletzt wegen der Wirksamkeit der Strategie – den Widerspruch vieler Beobachterinnen und Beobachter. Dass diese souveräne Selbstdarstellung mit politischen Fehlern und den offenbar schwer kontrollierbaren Kausalitätsketten der komplexen Corona-Krise einherging, verstärkte die Kritik, als im Herbst und Winter hohe Infektionszahlen die Rede vom Musterland unglaubwürdig machten. Erneut richtete sie sich in erster Linie gegen die als widersprüchlich empfundenen Aussagen, die in den Augen von Kommentatoren wie Gerald John Ausdruck von »Orientierungslosigkeit« und »Sprunghaftigkeit« der Regierung und somit geeignet waren, die Bevölkerung zu verunsichern, anstatt sie zu Verantwortungsbewusstsein zu motivieren. Gerade angesichts der steigenden Fallzahlen gegen Ende 2020 machte John die Regierung für Testverweigerung und Impfskepsis zumindest mitverantwortlich.[22]

In zweiter Linie waren Journalistinnen und Journalisten von der Form der Kommunikation enerviert: »Den […] Trommelwirbel samt dramatischem Auftritt des Corona-Koalitionsquartetts hätte es für solche Botschaften nicht gebraucht – denn wer sich und andere vor dem Virus schützen will, hat all das längst intus.«[23] Rudolf Mitlöhner im Kurier war unzufrieden »mit ständig wechselnden Regeln, mit dem Wust an Spekulationen, Ankündigungen, Erklärungen, mit einer Politkommunikation, die Transparenz verspricht und das Gegenteil bewirkt. Und die doch immer den schalen Beigeschmack einer großen Inszenierung hinterlässt.« Auch in Migrationsfragen und der Terrorbekämpfung fand Mitlöhner die Performance der Regierung »jämmerlich« und »alles andere als trittsicher«.[24]

Eine der geschliffensten und medienkritischsten Federn des Landes, Falter-Herausgeber und -Leitartikler Armin Thurnher, fragte gleich im März nach dem richtigen Verhältnis von Kritik und solidarischer Mäßigung in Zeichen der »Seuchenkommunikationsordnung« und des »Krisenjournalismus«. Seine Antwort lautete, Journalismus müsse über die Anordnungen informieren, dabei aber stets fragen und kritisch bleiben, schließlich befinde man sich weiterhin im Wettbewerb »Demokratie gegen Autokratie«.[25] Dieser Anamnese zu Beginn der Maßnahmen folgten gegen Ende des Corona-Jahres 2020 harsche medien- und diskursanalytische Diagnosen. Zwei Beispiele aus einem im Dezember 2020 im Wiener Verlag Bahoe Books erschienen Sammelband machen diese Linie deutlich. Dort bezeichnete die Publizistin Rubina Möhring, als Österreich-Leiterin von »Reporter ohne Grenzen« kritische Medienbeobachterin, die Rolle des ORF als Verbreiter vor der Nationalflagge dramatisierter Pressekonferenzen als »Staatsfernsehen« und jene der Medien im Allgemeinen als »Reproduktionsorgane« und warf eine Reihe von Fragen auf: »Zensur durch exakt geplante Message Control? […] Wie weit gehen Medien und Gesellschaft mit bei restriktiven, autoritären Maßnahmen? Was ist den Menschen zumutbar?« Möhrings Antwort: Der Regierung »war es ein Leichtes, mit den Instrumentarien der Macht und einer gezielten Politik der Angst Medien und Menschen gefügig zu machen«. Ein so vernichtendes Urteil über die österreichischen Medien kann an dieser Stelle zwar nicht bestätigt werden. Interessant aber ist ein anderer für Möhring impliziter Aspekt des Verhältnisses Politik-Medien, nämlich der potentielle Experimentalcharakter der COVID-Maßnahmen – die Corona-Krise als Versuchslabor für autoritäre Gesellschaftsreformen.[26]

In demselben Band nannte die Diskursanalytikerin Ruth Wodak die Message-Control der türkis-grünen Regierung »Propaganda« und stellte drei zentrale diskursive Rahmungen fest: Nationalismus, ein dem Sport entlehntes Wettstreiten um die »besten« Corona-Zahlen im internationalen Vergleich sowie schließlich eine christliche Opfer-Rhetorik, deren Versprechen einer nachösterlichen Erlösung »durchaus mit hochemotionalen Durchhalteparolen während kriegerischer Ereignisse vergleichbar« sei.[27] Im Falle Österreichs ist hier vor allem die religiöse Symbolpolitik bezeichnend, mit der die ÖVP-Spitze den Kampf gegen den Virus zu rahmen bemüht war: der sogenannte »Oster-Erlass« im März; die umstrittene Gebetsstunde am 8. Dezember im Parlament, wo »die Hoffnung auf ein baldiges Ende der Krise [...] uns im Gebet« einigen sollte;[28] oder Sebastian Kurz' Weihnachtsrede sowie deren Junktimierung mit der Würdigung und potentiellen Seligsprechung des »Hoffnungskanzlers« Leopold Figl unmittelbar vor Weihnachten. Gerade die letztgenannte Initiative des St. Pöltner Diözesanbischofs Alois Schwarz ist bezeichnend für die Politisierung religiöser Gefühle durch die ÖVP im Zuge der stark medialisierten Corona-Politik. Am 20. Dezember, dem 75. Jahrestag von Figls Ernennung zum Bundeskanzler, benannte Kurz in einem medienwirksamen Festakt ausgerechnet das Pressefoyer des Bundeskanzleramtes nach seinem Vorgänger. Er stellte sich damit bewusst in die Tradition von Figls berühmter Weihnachtsrede, die Durchhalteparole an Österreich im ersten Nachkriegswinter, und stellte damit eine Genealogie christlich-sozialer Krisenkommunikation her. Zwei Tage später verkündete Bischof Schwarz sein Vorhaben, veranlasst durch die Worte des Bundeskanzlers.[29]

Manche Journalistinnen und Journalisten lobten dieses Vorgehen. »Gerade in einer Zeit der Pandemie brauche es Gestalten, die einen Weg der Zuversicht vorzeigen,« berichtete der Kurier, der für den folgenden Tag in der Weihnachtsnummer einen Bericht über Figls Weihnachtsrede ankündigte. Die Tageszeitung schien in diesen Tagen wie das Organ eines politischen Katholizismus, der seinerseits zum Kampf gegen politischen Islam aufruft.[30] Andererseits konnte man auch Kritik an der potentiellen Sakralisierung eines verstorbenen Politikers lesen, der inmitten der weihnachtlichen Kulmination religiös gerahmter Krisenrhetorik gewissermaßen als Mittelsmann zwischen einer politischen Partei und göttlicher Macht etabliert werden sollte: Seliger Leopold, bitte für uns! Dies war für manche umso problematischer, als Figl vor seiner großen Karriere als ÖVP-Gründer und Kanzler der Nachkriegszeit unter anderem Befehlshaber der Ostmärkischen Sturmscharen gewesen war und in Dollfuß' Auftrag 1934 mithalf, die sozialdemokratischen Gemeindebauten Wiens zu beschießen. Der Christdemokrat hatte eine autoritäre Vergangenheit.

HERRSCHAFT DES SCHRECKENS? AUTORITARISMUSANGST UND PLANUNGSPARANOIA

Dass alle Gewalten des Staates mit ganzer Kraft dem Virus und seinen Folgen entgegentraten, löste in der öffentlichen Meinung verschiedene Formen der Abwehr aus. Zwei davon scheinen besonders interessant: die Kritik an autoritärer

Entscheidungsfindung und der Einschränkung bürgerlicher Rechte einerseits und die Ablehnung staatlichen Wirtschaftsinterventionismus andererseits. Erstere Haltung wurde vor allem von gesellschaftsliberalen Medien und Personen eingenommen, letztere von wirtschaftsliberalen. Und beide hatten etwas an der durch die Krise verstärkten Macht auszusetzen, mit der – wie Raphael Glucksmann kürzlich bemerkte – die Demokratie »die Herrschaft des Kollektivs über das Individuum, den Primat des Gemeinwesens« durchsetzt.[31]

Es wurde bereits angesprochen, dass die Regierung unter dem pandemiebestimmten Zeitdruck – und gestützt auf teils öffentlich in Frage gestellte Expertise – die Corona-Regelungen gewissermaßen zwischen Parlament und Judikative durchdrückte. Auch von der Verteidigung der Regierung durch den leitenden ORF-Redakteur Hans Bürger in der wichtigsten Nachrichtensendung des Landes war schon die Rede. Hier war interessant zu sehen, dass der ORF von manchen Menschen als Erfüllungsgehilfe autoritärer Begehrlichkeiten der Regierung empfunden wurde. So postete ein Leser auf der Webseite des Standard: »Der ORF hat das schamlose und infame und autoritäre Spiel Sicherheit / Gesundheit / Leben retten oder eben gefährden GEGEN Freiheit / Demokratie / Rechtsstaat mit wenigen Ausnahmen (Wolf, Thür) mitgemacht. Beispiel. Ein Herr Bürger entschuldigt und verharmlost vor unser aller Augen den RECHTSBRUCH eines Bundeskanzlers.«[32] Der Begriff »autoritär« war von Anfang an ein wichtiger Bestandteil der regierungskritischen Positionen.

Tatsächlich schränkten einige der Corona-Bestimmungen bürgerliche Rechte – Bewegungsfreiheit, Versammlungsfreiheit, wirtschaftliche Tätigkeit – extrem ein. Vor allem während des ersten Lockdowns war in Teilen des Landes deutlich verstärkte Polizeipräsenz zu bemerken, und die Beamtinnen und Beamten verhängten spürbare Verwaltungsstrafen, wenn sie »Lebensgefährder« – so die Formulierung des Innenministers – habhaft wurden. Im März nahm der Großteil der Bevölkerung diese Einschränkungen geduldig hin, doch im Verlauf der politischen Wendungen der folgenden Monate wuchs der Unmut. Diese Entwicklung ließ sich auch in den Medien nachvollziehen. Die Frage, ob die Regierung autoritär agiere oder Voraussetzungen für eine »Illiberalisierung« der österreichischen Demokratie schaffe, wurde immer wieder gestellt. Eines der Themen, an denen sich diese Frage früh entzündete, war etwa die Corona-Tracing-App. In der Folge wurde auch über Impfzwang, Massentests und Maskenverordnungen gestritten. Entscheidungen aus dem Kanzleramt stießen vielen als undemokratisch auf. Christoph Schwarz nannte im Kurier die für 2021 vorgesehene Strategie des Freitestens »infantil und bedenklich autoritär«.[33] Im Herbst nahm auch die Anfeuerung aus verschwörungstheoretischen Milieus zu. Nicht nur in Österreich kamen dabei historische Analogien zum Einsatz, die angesichts der angesprochenen Ereignisse Bedenken auslösten. Am 12. Dezember war der Aufmacher der feuilletonistischen Presse-Beilage »Spectrum« dem Thema von NS-Referenzen seitens der Kritiker von Corona-Maßnahmen gewidmet. Der Aufsatz des Historikers Gerhard Zeilinger stellte eingangs die Frage: »Was ist das für eine Gesellschaft, in der eine Elfjährige, nur weil sie nicht Party machen kann, sich mit Anne Frank vergleicht?«[34]

Wie ebenfalls schon erwähnt, geriet des Bundeskanzlers bedrohlicher Auftritt am 30. März – 100 000 Tote – ins Kreuzfeuer der Kritik. Angst, las man, werde hier bewusst als Disziplinierungsmittel verwendet. Aber manche begrüßten ein forsches Auftreten der Regierung und Behörden auch als notwendigen Schritt in einer pandemischen Krisensituation. Ein ideales Beispiel bot hier der Krone-Kolumnist Michael Jeannée, dessen verehrend anmutende Zustimmung für Sebastian Kurz ihm den Ruf eines »Hofjournalisten« eingetragen hatte. Armin Thurnher machte sich über dieses Verhältnis in einem satirischen Dramolett lustig, in dem auch das Berater-Team des Kanzlers auftrat und sagte: »Chef, wir sollten zurück zum Autoritären, Angst verleiht Ihnen mehr Gewicht. Das Licht am Ende des Tunnels war ein Blindgänger. Optimismus steht Ihnen nicht so.« Dem fiktiven Jeannée legte Thurnher folgende Anrede an den Kanzler in den Mund: »Sie, der Strahlendste von allen«.[35] Weitgehend ironiefrei schien demgegenüber die Beobachtung des Kurier-Journalisten Andreas Schwarz: »In Krisenzeiten schart sich das Volk um seine Führer wie die Schafherde um ihren Hirten.« Schwarz schrieb jenen Teilen der Herde, die nicht den »politischen Führern« folgten, in ihr Stammbuch, dass in der Krise Verantwortung und Rücksichtnahme »das höchste Gut Freiheit […] stechen«.[36]

Als Ende Oktober der zweite Lockdown absehbar war, sprach sich Jeannée für einen »brutalen Lockdown« statt einer verwässerten Variante aus. Er argumentierte dies mit einem zeitgeschichtlichen Beispiel, das nicht nur bei aus Lateinamerika stammenden Österreicherinnen und Österreichern die Haare zu Berge stehen lassen mochte: »Ausgangssperre total! So als ob wir irgendwo in Südamerika wären, wo nach einem ›Golpe‹, einem Militärputsch, der gefürchtete ›Toque de queda‹ dekretiert wird.« Er habe das in Argentinien selbst erlebt – eine »Ausgangssperre nach Maß«, die ihm offenbar derart imponierte, dass er nun verlangte: »Machen wir es wie damals die Argentinier. Überleben wir!«[37] Die traurige Ironie ist selbstverständlich, dass in Argentinien viele Menschen eben diese Maßnahmen nicht überlebten – denn die tödliche Gefahr war damals die autoritäre Regierung selbst, nicht eine von dieser bekämpfte Krankheit (es sei denn, Jeannées Analogie ginge tatsächlich soweit, dass er linke Oppositionelle als Viren bezeichnen würde, die es auszurotten gelte).

Wie gesagt hatte die Reserviertheit gegenüber einem stark handelnden Staat nicht nur eine bürgerrechtliche, sondern auch eine wirtschaftsliberale Ausprägung. Die erwähnte Reise von Sebastian Kurz ins Kleinwalstertal scheint nicht die einzige und auch nicht die wichtigste Anleihe des ÖVP-Chefs beim sozialistischen »Sonnenkönig« Kreisky gewesen zu sein. Ebenso wie andere ostentativ marktfreundliche Regierungen nahm auch die ÖVP Staatsschulden auf, um Wirtschaftseinbruch und Arbeitslosigkeit zu begegnen. Langjährige Reizworte wie »wirtschaftliche Planung« – Kurz' Leitfigur war der für seine Privatisierungspolitik des schlanken Staates bekannte Wolfgang Schüssel – wurden unversehens selbstverständliche Bestandteile des Vokabulars. Die unsichtbare Hand des Marktes wurde durch die öffentliche Hand des Staats, wenn nicht ersetzt, so doch zeitweise zur Seite gedrängt. Ein Kurier-Kommentar stellte fest, Kurz habe die Parteiideologie kurzerhand entsorgt und wenig Rücksicht auf die Wirtschaft genommen, anders als die Grünen, die von »Skrupeln beim Eingriff in Grundrechte geplagt« seien.[38] Manche der ÖVP nahestehenden Interessensgruppen beobachteten dies voll Skepsis. Hilfe von »Vater Staat« anzunehmen, wurde von Christian Pochtler, Präsident der Wiener Industriellenvereinigung (und Ehemann der Kurz-Beraterin Mei-Pochtler), als gefährlicher Schritt in Richtung eines »neuen Protektionismus« bezeichnet. »Die Hilfe von heute ist die Steuererhöhung von morgen.«[39]

Über die von den Corona-Maßnahmen verursachte Staatsverschuldung machten sich verschiedene Leitartikel-Autoren im Kurier Gedanken. Als in dieser Zeitung Ende November die Schlagzeile »Wer soll das bezahlen? Milliardenhilfen« prangte, stand darunter bereits eine nicht ganz meinungsfreie Antwort: »Aufgrund der Corona-Krise wächst der Schuldenberg. Zahlen werden am Ende die Bürger. Mit Wachstum samt Sparkurs könnte aber ein Weg aus der Schuldenfalle gefunden werden.«[40] Auf Seite zwei attestierte dann Wolfgang Unterhuber den Österreicherinnen und Österreichern »Luxusverwahrlosung [und den Glauben], dass Schulden nicht zu begleichen sind«.[41] Rudolf Mitlöhner nahm die Bevölkerung in die Pflicht, bei der er mangelnde Erwachsenheit konstatierte und deshalb eine »kritisch-mündige Perspektive jenseits von Obrigkeitsgläubigkeit und [gleichzeitiger] Verdammung« der angeblich korrupten Politikerkaste einforderte.[42]

Ende November konnte man auf der Debatten-Seite der Presse einen Schlagabtausch zum Freihandel zwischen Ministerin Elisabeth Köstinger (die gegen den Freihandelsvertrag mit dem Mercosur anschrieb) und einem radikaler für den Freihandel argumentierenden Vertreter der Agenda Austria lesen. Zuvor war zur – aus neoliberaler Sicht bekanntlich brandgefährlichen – Idee der

Wirtschaftsplanung ein Kommentar des ehemaligen Presse-Korrespondenten Karl-Peter Schwarz erschienen. Er ereiferte sich über die jüngsten freihandelsreformatorischen Aussagen des WEF-Gründers Klaus Schwab, die nichts anderes seinen als eine »Neuauflage des alten, mit tausend Fäden an den Staat gebundenen korporativen Kapitalismus, den wir in Österreich zur Genüge kennen«. Wenn so die Wirtschaft nach Corona aussehen werde, dann werde von Freiheit »wenig übrigbleiben«.[43] Der Neokorporatismus der Zweiten Republik hatte in der Sozialpartnerschaft Gestalt angenommen, während des Austrofaschismus war es die ständisch-faschistische Vorstellung einer korporativen Wirtschaftsordnung gewesen. Welche Unfreiheit der Autor hier meinte, blieb unausgesprochen.

Der staatswirtschaftliche Ansatz beunruhigte auch Kurier-Chefredakteurin Martina Salomon, eine flammende Kämpferin für den freien Markt.[44] Salomon verteidigte die Regierung zwar keineswegs in jeder Einzelfrage, aber doch grundsätzlich, wie im Resümee eines Leitartikels über Regierungskritiker deutlich wird: »Man muss kein Fan dieser Regierung sein, um zu finden, dass die aktuellen Debatten derzeit zu destruktiv sind.«[45] Über die staatliche Planung schrieb sie: »Es ist eine bittere Erkenntnis aus der gegenwärtigen Krise: Geht es hart auf hart, funktioniert unser liberales Gesellschaftsmodell schlechter als ein System mit autoritären Zügen.« China und andere Diktaturen, meinte sie, hätten es besser geschafft. Zu entnehmen war dem Artikel die Abneigung der Autorin gegen einen bemutternden »Nanny-Staat« und Verachtung gegenüber der von ihr diagnostizierten »Technikfeindlichkeit« der österreichischen Gesellschaft, die den Menschen Gentechnik und Atomenergie schlecht geredet habe.[46] Am Ende des mäandernden Textes blieb den Leserinnen und Lesern die mögliche Botschaft, das österreichische liberale System sei dem autoritären in Krisenzeiten unterlegen, als bittere »Erkenntnis« haften. Anders als Salomon differenzierte Christian Ultsch in einem »Presse«-Aufmacher hinsichtlich der potentiellen Vorteile von Autoritarismus. Es leuchte ein, »dass eine Diktatur in ihrer Spezialdisziplin, bei der Freiheitsbeschränkung, die im Kampf gegen eine Pandemie erforderlich ist, vorne liegt. Es wäre unzulässig, aus einem Ausnahmezustand den Schluss zu ziehen, Diktaturen seien allgemein effizienter.« China galt Ultsch als Gegenbeispiel. Österreich sei zwar angehalten, konsequent zu handeln, doch »zur Volksrepublik muss Österreich deshalb nicht werden.«[47]

Aus anderer Perspektive kritisierte die Falter-Journalistin Eva Konzett die »Rückkehr des Almosenstaats«. Die Regierung verliere die Deutungshoheit, während langsam wieder Freiheiten einzögen. Die Maßnahmen seien zwar technisch richtig gesetzt gewesen, nicht aber der »rhetorische Überbau […], die Angstmache«. Zumal kenne sich niemand aus beim Härtefall-Fonds, dessen Einrichtung bei der Wirtschaftskammer ja bereits für Murren auf der Arbeitnehmerseite gesorgt hatte. »Wo Milliarden bereitgelegen wären, sind erst Millionen geflossen, und die Unternehmen haben durch die Finger geschaut.« Mahrer und die Wirtschaftskammer stellten sich medial tot, während die türkise Regierungsseite Kritik und Fehler überspiele: »Schuld sind immer die anderen«. All dem liege ein paternalistisches Staatsverständnis zugrunde. »Die österreichischen Bürger haben also in Dankbarkeit zu nehmen, was von oben gegeben wird. Ob als reines Versprechen, Maßnahmen mit Fallstricken oder in Bargeld.«[48] Letztere Bemerkung war ein Verweis auf die allgemein als peinlich beschriebene PR-Aktion der Arbeitsministerin Christine Aschbacher, als diese bei einem Foto-Termin mit Fotografinnen und Fotografen des Bundeskanzleramtes einem Baby 200 Euro übergab. Das Bild erschien am 30. Mai in der Kronen Zeitung, die sich später über die davon ausgelöste »Aufregung in Print- und sozialen Medien« lustig machte.[49]

COV AND THE CITY

Eine besondere Dimension gewann die Corona-Politik schließlich durch den Wiener Gemeinderatswahlkampf im Herbst 2020. Es schien, als würde die alte Fehde zwischen einer christlich-sozialen/ÖVP-Bundesregierung und Großteils ebenso regierten Bundesländern einerseits und dem sozialdemokratischen Wien andererseits auf einem neuen Kampfplatz ausgetragen. Die dramatischste Episode dieser voltenreichen Beziehung waren bekanntlich die Zwischenkriegszeit und insbesondere die Jahre des Austrofaschismus gewesen. Auf der Politbühne des Corona-Jahres nahm sich der Konflikt weniger brutal aus, war aber ebenfalls ernst.

Den Beginn nahm die Auseinandersetzung rund um die erwähnte Schließung der Bundesgärten in Wien, auf welcher Landwirtschaftsministerin Elisabeth Köstinger trotz der Gegenstimmen aus Wien – vor allem seitens Ressortstadträtin Ulli Sima – bestand. Schon zuvor hatte Kanzler Kurz unter anderem insinuiert, die Wienerinnen und Wiener im Allgemeinen seien eher faul. Doch im Falter, der nicht als ÖVP-freundlich gelten kann, wies Chefredakteur Florian Klenk sehr wohl darauf hin, dass dieses wechselseitige »Bashing«[50] auch auf Angriffe der Wiener Sozialdemokratie zurückzuführen sei: »Während Bürgermeister Michael Ludwig staatstragend den Schulterschluss mit Sebastian Kurz beschwört, beginnen seine Stadträte mit Trommelfeuer Richtung Bundesregierung. Sie wollen Türkis-Grün autoritäres Gehabe und Ignoranz ankreiden.« Tatsächlich hatte Gesundheitsstadtrat Peter Hacker kurz zuvor, ebenfalls in einem Falter-Interview,

Kritik an der Entscheidungsstruktur des Bundes geäußert; vor allem daran, dass die Stadt angeblich bewusst zu spät informiert werde. Allerdings hob Klenk auch hervor, dass ÖVP-Leute wie Nehammer ebenfalls in »kleinkarierte Scharmützel statt Krisenstrategien« verwickelt seien.[51]

Der in Wien erscheinende Falter schenkte der Debatte erhöhte Aufmerksamkeit. Im Juni erschien das bereits zitierte Interview mit Neos-Chefin Meinl-Reisinger. Diese erkannte in den Wortmeldungen der meisten ÖVP-Kolleginnen und -Kollegen – nicht zuletzt bei den Ministerinnen – nur von Spindoktoren vorgegebene Versatzstücke; wichtigstes Ziel sei dabei gewesen, keine Wählerinnen und Wähler vor den Kopf zu stoßen. Dies gelte auch für den »Angriff auf Wien«: »Da kriegt dann jeder so ein Text-Baukasten-Set, mit der Anweisung: Nehmt euch bitte wieder den Würfel Wien-Bashing raus. Ich stehe kritisch der Intransparenz der roten Stadtregierung gegenüber. Aber das ist nur noch zum Haareraufen, was da passiert.«[52] Im September legte Hacker nach, die Corona-Ampel sei politisch manipuliert, weil sozialdemokratische Städte auf des Kanzlers Geheiß rot geschaltet würden. Dabei wurde ihm von anderen Städten wie Linz und Wiener Neustadt sekundiert. Und im Frühwinter – die Wiener Grünen waren mittlerweile in der Stadtregierung durch die Neos ersetzt worden – erinnerte man sich wieder an die geschlossenen Bundesgärten, als allen Ischgl-Erfahrungen zum Trotze die Skilifte im Winter wieder öffnen durften, weil das Frischluftbedürfnis der Bevölkerung vorgehe und die Länder das letzte Wort haben sollten.

Wurde hier mit zweierlei Maß gemessen? Eva Konzett schrieb im Falter: »Das offizielle Österreich hält eisern an der Skisaison fest. Elisabeth Köstinger, die im ersten Lockdown im Frühjahr wegen des Ansteckungsrisikos noch die Bundesgärten schließen ließ, spricht von der wichtigen Erholung an der frischen Luft.«[53] Drei Wochen später führte Petra Stuiber im Standard die kopfschüttelnde Berichterstattung internationaler Medien über die österreichische COVID-Touristik an, um ein »Messen mit zweierlei Maß – im Sinne der Hörls [Franz Hörl, Obmann der Seilbahnbetreiber in der Wirtschaftskammer und Nationalratsabgeordneter der ÖVP], Hoteliers und Co« zu konstatieren.[54] In der »Presse« zeigte sich Josef Urschitz wenig beeindruckt vom Krisenmanagement der Bundesregierung (mit Ausnahme des ersten Lockdowns). Einer seiner Kritikpunkte war die Klientelpolitik der ÖVP; die »kolportierte Absicht, ganz Österreich für die nächsten Monate radikal zuzusperren, aber die Skilifte offen zu lassen, ist so ein schönes Beispiel« für den Erfolg der Lobbys.[55]

Auch andere Ausprägungen des Corona-Diskurses der Bundesregierung hatten, sieht man genauer hin, einen gewissen Spin gegen die Bundehauptstadt. Vor allem zu nennen sind hier die Punzierung des Virus als eine gleichsam un-österreichische, aus dem Ausland und von »Ausländern« eingeschleppte Plage und der – freilich keineswegs spezifisch österreichische – Versuch, die Ausbreitung des Virus durch Grenzschließungen aufzuhalten. Was letzteren betraf, wies Falter-Kolumnist Raimund Löw bereits im März auf die politischen Gefahren von »Absperrungen, Kontrollen, Isolation [...] in autoritären Zeiten« hin, auch wenn sie medizinisch sinnvoll sein mochten.[56] Im Sommer versuchte die Bundesregierung, den österreichischen Tourismus anzukurbeln und warb auch international – vor allem in Deutschland – mit dem Musterland-Status. Gleichzeitig griff man jene Österreicherinnen und Österreicher an, die an adriatische Strände reisten. Bei deren Rückkehr blieb die nationalistische Rhetorik ebenso wenig aus wie spezifischen Grenzkontrollen, deren Sinnhaftigkeit von vielen bezweifelt wurden. Im August erklärte Sebastian Kurz: »Das Virus kommt mit dem Auto nach Österreich.« Krone-Kolumnist Michael Jeannée hatte da die Österreicherinnen und Österreicher bereits gewarnt, was ihnen selbst passieren könnte, wenn sie im Ausland infiziert würden: »Man wird euch behandeln wie Aussätzige. Ihr seid Ausländer. Ihr seid schuldig.«[57] Jeannée, selbst über xenophobe Kommentare aus österreichischer Perspektive nicht erhaben, sah durch diese Brille auf die Landsleute im Ausland und wusste, das könnte übel enden.

Das verdrehte Echo dieser Prognose erfolgte dann im Dezember, als Sebastian Kurz die Verantwortung für den dritten Lockdown auf die Menschen schob, die in Kroatien Urlaub gemacht hatten – und dabei jene mit Migrationshintergrund herauspickte, was sich als faktisch falsch herausstellte. Da in Wien besonders viele Menschen mit Migrationshintergrund leben, konnte diese Volte als Angriff auf die Bundeshauptstadt gesehen werden. Kurz erklärte, dass »durch Reiserückkehrer und insbesondere auch durch Menschen, die in ihren Herkunftsländern den Sommer verbracht haben, uns Ansteckungen wieder ins Land hereingeschleppt« worden seien.[58] So wie US-Präsident Donald Trump den Corona-Virus als »China-Virus« bezeichnete und damit vom mäßigen Erfolg seiner umstrittenen Politik abzulenken versuchte, reagierte Sebastian Kurz auf die steigenden Infektionszahlen im Herbst mit einer Abwandlung seiner Rhetorik von der von ihm mitverhandelten »Schließung der Balkan-Route« für Fliehende. »Anti-Migranten-Spin« als Sündenbock-Taktik nannten dies zahlreiche Journalistinnen und Journalisten und Poster auf Medienwebseiten.[59] Barbara Toth kritisierte im Falter: »Kurz spaltet die Gesellschaft in ein autochthones ›Wir‹ und ein fremdes ›die Anderen‹«, zu einem Zeitpunkt, da Solidarität besonders wichtig sei. Wendungen wie »Viren-Schlepper« seien kein Zufall, sondern »gehören zu seiner DNA«.[60]

Im Standard fasste ein kollektiver Kommentar Kurz' Botschaft so zusammen: »Rassismus und Corona: Schuld sind die anderen.«[61] Die Rechtsextremismus-Expertin Natascha Strobl verorte auf der Webseite des Think Tanks Momentum die Kurz-Aussage ideologisch: »Der österreichische Bundeskanzler schreibt sich am Höhepunkt der Pandemie in Österreich in einen Diskurs der extremen Rechten ein. Das Virus kommt aus dem Ausland und bedroht uns. Bei Trump war es der ›China-Virus‹ […], bei Sebastian Kurz wird es zum unterschwelligen Balkan-Virus.«[62] Tatsächlich hatte auch der Wiener FPÖ-Chef Dominik Nepp bereits Anfang September Corona als »Asylanten-Virus« und – in einer nicht ungeschickten Wendung, die die Bundesregierung in eine paradoxe Gemeinschaft mit den verhassten Asylsuchenden stellte – Schutzmasken als »Regierungsburka« bezeichnet. Sebastian Kurz' Aussage war nicht spezifisch auf Asylsuchende gemünzt, sondern viel breiter gegen vom »Balkan« stammende Menschen in Österreich.

Diese Debatte ist ein besonders deutliches Beispiel für die kritische Rolle, die der ORF als faktencheckendes, nachfragendes Medium einnahm. Schon im September hatte Armin Wolf in der Sendung »Zeit im Bild 2« Dominik Nepp kritisch und ironisch zu seinem xenophoben und kulturkämpferischen Corona-Spin befragt. Nun konfrontierte er in einem Interview den Bundeskanzler mit Koalitionskritik und Reaktionen aus der Bevölkerung: »Jetzt haben ganz, ganz viele Menschen mit Migrationshintergrund ihre Aussage in der Pressekonferenz […] empörend gefunden.« Auf YouTube wurde die Sendung denn auch unter dem Titel »ORF-Moderator Armin Wolf gegen Kanzler Kurz« gepostet.[63] Die Radiosendung »#doublecheck« legte noch nach, und zwar im gleichen Sinne wie Barbara Toth: »›Das Virus kommt mit dem Auto‹ ist sein Spruch. Und sein Markenkern.«[64] Wolf hatte in dem Interview auch einen Kommentar aus der »Presse« des folgenden Tages gepostet, in dem Martin Fritzl schrieb: »Da geht es um den Aufbau von Sündenböcken. Eine unnötige wie falsche Aktion.«[65] Tags darauf allerdings meinte ebendort Oliver Pink in einem Kommentar: »Die Ausbreitung von Covid-19 hat aber auch migrantische Ursachen.«[66] Auch in dieser Frage war die öffentliche Meinung geteilt, nicht zuletzt zwischen der Hauptstadt und den Bundesländern.

Fazit: Kritische Medienöffentlichkeit vs. Krisenautorität

Die Lektüre der österreichischen Corona-Berichterstattung im Jahr 2020 ergibt ein ermutigendes Fazit: Angesichts der durch die Gesundheitsbedrohung ermächtigten Regierungspolitik bewahrte die Medienöffentlichkeit insgesamt kritische Distanz, ja baute diese noch aus. Während anfangs der Bundeskanzler –

obwohl dieser in Österreich über keinerlei Richtlinienkompetenz verfügt – wie während der Regierung Kurz I (2017–2019) als scheinbar alleiniger Entscheidungsträger zu erscheinen bemüht war, signalisierten bald das Corona-Trio und letztlich vor allem das Duo Kurz-Anschober parteiübergreifende Fachkompetenz. Auch diese inszenierte sich freilich als Verkörperung von Expertise und Entscheidungssicherheit verbunden mit obrigkeitlicher, wenngleich väterlich-sanftmütiger Strenge, die durch den Ernst der Lage gefordert schien.

Und eben hier fungierten österreichische Medien als Katalysatoren einer kritischen Grundhaltung in der österreichischen Bevölkerung, die manche Beobachterin und manchen Beobachter überraschen mochte. Die teils leidenschaftlich zu nennende Zustimmung, die Sebastian Kurz erfahren hatte, seit er die Macht in der ÖVP übernommen hatte und ins Bundeskanzleramt eingezogen war, sah sich plötzlich relativiert. Aus einer nicht immer kohärenten Mixtur von Vorbehalten gegenüber staatlichen Eingriffen und der diesen zugrunde liegenden sachlichen Expertise erwuchs eine neue Skepsis gegenüber der Lösungskompetenz politischer Autorität. Fragen bürgerlicher und ökonomischer Freiheit wurden in Fernsehen, Zeitungen und auf Kommentarseiten vielstimmig und konfrontativ diskutiert – in einer Leidenschaft, inhaltlichen Tiefe und gesellschaftlichen Breite, die zuvor nicht zu konstatieren gewesen war. Und trotz aller Zustimmung zum Primat gesamtgesellschaftlicher Solidarität in schwierigen Zeiten schlug das Pendel fast stets für die Freiheit aus. Der ansonsten laute Ruf nach der »strengen Hand« eines »starken Mannes« war zwar nicht verstummt, aber immer schwächer zu vernehmen.

Wenn auch manche Intellektuelle das Jahr 2020 bangend als möglichen Einstieg in eine »illiberale Demokratie« betrachteten, scheint also eine gegenteilige Tendenz augenfällig. Gerade das als oft obrigkeitshörig betrachtete österreichische Volk zeigte zunehmende Widerborstigkeit gegenüber einem äußerst populären Kanzler. Inszenierte Kommunikationsakte wurden dekonstruiert, glatte Botschaften hinterfragt und die quasimessianische Erhabenheit mancher Politikerinnen und Politiker auf den Boden der Menschlichkeit heruntergeholt, wo Fehler geschehen und auch angesprochen werden können. Die Polyphonie der Medien bildete diese Meinungsbreite nicht nur ab, sondern bot ihr Artikulationsplattformen. Die vierte Macht erfüllte während des »Krisenereignisses Corona 2020« ihre wichtigste Funktion: durch kritische Informationsarbeit die Meinungsvielfalt zu gewährleisten.

ZEITENWENDE UND WENDEZEIT

Trotz aller Bemühungen, die Notwendigkeit der getroffenen Maßnahmen plausibel zu machen, zeigte sich ab dem Sommer 2020 wachsendes Unverständnis. Dabei war es so gut wie unmöglich, die Wirtschaft wieder in Gang zu setzen, den Fremdenverkehr anzukurbeln, die Schließungen zu beenden und Einschränkungen aufzuheben, wenn gleichzeitig die Infektionszahlen nach oben wiesen. Es waren vor allem Jugendliche, die ein Zeichen setzen wollten und einen Aufstand gegen das Establishment, die Älteren, aber auch die politisch Verantwortlichen versuchten. An sich hätte man das nicht als neu empfinden müssen, denn ein derartiges Aufbegehren hatte es immer wieder und wieder, beispielsweise 1968 gegeben. Und dass sich radikale Gruppierungen das zunutze zu machen suchten, war auch nicht neu. Die Schlussfolgerung daraus, dass die am Beginn der Pandemie gezeigte Solidarität geschwunden wäre, ließ aber außer Acht, dass sich auch Hilfsbereitschaft und Solidarität abnützen konnten. Der Verzicht auf Gemeinsamkeit und der fehlende Austausch mit Altersgenossen war für die nachwachsende Generation zweifellos belastend, denn das war so noch nie dagewesen. Die Älteren wiederum klagten aus anderen Gründen über Vereinsamung. Sie waren – Frühjahr und Herbst zusammengerechnet – viele Wochen angehalten gewesen, in Isolation zu leben. Sie mussten auf jene Zuwendung verzichten, die sie bis dahin zumindest vorausgesetzt hatten, um nicht das Gefühl zu haben, abgeschoben worden zu sein. Doch die Älteren und »Alten« rebellierten zum wenigsten, sondern litten.

Die Folgen des zivilen Ungehorsams aber auch der zwar rigorosen aber kaum zu überwachenden Isolation von Menschen in Pflegeheimen waren immer wieder neue Infektions-Cluster. 42 Prozent aller Todesfälle, die auf COVID-19 zurückzuführen waren, entfielen auf Alten- und Pflegeheime. Als im September 2020 die Infektionszahlen immer deutlicher zu steigen begannen und sich Ende Oktober schon der kritischen Grenze näherten, war abermals die Politik gefordert. Am 23. und 24. Oktober machten die Infektionszahlen einen regelrechten Sprung nach oben. Ein Teil-Lockdown brachte nichts oder zumindest zu wenig. Die Menschen ignorierten die Prognosen. Im Frühjahr waren 60 Prozent der Bevölkerung den Warnungen der Regierung gefolgt, jetzt waren es 30 Prozent. Und 77 Prozent der Neuansteckungen konnten nicht mehr zurückverfolgt werden, so der Bundeskanzler am 13. November.[1] Man rechnete mit 7 000 Neuansteckungen pro Tag. Ein Begriff, der an die Verwundetenversorgung des Ersten Weltkriegs

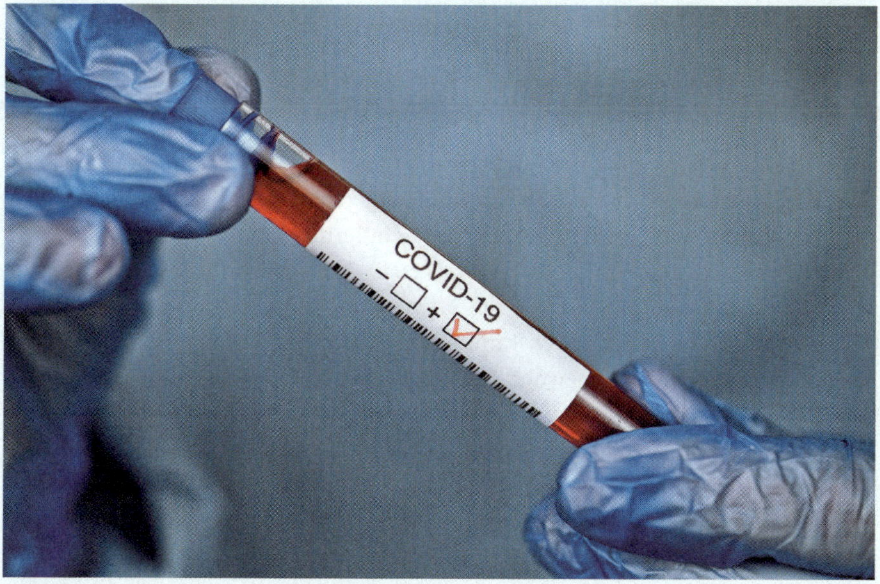

Abb. 18: »Corona-Virus: Jubiläumsparty in Peuerbacher Bar endet mit positiven Fällen und negativen Folgen«, titelte tips.at im Oktober 2020.

erinnerte, machte die Runde: Triage, die Einteilung von Patienten in solche, bei denen eine Behandlung noch Erfolg versprach und andere, die man sterben ließ. Klar, dass gehandelt werden musste. Für die Opposition kam alles zu spät.

Abermals kursierte das Wort vom Überwachungsstaat. Abermals drohte ein Aufstand der Jugend, einer Jugend, die nicht wahrhaben wollte, dass sie nicht minder gefährdet war wie die Älteren. Ignorieren nützte da nichts. Das Virus war präsent, und Tausende Tote konnte man nicht mit wegwerfenden Handbewegungen und ignoranten Bemerkungen abtun. Nach wie vor machten auch düstere Vorhersagen die Runde und wer wollte, konnte sich abermals an die Weltuntergangsstimmung einiger Propheten im Umfeld des Jahrs 2000 erinnert sehen, wenn vom Zusammenbruch der Weltwirtschaft, des Währungssystems, Chaos und Krieg geschrieben und gemutmaßt wurde. Auch gegen diese Weltsicht galt es anzukämpfen.

Ab dem 4. Dezember wurden im großen Stil Testungen durchgeführt, um Infizierte frühzeitig zu identifizieren. Dass es eine Momentaufnahme sein würde, spielte dabei keine Rolle, auch wenn es ein wenig an Aktionismus grenzte. Die Bundesländer begannen nicht gleichzeitig, sondern gestaffelt. Der Aufwand war erheblich. Das Resultat ernüchternd. Im Österreichschnitt waren es 22 Prozent der Bevölkerung, die sich testen ließen. In Wien waren es 14 Prozent, doch gerade die Großstadt hatte vergleichsweise wenige Corona-Fälle und konnte daher auf Vorsorge und Eigenverantwortung pochen. Nichtsdestoweniger gingen die Betten auf den Corona-Stationen aus. Die unmittelbare Zukunft sah düster aus. War auch dieser Weg falsch gewesen?

Nach wenigen Wochen der Lockerung wurden für die Zeit unmittelbar nach dem Weihnachtsfest neuerliche Verschärfungen angekündigt. Es sollte einen weiteren totalen Lockdown geben. Für die Schülerinnen und Schüler wurden die Weihnachtsferien bis 11. Jänner verlängert und abermals in das Prinzip Hoffnung investiert. Die Hoffnung hatte auch einen Namen: Impfung. Noch vor Weihnachten sollte es die ersten Impfungen geben und dann zügig weitergehen. Wieder, wie bei den Testungen auf freiwilliger Basis. Doch wer würde sich impfen lassen? Eine erste Prognose erbrachte 20 Prozent der Bevölkerung. Zwei Landeshauptleute empfahlen Impfpflicht, andere widersprachen. Die österreichische Bundesregierung propagierte die Impfung; Teile der Opposition, vor allem die FPÖ rieten ab. Die Impfung sollte durch Anreize attraktiver werden. Würden 50 Euro ein angemessener Betrag sein, um sich und andere zu schützen? Spätestens da war wohl der Moment gekommen, sich über Eigenverantwortung und Gemeinwohl Gedanken zu machen. Am 17. Dezember meldete Oberösterreich, dass es allein in diesem Bundesland bereits 1 017 Corona-Tote gab.[2] Kurz darauf übernahm die Steiermark »die Führung«.[3] In ganz Österreich näherte man sich der Marke von 5 000 Toten. Der dritte Lockdown stand bevor. Tags darauf wurde er verkündet. Dabei gab es auch eine Symbiose besonderer Art, die Eigenverantwortung und Anreize verknüpfte: Der »normale« Lockdown sollte bis zum 18. Jänner 2021 dauern; jene aber, die sich nicht testen lassen wollten, wurden mit der Fortdauer der Quarantäne bis zum 24. Jänner bedroht. Bund und Länder zeigten erstmals seit dem Frühjahr 2020 Einigkeit.

Der 27. Dezember wurde dann feinsinnig als »Stichtag für Corona-Impfungen«[4] in Österreich bezeichnet. Die ersten Personen wurden geimpft. Wer freilich geglaubt hatte, jetzt würde es zügig weitergehen, sah sich getäuscht. Unklare Kompetenzen, das Abschieben von Verantwortung und das verzögerte Anliefern des zunächst einzigen Vakzins machten eine allzu optimistische Sicht vom bevorstehenden Ende der Pandemie zunichte. Jetzt schien sie zur unendlichen Geschichte zu mutieren. Am 29. Dezember 2020 überschritt die Zahl der COVID-19-Toten die Grenze von 6 000. Ein Gesetz über das »Freitesten« scheiterte am Widerstand der Opposition. Die Debatte um die zweckmäßigste Vorgangsweise ging in die Verlängerung. Mitte Jänner 2021 waren bereits weit über 7 000 Menschen an COVID-19 gestorben. Dann zwangen Mutationen des bereits bekannten Virus mit einem mehr als 50 Prozent höheren Ansteckungsgrad zu neuerlich verschärften Maßnahmen. Doch die Ablehnungsfront jener, denen die zunächst bis 8. Februar und dann sektoral verlängerten Einschränkungen unerträglich schien, die aber auch keine Impfungen wollten, schwoll zu einer schon respektablen Zahl an. Allein in Wien sollen am 16. Jänner 2021 rund 30 000 Menschen zu Demonstrationszügen aufgebrochen sein. In der Folge machten Gerüchte die Runde, ein Sturm auf das Parlament und eine Festsetzung des Bundespräsidenten seien geplant gewesen.[5] Bisweilen war es also nicht nur skurril, sondern absurd. Und angesichts von markanten Verzögerungen bei den Impfungen war ein Ende nicht absehbar. Nun kam bereits der Sommer, ja sogar das ganze Jahr 2021 ins Spiel.

Die Hoffnung auf ein rasches oder zumindest absehbares Ende der Pandemie erhielt denn auch schon Mitte Jänner einen beträchtlichen Dämpfer, als sich herausstellte, dass viele – nicht alle – europäischen Staaten weit weniger Impfstoff geliefert bekommen würden als gedacht. Einer schob die Schuld daran auf den anderen. Die Spitzen der EU und eine Reihe von Regierungschefs intervenierten, denn hier zeichnete sich eine Krise ab, die nicht unterschätzt werden durfte. An den Demonstrationen gegen die Corona Maßnahmen beteiligten sich in Österreich nicht nur alle möglichen als extrem eingestuften Gruppen, sondern zunehmend Menschen, die nicht mehr bereit waren, die massiven und als belastend empfundenen Einschränkungen länger hinzunehmen. Hier musste reagiert werden. Das Versprechen der hauptsächlich involvierten Pharmafirmen, rascher größere Mengen an Impfstoffen zu liefern sowie die langsam sinkenden Zahlen bei den Neuansteckungen hatten zur Folge, dass die ohnedies nie lückenlos eingehaltenen Einschränkungen ab dem 8. Februar 2021 gelockert werden sollten. Und das trotz des Auftretens neuer Virus-Mutationen und einer vor allem in den westlichen Bundesländern Besorgnis erregenden Zahl von neuen Infektonen. Wie am Anfang der Pandemie gab es einen zwischenzeitlich geschwundenen Schulterschluss von Bund, Ländern und Parteien. Von einem Ende der Pandemie wollte aber niemand sprechen. Immer wieder wurde das Jahr 2022 ins Spiel gebracht, wenn es darum ging, einen Zeitpunkt für das Ende der Pandemie zu benennen. Und wenn es darum ging, eine Voraussage zu wagen, bis wann sich wieder alles normalisiert haben würde, regierten der Konjunktiv und Satzfetzen wie: Wer weiß? Vielleicht? Man wird sehen!

Da sich der Ausspruch der deutschen Bundeskanzlerin Merkel »Wir schaffen das!« mittlerweile schon regelrecht abgenützt hatte, brauchte es dringend ein anderes zukunftstaugliches Schlüsselwort. Würden »Zeitenwende« oder »Wendezeit« passen? Unbestritten ist: Wir haben es mit einer Zäsur zu tun. Wie tiefgehend sie ist, kann noch nicht gesagt werden. Trifft vielleicht Stefan Zweigs Ahnung aus dem Jahr 1939 auch auf unsere Zeit zu, dass »zwischen unserem Heute, unserem Gestern und Vorgestern [...] alle Brücken abgebrochen« sind?[6]

Gerade Historikerinnen und Historiker sollten eine gewisse zeitliche Distanz beachten und sich selbst zur Ordnung rufen, um Aussagen zu treffen. Offensichtlich aber haben wir es mit dem altbekannten Phänomen der Zeit[7] zu tun. Und zwar egal, ob man es mit Augustinus hält oder lieber Hugo von Hofmannsthal zitiert: »Die Zeit, die ist ein sonderbar Ding. Wenn man so hinlebt, ist sie rein gar nichts. Aber dann auf einmal, da spürt man nichts als sie. [...] Lautlos, wie eine Sanduhr.«

Grafik 12: COVID-19 Fälle in Österreich (Stand 22. Februar 2021, 0.00 Uhr).
Quelle: Zahlen – Österreichische Agentur für Gesundheit und Ernährungssicherheit GmbH (AGES)

Gehen wir also davon aus, dass sich eine Art Periodisierung vornehmen lässt, und das Vorher wie das Nachher jeweils deutliche Merkmale aufweisen.[8] Vielleicht ist diese Form der Periodisierung auch etwas, das eine Ungerechtigkeit zu beseitigen vermag, die darin besteht oder zumindest bestanden hat, dass anderen Zivilisationen die westliche Zeitrechnung übergestülpt worden ist.[9] Jetzt könnte es heißen: *Vor* Corona und *Nach* Corona.

Lange musste man sich mit Mutmaßungen und Annäherungen begnügen. Nun sind wir schon ein Stück weiter. Von Historisierung ist man aber noch weit entfernt. Spätestens im Herbst und Winter 2020 war jedoch klar: Nichts war mehr so, wie es in den ersten Monaten des Jahres 2020 gewesen ist. Mehr als zwei Millionen Corona-Tote weltweit (Stand Jänner 2021) war und ist ein Faktum. Dabei wurde man gewahr, dass den meisten Menschen nichts wichtiger schien, als dort wiederanknüpfen zu können, wo sie vor dem Ausbruch der COVID-19-Pandemie gestanden sind. Aber es ging um einen Neuanfang sowie die Frage, wie es hat kommen können, also so ziemlich die ältesten Fragen der Geschichte. Und mit der weniger aus Neugier, denn als Schock verstandenen Frage »Wo stehen wir heute?« landet man unweigerlich dort, wo seit gut zwei Jahrtausenden versucht worden ist, eine Periodisierung vorzunehmen. Von der gelebten Gegenwart ausgehend ist zu fragen: Haben wir es mit einer Welt von gestern oder einer von morgen zu tun?

Dass eine Krise, wie man sie durch mehr als ein Jahr erlebte, nicht ohne Auswirkungen auf Abläufe, Einstellungen und Gewohnheiten bleiben kann, sondern einen ohnedies schon längst feststellbaren Wandel beschleunigt hat, scheint ebenso evident. Mag sein, dass man nach einer Aufzählung des Gewesenen, das immer wieder dazu verleitet, verklärt zu werden, schon bald der »Welt von gestern« nachzutrauern beginnt. Doch das Schlagwort von der »guten alten Zeit« hat schon mehrfach ausgedient.

Seit dem Frühjahr 2020 kann man auf dem kleinen Bahnhof der Marchfeldgemeinde Deutsch Wagram eine flüchtig hingesprayte Zeile lesen: »Mutig in die neuen Zeiten …« Es ist die erste Zeile der dritten Strophe der österreichischen Bundeshymne. Sie drückt Zuversicht aus. Andere Worte aus der Strophe wären hinzuzudenken, z. B. »arbeitsfroh und hoffnungsreich«. Die 1946 von Paula von Preradović verfassten Verse wurden ein Jahr nach dem Ende des Zweiten Weltkriegs zum Hymnentext gewählt. In ihm ist nichts Nostalgisches enthalten und wird kaum ein Blick zurückgeworfen. Wohl aber wird darauf Bezug genommen, dass es nicht ohne Anstrengungen gehen wird und dass eine gegenwärtige aber auch zukünftige Generationen gefordert sein werden. Es ist ein hymnischer Abschied von der »Welt von gestern«. ♦ M. R.

Manfried Rauchensteiner · Michael Gehler

NACHWORT

Wie meistens gilt auch für dieses Buch der in Hexameter gegossene Halbsatz des Terentianus Maurus »habent sua fata libelli«, Bücher haben ihre Schicksale. Schon bald nach Beginn der COVID-19-Krise zeigte sich, dass Ursprung, Verbreitung, Auswirkungen und nicht zuletzt eine jahrtausendelange Vorgeschichte schwerer, oft tödlicher Seuchen regelrecht verstören konnten. Was so fern geschienen hatte, war plötzlich gegenwärtig geworden. Dazu kam, dass über das Ausmaß, die Bekämpfung und die Dauerhaftigkeit der bald als Pandemie eingestuften Epidemie Rätselraten herrschte. Das weckte nicht nur bei den nunmehrigen Herausgebern Interesse, sondern ließ auch die Frage zu, welche historische Einordnung die Pandemie einmal erfahren würde. War sie eine von vielen oder doch etwas Singuläres? Würde sie mehr als eine Delle in der Geschichte des 21. Jahrhunderts hinterlassen oder gar eine regelrechte Zäsur bedeuten? An diesem Punkt angelangt, erschien es wohl legitim, die Fragen zu bündeln und sich umzusehen, welche Antworten schon ab dem Frühjahr 2020 und in der Folge gegeben wurden.

Es gab die unterschiedlichsten Reaktionen. Da standen auf der einen Seite das besondere Interesse und auf der anderen Seite die Befürchtung, dass es noch zu früh sei, um abschließende Beurteilungen vorzunehmen. Es galt also, beides in Einklang zu bringen. Je länger die Krise dauerte und je vielfältiger sie sich auswuchs, umso mehr Befunde kamen hinzu. Vor allem die Notwendigkeit, den Gang der Ereignisse und der Entscheidungsfindung festzuhalten, lud zu Zwischenbilanzen ein. Und die Dauer der Maßnahmen sowie die allmählich sichtbar oder zumindest erahnbar werdenden Folgen mündeten zunehmend in erste Schlussfolgerungen, die über Momentaufnahmen oder eine bloße Chronik der Ereignisse hinausgingen. Hier galt es einzuhaken und die einfache Fortschreibung insofern zu unterbrechen, als sich bereits Schlussfolgerungen ziehen ließen, die über die Mutmaßungen der Anfangszeit weit hinausgingen. Spätestens ab dem Herbst 2020 summierten sich ja nicht nur die Einzelereignisse, vielmehr ließen sich bereits erste Erkenntnisse ableiten und vorsichtige Einordnungen vornehmen, die den Ansatz zu einer Historisierung des ersten und zweiten Lockdowns sowie ihrer Folgen bilden konnten. Trotz aller Bedachtnahme auf ein noch unfertiges Geschehen schien es durchaus möglich, eine Darstellung zu versuchen, die Vergangenes, Aktuelles und noch Werdendes vereint. Die Analysen und Darstellungen enden im Februar 2021.

Als Herausgeber ist es uns ein Anliegen, abschließend jenen zu danken, die zur Veröffentlichung des vorliegenden Bandes beigetragen haben. Da ist an erster Stelle der Zukunftsfonds der Republik Österreich zu nennen, der nicht lange von der Sinnhaftigkeit des Projekts überzeugt werden musste, denn hier ging es tatsächlich um Zukünftiges. Das Kuratorium des Fonds hat über Initiative von Prof. Herwig Hösele ohne zu zögern seine Unterstützung zugesagt, sodass das Projekt »auf Schiene« gebracht werden konnte und damit zu einer Art Jahresvorhaben wurde. Die Suche nach Autorinnen und Autoren gestaltete sich ähnlich problemlos. Alle, die zur Mitarbeit an dieser inter- und multidisziplinären Dokumentation eingeladen wurden, sagten spontan zu. Sie haben auch die sehr kurz bemessene Zeit zur Abfassung der erbetenen Manuskripte akzeptiert. Und sie haben die Termine in der Regel eingehalten, wofür ihnen das Herausgeberteam in ganz besonderer Weise verbunden ist. Die meisten Autorinnen und Autoren haben noch etwas Weiteres getan, wofür ihnen Dank gebührt: Sie haben immer wieder Aktualisierungen, Ergänzungen und Nachbesserungen vorgenommen, um – sofern notwendig – die Aktualität zu steigern.

»Wissenschaft ist etwas Unfertiges und sich Entwickelndes,« hat Klement Tockner in seinem Beitrag festgehalten, was besonders für die Zeitgeschichtsforschung gilt. Kaum eine andere Teildisziplin der Geschichtswissenschaften ist so von Vorläufigkeit gekennzeichnet wie die Erforschung des Zeitgeschehens, was uns als Herausgebern bei diesem Thema besonders bewusst wurde. An dieser Stelle gilt es daher noch einmal darauf hinzuweisen, dass sich alle an dem Publikationsvorhaben Beteiligten bewusst waren, dass sie keine abschließenden Beiträge liefern würden, wohl aber Texte, die nicht nur erste Befunde, sondern persönliche Erfahrungen und Eindrücke enthalten sollten. Das Bild von der Durchquerung eines reißenden Flusses wäre vielleicht geeignet, die Situation der Mitarbeiterinnen und Mitarbeiter zu beschreiben: Alle hatten den festen Willen, einen Fluss zu durchqueren und ihre eigenen Beobachtungen und Schlussfolgerungen als Gemeingut anzubieten. Das Ufer ist Gott sei Dank in Sicht.

Das Einlesen und Lektorat der Manuskriptteile besorgten dankenswerterweise Mag. Dr. Joachim Bürgschwentner und Mag.ª Dr.ⁱⁿ Nicole-Melanie Goll. Ein ganz besonderer Dank gebührt dem Böhlau Verlag Wien, vor allem Mag.ª Waltraud Moritz, die sich ohne Zögern für die Aufnahme des Bandes in das Frühjahrsprogramm des Verlags für 2021 ausgesprochen hat. Mag. Martin Zellhofer und Michael Rauscher haben alles getan, um die Herausgabe des Bandes zum frühest möglichen Termin zu ermöglichen.

Eines haben Autorinnen und Autoren wie Herausgeber am Beginn ihres Vorhabens wohl unterschätzt, nämlich die Dauer der Pandemie. Zwar ließen sich immer wieder Ergänzungen und Präzisierungen an schon fertig geglaubten Texten vornehmen, und ließen sich Daten aktualisieren. Doch angesichts der sich ständig ändernden Rahmenbedingungen verloren die Einzelereignisse immer wieder den Charakter des Beständigen. Da und dort blieb daher nur die Einladung, sich mit Analogien zu behelfen: Dem ersten Lockdown folgte ein zweiter, dem ein dritter, ein vierter … Sie unterschieden sich zwar graduell, doch die Grundaussagen behielten ihre Gültigkeit. Was vorliegt, ist daher ein Werkstattbericht.

Wien, im März 2021
Manfried Rauchensteiner
Michael Gehler

ANMERKUNGEN

Manfried Rauchensteiner · Einleitung: Es ist einmal

1 Die Abkürzung steht für severe acute respiratory syndrome coronavirus type 2 (schweres akutes respiratorisches Syndrom) Corona-Virus-2. Siehe dazu die Informationen des deutschen Robert Koch Instituts: https//www.rki.de/DE/Content/InfAZ/N/Neuartiges_Corona-Virus/Virologische_Basisdaten.html [Abruf: 10.1.2020].

2 Verheerender Corona-Bericht: Haben WHO und Italien die Veröffentlichung verhindert?, in: Kurier, 11.12.2020, https//kurier.at/politik/ausland/verheerender-corona-bericht-haben-who-und-italien-die-veroeffentlichung-verhindert/401126754?utm_source=abenddienst&utm_medium=e-mail&utm_campaign=426&tpcc=abenddienst&pnespid=h.QxsPZfWVONyd9DjnRe_aEcosRy_Q2UmMcPAw [Abruf: 10.1.2020].

3 Jürgen Dahlkamp, Felix Hutt, Gunther Latsch, Walter Mayr, Die Akte Ischgl, in: Der Spiegel, 25.6.2020, https//www.spiegel.de/politik/ausland/corona-in-ischgl-wer-versagte-wer-wegschaute-und-wer-dafuer-bezahlen-muss-a-20be2617-768f-40f5-8af0-df8b591aa6b1 [Abruf: 10.1.2020].

4 Die Krise verändert die Weltordnung, in: Die Presse, 20.3.2020, S. 9.

5 38 Mrd. Euro für die Wirtschaft, in: Ebenda, 19.3.2020, S. 1.

6 Was wir über das Virus wissen, in: Ebenda, 21.3.2020, S. 1.

7 Masken sollen Tote verhindern, in: Ebenda, 31.3.2020, S. 1.

8 Überwachen statt Daheimbleiben, in: Ebenda, 30.3.2020, S. 1.

9 Die große Corona-Depression, in: Ebenda, 15.4.2020, S. 1.

10 Niedrige Zahl an Infizierten als Risiko, in: Ebenda, 16.4.2020, S. 1.

11 Wo uns zu viel zugemutet wird, in: Ebenda, 24.4.2020, S. 1.

12 Tag ohne Arbeit, in: Ebenda, 30.4.2020, S. 1.

13 Der Staat hat versagt, in: Kurier, 4.5.2020, S. 1.

14 Dieter A. Binder, Ernst Bruckmüller, Essay über Österreich. Grundfragen über Identität und Geschichte 1918–2000. Wien-München: Verlag für Geschichte und Politik, 2005.

15 So z. B. Matthias Horx, Die Zukunft nach Corona. Wie eine Krise die Gesellschaft, unser Denken und unser Handeln verändert, Berlin: Econ, 2020.

Robert Pfaller · Das Virus spricht

1 Anmerkung des Übersetzers: Der Erreger erweist sich hier als belesen. Das verwundert nicht – hat man seinetwegen doch bereits die Zeitungen und Journale aus den Cafés entfernt, da man vermutete, er könnte sich darin vertieft haben. COVID-19 spielt hier offensichtlich auf die folgenden Quellen an: Karl Marx, Das Kapital. Kritik der politischen Ökonomie, Erster Band, in: Marx Engels Werke, Bd. 23, Berlin: Dietz, 1984, S. 98; Friedrich Nietzsche: Götzen-Dämmerung, in: ders.: Werke in drei Bänden, hg. v. Karl Schlechta, Bd. III, München: Ullstein, 1984, S. 385–479, hier: S. 479. Was die Narrheit betrifft, bezieht das Virus sich auf Erasmus von Rotterdam: Das Lob der Narrheit. Zürich: Diogenes, 1987.

2 Anmerkung des Übersetzers: Die Eitelkeit des Erregers zeigt sich hier erneut in einer Reihe gebildeter Anspielungen. Von der »Komödie« des Masochismus‹ spricht Krafft-Ebing in seiner »Psychopathia sexualis«. Siehe Richard von Krafft-Ebing, Psychopathia sexualis. München: Matthes & Seitz, 1997, S. 114. Der »Glanz auf der Nase« entstammt einer dem Fetischismus gewidmeten Studie Sigmund Freuds. Siehe Sigmund Freud, Fetischismus (1927e), in: ders., Studienausgabe, Bd. III, Frankfurt am Main: Fischer, 1989, S. 379–388. Diese Eitelkeit ist möglicherweise eine Schwachstelle des Virus, an der zukünftige Versuche seiner Bekämpfung vielleicht ansetzen könnten.

3 Anmerkung des Übersetzers: Das Virus bezieht sich hier offenbar auf die paradoxen Ergebnisse einiger medizinischer Studien aus Frankreich und Italien. Siehe dazu z. B. https//www.medmix.at/rauchen-nikotin-coronavirus-covid-19/; https//www.dw.com/de/hilft-nikotin-gegen-das-coronavirus/a-53220886; sowie auch die Verlautbarungen durch den Künstler David Hockney: Does smoking PROTECT against coronavirus? That was the amazing claim from David Hockney but multiple scientific studies now suggest he might be on to something, in: Daily Mail online, https//www.dailymail.co.uk/news/article-8333151/Why-did-Guardian-censor-David-Hockneys-view-smoking-protect-coronavirus.html [Abruf: 31.10.2020]. Selbstverständlich handelt es sich hier, wie sonst auch in diesem Monolog des Erregers, um eine sehr verzerrte Sicht der Dinge.

4 Anmerkung des Übersetzers: Offenbar bezieht sich COVID-19 hier auf Cicero, De officiis, I, 15: »… suum cuique …«. Ein Zitat, das hier nicht zum ersten Mal auf infame Weise missbraucht wird.

Ein Weltkrieg gegen Myriaden Feinde

1 Pekings Stadtbezirke im »Notfallmodus«, in: ORF.at, 27.12.2020, https//news.orf.at/#/stories/3195165/ [Abruf: 10.1.2020].

2 Siehe dazu u. a. Laura Spinney, 1918 – Die Welt im Fieber. Wie die Spanische Grippe die Gesellschaft veränderte, München: Hanser 2018.

Herwig Czech · Die Spanische Grippe von 1918

1 Der Autor dankt Clemens Jobst für Unterstützung bei der Recherche und Philipp Rohrbach für wertvolle Hinweise zum Manuskript.

2 Nemesis (1. Strophe), in: Johann Wolfgang von Goethe, Berliner Ausgabe. Poetische Werke, Band 1, Berlin: Akademieverlag 1960, S. 279.

3 Niall P.A.S. Johnson, Juergen Mueller, Updating the Accounts: Global Mortality of the 1918–1920 »Spanish« Influenza, in: Bulletin of the History of Medicine 76 (2002), S. 105–115. Die Autoren hielten eine tatsächliche Bilanz von bis zu 100 Millionen Toten für möglich. Eine neuere Studie kommt zu einem wesentlich niedrigeren Ergebnis, nämlich 15 Millionen Opfer im Jahr 1918 und 2,5 Millionen im Jahr 1919 (Peter Spreeuwenberg, Madelon Kroneman, John Paget, Reassessing the Global Mortality Burden of the 1918 Influenza Pandemic, in: American Journal of Epidemiology 187 (2018), S. 2561–2567). Allerdings beruht das Ergebnis auf einem Sample von nur 14 Ländern, in dem außerhalb von Europa nur Neuseeland und Britisch-Indien enthalten sind, was Fragen der Repräsentativität aufwirft (Siddharth Chandra, Julia Christensen, Re: Reassessing the Global Mortality Burden of the 1918 Influenza Pandemic, in: American Journal of Epidemiology 188 (2019), S. 1404; Peter Spreeuwenberg, Madelon Kroneman, John Paget, The Authors Reply, in: American Journal of Epidemiology 188 (2019), S. 1405–1406). Die Angaben zu den globalen Opferzahlen sind also auch nach mehr als hundert Jahren mit großen Unsicherheiten behaftet. Weiterführend siehe u. a.: Laura Spinney, 1918 – Die Welt im Fieber: Wie die Spanische Grippe die Gesellschaft

veränderte, München: Hanser 2018; Harald Salfellner, Die Spanische Grippe. Eine Geschichte der Pandemie von 1918, Prag: Vitalis 2020.

4 Eine geheimnisvolle Epidemie in Spanien, in: Neues Wiener Tagblatt (Tages-Ausgabe), 29.5.1918, S. 9.

5 Die Epidemie in Spanien, in: Neue Freie Presse, 3.6.1918, S. 6.

6 Aeußerungen von ärztlicher Seite, in: Neues Wiener Tagblatt (Tages-Ausgabe), 1.7.1918, S. 6.

7 Vereinzelte Fälle der spanischen Grippe in Wien, in: Neue Freie Presse (Abendblatt), 2.7.1918, S. 3.

8 Die »spanische Krankheit«, in: Tages-Post, 3.7.1918, S. 4.

9 Die spanische Grippe in den Operettentheatern, in: Wiener Sonn- und Montagszeitung, 15.7.1918, S. 6.

10 Die spanische Krankheit, in: Neues Wiener Journal, 3.7.1918, S. 6.

11 Z. B. Die spanische Grippe, in: Prager Tagblatt, 4.7.1918, S. 3.

12 Die spanische Grippe – Influenza, in: Illustrierte Kronen-Zeitung, 15.7.1918, S. 6.

13 Der Erreger der Grippe nicht der Influenzabazillus, Frankfurter Zeitung, zit. nach: Linzer Tages-Post, 29.7.1918, S. 3.

14 Berner Tagblatt, 19.7.1918, zit. nach: Auszug aus der Tagespresse, 29.7.1918, S. 9.

15 Umsichgreifen der spanischen Grippe in der Schweizer Armee, in: Reichspost, 19.7.1918, S. 7.

16 Neues Wiener Journal, 14.7.1918.

17 Eugen Marcovici, Erfahrungen über eine neuartige Grippe und deren abortive Behandlung, in: Wiener klinische Wochenschrift 31 (1918), S. 994–995; Die spanische Influenza – eine Darmkrankheit, in: Neues Wiener Journal, 7.7.1918, S. 4.

18 Deutsche Hilfe für die kranke Schweiz, in: Neues Wiener Journal, 31.7.1918, S. 6.

19 Die spanische Grippe, in: Wiener Allgemeine Zeitung, 30.7.1918, S. 4.

20 Erkrankungen bei den Straßenbahnern, in: Arbeiter-Zeitung, 20.7.1918, S. 6.

21 Erwin Bader, Einige Beobachtungen bei der »Spanischen Krankheit«, in: Wiener klinische Wochenschrift 31 (1918), S. 883–884.

22 Tod des jungen Decassé, in: Pester Lloyd, 30.7.1918, S. 10.

23 Hans Dessauer gestorben, in: Wiener Allgemeine Zeitung, 1.8.1918, S. 5.

24 Tod zweier Söhne des Wiener türkischen Botschafters Hussein Hilmi Pascha, in: Neue Freie Presse (Abendblatt), 2.8.1918, S. 4.

25 Die Grippe auch in Griechenland, in: Marburger Zeitung, 13.8.1918, S. 2; Die spanische Grippe in Triest, in: Reichspost (Nachmittagsausgabe), 16.8.1918, S. 3.

26 Die spanische Grippe in Frankreich, in: Pester Lloyd, 16.8.1918, S. 7.

27 Zunahme der Grippefälle in Skandinavien, in: Neue Freie Presse, 12.8.1918, S. 7.

28 Gesichtsmasken – gegen die spanische Grippe, in: Fremden-Blatt, 13.8.1918, S. 7.

29 Die maskierten Schweizer, in: Prager Tagblatt (Abendausgabe), 14.8.1918, S. 2.

30 Schweizer Leidenstage. Als die spanische Grippe wütete, in: Österreichische Volks-Zeitung, 16.8.1918, S. 5.

31 Schweizer Eindrücke, in: Neues Wiener Journal, Mittagsblatt, 20.8.1918, S. 3.

32 Österreichisches Staatsarchiv (ÖStA), Archiv der Republik (AdR), Gruppe 3, Volksgesundheitsamt, 1588 Infektionskrankheiten 1918.

33 Die spanische Krankheit im Schweizer Rheintale, in: Allgemeiner Tiroler Anzeiger, 23.8.1918, S. 3.

34 Falsche Gerüchte über Lungenpest in der Schweiz, in: Neues Wiener Journal, 21.8.1918, S. 4; Falsche Gerüchte über Lungenpest in der Schweiz, in: Deutsches Volksblatt, Mittags-Ausgabe, 21.8.1918, S. 2.

35 Die spanische Grippe in der Schweiz, in: Vorarlberger Landes-Zeitung, 19.8.1918, S. 2.

36 Die spanische Krankheit. Beobachtungen eines Wiener Arztes, in: Neues Wiener Journal (Mittagsblatt), 14.8.1918, S. 4; Josef Pichler, Die spanische Krankheit, in: Wiener klinische Wochenschrift 31 (1918), S. 892.
37 Anonym, Geheimer Rat Professor Dr. Horbaczewski über die spanische Grippe, in: Wiener Medizinische Wochenschrift (1918), S. 1863–1865.
38 R. v. Ortner, Über die herrschende Grippe-Epidemie (nach eigenen Erfahrungen), in: Wiener Medizinische Wochenschrift (1918), S. 1975–1978.
39 A. Götzl, Über die herrschende Grippe-Epidemie (nach eigenen Erfahrungen), in: Wiener Medizinische Wochenschrift (1918), S. 1978–1979; Wilhelm Knöpfelmacher, Beobachtungen über die Influenzaepidemie an Kindern, in: Wiener Medizinische Wochenschrift (1918), S. 1979–1982.
40 Sieben Todesopfer der Grippe, in: Grazer Tagblatt (Abend-Ausgabe), 7.9.1918, S. 3.
41 Das erste Opfer der Spanierin, in: Prager Tagblatt, 12.9.1918, S. 3.
42 Die neue geheimnisvolle Krankheit in Klattau, in: Fremden-Blatt, 24.9.1918, S. 7.
43 Eine ganze Familie der spanischen Grippe erlegen, in: Fremden-Blatt, 26.9.1918, S. 7.
44 Spanische Grippe in Sarajevo, in: Wiener Allgemeine Zeitung, 16.9.1918, S. 5.
45 Die Grippe in der schwedischen Armee, in: Innsbrucker Nachrichten (Abendblatt), 20.9.1918, S. 1; Prinz Erich Gustav von Schweden, in: Prager Abendblatt, 21.9.1918, S. 3.
46 Die spanische Grippe in Italien, in: Wiener Allgemeine Zeitung, 20.9.1918, S. 4–5.
47 Die »spanische Grippe«. Der Oberstadtphysikus über die spanische Grippe, in: Neues Wiener Tagblatt, 29.9.1918, S. 12.
48 Lustenau – ein unheimlicher Gast, in: Vorarlberger Volksblatt, 15.9.1918, S. 3; Ein unheimlicher Gast, in: Vorarlberger Wacht, 20.9.1918, S. 4–5.
49 Die spanische Krankheit, in: Arbeiter-Zeitung, 28.9.1918, S. 5–6.
50 Die Kriegsgrippe, in: Wiener Allgemeine Zeitung, 27.9.1918, S. 2.
51 Die »spanische Grippe«. Der Oberstadtphysikus über die spanische Grippe, in: Neues Wiener Tagblatt, 29.9.1918, S. 12; Die spanische Grippe in Wien, in: Deutsches Volksblatt, 28.9.1918, S. 6.
52 Äußerungen des Wiener Oberstadtphysikus Dr. Böhm, in: Neues Wiener Journal, 1.10.1918, S. 4.
53 Die Grippe, in: Deutsches Volksblatt, 29.9.1918, S. 9.
54 Natur und Verlauf der spanischen Grippe, in: Neues Wiener Tagblatt (Tages-Ausgabe), 1.10.1918, S. 9.
55 Todesfälle, in: Neue Freie Presse, 5.10.1918, S. 9.
56 Anonymus, Geheimer Rat Professor Dr. Horbaczewski über die spanische Grippe, in: Wiener Medizinische Wochenschrift 42 (1918), S. 1863–1865.
57 Die spanische Grippe in Wien, in: Neue Freie Presse, 6.10.1918, S. 10.
58 Warum geschieht nichts gegen die Grippe?, in: Der Morgen. Wiener Montagsblatt, 14.10.1918, S. 2.
59 Die spanische Grippe in Wien, in: Neue Freie Presse, 20.10.1918, S. 8.
60 Die Grippen-Epidemie, in: Linzer Volksblatt, 27.10.1918, S. 3.
61 Die spanische Grippe in Wien, in: Neue Freie Presse, 15.10.1918, S. 8.
62 Die spanische Grippe in Wien, in: Ebenda, 19.10.1918, S. 7; Ebenda, 24.10.1918, S. 9.
63 Die spanische Grippe in Wien, in: Ebenda, 20.10.1918, S. 8.
64 Die spanische Grippe in Wien, in: Ebenda, 22.10.1918, S. 9.
65 A.F.S., Feuilleton. Helf Gott!, in: Neue Freie Presse, Morgenblatt, 24.10.1918, S. 1–3.
66 Die spanische Grippe in Wien, in: Neue Freie Presse, 26.10.1918, S. 8.
67 Ebenda.
68 Die Grippen-Epidemien, in: Linzer Volksblatt, 27.10.1918, S. 3.
69 Tod Maler Egon Schiele, in: Neue Freie Presse, 2.11.1918, S. 7.

70 Auflösung von Alt-Österreich, in: Volksblatt für Stadt und Land, 3.11.1918, S. 1.
71 Schulbeginn am 7. November, in: Neue Freie Presse, 7.11.1918, S. 7.
72 Abflauen der Grippe in Wien, in: Neues Wiener Tagblatt, 8.11.1918, S. 9.
73 Todesfälle, in: Neue Freie Presse, 9.11.1918, S. 7; Wiener Aerzte über die Grippe, in: Neues Wiener Journal, 11.11.1918, S. 3.
74 Die spanische Krankheit, zit. nach: Neues Wiener Journal (Mittagsblatt), 14.8.1918, S. 4.
75 H. Selter, Zur Äetiologie der Influenza, in: Deutsche Medizinische Wochenschrift 34 (1918), S. 932.
76 Die spanische Grippe in Wien, in: Neue Freie Presse, 15.10.1918, S. 8.
77 Aeußerungen des Wiener Oberstadtphysikus Dr. Böhm, in: Neues Wiener Journal, 1.10.1918, S. 4.
78 Natur und Verlauf der spanischen Grippe, in: Neues Wiener Tagblatt, 1.10.1918, S. 9; Die spanische Grippe in Wien, in: Neue Freie Presse, 6.10.1918, S. 10.
79 Ludwig Hofbauer, Zur Pathogenese der bedrohlichen Erscheinungen bei der Grippe, in: Wiener klinische Wochenschrift 32 (1919), S. 85–86, hier S. 85.
80 Eugen Neuwirth/Arthur Weil, Klinische und pathologische Beobachtungen bei der sogenannten spanischen Krankheit mit schwerem Verlauf, in: Wiener klinische Wochenschrift 31 (1918), S. 1152–1155.
81 Wilhelm Mager, Ueber Grippe, in: Wiener klinische Wochenschrift 32 (1919), S. 82–85.
82 Klinische und pathologische Beobachtungen bei der sogenannten spanischen Krankheit mit schwerem Verlauf, S. 1153.
83 Richard Lederer, Ueber schweren Verlauf der Spanischen Grippe, in: Wiener klinische Wochenschrift 31 (1918), S. 1299–1300.
84 Philipp Leitner, Ueber die Aetiologie, Symptomatologie und Therapie der pandemischen Influenza (Spanische Grippe), in: Wiener klinische Wochenschrift 31 (1918), S. 1155–1158, hier S. 1157–1158.
85 Ueber Grippe, S. 85.
86 Spanische Grippe und Influenza, in: Neue Freie Presse, 6.10.1918, S. 11.
87 Ueber die spanische Grippe, in: Pester Lloyd, 4.2.1920, S. 7.
88 Siegfried Rosenfeld, Die Grippeepidemie des Jahres 1918 in Österreich, Wien-Leipzig: Deuticke 1921, S. 47.
89 Ebenda.

Babyelefant und Klopapier

1 Michael Gehler, Silvio Vietta, Sanne Ziethen (Hgg.), Dimensionen einer Weltgesellschaft. Fragen, Probleme, Erkenntnisse, Forschungsansätze und Theorien (Institut für Geschichte der Universität Hildesheim, Arbeitskreis Europäische Integration, Historische Forschungen, Veröffentlichungen 11), Wien-Köln-Weimar: Böhlau 2018.

Christian Prosl · Wie aus einer anderen Zeit

1 Außenminister Schallenberg: »Wir raten dringend von allen nicht unbedingt notwendigen Reisen ab«, Aussendung des BMeiA, 19.3.2020, https//www.bmeia.gv.at/das-ministerium/presse/aussendungen/2020/03/aussenminister-schallenberg-wir-raten-dringend-von-allen-nicht-unbedingt-notwendigen-reisen-ab [Abruf: 14.11.2020].
2 Corona-Virus: China stellt Millionen Menschen unter Quarantäne, in: APA Basisdienst, 26.1.2020, https//apa.at [Abruf: 11.11.2020].

3 Corona-Virus: Sieben Österreicher in betroffener Provinz Hubei, in: APA Basisdienst, 29.1.2020, https//apa.at [Abruf: 11.11.2020].

4 Corona: Die Causa Ischgl, in: DW, 12.10.2020, https//www.dw.com/de/corona-die-causa-ischgl/a-55250152 [Abruf: 18.11.2020].

5 Land Tirol, Corona-Virus: Isländische Gäste im Tiroler Oberland dürften sich bei Rückflug im Flugzeug mit Corona-Virus angesteckt haben, Presseaussendung 5.3.2020, https//www.tirol.gv.at/gesundheit-vorsorge/pressemeldungen/meldung/coronavirus-islaendische-gaeste-im-tiroler-oberland-duerften-sich-bei-rueckflug-im-flugzeug-mit-coronavirus-angesteckt-haben-1 [Abruf: 21.12.2020].

6 Ein osteuropäischer Konsul in Wien bat etwa dringend um Wasser für seine Staatsangehörigen, die im Bus Richtung Ungarn bei Nickelsdorf im Stau standen (als Ungarn die Grenze komplett geschlossen hatten).

7 In einem Fall erkundigte sich eine Dame, ob die Rechnung für die ganze Familie oder pro Person zu verstehen sei (wie sich später herausgestellt hat, handelte es sich um etwa 300 Euro pro Person). Denn sie könne nicht zahlen. Ein Jahr lang habe man auf den Urlaub mit den Kindern in einem ägyptischen Badeort gespart, einen Tag nach der Ankunft müsse man nun zurück, hätte damit den Urlaub verloren und auch kein Geld mehr, um den Repatriierungsflug zu bezahlen.

8 Das war manchmal etwas kompliziert: Auf der Hotline riefen etwa zwei Herren an, einer in Westpapua, der andere zu Fuß im Himalaya-Gebiet unterwegs. Sie meinten, sie würden bis zum nächsten Flughafen Wochen brauchen, und fragten, ob auch sie nach Hause kommen sollten.

9 Corona-Virus: Schallenberg für Aktivierung von EU-Solidaritätsklausel, in: APA Basisdienst, 23.3.2020, https//apa.at [Abruf: 11.11.2020].

10 Manuela Honsig-Erlenburg, Außenminister Schallenberg: »Es gibt noch Staaten, die hinterherhinken«, in: Der Standard, 24.3.2020, https//www.derstandard.at/story/2000116121113/aussenminister-schallenberg-es-gibt-noch-staaten-die-hinterherhinken [Abruf: 21.12.2020].

11 Außenminister Schallenberg: »Wir lassen niemanden im Stich, der unverschuldet in eine Notlage gerät«, BMEIA-Aussendung, 8.4.2020, https//www.bmeia.gv.at/das-ministerium/presse/aus sendungen/2020/04/aussenminister-schallenberg-wir-lassen-niemanden-im-stich-der-unver schuldet-in-eine-notlage-geraet/ [Abruf: 2.12.2020]; Bilanz der bisherigen Notflüge, BMEIA-Aussendung 10.4.2020, https//www.bmeia.gv.at/das-ministerium/presse/aussendungen/2020/04/bilanz-der-bisherigen-notfluege/ [Abruf: 2.12.2020].

12 Außenminister Schallenberg: »Wir lassen niemanden im Stich, der unverschuldet in eine Notlage gerät«, BMEIA-Aussendung, 8.4.2020 [Abruf: 2.12.2020].

13 Ursula Plassnik, Corona-Thriller. »Operation Alle heimholen!«, in: Die Presse, 15.4.2020, https//www.diepresse.com/5800077/operation-alle-heimholen-bericht-aus-dem-bauch-des-corona-krisenmanagements [Abruf: 2.12.2020].

14 Nationalrat, XXVII. GP, 32. Sitzung/1, 26.5.2020.

15 Corona-Virus: Bei 21 Notflügen über 3500 Österreicher zurückgeholt, in: APA-Basisdienst, 22.3.2020 https//apa.at [Abruf: 18.11.2020].

16 Salzburg nimmt Intensivpatienten aus Frankreich auf, in: Salzburger Nachrichten, 31.3.2020, https//www.sn.at/salzburg/chronik/salzburg-nimmt-intensivpatienten-aus-frankreich-auf-85651459 [Abruf: 2.12.2020].

17 Außenminister Schallenberg: »Österreich unterstützt Montenegro durch Übernahme von COVID-19-Patient«, BMEIA-Aussendung, 30.4.2020, https//www.bmeia.gv.at/das-ministerium/presse/aussendungen/2020/04/aussenminister-schallenberg-oesterreich-unterstuetzt-montenegro-durch-uebernahme-von-covid-19-patient/ [Abruf: 2.12.2020].

18 Außenminister Schallenberg: »Österreich ist auch in Krisenzeiten ein starker und verlässlicher Partner des Westbalkan«, BMEIA-Aussendung 1, 28.5.2020, https//www.bmeia.gv.at/das-ministerium/presse/aussendungen/2020/05/aussenminister-schallenberg-oesterreich-ist-auch-in-krisenzeiten-ein-starker-und-verlaesslicher-partner-des-westbalkan/ [Abruf: 2.12.2020].

19 Ebenda.

20 Außenminister Schallenberg: »Österreich unterstützt Kosovo in der Covid-19 Pandemie«, BMEIA-Aussendung 2, 28.5.2020, https//www.bmeia.gv.at/das-ministerium/presse/aussendungen/2020/05/aussenminister-schallenberg-oesterreich-unterstuetzt-kosovo-in-der-covid-19-pande mie/ [Abruf: 2.12.2020].

21 12 Millionen Euro aus dem Auslandskatastrophenfonds zur Linderung der COVID-19 Folgen, BMEIA-Aussendung, 21.10.2020, https//www.bmeia.gv.at/das-ministerium/presse/aussendungen/2020/10/12-millionen-euro-aus-dem-auslandskatastrophenfonds-zur-linderung-der-covid-19-folgen/ [Abruf: 2.12.2020].

22 Ebenda.

23 Brand in Moria: Debatte über Migrantenaufnahme entzweit Regierung, in: Der Standard, 10.9.2020, https//www.derstandard.at/story/2000119902558/brand-in-moria-debatte-ueber-migrantenaufnahme-entzweit-regierung [Abruf: 2.12.2020].

24 Österreichs Außenminister erteilt Absage. Schallenberg: »Nehmen Flüchtlinge nicht auf«, in: meinbezirk.at, 10.9.2020, https//www.meinbezirk.at/c-politik/schallenberg-nehmen-fluechtlinge-nicht-auf_a4231125 [Abruf: 2.12.2010].

25 Deutscher Außenminister: Baldige Reisefreiheit wird nicht kommen, in: Der Standard, 26.4.2020, https://www.derstandard.at/story/2000117121431/deutscher-aussenminister-baldige-reise freiheit-wird-nicht-kommen [Abruf: 2.12.2020]

26 Außenminister Schallenberg: »Hausverstand ist der beste Reiseschutz«, BMEIA-Aussendung, 3.6.2020, https//www.bmeia.gv.at/das-ministerium/presse/aussendungen/2020/06/aussenminister-schallenberg-hausverstand-ist-der-beste-reiseschutz/ [Abruf: 2.12.2020].

27 Schallenberg: »Großer Schritt in Richtung neue Reisenormalität«, BMEIA-Aussendung, 10.6.2020, https//www.bmeia.gv.at/das-ministerium/presse/aussendungen/2020/06/schallenberg-grosser-schritt-in-richtung-neue-reisenormalitaet/ [Abruf: 2.12.2020].

28 Corona-Virus: Rückholung könnte für Betroffene Kosten verursachen, in: APA-Basisdienst, 13.6.2020, https//apa.at [Abruf: 18.11.2020].

29 Verschärfte Einreisebestimmungen ab Montag für Rückkehrende von den Balearen, kostenlose Testmöglichkeiten davor, BMEIA-Aussendung, 19.8.2020, https//www.bmeia.gv.at/das-ministerium/presse/aussendungen/2020/08/verschaerfte-einreisebestimmungen-ab-montag-fuer-rueckkehrende-von-den-balearen-kostenlose-testmoeglichkeiten-davor/ [Abruf: 2.12.2020].

30 Rede von Außenminister Schallenberg anlässlich der virtuellen bulgarischen Botschafterkonferenz, BMEIA-Aussendung, 1.9.2020, https//www.bmeia.gv.at/das-ministerium/presse/reden/2020/09/rede-von-aussenminister-alexander-schallenberg-anlaesslich-der-virtuellen-bulgarischen-botschafterkonferenz/ [Abruf: 18.11.2020]. Übersetzung C.P.

31 Renate Köcher, Das Unbehagen wächst, in: FAZ, 18.11.2020, S. 8.

32 Gabriel Rath, Wie sich Johnson neu erfinden will, in: Die Presse, 14.11.2020, S. 5.

33 Matthias Wyssuwa, Auf dem Weg in eine dunkle Zeit, in: FAZ, 13.11.2020, S. 5.

34 Matthias Rüb, Italien droht ein zweites Bergamo, in: FAZ, 13.11.2020, S. 5.

35 Corona-Impfung: Ungarn setzt auf russischen Impfstoff »Sputnik-V«, in: Kleine Zeitung, 12.11.2020, S. 1.

36 COVID-19: Council adopts a recommendation to coordinate measures affecting free movement,

Presseaussendung, 13.10.2020, https//www.consilium.europa.eu/en/press/press-releases/2020/10/13/covid-19-council-adopts-a-recommendation-to-coordinate-measures-affecting-free-movement/ [Abruf: 2.12.2020].

37 reopen.europa.eu.

38 Rede von Außenminister Schallenberg anlässlich der virtuellen bulgarischen Botschafterkonferenz, BMEIA-Aussendung, 1.9.2020, https//www.bmeia.gv.at/das-ministerium/presse/reden/2020/09/rede-von-aussenminister-alexander-schallenberg-anlaesslich-der-virtuellen-bulgarischen-botschafterkonferenz/ [Abruf: 18.11.2020]. Übersetzung C.P.

Michael Gehler · Europa wachte langsam auf, handelte verspätet und ringt weiter mit sich

1 Erreger, Entstehung und Verbreitung, https//www.dguv.de/de/praevention/corona/allgemeine-infos/index.jsp [Abruf: 30.11.2020].

2 EU startet Initiative für gerechte Mindestlöhne, in: EU-Nachrichten, 16.1.2020, Nr. 1, S. 1.

3 EU-Kommission mobilisiert bis 2030 eine Billion Euro, in: EU-Nachrichten, 16.1.2020, Nr. 1, S. 5.

4 Kommissionspräsidentin von der Leyen erneuert Forderung von Europa als Klima-Vorreiter, in: EU-Nachrichten, 30.1.2020, Nr. 2, S. 5.

5 EU-Kommission rechnet weiter mit Wachstum, in: EU-Nachrichten, 13.2.2020. Nr. 3, S. 3.

6 August Pradetto, Multiples Versagen: WHO, EU und Deutschland in der Corona-Krise (WIFIS-Arbeitspapier Nr. 3), Hamburg 2020, S. 1–49, hier S. 11–12.

7 Koordinierte Maßnahmen gegen Corona-Virus, in: EU-Nachrichten, 13.2.2020. Nr. 3, S. 3.

8 Michael Bauchmüller, Karoline Meta Beisel, Europäisches Klimagesetz: Kritische Post für von der Leyen, in: Süddeutsche Zeitung, 4.3.2020, https//www.sueddeutsche.de/politik/eu-klimagesetz-kritik-briefe-1.4830578; https//www.who.int/dg/speeches/detail/who-director-general-s-opening-remarks-at-the-media-briefing-on-covid-19---11-march-2020 [Abruf: 30.11.2020].

9 »Köstinger-Idee nicht mit EU-Recht vereinbar«. EU-Experte kritisiert Vorstöße im Tourismus: »Wenn Grenzen geöffnet werden, dann für alle«, in: news.at, 22.4.2020, https//www.news.at/a/koestinger-kritik-11456856 [Abruf: 30.11.2020].

10 Zitat in: Kommission ruft EU-Länder zu enger Koordinierung im Kampf gegen das Corona-Virus auf, in: EU-Nachrichten, 27.2.2020, Nr. 4, S. 4; Von der Leyen sagt Italien volle Unterstützung zu, in: EU-Nachrichten, 12.3.2020, Nr. 5, S. 1.

11 Pradetto, Multiples Versagen, S. 15.

12 Kommission ruft EU-Länder zu enger Koordinierung im Kampf gegen das Corona-Virus auf, in: EU-Nachrichten, 27.2.2020, Nr. 4, S. 4.

13 Katja Seidel, Auf dem Weg zu einer europäischen Gesundheitspolitik, in: Vincent Dujardin, Eric Bussière, Piers Ludlow u.a. (Hgg.), Die Europäische Kommission 1986–2000. Geschichte und Erinnerungen einer Institution, Brüssel: Amt für Veröffentlichungen der Europäischen Union 2019, S. 362–369, hier S. 363–368.

14 EU unterstützt weitere Forschung, in: EU-Nachrichten, 27.2.2020, Nr. 4, S. 4.

15 Italien beantragt Hilfen, in: EU-Nachrichten, 30.4.2020, Nr. 8, S. 1–2, hier S. 2.

16 Grünen Deal im Aufbau verankern, in: Ebenda.

17 Kommission drängt auf zügige Kontrollen binnen 15 Minuten an den europäischen Binnengrenzen, in: EU-Nachrichten, 26.3.2020, Nr. 6, S. 6.

18 Europa stützt seine Wirtschaft ohne Wenn und Aber, in: EU-Nachrichten, 26.3.2020. Nr. 5, S. 1–2; siehe auch zu den Maßnahmen der EU und ihrer Mitgliedstaaten, in: Gunther Hauser, Die Coro-

na-Krise 2020. Unterschiedliche Strategien zu deren Eindämmung im Vergleich (WIFIS aktuell Bd. 66), Opladen u. a.: Leske & Budrich 2021, S. 57–69, hier S. 62–64.

19 Kommission präsentiert weitere Vorschläge zur Eindämmung der Infektion, in: EU-Nachrichten, 26.3.2020. Nr. 6, S. 3.

20 Kommission drängt auf zügige Kontrollen binnen 15 Minuten an den europäischen Binnengrenzen, in: EU-Nachrichten, 26.3.2020, Nr. 6, S. 7.

21 Kommission beruft RKI-Chef Lothar Wieler und Virologen Christian Drosten in Beratergremium, in: EU-Nachrichten, 26.3.2020, Nr. 6, S. 7.

22 Billionen-Hilfen für Unternehmen und Beschäftigte. Von der Leyen fordert Marshall-Plan für Europa in: EU-Nachrichten, 8.4.2020, Nr. 7, S. 1–2.

23 Unterstützung aus den Mitgliedstaaten/Italien beantragt Hilfen, in: EU-Nachrichten, 30.4.2020, Nr. 8, S. 1–2, hier S. 2.

24 Corona Recovery Initiative. Kommission erarbeitet Konjunkturplan für Wiederaufbauplan, in: EU-Nachrichten, 30.4.2020, Nr. 8, S. 1–2, hier S. 1; zu Hahn: EU budget chief seeks backing for business levy to fund recovery. Tax proposals include single market ›access fee‹ that would affect 70,000 companies, in: Financial Times, 31.5.2020, https//www.ft.com/content/b9ff37b1-29b4-40ea-8b01-b4b82acc8ccf [Abruf: 30.11.2020].

25 Spendenmarathon: EU-Nachrichten, 30.4.2020, Nr. 8, S. 3.

26 EU erleichtert Kreditvergabe, in: EU-Nachrichten, 30.4.2020, Nr. 8, S. 4.

27 Stefan Winter, Die EZB geht in die Billionen. Das Anleiheprogramm wird nahezu verdoppelt. Die Erholung der Wirtschaft wird Jahre dauern, in: Hannoversche Allgemeine Zeitung, 5.6.2020, S. 6.

28 Michael Gehler, Vom Krisenmanager zur lahmen Ente Europas? Die Berliner Republik am Scheideweg, in: Europäische Rundschau 47 (2019), Heft 1, S. 61–66, hier S. 65.

29 Michael Gehler, Ein aussichtsloses Unternehmen? Ursula von der Leyens neue Kommission, in: Europäische Rundschau 48 (2020), Heft 1, S. 53–60, hier S. 58–60.

30 Idee von Merkel und Macron Wiederaufbau-Plan sorgt für Streit, https//www.tagesschau.de/ausland/corona-deutschland-frankreich-eu-105.html [Aufruf: 30.11.2020]; Matthias Koch, Schöne neue Schuldenwelt. In der Corona-Krise steuern Deutsche und Europäer auf finanzielle Abgründe zu. Staaten und EZB legen nie da gewesene Billionenprogramme auf. Experten sprechen vom größten geldpolitischen Experiment der Geschichte. Kann das alles gut gehen?, in: Hannoversche Allgemeine Zeitung, 15.5.2020.

31 Hendrik Kafsack, 750 Milliarden gegen Corona: EU-Kommission überbietet Merkel-Macron-Plan, in: Frankfurter Allgemeine Zeitung, 27.5.2020, https//www.faz.net/aktuell/wirtschaft/corona-krise-eu-kommission-ueberbietet-merkel-macron-plan-16788277.html [Aufruf: 30.11.2020].

32 Michael Gehler, Europas Weg. Von der Utopie zur Zukunft der EU, Innsbruck u. a.: Studienverlag, 2020, S. 276–288.

33 Ebenda, S. 286–287.

34 Matthias Koch, Die mit Geld vereinten Staaten von Europa, in: Hannoversche Allgemeine Zeitung, 19.6.2020, S. 2–3.

35 »Die Stunde Europas.« Von der Leyen stellt Aufbauplan für nächste Generation vor, in: EU-Nachrichten, 28.5.2020, Nr. 10, S. 1–2.

36 Das Programm »Next Generation EU« fußt auf drei Säulen, in: Ebenda, S. 1–2, hier S. 2.

37 Grenzkontrollen in der EU sollen fallen, in: Hannoversche Allgemeine Zeitung, 12.6.2020, S. 5.

38 Reisebeschränkungen sollen zur Urlaubssaison fallen, in: EU-Nachrichten, 11.6.2020, Nr. 11, S. 3.

39 EU unterstützt BioNTech mit 100 Mio. €/EU-Regeln werden aktualisiert, in: EU-Nachrichten, 11.6.2020, Nr. 11, S. 3.

40 Von der Leyen sagt Impfinitiative GAVI 300 Millionen € zu, in: EU-Nachrichten, 11.6.2020, Nr. 11, S. 3.

41 Zusätzliche Mittel für Corona-Hilfen. EU-Haushalt für ein stärkeres Europa in einer multilateralen Welt, in: EU-Nachrichten, 11.6.2020, Nr. 11, S. 7.

42 Daniel Göler, Mathias Jopp, Kann Europa gelingen? Vorhaben und Chancen der deutschen Ratspräsidentschaft, in: integration 43 (2020), Heft 3, S. 206–230.

43 Pandemie und Haushalt im Zentrum der Ratspräsidentschaft, in: EU-Nachrichten, 25.6.2020, Nr. 12, S. 1–2, hier S. 1.

44 Impfstoffentwicklung. Tübinger Unternehmen CureVac erhält EU-Darlehen, in: EU-Nachrichten, 9.7.2020, Nr. 13, S. 3.

45 Corona-Spendenaufruf. Weitere 6,15 Milliarden € für Impfstoff/EU verurteilt Chinas Vorgehen in Hongkong, in: EU-Nachrichten, 9.7.2020, Nr. 13, S. 4.

46 Es schien, dass die Möglichkeiten der Zusammenarbeit mit dem deutschen Ratsvorsitz nicht hinreichend genutzt wurden, siehe zu dieser Frage auch Zekije Bajrami, Livia Puglisi, Lea Stallbaum, Michael Stellwag, Julian Plottka, Potenziale einer österreichisch-deutschen Zusammenarbeit in der intergouvernementalen Europapolitik, in: integration 43 (2020), Heft 3, S. 186–205.

47 Koch, Die mit Geld vereinten Staaten von Europa, S. 3.

48 Damir Fras, »Die ganze Welt beobachtet Europa.« EU-Gipfel streitet um Hilfspaket gegen die Corona-Krise – Harte Fronten am ersten Tag – Niederlande fordern strenge Bedingungen für Zahlungen, in: Hannoversche Allgemeine Zeitung, 18.7.2020, S. 4.

49 Ausführungen von Präsident Charles Michel nach der Sondertagung des Europäischen Rates vom 17.–21. Juli 2020, 21.7.2020, https//www.consilium.europa.eu/de/press/press-releases/2020/07/21/remarks-by-president-charles-michel-after-the-special-european-council-17-21-july-2020/ [Abruf: 30.11.2020].

50 Sondertagung des Europäischen Rates, 17.–21. Juli 2020, https//www.consilium.europa.eu/de/meetings/european-council/2020/07/17-21/# [Abruf: 30.11.2020].

51 Aufbaufonds und EU-Haushalt. Von der Leyen sieht »historischen Moment für Europa«, in: EU-Nachrichten, 23.7.2020, Nr. 14, S. 1–2.

52 Rede zur Lage der Union. Von der Leyen: »Europa eine neue Vitalität verleihen«, in: EU-Nachrichten, 17.9.2020, Nr. 15, S. 1–2, hier S. 1.

53 Pandemie-Vorkehrungen. Kommission bereitet EU-Staaten auf Verteilung eines möglichen Corona-Impfstoffes vor, in: EU-Nachrichten, 15.10.2020, Nr. 17, S. 4.

54 EU-Kommission reserviert weitere Impfstoffdosen, in: EU-Nachrichten, 17.9.2020, Nr. 16, S. 4.

55 Gesundheit. EU sichert sich Corona-Impfstoff von BioNTech, in: EU-Nachrichten, 12.11.2020, Nr. 19, S. 1.

56 Gesundheit. EU sichert sich Corona-Impfstoff von BioNTech, in: EU-Nachrichten, 12.11.2020, Nr. 19, S. 2.

57 Wirtschaft für den Menschen. EU legt Vorschläge für angemessenen Mindestlohn vor, in: EU-Nachrichten, 29.10.2020, Nr. 18, S. 2.

58 EU-Kommission will Corona-Krise überwinden und den Grünen Deal umsetzen, in: EU-Nachrichten, 29.10.2020, Nr. 18, S. 7.

59 Desinformation. Bericht über Corona-Fehlinfos im Netz, in: EU-Nachrichten, 12.11.2020, Nr. 19, S. 4.

60 Herbstprognose: Zweite Corona-Welle dämpft den wirtschaftlichen Aufschwung, in: EU-Nachrichten, 12.11.2020, Nr. 19, S. 5.

61 Siehe hierzu Manuel Müller, Demokratieabbau in Zeiten der Pandemie: zur Reaktion der EU auf

die Fälle Ungarn und Polen, in: integration 43 (2020), Heft 2, S. 154–160; Vergabe von EU-Mitteln. EU-Kommission begrüßt Übereinkunft zum Rechtsstaatsmechanismus, in: EU-Nachrichten, 12.11.2020, Nr. 19, S. 6.

62 Mehrjähriger Finanzrahmen. Rat und Parlament einigen sich auf Rekordbudget, in: EU-Nachrichten, 12.11.2020, Nr. 19, S. 7.

63 Michael Kaeding, Johannes Pollak, Paul Schmidt, Europaskeptizismus und die Zukunft Europas. Ansichten aus den Hauptstädten, in: integration 43 (2020), Heft 2, S. 136–143.

64 Sonja Priebus, Lisa H. Anders, Rechtliche Lösungen für politische Konflikte? Rechtsstaatsbezogene Vertragsverletzungsverfahren gegen Ungarn, in: integration 43 (2020), Heft 2, S. 121–134.

65 Rechtsstaatsmechanismus. Ungarn und Polen fordern Neuverhandlung, in: tagesschau.de, 27.11.2020, https//www.tagesschau.de/ausland/eu-ungarn-polen-rechtsstaat-101.html [Abruf: 30.11.2020].

66 Damir Fras, Polen und Ungarn beenden Blockade: EU-Haushalt beschlossen. Das Finanzpaket von 1,8 Billionen Euro kann nun doch wie geplant in Kraft treten – auch wenn Kritiker mit dem Kompromiss nicht glücklich sind, in: Hannoversche Allgemeine Zeitung, 11.12.2020, S. 4.

67 Ebenda.

68 Schreiben von Heiko Maas an die Mitglieder der SPD- und CDU/CSU-Bundestagsfraktion, 16.12.2020 [Pdf im Besitz des Verfassers].

69 Hannoversche Allgemeine Zeitung, 11.12.2020, S. 4.

70 Schreiben Maas, 16.12.2020.

71 »Manfred Weber hat das ungarische Volk beleidigt.« Ministerpräsident Viktor Orbán vergleicht Brüssel mit dem Moskauer Zentralkomitee, warnt vor ängstlicher Wirtschaftspolitik und erklärt, wie es zum Bruch mit Deutschlands Konservativen kam, in: Welt am Sonntag, 20.12.2020, Nr. 51, S. 4.

72 Damir Fras, EuGH erklärt ungarische Asylpolitik für rechtswidrig. Gericht bemängelt Abschiebepraxis ohne Einzelfallprüfung und gibt damit einer Klage der EU-Kommission recht, in: Hannoversche Allgemeine Zeitung, 18.12.2020, S. 4.

73 Pradetto, Multiples Versagen, S. 13.

74 Hauser, Die Corona-Krise 2020, S. 78.

75 Pradetto, Multiples Versagen, S. 11–19.

76 Kiran Klaus Patel, COVID-19 und die Europäische Union. Zur Geschichte eines Erwartungshorizonts, in: Geschichte und Gesellschaft 46 (2020), S. 522–535, hier S. 523.

77 Hartmut Kaelble, Mehr als ein neues Krankheitsbild. Warum die Corona-Krise für die Europäische Union historisch neuartig ist, in: integration 43 (2020), Heft 4, S. 310–317, hier S. 316–317. Dabei argumentiert Kaelble, dass im Vergleich zu früheren Krisen die EU relativ rasch auf Corona reagiert habe, was zu diskutieren bleibt. Siehe auch zur öffentlichen Meinung Europas: ders., Der verkannte Bürger. Eine andere Geschichte der europäischen Integration seit 1950, Frankfurt am Main: Campus 2019, S. 81–112.

78 Billig beschafft, teuer bezahlt. Die EU wollte beim Einkauf von Impfstoffen Einigkeit demonstrieren, stattdessen wurde über Preise und Hersteller gestritten. Nun haben alle das Nachsehen, in: Der Spiegel, 9.1.2021, Nr. 2, S. 30–31.

79 »Es ist zu wenig da.« Den einen fehlt der Impfstoff, die anderen verteilen ihn zu langsam – der Impfstart in Deutschland ist verunglückt. Daran sind auch Planungschaos und Schluderei schuld, in: Der Spiegel, 9.1.2021, Nr. 2, S. 32–33.

80 Deutschland droht Lockdown bis Ostern, in: Hildesheimer Allgemeine Zeitung, 14.1.2021, S. 4.

81 Ursula von der Leyen im Gespräch: »Das hätten wir früher machen können«, Interview mit Björn

Finke, Brüssel, in: Süddeutsche Zeitung, 4.2.2021, https//www.sueddeutsche.de/politik/von-der-leyen-interview-impfstoff-1.5196520?reduced=true [Abruf: 5.2.2021].

82 Christoph Bierbrauer, Bailouts in the Euro crisis: Implications for the aftermath of the COVID-19 pandemic (ZEI Discussion Paper C262), Bonn 2020.

Angst ohne Schule

1 Christopher Clark, Gefangene der Zeit. Geschichte und Zeitlichkeit von Nebukadnezar bis Donald Trump, München: DVA, 2020, S. 8.

Kurt Scholz · »Wer spricht von Siegen? Überstehn ist alles.«

1 Rainer Maria Rilke, Requiem (1908), in: Ders: Sämtliche Werke. Band 1–6, Band 1, Wiesbaden-Frankfurt am Main: Insel, 1955–1966, S. 643.

2 Robert Musil, Der Mann ohne Eigenschaften. Erstes und zweites Buch hg. von Adolf Frisé. Reinbek: Rowohlt, [14]2000, S. 596–597.

3 Siegfried Bernfeld, Sisyphos oder die Grenzen der Erziehung, Leipzig-Wien-Zürich: Internationaler Psychoanalytischer Verlag, 1925.

4 Kurt Schmid, Schulgovernance – Eckpunkte für einen Paradigmenwechsel. Ableitung eines idealtypischen Modells für Österreich anhand internationaler Evidenz, ibw-Kurzexpertise, Wien: o.V., 2015, S. 14.

5 Alfred Adler zit. nach Manès Sperber, Alfred Adler oder Das Elend der Psychologie, Berlin: Ullstein 1987, S. 3.

6 Konrad Oberwimmer, Stefan Vogtenhuber, Lorenz Lassnigg, Claudia Schreiner (Hgg.), Nationaler Bildungsbericht Österreich 2018, Bd. 1: Das Schulsystem im Spiegel von Daten und Indikatoren; Graz: Leykam, 2019, online: https//www.bifie.at/material/nationale-bildungsberichterstattung/nationaler-bildungsbericht-2018/ [Abruf: 30.11.2020].

7 Johann Wolfgang von Goethe: Faust. Stuttgart: Reclam, 1971, S. 4.

8 Michael Bruneforth, Iris Höller, Katrin Widauer, Ungleichheitseffekte auf die Schulwahl nach der Grundschule im Zeitvergleich, in: Christina Wallner-Paschon, Ursula Itzlinger-Bruneforth (Hgg.), Lesekompetenz der 10-Jährigen im Trend. Vertiefende Analysen zu PIRLS. Graz: Leykam 2019, S. 133–155.

9 Wilhelm Busch, Gedichte, Heidelberg: Bassermann 1874.

10 Oberwimmer, Vogtenhuber, Lassnigg, Schreiner (Hgg.). Nationaler Bildungsbericht, S. 27.

11 Ebenda, S. 38.

12 Ebenda, S. 53.

13 Ebenda.

14 Ebenda.

15 Ebenda.

16 Jüngere Kinder so oft infiziert wie ältere, in: ORF science, 13.11.2020, https//science.orf.at/stories/3202898/, [Abruf: 30.11.2020].

17 Gurgeltest-Studie in Schulen: Ergebnisse sind da, in: Future zone, 13.11.2020, https//futurezone.at/science/gurgeltest-studie-in-schulen-ergebnisse-sind-da/401096352, [Abruf: 30.11.2020].

18 Passend dazu ein Interview mit Intensivmediziner Burkhard Gustorff von der Klinik Ottakring, der darauf hinwies, dass Menschen mit Migrationshintergrund überdurchschnittlich von COVID-19 betroffen seien, vor allem »[…] weil die Regierung sie nicht erreiche.« Wiener Spitalsarzt: 60

Prozent unserer Intensivpatienten haben Migrationshintergrund, in: Die Presse, 28.11.2020, https//www.diepresse.com/5904175/wiener-spitalsarzt-60-prozent-unserer-intensivpatienten-haben-migrationshintergrund [Abruf: 30.11.2020].

19 Maria Theresia, Hofdekret, 13.10.1770.

20 Oskar Achs, Personalvertretungswahlen 2019, in: Wiener Zeitschrift für Bildungs- und Schulgeschichte. Wien, 2020, Nr. 1.

21 Historisch und politikwissenschaftlich gesehen beruhen die heutigen Interessens- und Gesinnungsvertretungen der Lehrerinnen und Lehrer auf drei »Säulen«: Lehrervereine, Gewerkschaft und Personalvertretung. Obwohl diese Bereiche formal voneinander getrennt und unabhängig sind, sind sie de facto eng miteinander verbunden. Ebenda.

22 Bemerkenswert in diesem Zusammenhang der Kommentar eines steirischen Schulleiters: »Ich schäme mich schon geraume Zeit, der Berufsgruppe der AHS-Lehrer und -Lehrerinnen anzugehören. Ich schäme mich, weil Funktionäre der AHS in einer Organisationsform, deren Wurzeln in den antidemokratischen Ständestaat der Zwischenkriegszeit reichen, erzkonservative Gesellschaftspolitik unter dem Deckmantel der Gewerkschaft betreiben und damit die Idee und Praxis von Gewerkschaften in Demokratien pervertieren.« Gastkommentar von Klaus Tasch: Fremdschämen, in: Profil, 9.12.2013, https//www.profil.at/oesterreich/gastkommentar-klaus-tasch-fremdschaemen-370434 [Abruf: 30.11.2020].

23 Lehrervertreter wirft Faßmann Gesetzesbruch vor, in: Kronen Zeitung, 27.4.2020, https//www.krone.at/2143647 [Abruf: 30.11.2020].

24 Klaus Markstaller in: ORF Mittagsjournal, 13.11.2020, Gespräch mit Rainer Hazivar.

25 »Es sei eine ›Frechheit‹ fuhr Lehrergewerkschafter Paul Kimberger diese Woche Unterrichtsminister Heinz Faßmann in die Parade. Grund für den emotionalen Ausbruch des Lehrervertreters: Der Minister hatte davor seine Pläne für die stufenweise Wiedereröffnung der Schulen auf den Tisch gelegt. Neben einem Zeitplan verkündete Faßmann, dass auch an den Fenstertagen nach Christi Himmelfahrt und Fronleichnam unterrichtet werden soll, um das ohnehin schon stark zusammengestutzte Semester nicht noch weiter zu verkürzen. Die Reaktion Kimbergers ließ keinen Zweifel daran, dass er diesen Vorschlag kategorisch ablehnt.« Nach »Nein« der Gewerkschaft: »Ich schäme mich dafür«, in: Kleine Zeitung, 28.4.2020, https//www.kleinezeitung.at/steiermark/5806510/Schule-an-Fenstertagen_Nach-Nein-der-Gewerkschaft_Ich-schaeme [Abruf: 30.11.2020]. Online-Kommentar einer Lehrerin zur Haltung ihrer Gewerkschaft, ebenda: »Ich persönlich schäme mich dafür.«

26 Johann Wolfgang Goethe, West-östlicher Divan, Frankfurt am Main: Reclam, 1999.

27 Wie eine »Tischvorlage« Politik gemacht hat, in: ORF Science, 15.5.2020, https//science.orf.at/stories/3200763/ [Abruf: 30.11.2020].

28 Heidi Schrodt: »Schule und Corona: Ein Systemversagen. Wie sich das Chaos bereits im Vorfeld ankündigte«, in: Der Standard, 12.11.2020, https//www.derstandard.at/story/2000121625954/schule-und-corona-ein-systemversagen [Abruf: 30.11.2020].

29 Ebenda.

30 Corona-Virus – IHS warnt vor »enormen Kosten« von Schulschließungen, science apa, 10.11.2020, https//science.apa.at/rubrik/bildung/Corona-Virus_-_IHS_warnt_vor_enormen_Kosten_von_Schulschliessungen/SCI_20201110_SCI857441418 [Abruf: 30.11.2020].

31 Ebenda.

32 Ebenda.

33 »Bildungsminister Heinz Faßmann (ÖVP) hatte am Mittwoch betont, die Frage der Schulschließungen liege nun in der Hand Anschobers sowie der Regierungsspitze.« Anschober legt sich bei

Schulschließungen nicht fest, in: Wiener Zeitung, 12.11.2020, https//www.wienerzeitung.at/nachrichten/politik/oesterreich/2082373-Anschober-legt-sich-bei-Schulschliessungen-nicht-fest.html [Abruf: 30.11.2020].

34 Ebenda.

35 Wie Kurz die Schulschließungen durchgesetzt hat, in: Der Standard, 22.11.2020, https//www.derstandard.at/story/2000121882475/wie-kurz-die-schulschliessung-durchgesetzt-hat [Abruf: 30.11.2020].

36 Totales Lockdown-Chaos an den Schulen: Faßmann wehrt sich, in: OE24.at, 17.11.2020, https//www.oe24.at/oesterreich/politik/totales-lockdown-chaos-an-den-schulen-fassmann-wehrt-sich/454380319 [Abruf: 30.11.2020].

37 Gotthold Ephraim Lessing, Nathan der Weise, Ein dramatisches Gedicht in fünf Aufzügen, in: Ders. Werke. Zweiter Band: Trauerspiele – Nathan – Dramatische Fragmente. In Zusammenarbeit mit Karl Eibl u. a. hg. von Herbert G. Göpfert. Darmstadt: Wissenschaftliche Buchgesellschaft, 1971, S. 205–347.

38 Lernverluste durch Schulschließungen kaum aufzuholen, in: Salzburger Nachrichten, 23.11.2020, https//www.sn.at/panorama/international/lernverluste-durch-schulschliessungen-kaum-aufzuholen-94618918 [Abruf: 30.11.2020].

39 Unterricht im Lockdown: Zirka 15 Prozent der Kinder kommen in die Schule, in: Die Presse, 17.11.2020, https//www.diepresse.com/5898957/unterricht-im-lockdown-zirka-15-prozent-der-kinder-kommen-in-die-schule [Abruf: 30.11.2020].

40 Ebenda.

41 Vgl. Der Falter 48/20, 25.11.2020, S. 5.

42 Schulkinder bekommen Laptops oder Tablets, in: ORF.at, 17.6.2020, https//orf.at/stories/3169874/ [Abruf: 30.11.2020].

43 Franz Grillparzer, Ein Bruderzwist in Habsburg, Trauerspiel in fünf Aufzügen, in: Franz Grillparzer. Sämtliche Werke. Ausgewählte Briefe, Gespräche. Berichte. Zweiter Band. Dramen II – Jugenddramen – Dramatische Fragmente und Pläne. Hg. von Peter Frank und Karl Pörnbacher. München: Hanser 1961, S. 345–448.

44 So wies Bundesminister Faßmann »ausdrücklich« auf die Gefahr hin, dass »für Kinder, die zu Hause keine ruhigen Arbeitsplätze oder nicht die technische Ausrüstung haben, die Bildungsschere nicht weiter auseinandergeht.« Schulen sind ab Dienstag zu, aber alle Kinder dürfen kommen, in: Der Standard, 15.11.2020, https//www.derstandard.at/story/2000121725916/schulen-sind-ab-dienstag-zu-aber-alle-kinder-duerfen-kommen [Abruf: 30.11.2020].

45 Der damalige Bundeskanzler Wolfgang Schüssel stellte sich gegen den von der SPÖ vorgebrachten Vorschlag einer Ganztagesschule, denn: »Wo bleibt da die Freiheit? ÖAAB oder ÖVP dürfen nicht für ein Modell einer Zwangstagsschule stehen.« Schüssel: Wir müssen uns die Veränderungen zum Freund machen, in: APA OTS, 11.10.2003, https//www.ots.at/presseaussendung/OTS_20031011_OTS0035/schuessel-wir-muessen-uns-die-veraenderungen-zum-freund-machen [Abruf: 30.11.2020]. Dagegen »spricht sich der steirische ÖVP-Landesgeschäftsführer Andreas Schnider für die Einführung eines Ganztagsschulsystems aus und weicht damit von der traditionell vertretenen Linie der Volkspartei ab«, Von der »Zwangstagesschule« zur Ganztagsbetreuung, in: Der Standard, 14.2.2005, https//www.derstandard.at/story/1929287/von-der-zwangstagsschule-zur-ganztagsbetreuung [Abruf: 30.11.2020].

46 »Schramböck, Faßmann und Kurz zu Besuch im Orchideengarten von Singapur.« »Bundeskanzler Kurz: Singapur ist ein kleiner, sicherer, sauberer Staat« von dem man »einiges lernen und entnehmen kann: Digitalisierung und der Einsatz neuer Technologien im Unterricht sind ein spezielles

Thema.« Skeptischer jedoch Bildungsminister Faßmann. Er äußerte »als einziger neben Faszination auch eine gewisse Skepsis, weil er meinte, man könne Dinge nicht eins zu eins aus anderen Kulturen und Ländern nach Österreich übertragen. Er sei nach Singapur gekommen, weil er neugierig sei, wieso das Land etwa im Pisa-Ranking der OECD für die Bildungsstandards und bei Universitäts-Rankings so gut abschneide: Ob es Drill sei, andere pädagogische Konzepte, oder anderer Einsatz der Mittel«, in: Die Presse, 29.8.2018. Dass in Singapur der technologische Fortschritt nicht nur auf das Bildungswesen beschränkt bleibt, belegt ein anderes Beispiel: »Videokonferenzen erleben angesichts der Corona-Krise ein beeindruckendes Hoch, auch in der Justiz. In Singapur wurde nun ein Mann per Videoschaltung zum Tode verurteilt. Die Strafe: Tod durch Erhängen. Das Ungewöhnliche daran: Das Urteil erfolgte in einer Videokonferenz über die Plattform Zoom. Menschenrechtsorganisationen protestieren." Legal Tribune Online, 20.5.2020.

47 Isabella Zins, die Vorsitzende der österreichischen Dachorganisation der AHS-Direktorinnen und Direktoren, hielt dies für »inakzeptabel«. Zentralmatura 2021 wird auf 20. Mai verschoben, in: Wiener Zeitung, 27.11.2020, https//www.wienerzeitung.at/nachrichten/politik/oesterreich/2083835-AHS-Direktoren-gegen-Notamputation-der-Matura.amp.html [Abruf: 30.11.2020].

48 »Umfrage: Zwei Drittel der Eltern wollen kein Homeschooling mehr. 84 Prozent stimmen der Aussage zu, dass die Schule nicht nur ein Ort des Wissens, sondern auch ein sozialer Ort sei. Fast drei Viertel der Befragten sehen zudem die Gefahr, dass die »sozialen Schäden bei Kindern deutlich größer sind als die gesundheitlichen«. 68 Prozent sahen den Heimunterricht als echte Belastung für Kinder und Eltern und möchten das »nicht nochmal erleben«. Umfrageleiter Peter Hajek. Umfrage: Zwei Drittel der Eltern wollen kein Homeschooling mehr, in: Kurier.at, 28.9.2020, https//kurier.at/politik/inland/umfrage-zwei-drittel-der-eltern-wollen-kein-homeschooling-mehr/401045932 [Abruf: 30.11.2020].

49 Corona-Virus – Eltern wollen »soweit wie möglich Normalunterricht«, in: APA Science, 21.10.2020, https//science.apa.at/rubrik/bildung/Corona-Virus_-_Eltern_wollen_soweit_wie_moeglich_Normalunterricht/SCI_20201021_SCI857083650 [Abruf: 30.11.2020].

50 Presseaussendung, Katholische Kirche Österreich, 10.11.2020.

51 Robert Musil, Buridans Österreicher (1919), in: Ders., Gesammelte Werke. Essays und Reden. Kritik, hg. von Adolf Frisé, Reinbek: Rowohlt, 1978, S. 1032.

Martin Jäggle · Glauben ohne Gemeinschaft

1 Christliche und jüdische Autorinnen und Autoren aus allen Kontinenten geben Einblick in die liturgische Praxis ihrer jeweiligen Kirchen und Gemeinden unter den besonderen Bedingungen der Pandemie, in: Hans-Jürgen Feulner, Elias Haslwanter (Hgg.), Gottesdienst auf eigene Gefahr? Die Feier der Liturgie in der Zeit von Covid-19, Münster: Aschendorff 2020.

2 Beichte per Smartphone wahrscheinlich ungültig, in: ORF.at, 6.12.2020, https//religion.orf.at/stories/3203387/ [Abruf: 6.1.2021].

3 Synagogen trotzen dem Virus, in: Deutschlandfunk, 27.3.2020, https//www.deutschlandfunkkultur.de/juedische-gemeinden-synagogen-trotzen-dem-virus.1079.de.html?dram:article_id=473296 [Abruf: 6.1.2021].

4 Peter Schipka, Die Zusammenarbeit zwischen den Kirchen und dem Staat in Covid-19-Zeiten, in: Kathpress-info Nr. 908, 27.11.2020, S. 24–33.

5 RGBl. 142/1867, Art. 15.

6 BGBl. 210/1958, Art 9, Abs. 2.

7 Experten: Verhältnis Staat-Religion in Österreich gut, in: ORF.at, 2.3.2018, https//religion.orf.at/v3/stories/2898547/ [Abruf: 28.12.2020].

8 Ab Montag Gottesdienste weitgehend ausgesetzt, in: katholisch.at. 12.3.2020, https//www.katholisch.at/aktuelles/129151/ab-montag-gottesdienste-weitgehend-ausgesetzt [Abruf: 6.1.2021].

9 Z. B. Priester widersetzt sich Mess-Abbruch durch Polizei – Lob durch Kardinal, in: katholisch.de, 22.4.2020, https//www.katholisch.de/artikel/25262-priester-widersetzt-sich-mess-abbruch-durch-polizei-lob-von-kardinal [Abruf: 6.1.2021].

10 Als Liebesdienst: Gottesdienste werden ausgesetzt, Evangelisch-methodistische Kirche in Österreich, https//www.emk.at/blog/als-liebesdienst-gottesdienste-werden-ausgesetzt [Abruf: 6.1.2021].

11 Ab 28. Dezember wieder gestreamte Gottesdienste mit Schönborn, Katholische Kirche Österreich, 22.12.2020, https//www.katholisch.at/aktuelles/132642/ab-28.-dezember-wieder-gestreamte-gottesdienste-mit-schoenborn [Abruf: 28.12.2020].

12 Liturgie im Livestream, Katholische Kirche, Erzdiözese Wien, https//www.erzdioezese-wien.at/pages/inst/14431713/article/82239.html [Abruf: 28.12.2020].

13 Katholische Kirche Österreich, Streaming, https//www.katholisch.at/gottesdienste/streaming [Abruf: 28.12.2020].

14 Mitfeiern: Gottesdienste im Internet, Radio und TV. Evangelische Pfarrgemeinden verstärken im Lockdown Onlinepräsenz, https//evang.at/mitfeiern-im-internet-pfarrgemeinden-streamen-ihre-gottesdienste [Abruf: 28.12.2020].

15 Rahmenordnung für das kirchliche und liturgische Leben in der Zeit des Lockdowns ab 28. Dezember 2020, https//www.metropolisvonaustria.at/index.php/de/nachrichten-de/1975-201221lockdown [Abruf: 6.1.2021].

16 Chanukka Drive in – Family Special, https//www.ikg-wien.at/event/chanukka-drive-in-family-special/ [Abruf: 6.1.2021].

17 Or Chadasch Home, https//www.orchadasch.at/ [Abruf: 6.1.2021].

18 NÖ: Pfarrerinnen und Pfarrer laden zum Gottesdienst aufs Sofa: Neues YouTube-Format dauert »nur so lange, dass der Kaffee warm bleibt«, Evangelische Kirche in Österreich, https//evang.at/noe-pfarrerinnen-und-pfarrer-laden-zum-gottesdienst-aufs-sofa/ [Abruf: 28.12.2020].

19 Blog Theologie im Zeichen von (Post)Corona, https//theocare.wordpress.com/ [Abruf: 28.12.2020].

20 CORONA – Beiträge Grazer Theologinnen und Theologen, https//theol.uni-graz.at/de/corona-news-der-fakultaet/ [Abruf: 28.12.2020].

21 Papst Franziskus, Geleitwort, in: Walter Kardinal Kaspar, George Augustin (Hgg.), Christsein und die Corona-Krise. Das Leben bezeugen in einer sterblichen Welt. Mit einem Geleitwort von Papst Franziskus, Ostfildern: Grünewald 2020, S. 5.

22 Eine theologische Reflexion in Zeiten von COVID-19: Gott und der Sinn der Geschichte unserer Welt, https//rat-blog.at/2020/11/13/eine-theologische-reflexion-in-zeiten-von-covid-19-gott-und-der-sinn-der-geschichte-unserer-welt/ [Abruf: 28.12.2020].

23 Theologe Tück: Vorsichtige Vorbehalte gegen »virtuelle Gottesdienste«, Katholische Kirche in Österreich, https//www.katholisch.at/aktuelles/129202/theologe-tueck-vorsichtige-vorbehalte-gegen-virtuelle-gottesdienste [Abruf: 28.12.2020].

24 Ebenda.

25 Gottesdienst-Streaming: Gebot der Stunde oder Banalisierung des Heiligen?, https//www.henning-klingen.de/2020/05/08/gottesdienst-streaming-gebot-der-stunde-oder-banalisierung-des-heiligen/ [Abruf: 28.12.2020].

26 Paul Zulehner, Bange Zuversicht. Was Menschen in der Corona-Krise bewegt, Ostfildern: Patmos 2021.

27 Tück: Lockdown der Gottesdienste in Österreich ist nicht alternativlos, Katholische Kirche Österreich, https//www.katholisch.de/artikel/27628-tueck-lockdown-der-gottesdienste-in-oesterreich-ist-nicht-alternativlos [Abruf: 28.12.2020].

28 Schönborn: Kein Sonderstatus in der Pandemie, in: ORF.at, 22.12.2020, https//religion.orf.at/stories/3203705/ [Abruf: 28.12.2020].

29 Zentralrat der Juden in Deutschland, Religiöse Fragen während der Corona-Krise, https//www.zentralratderjuden.de/fileadmin/user_upload/pdfs/Religioese_Fragen_waehrend_der_Corona-Krise__Stand_01.04.2020_.pdf [Abruf: 6.1.2021].

30 »Ohne Furcht geht es nicht«, Gespräch mit Wolfgang Palaver, in: Die Zeit, Nr. 54/23, Dezember 2020, S. 46.

31 Vgl. Martin Jäggle, Verändert die Covid-19-Pandemie das Verhältnis der Religionen zueinander? https//theocare.wordpress.com/2020/06/22/verandert-die-covid-19-pandemie-das-verhaltnis-der-religionen-zueinander-eine-spurensuche-martin-jaggle/ [Abruf: 28.12.2020].

32 Weltweiter Solidaritätsaufruf von Oberrabbinern, in: ORF.at, 3.4.2020, https//religion.orf.at/v3/stories/3000985/ [Abruf: 28.12.2020].

33 Ebenda.

34 Ostern – Pessach 2020, https//christenundjuden.org/resources/Pessach_Ostern2020.pdf [Abruf: 28.12.2020].

35 Freude über »ökumenische Gastfreundschaft«, Erklärung des Vorstands des Ökumenischen Rates der Kirchen in Österreich (ÖRKÖ), http//www.oekumene.at/site/erklaerungen/article/1967.html [Abruf: 28.12.2020].

36 Kirchen in Berlin bieten kleinen Religionsgemeinschaften Corona-Asyl, Religiöse Gastfreundschaft, https//www.domradio.de/themen/bistuemer/2020-04-29/religioese-gastfreundschaft-kirchen-berlin-bieten-kleinen-religionsgemeinschaften-corona-asyl [Abruf: 28.12.2020].

37 Berlin: Muslime beten freitags in evangelischer Kirche, in: ORF.at, 27.5.2020, https//religion.orf.at/v3/stories/3003053/ [Abruf: 28.12.2020].

38 700 Muslime beten auf Ikea-Parkplatz in Wetzlar, in: mittelhessen, 26.5.2020, https//www.mittelhessen.de/lokales/wetzlar/wetzlar/700-muslime-beten-auf-ikea-parkplatz-in-wetzlar_21723983 [Abruf: 6.1.2021].

39 Religionsführer in Jerusalem beten für Ende der Pandemie: »Wir rufen Gott um Hilfe an«, domradio.de, 26.3.2020, https//www.domradio.de/themen/corona/2020-03-26/wir-rufen-gott-um-hilfe-religionsfuehrer-jerusalem-beten-fuer-ende-der-pandemie [Abruf: 28.12.2020].

40 Corona-Krise: Ein interreligiöses Gebet für die Menschheit, in: vaticannews, 2.5.2020, https//www.vaticannews.va/de/vatikan/news/2020-05/hoher-ausschuss-fuer-geschwisterlichkeit-gebetstag-14-mai-corona.html [Abruf: 28.12.2020].

41 Antisemitismus bei »Querdenkern«, Deutliche Worte von Erfurter Bischof Neymeyr, domradio.de, 17.12.2020, https//www.domradio.de/themen/kirche-und-politik/2020-12-17/deutliche-worte-von-erfurter-bischof-neymeyr-antisemitismus-bei-querdenkern [Abruf: 28.12.2020].

42 Niemanden zum Sündenbock machen, in: Jüdische Allgemeine, 11.4.2020, https//www.juedische-allgemeine.de/juedische-welt/niemanden-zum-suendenbock-machen/ [Abruf: 28.12.2020].

43 Coronaspection, https//elijah-interfaith.org/addressing-the-world/coronaspection [Abruf: 28.12.2020]; www.coronaspection.org.

44 Religionsführer geben Impulse zum Umgang mit Corona-Krise, Katholische Kirche Österreich, 17.6.2020, https//www.katholisch.at/aktuelles/130455/religionsfuehrer-geben-impulse-zum-umgang-mit-corona-krise [Abruf: 28.12.2020].

45 CoV: Rabbiner sehen Fortschritte im Religionsdialog, in: ORF.at, 14.5.2020, https//religion.orf.at/v3/stories/3002602/ [Abruf: 28.12.2020].

46 IGGÖ: Erste Moscheen öffnen am Freitag ihre Tore, Presseaussendung, 15.5.2020, https//www.ots.at/presseaussendung/OTS_20200515_OTS0008/iggoe-erste-moscheen-oeffnen-am-freitag-ihre-tore [Abruf: 28.12.2020].

Michael Köhlmeier · Warum eigentlich Kultur?

1 Dieser Text basiert auf einem gleichnamigen Artikel erschienen in: ADDENDUM. Die Zeitung, Nr. 14, Mai 2020, S. 70.

2 Karl Marx, Das Kapital. Kritik der politischen Ökonomie, Band 1, Hamburg: Otto Meissner 1890, S. 85–86.

Lockdown-Bonus gesucht

1 Soziologische Untersuchung von Barbara Rothmüller (Sigmund-Freud-Privat-Universität Wien). Ergebnisse: Das Jahr der neuen Sichtweisen, in: Die Presse, 29.12.2020, S. 7.

2 Kultur und Corona: Ist Kunst tatsächlich systemrelevant?, in: profil.at, 12.11.2020, https//www.profil.at/kultur/kultur-und-corona-ist-kunst-tatsaechlich-systemrelevant/401095854 [Abruf: 10.1.2020].

3 Corona und die Folgen für die freie Szene. Fragen und Antworten zu COVID-19-Maßnahmen im Kontext der Kunst- und Kulturförderung, in: music austria, 23.3.2020, https//www.musicaustria.at/corona-und-die-folgen-fuer-die-freie-szene-fragenkatalog-zu-covid-19-massnahmen-im-kontext-der-kunst-und-kulturfoerderung/ [Abruf: 10.1.2020].

4 Auf Mag. Ulrike Lunacek, die sich zunehmend scharfe Kritik eingehandelt hatte, folgte Mag. Andrea Mayer.

5 »Lockdown-Bonus« für freischaffende Künstler wird erhöht, in: ORF.at, 3.12.2020, https//news.orf.at/#/stories/3192256/ [Abruf: 10.1.2020].

6 Tobi Müller, Kultur ist nicht für alle da, in: Diezeit.de, 29.10.2020, https//www.zeit.de/kultur/2020-10/corona-massnahmen-kultur-die-aerzte-till-broenner-appell-kritik-kulturbetrieb/komplettansicht [Abruf: 10.1.2020].

7 Für Informationen zu den Aufführungen der Wiener Staatsoper und die Japan-Touren der Philharmoniker bin ich meinem Freund Gerald Schubert sehr zu Dank verpflichtet.

8 Norbert Rief, Wer soll das bezahlen?, in: Die Presse, 21.11.2020, S. 1.

Christoph Badelt · Geld spielt keine Rolle

1 Michael Bachner, Herber Schlag für Wirtschaft: Erholung 2021 abgesagt, in: Kurier, 30.10.2020, https//kurier.at/politik/inland/herber-lockdown-schlag-wirtschafts-erholung-2021-abgesagt/401081388 [Abruf: 15.12.2020].

2 Pressaussendung, Bundesministerium für Finanzen, Blümel zu Budget 2020: Zahlen unberechenbar, 5.5.2020, https//www.ots.at/presseaussendung/OTS_20200505_OTS0119/bluemel-zu-budget-2020-zahlen-unberechenbar, [Abruf: 15.12.2020].

3 Sandra Bilek-Steindl, Julia Bock-Schappelwein, Christian Glocker, Serguei Kaniovski (WIFO), Sebastian Koch, Richard Sellner, Hochfrequente Konjunkturbeobachtung, Wien, 2020, http//www.wifo.ac.at/wwa/pubid/66530 [Abruf: 17.11.2020].

4 Christoph Badelt, Wirtschaftspolitische Beratung – eine österreichische Perspektive, in: Hagen Krämer, Johannes Schmidt (Hgg.), Wirtschaftspolitische Beratung in der Krise (=Schriften der Keynes-Gesellschaft, Band 15) Marburg: Metropolis 2021, S. 53–68.

5 Christian Glocker, Schwäche der Weltwirtschaft dämpft Konjunktur in Österreich. Prognose für 2020 und 2021, in: WIFO-Monatsberichte, 2020, 93(1), S. 19–31.

6 Josef Baumgartner, Serguei Kaniovski, Update der mittelfristigen Prognose der österreichischen Wirtschaft 2020 bis 2024, in: Ebenda, S. 33–40.

7 Christian Glocker, Tiefe, jedoch kurze Rezession in Österreich. Prognose für 2020 und 2021, in: WIFO-Monatsberichte, 2020, 93(7), S. 503–517.

8 Josef Baumgartner, Serguei Kaniovski, Christian Glocker, Walter Hyll, Hans Pitlik, COVID-19-Pandemie dämpft die Konjunkturaussichten. Mittelfristige Prognose 2021 bis 2025, in: WIFO-Monatsberichte, 2020, 93(10), S. 731–753.

9 Jürgen Bierbaumer-Polly, Sandra Bilek-Steindl, Thomas Url, Monitoring and Nowcasting Sustainable Development Goals. A Case Study for Austria, WIFO, Wien, 2019.

10 Die Zahl der Arbeitslosen inklusive der Teilnehmenden an AMS-Schulungen betrug sogar 571 477.

11 Z. B. Barbara Blaha, Wer zahlt die Krise? Na du!, in: Moment, 9.10.2020, https//www.moment.at/story/wer-zahlt-die-krise-na-du, [Abruf: 15.12.2020].

12 Bundesministerium für Soziales, Gesundheit, Pflege und Konsumentenschutz (BMSGPK), COVID-19: Analyse der sozialen Lage in Österreich, Wien, 2020.

13 Marian Fink, Caroline Moreau, Silvia Rocha-Akis, Auswirkungen der Covid-19-Krise auf die Einkommenslage der privaten Haushalte, in: BMSKGP (Hg.), COVID-19: Analyse der sozialen Lage in Österreich, Wien, 2020, S. 44–59.

14 Julia Bock-Schappelwein, Christine Mayrhuber, Selbständige, in: Ebenda, S. 211–239.

15 Karin Heitzmann, Armut und soziale Ausgrenzung während der COVID-19 Pandemie, in: Ebenda, S. 60–87.

16 Z. B. Gerald Herschl, Anna Parr im Gespräch: Die Caritas ist ein soziales Fieberthermometer, in: meinekirchenzeitung.at, 11.11.2020 https//www.meinekirchenzeitung.at/kaernten-sonntag/c-gesellschaft-soziales/die-caritas-ist-ein-soziales-fieberthermometer_a12081 [Abruf: 15.12.2020].

17 Christoph Pieh, Sanja Budimir, Elke Humer, Thomas Probst, Comparing Mental Health during COVID-19 Lockdown and Six Months Later in Austria: A Longitudinal Study, 2020, https//ssrn.com/abstract=3707580 [Abruf: 17.11.2020].

18 Heiko Bugger, Johannes Gollmer, Gudrun Pregartner, Gerit Wünsch, Andrea Berghold, Andreas Zirlik, Dirk von Lewinski, Complications and mortality of cardiovascular emergency admissions during COVID-19 associated restrictive measures, in: Plos One, Sept. 2020, https//doi.org/10.1371/journal.pone.0239801 [Abruf: 17.11.2020].

19 Julia Bock-Schappelwein, Ulrike Famira-Mühlberger, Christine Mayrhuber: COVID-19: Ökonomische Effekte auf Frauen, WIFO Research Briefs, 2020 (3).

20 Martin G. Kocher, Mario Steiner, Kosten von Schulschließungen zur Pandemiebekämpfung, Policy Brief Nr. 20/2020.

21 Julia Bock-Schappelwein, Ulrike Famira-Mühlberger, Ökonomische Folgen von Schulschließungen, WIFO Research Briefs, 2020 (18).

22 https//www.bsg.ox.ac.uk/research/research-projects/coronavirus-government-response-tracker [Abruf: 17.11.2020].

23 Maßnahmen, die der Bund in den Budgetunterlagen als Teil des »Konjunkturpakets« definiert hat, sind hier nicht enthalten. (Beispiel: temporäre Umsatzsteuersenkung für Gastronomie und andere Branchen).

24 https//www.bmf.gv.at/themen/budget/das-budget/budget-2020.html [Abruf: 17.11.2020].

25 Karl Ettinger, »Koste es, was es wolle«, in: Wiener Zeitung, 19.3.2020.

26 Corona: Regierung erhöht Hilfspaket – Interview mit Gernot Blümel, ORF, ZIB2, 18.3.2020.

27 »Die wundersame Geldvermehrung«, Presseaussendung ORF Radio, Ö1-Wirtschaftsmagazin »Saldo« am 24.4.2020, 23.4.2020, https//www.ots.at/presseaussendung/OTS_20200423_OTS0131/oe1-wirtschaftsmagazin-saldo-am-244-die-wundersame-geldvermehrung [Abruf: 15.12.2020].

28 Christian Glocker, Schwäche der Weltwirtschaft dämpft Konjunktur in Österreich. Prognose für 2020 und 2021, in: WIFO-Monatsberichte, 2020, 93(1), S. 19–31.

29 Josef Baumgartner, Serguei Kaniovski, Christian Glocker, Walter Hyll, Hans Pitlik, COVID-19-Pandemie dämpft die Konjunkturaussichten. Mittelfristige Prognose 2021 bis 2025, in: WIFO-Monatsberichte, 2020, 93(10), S. 731–753.

30 Ebenda.

31 Werner Raza, Was heißt zukunftsfähiges Wirtschaften Post-Corona?, in: A&W blog, 10.9.2020, https//awblog.at/zukunftsfaehiges-wirtschaften-post-corona/ [Abruf: 17.11.2020].

32 Vgl. z. B. https//www.mckinsey.com/business-functions/operations/our-insights/risk-resilience-and-rebalancing-in-global-value-chains#9000000 [Abruf: 17.11.2020].

33 Mark Sommer, Franz Sinabell, Gerhard Streicher, Auswirkungen des COVID-19-bedingten Konjunktureinbruchs auf die Emissionen von Treibhausgasen in Österreich. Ergebnisse einer ersten Einschätzung, WIFO Working Papers, 2020, 600, http//www.wifo.ac.at/wwa/pubid/65935 [Abruf: 17.11.2020] bzw. Angela Köppl, Stefan Schleicher, Margit Schratzenstaller, Karl W. Steininger, COVID-19, Klimawandel und Konjunkturpakete, WIFO Research Briefs, 2020(1).

34 Ebenda.

Lydia Novoszel und Tina Wakolbinger · Wertschöpfungsketten als Rückgrat in der Krise

1 Peter H. Voß (Hg.), Logistik – die unterschätzte Zukunftsindustrie. Strategien und Lösungen entlang der Supply Chain 4.0.Wiesbaden: Springer Fachmedien, 2020; Matthias Schadler, Das Image der Logistik, in: Ebenda, S. 233–238; Yossi Sheffi, The New (Ab)Normal. Reshaping business and supply chain strategy beyond Covid-19, Cambridge: MIT CTL Media 2020.

2 Zukunftsperspektiven nach der Corona-Krise. Fragen und Antworten, auf: Wirtschaftsuniversität Wienhttps//www.wu.ac.at/other/zukunftsperspektiven-nach-der-coronakrise-1/wir-geben-die-antworten [Abruf: 11.11.2020]; Complexity Science Hub Vienna, https//www.csh.ac.at [Abruf: 11.11.2020].

3 Sebastian Kummer, Hans-Joachim Schramm, Irene Sudy, Internationales Transport- und Logistikmanagement. Wien: facultas.wuv, 2010; Paul Schönsleben, Integral Logistics Management. Operations and Supply Chain Management Within and Across Companies, Boca Raton: CRC Press, 2016.

4 HELP Logistics, KLU, Supply chain expenditure and preparedness investment opportunities. A cooperative study by HELP Logistics AG, Kuehne Logistics University and the International Federation of Red Coss and Red Crescent Societies, https//logcluster.org/document/help-logistics-ag-kuehne-logistics-university-ifrc [Abruf: 11.11.2020].

5 Rolando Tomasini, Luk van Wassenhove, Humanitarian logistics. Houndmills, Basingstoke-New York, NY: Palgrave Macmillan 2009.

6 Deutsche Post DHL Group, DHL White Paper. Resilienz in Pandemien. Wie stabile Lieferketten für Impfstoffe und medizinische Güter in der COVID-19-Pandemie und künftigen Gesundheitskrisen

sichergestellt werden können, https//www.dhl.com/content/dam/dhl/global/core/documents/pdf/glo-core-delivering-pandemic-resilience-2020-German.pdf [Abruf: 10.11.2020]; World Economic Forum, Strategic Intelligence, https//intelligence.weforum.org/topics/a1Gb0000000pTDoEAM?tab=publications [Abruf: 11.11.2020]; Alan McKinnon, Logistics and Supply Chain Management in a Post-Covid World (= keynote addresses to the annual conference of the Logistics Research Network), 20.9.2020 https//www.alanmckinnon.co.uk/uploaded/PDFs/Presentations/Logistics%20and%20Supply%20Chain%20Management%20in%20a%20post-Covid%20World%20(eLRN%202020%20-%20McKinnon%2010-8-2020).pdf [Abruf: 11.11.2020]

7 Hau L. Lee, The Triple A Supply Chain, in: Harvard Business Review, 82(10) 2004, S. 102–113.

8 Dmitry Ivanov, Predicting the impacts of epidemic outbreaks on global supply chains: A simulation-based analysis on the coronavirus outbreak (COVID-19/SARS-CoV-2) case, in: Transportation Research. Part E: Logistics and Transportation Review, 136 (2020), S. 1–14.

9 Statistik Austria, Volkswirtschaftliche Gesamtrechnung. 0.1 Entstehung des Bruttoinlandsprodukts, http//www.statistik.at/web_de/services/stat_uebersichten/volkswirtschaftliche_gesamtrechnung/index.html [Abruf: 12.11.2020].

10 WIFO – Österreichisches Institut für Wirtschaftsforschung Bruttowertschöpfung zu Herstellungspreisen, real (auf Basis von Vorjahrespreisen) https//www.wifo.ac.at/jart/prj3/wifo/widat/Wirtschaftsdaten/d/4.3_d_out.pdf?r=Y6S8, letzte Aktualisierung 18.12.2020 [Abruf: 12.1.2021].

11 Maciel M. Queiroz, Dmitry Ivanov, Alexandre Dolgui, Samuel Fosso Wamba, Impacts of epidemic outbreaks on supply chains. Mapping a research agenda amid the COVID-19 pandemic through a structured literature review, in: Annals of operations research (2020), S. 1–38; Tom Linton, Bindiya Vakil, Corona-Virus is proving we need more resilient supply hains, in: Harvard Business Review, 5(1) 2020, https//hbr.org/2020/03/coronavirus-is-proving-that-we-need-more-resilient-supply-chains [Abruf: 15.5.2020]; Europäische Union, Empfehlung (EU) 2020/403 der Kommission vom 13. März 2020 über Konformitätsbewertungs- und Marktüberwachungsverfahren im Kontext der COVID-19-Bedrohung, https//eur-lex.europa.eu/legal-content/DE/TXT/?uri=celex%3A32020H0403 [Abruf: 29.11.2020].

12 Statistik Austria, Volkswirtschaftliche Gesamtrechnung. 0.1 Entstehung des Bruttoinlandsprodukts, http//www.statistik.at/web_de/services/stat_uebersichten/volkswirtschaftliche_gesamtrechnung/index.html [Abruf: 12.11.2020].

13 WIFO – Österreichisches Institut für Wirtschaftsforschung, Bruttowertschöpfung zu Herstellungspreisen, real (auf Basis von Vorjahrespreisen) https//www.wifo.ac.at/jart/prj3/wifo/widat/Wirtschaftsdaten/d/4.3_d_out.pdf?r=Y6S8, letzte Aktualisierung 18.12.2020 [Abruf: 12.1.2021].

14 WKO STATISTIK, Unselbständig Beschäftigte nach Wirtschaftsbereichen 2019, http//wko.at/statistik/jahrbuch/am-beschaeftigte-wb.pdf?_ga=2.212629521.465337309.1605171974-1675815911.1599137139 [Abruf: 12.11.2020].

15 Obsthaus Haller, https//obsthaus.at/#uns [Abruf: 29.11.2020]

16 KMU Forschung Austria, E-Commerce-Studie Österreich 2020. Die 11. Studie zum Konsumentenverhalten im Distanzhandel, https//www.kmuforschung.ac.at/wp-content/uploads/2020/09/Praesentation-E-Commerce-2020.pdf [Abruf: 29.11.2020]

17 Beispielhaft: Die österreichische Onlineshop-Fibel, falter.at, https//www.falter.at/onlineshop-fibel [Abruf: 29.11.2020].

18 Statistik Austria, Volkswirtschaftliche Gesamtrechnung. 0.1 Entstehung des Bruttoinlandsprodukts, http//www.statistik.at/web_de/services/stat_uebersichten/volkswirtschaftliche_gesamtrechnung/index.html [Abruf: 12.11.2020].

19 WKO STATISTIK, Unselbständig Beschäftigte nach Wirtschaftsbereichen 2019, http//wko.at/

statistik/jahrbuch/am-beschaeftigte-wb.pdf?_ga=2.212629521.465337309.1605171974-16758 15911.1599137139 [Abruf: 12.11.2020].

20 ASFINAG, Verkehr rund um Ballungsräume wieder auf Niveau vor Beginn des Corona-Lockdowns. Pressemeldung vom 16.7.2020, http//www.asfinag-commercialservices.at/ueber-uns/newsroom/pressemeldungen/2020/verkehr-um-ballungsraeume-wieder-auf-niveau-vor-corona/ [Abruf: 12.11.2020]; Statistik Austria, Transportaufkommen österreichischer Unternehmen im Straßengüterverkehr im 2. Quartal 2020 um fast 15% eingebrochen, Pressemitteilung 12.294-134/20, http//www.statistik.at/web_de/presse/124048.html [Abruf: 12.11.2020]; IRU. COVID-19 Impacts on the Road Transport Industry – Executive summary, https//www.iru.org/resources/iru-library/covid-19-impacts-road-transport-industry-executive-summary [Abruf:12.11.2020].

21 Statistik Austria, Transportaufkommen österreichischer Unternehmen im Straßengüterverkehr im 3. Quartal 2020 um 1,2% gesunken, Pressemitteilung 12.362-202/20, http//www.statistik.at/web_de/presse/124713.html [Abruf: 3.12.2020].

22 Statista, Anzahl der Pakete in Österreich von 2014 bis 2019 und Prognose für 2020 und 2021 (in 1.000), https//de.statista.com/statistik/daten/studie/300692/umfrage/sendungsmenge-pakete-in-oesterreich/ [Abruf: 29.11.2020].

23 IRU, COVID-19 Impacts on the Road Transport Industry – Executive summary, https//www.iru.org/resources/iru-library/covid-19-impacts-road-transport-industry-executive-summary [Abruf: 12.11.2020]; ITF, International Transport Forum Transport and Covid-19: Responses and Resources. OECD, https//www.itf-oecd.org/covid-19 [Abruf: 12.11.2020].

24 WIFO – Österreichisches Institut für Wirtschaftsforschung, Entwicklung der Nachfrage, real (auf Basis von Vorjahrespreisen), https//www.wifo.ac.at/jart/prj3/wifo/widat/Wirtschaftsdaten/-d/4.4_d_out.pdf?r=Y6S8, https//www.wifo.ac.at/jart/prj3/wifo/widat/Wirtschaftsdaten/d/4.5_d_out.pdf?r=3bGP, letzte Aktualisierung 18.12.2020 [Abruf: 15.01.2021]

25 Jonathan Knowles, Patrick Lynch, Russell Baris, Richard Ettenson, As Stores Reopen, Which Customers Are Most Likely to Return?, in: MIT Sloan Management Review, 62(1) 2020, S. 1–10; Yossi Sheffi, The New (Ab)Normal. Reshaping business and supply chain strategy beyond Covid-19. MIT CTL Media 2020.

26 WIFO – Österreichisches Institut für Wirtschaftsforschung, Entwicklung der Nachfrage, real (auf Basis von Vorjahrespreisen), https//www.wifo.ac.at/jart/prj3/wifo/widat/Wirtschaftsdaten/-d/4.5_d_out.pdf?r=3bGP, letzte Aktualisierung 18.12.2020 [Abruf: 15.1.2021]

27 Jean-Paul Rodrigue, Corona-Virus Impacts on Trade and Supply Chains. METRANS Advisory Board Meeting, April 3 2020, https//sites.hofstra.edu/jean-paul-rodrigue/wp-content/uploads/sites/11/2020/04/Metrans_Covid_Trade_JPR.pdf [Abruf:12.11.2020].

28 Jörg Nienhaus, Arne Ziegenbein, Paul Schoensleben, How human behaviour amplifies the bullwhip effect. A study based on the beer distribution game online. Production Planning & Control, 17(6), S. 547–557.

29 Paul Schönsleben, Integral Logistics Management. Operations and Supply Chain Management Within and Across Companies, Boca Raton: CRC Press, [5]2016.

30 Alan McKinnon, Logistics and Supply Chain Management in a Post-Covid World.

31 Yossi Sheffi, The resilient enterprise. Overcoming vulnerability for competitive advantage. Cambridge, Mass.: MIT Press; WORLD ECONOMIC FORUM, 2020. Strategic Intelligence | World Economic Forum, in: https//intelligence.weforum.org/topics/a1Gb00000pTDoEAM?tab=publications [Abruf: 11.11.2020]; Sebastian Kummer, Hans-Joachim Schramm, Irene Sudy, Internationales Transport- und Logistikmanagement. Wien: facultas.wuv 2010; DHL. Logistics Trend Radar. in:

https//www.dhl.com/content/dam/dhl/global/core/documents/pdf/glo-core-logistics-trend-radar-5thedition.pdf [Abruf: 11.11.2020].

32 Patricia Rogetzer, Thomas Nowak, Werner Jammernegg, Tina Wakolbinger, Impact of Digitalization on Sustainable Supply Chains, in: Fred Luks (Hg.), Chancen und Grenzen der Nachhaltigkeitstransformation. Ökonomische und soziologische Perspektiven. Wiesbaden: Springer Fachmedien, 2019, S. 131–144.

33 Peter H. Voß (Hg.), Logistik – die unterschätzte Zukunftsindustrie. Strategien und Lösungen entlang der Supply Chain 4.0, Wiesbaden: Springer Fachmedien, 2020, S. 5.

34 Rogetzer u. a., Impact.

35 Ebenda.

36 Schönsleben, Integral Logistics Management 2016; Chopra, Meindl, Supply Chain Management, 2014.

37 Yossi Sheffi, The resilient enterprise. Overcoming vulnerability for competitive advantage. Cambridge: MIT Press, 2005.

38 Rogetzer u. a., Impact, S. 131–144.

39 Voß, Logistik, S. 24.

40 Chopra, Meindl, Supply Chain Management; Schönsleben, Integral Logistics Management, 2016.

41 Sheffi, The resilient enterprise, 2005; Joseph Fiksel (Hg.), Resilient by Design. Creating Businesses That Adapt and Flourish in a Changing World. Washington: Island Press, 2015.

42 Tom Linton, Bindiya Vakil, Corona-Virus Is Proving We Need More Resilient Supply Chains. Harvard Business Review, 5(1) 2020.

43 Sheffi, The New (Ab)Normal, 2020.

44 European Commission, Report on critical raw materials for the EU. Report of the Ad hoc Working Group on defining critical raw materials, 2014, [Abruf: 11.11.2020].

45 Ebenda.

46 European Commission, Mitteilung der Kommission an das europäische Parlament, den Rat, den europäischen Wirtschafts- und Sozialausschuss und den Ausschuss der Regionen. Widerstandsfähigkeit der EU bei kritischen Rohstoffen: Einen Pfad hin zu größerer Sicherheit und Nachhaltigkeit abstecken, 2020, https//eur-lex.europa.eu/legal-content/DE/TXT/PDF/?uri=CELEX:52020DC0474&from=DE [Abruf: 20.11.2020].

47 European Raw Material Alliance (ERMA), About us – European Raw Materials Alliance (ERMA), https//erma.eu/about-us/ [Abruf: 22.11.2020].

48 David Simchi-Levi, Edith Simchi-Levi, We Need a Stress Test for Critical Supply Chains, in: Harvard Business Review, 28, in: http//web.a.ebscohost.com/ehost/pdfviewer/pdfviewer?vid=15&sid=29e94680-e2c5-45ba-b658-11627fba75d8%40sessionmgr4006 [Abruf: 11.11.2020]; Tinglong Dai, Ge Bai, Gerald F. Anderson, PPE Supply Chain Needs Data Transparency and Stress Testing, in: Journal of General Internal Medicine, 35(9), S. 2748–2749.

49 Sheffi, The New (Ab)Normal; McKinnon, Logistics; Linton, Vakil, Cornavirus.

50 WKO Statistik, Österreichs Außenhandelsergebnisse.

51 Tomasini, van Wassenhove, Humanitarian logistics.

52 Schönsleben, Integral Logistics Management.

53 Sheffi; Chopra, Meindl.

Wolfgang Brandstetter · Freiheit und/oder Verantwortung

1 Ernst Wolner, Corona-Impfung: Verspieltes Vertrauen, in: Der Standard, 3.1.2021, https//www.derstandard.at/story/2000122882081/corona-impfung-verspieltes-vertrauen [Abruf: 5.1.2021].

2 Bundeskanzler Kurz im Jahresrückblick, Interview in der ZIB2 vom 30.12.2020, https//www.youtube.com/watch?v=EaVCZd7mlbE, 18:55–19:18 [Abruf: 5.1.2021].

3 Stammfassung: BGBl. 186/1950, Kundmachung der Bundesregierung vom 8. August 1950 über die Wiederverlautbarung des Gesetzes über die Verhütung und Bekämpfung übertragbarer Krankheiten, aktuelle Fassung vom 4.1.2021: BGBl I Nr. 136/2020.

4 Siehe dazu: »Vergütung für den Verdienstentgang« gem. §§ 32ff Epidemiegesetz.

5 Erkenntnis des VfGH vom 1.10.2020, V a48/2020-10.

6 Erkenntnis des VfGH vom 1.10.2020, V 392/2020-12.

7 Erkenntnis des VfGH vom 14.7.2020, V 411/2020-17.

8 Siehe dazu BGBl. II Nr. 197/2020, BGBl. II Nr. 398/2020, sowie – betreffend die aufgehobene Verordnung bzgl. Maskenpflicht an Schulen – BGBl. II Nr. 384/2020.

9 Andreas Koller, VfGH-Präsident Grabenwarter: »Jede Verordnung, die gesetzwidrig ist, ist eine zu viel«, in: Salzburger Nachrichten, 2.1.2021, https//www.sn.at/politik/innenpolitik/vfgh-praesident-grabenwarter-jede-verordnung-die-gesetzwidrig-ist-ist-eine-zu-viel-97763440 [Abruf: 5.1.2021].

10 Siehe dazu die gesamte österreichische Tagespresse vom 21.3.2020.

11 Rechnungshof forderte jahrzehntelang Senkung bei Intensivbetten, in: Kleine Zeitung, 3.4.2020, https//www.kleinezeitung.at/international/corona/5795331/Corona-Virus_Rechnungshof-forderte-jahrzehntelang-Senkung-bei [Abruf: 5.1.2021]; Rechnungshof forderte jahrzehntelang Akutbetten-Reduktion, in: Salzburger Nachrichten, 3.4.2020, https//www.sn.at/politik/innenpolitik/rechnungshof-forderte-jahrzehntelang-akutbetten-reduktion-85766977 [Abruf: 5.1.2021].

12 Corona-Virus: Rauch-Kallat Schutzmasken noch einsatztauglich, in: Kurier, 5.3.2020, https//kurier.at/chronik/oesterreich/corona-virus-rauch-kallat-schutzmasken-noch-einsatztauglich/400773234 [Abruf: 5.1.2021]; Rauch-Kallats Grippemasken bieten geringen Schutz, in: Wiener Zeitung, 5.3.2020, https//www.wienerzeitung.at/nachrichten/politik/oesterreich/2053335-Eiserne-Reserve-an-abgelaufenen-Grippemasken-bietet-geringen-Schutz.html [Abruf: 5.1.2021].

13 USA legen zweites Hilfspaket auf, in: Süddeutsche Zeitung, 21.12.2020, https//www.sueddeutsche.de/politik/usa-corona-kongress-hilfspaket-1.5154234 [Abruf: 5.1.2021].

14 Siehe dazu: Dutzende Anzeigen nach Wiener Demos; Ermittlungen in OÖ wegen Wiederbetätigung, in: ORF.at, 4.1.2021, https//orf.at/stories/3195988/ [Abruf: 5.1.2021].

15 Siehe dazu: Polizei rechtfertigt Vorgehen bei »Corona«-Demo, in: ORF.at, 4.1.2021, https//salzburg.orf.at/stories/3083409/ [Abruf: 5.1.2021].

16 Siehe dazu die Ankündigung des BMI: BVT: Extremisten und Rechtsradikale unter CoV-Leugnern, in: ORF.at, 5.1.2021, https//orf.at/stories/3196180/ [Abruf: 5.1.2021]; Wiener Polizei kündigt neue Strategie gegen Corona-Demos an, in: Kurier, 5.1.2021, https//kurier.at/chronik/wien/wiener-polizei-kuendigt-neue-strategie-gegen-corona-demos-an/401147775 [Abruf: 5.1.2021].

17 Gernot Bauer, Amateure und Anarchisten, in: profil, 14.11.2020, https//www.profil.at/meinung/gernot-bauer-amateure-und-anarchisten/401097450 [Abruf: 5.1.2021].

Markku Datler · Geisterspiele

1 Großer Preis für Österreich: Startet die Formel-1-Saison in Spielberg?, in: Die Presse, 24.5.2020, https//www.diepresse.com/5817789/grosser-preis-fur-osterreich-startet-die-formel-1-saison-in-spielberg [Abruf: 12.12.2020].
2 Die Stille auf dem Fußballplatz, in: Die Presse, 13.3.2020, https//www.diepresse.com/5783789/die-stille-auf-dem-fussballplatz [Abruf: 12.12.2020].
3 Bundesliga: Gesundheitstagebuch für Fußballer, in: Die Presse, 8.5.2020, https//www.diepresse.com/5811050/bundesliga-gesundheitstagebuch-fur-fussballer [Abruf: 12.12.2020].
4 Existenzangst beim SV Mattersburg, in: Die Presse, 15.7.2020, https//www.diepresse.com/5839819/existenzangst-beim-sv-mattersburg [Abruf: 12.12.2020].
5 Das Signal des Stadthallenturniers, in: Die Presse, 25.9.2020, https//www.diepresse.com/5872876/das-signal-des-stadthallenturniers [Abruf: 12.12.2020].
6 Ivona Dadic ist Österreichs Sportlerin des Jahres, in: Die Presse, 12.11.2020, https//www.oelv.at/de/newsshow-ivona-dadic-ist-oesterreichs-sportlerin-des-jahres [Abruf: 12.12.2020].
7 Handball: Der Wurf in eine andere Sportwelt, in: Die Presse, 29.11.2020, https//www.diepresse.com/5904557/handball-der-wurf-in-eine-andere-sportwelt [Abruf: 12.12.2020].
8 Felix Auböck: Ein Österreicher ist die Nummer 1 der Welt, in: Die Presse, 27.7.2020, https//www.diepresse.com/5844883/felix-aubock-ein-osterreicher-ist-die-nummer-1-der-welt [Abruf: 12.12.2020].
9 Hans Niessl: »Verlange eine Sport-Offensive nach dem Lockdown«, in: Die Presse, 19.11.2020, https//www.diepresse.com/5899443/hans-niessl-verlange-eine-sport-offensive-nach-dem-lockdown [Abruf: 12.12.2020].

Klement Tockner · Die Wissenschaft gefordert

1 Corona-Virus Resource Center, Johns Hopkins University, https//coronavirus.jhu.edu [Abruf: 25.12.2020].
2 Für diese Informationen sei an dieser Stelle Michael Wagner gedankt.
3 Corona-Impfstoff rückt näher – Impfung zuerst für Gefährdete, in: Zeit Online, 9.11.2020, https//www.zeit.de/news/2020-11/09/biontech-vielversprechende-daten-zu-corona-impfstoff [Abruf: 25.12.2020].
4 Pronker ES, Weenen TC, Commandeur H, Claassen EHJHM, Osterhaus ADME, Risk in Vaccine Research and Development Quantified. PLoS ONE 8(3) 2013: e57755. https//doi.org/10.1371/journal.pone.0057755.
5 Dagmar Schulze Heuling, Ethik und Corona. Normative Grenzen politischer Maßnahmen zur Eindämmung der Covid-19-Pandemie, in: Zeitschrift für Politikwissenschaft (2020), https//doi.org/10.1007/s41358-020-00240-5 [Abruf: 25.12.2020].
6 René Robert, Nancy Kentish-Barnes, Alexandre Boyer, Alexandra Laurent, Elie Azoulay, Jean Reignier, Ethical dilemmas due to the Covid-19 pandemic, in: Annals of Intensive Care 10, 84 (2020), https//doi.org/10.1186/s13613-020-00702-7 [Abruf: 25.12.2020].
7 David Wendler, Jorge Ochoa, Joseph Millum, Christine Grady, Holly A. Taylor, COVID-19 vaccine trial ethics once we have efficacious vaccines, in: Science 370 (6522), DOI: 10.1126/science.abf5084 (online veröffentlicht am 3.12.2020), S. 1277–1279.
8 Wie das Corona-Virus mutiert, in: Der Standard, 18.5.2020, https//www.derstandard.at/story/2000117444312/wie-das-coronavirus-mutiert [Abruf: 25.12.2020].

9 https//nextstrain.org/
10 Eva Wolfangel, Künstliche Intelligenz gegen Covid-19, in: Spektrum.de, 12.10.2020. https//www.spektrum.de/news/kuenstliche-intelligenz-gegen-covid-19/1780224 [Abruf: 25.12.2020].
11 Ebenda.
12 https//www.dimensions.ai/ [Abruf: 20.12.2020].
13 https//plos.org/open-science/preprints/ [Abruf: 25.12.2020].
14 https//www.coalition-s.org/
15 Martin Halla, Harald Oberhofer, Covid-19-Daten: Stopp dem Herrschaftswissen!, in: Der Standard, 22.12.2020, https//www.derstandard.at/story/2000122696492/covid-19-daten-stopp-dem-herrschafts wissen [Abruf: 25.12.2020].
16 https//www.datenschutz-wiki.de/DSGVO:EG_157
17 Registerforschung, Bundesministerium für Bildung, Wissenschaft und Forschung, https//www.bmbwf.gv.at/Themen/Forschung/Forschung-in-%C3%96sterreich/Strategische-Ausrichtung-und-beratende-Gremien/Leitthemen/Registerforschung.html
18 Jonathan Jeschke, Isabelle Bartram, Tina Heger, Sophie Lokatis, Klement Tockner, Dark Knowledge ans Licht holen, in: LaborJournal, 7.7.2020, https//www.laborjournal.de/rubric/essays/essays2020/m_e20_08.php [Abruf: 25.12.2020].
19 Siehe: Mariana Mazzucato, The Entrepreneurial State: Debunking Public vs. Private Sector Myths. Anthem Press (2013). S. 231–235.
20 Siehe etwa: Stefano Bertuzzi, Victor J. DiRita, After COVID-19 We Will Need a New Research System. We Need To Start Planning Now, in: American Society of Microbiology, 11/6 (2020) e03251-20.
21 Philip Strong, Epidemic psychology: a model, in: Sociology of Health & Illness 12/3 (1990), S. 249–259.
22 https//www.fes.de/themenportal-bildung-arbeit-digitalisierung/artikelseite/corona-gelegenheits-fenster-fuer-den-wissenschaftsjournalismus [Abruf: 10.02.2021].
23 Wissenschaft-im-Dialog, Leitlinien zur guten Wissenschafts-PR, 2016.
24 Sören Dürr, mündl. Mitteilung
25 Jan-Martin Wiarda, Corona: Gelegenheitsfenster für den Wissenschaftsjournalismus?, Friedrich-Ebert Stiftung, http//library.fes.de/pdf-files/studienfoerderung/16781-20200403.pdf [Abruf: 25.12.2020].
26 Z. B. Jeff Tollefson, Why deforestation and extinctions make pandemics more likely, in: Nature 584 (2020), S. 175–176.
27 Christian Rutz, Matthias-Claudio Loretto, Amanda E. Bates u. a., COVID-19 lockdown allows researchers to quantify the effects of human activity on wildlife, in: Nature Ecology and Evolution 4 (2020), S. 1156–1159.

Berthold Molden · Meinungen im Widerstreit

1 Eva-Karin Olsson, Lars Nord, Jesper Falkheimer, Media Coverage Crisis Exploitation Characteristics: A Case Comparison Study, in: Journal of Public Relations Research 27/2 (2015), S. 158–174.
2 Hans Rauscher, »Spitzfindigkeiten« oder Rechtsstaat? Jetzt erst recht: Auch in der gut gemanagten Krise muss Kritik möglich sein, Kommentar, in: Der Standard, 8.4.2020, https//www.derstandard.at/story/2000116622381/kurz-spitzfindigkeiten-oder-rechtsstaat [Abruf: 24.12.2020]; Hans Bür-

ger in der »Zeit im Bild 1«, 14.4.2020, https//www.youtube.com/watch?v=aTrN_nOHk5E, 08:39–09:28 [Abruf: 24.12.2020].

3 Einen guten Überblick über die politische Ereignisgeschichte der Corona-Pandemie in Österreich bietet der Corona-Blog des Vienna Center for Electoral Research, wo auch interessante Auswertungen von Medienberichterstattung und öffentlicher Wahrnehmung der Regierungspolitik zu finden sind: https//viecer.univie.ac.at/coronapanel/corona-blog/ [Abruf: 24.1.2021].

4 Sofern nicht gesondert genannt, finden sich alle zitierten Daten auf dem Statistikportal Statista, Schwerpunkt »Statistiken zum Corona-Virus (COVID-19) in Österreich«, https//de.statista.com/themen/6243/coronavirus-covid-19-in-oesterreich/ [Abruf: 24.12.2020].

5 Gallup/Medienhaus Wien, Gallup Stimmungsbarometer Corona. Mediennutzung in der Corona-Krise (5. Welle), 18.11.2020, S. 3–4. Jedoch gab es auch andere Umfrageergebnisse, etwa jene von Demox Research (vgl. Statista, Fußnote 3), denen zufolge Mitte November 76 Prozent der Befragten den »drastischen Maßnahmen« der Lockdowns in Handel, Bildung und persönlicher Bewegungsfreiheit zustimmten.

6 Der Journalist Christian Ortner etwa wandte sich im Dezember 2020 gegen die Instrumentalisierung der Medien als »Propagandamaschinen« in der vorhersehbaren »Propagandaschlacht«, in der die Bevölkerung Anfang des Jahres 2021 wohl zu Impfungen bewegt werden solle. Es solle auch den Skeptikerinnen und Skeptikern Raum geboten werden. Vgl. Christian Ortner, Corona-Impfung: Alles, nur kein Erziehungsjournalismus, bitte, Gastkommentar, in: Die Presse, 18.12.2020, S. 31.

7 Forschungszentrum Öffentlichkeit und Gesellschaft, Jahrbuch 2020. Qualität der Medien/Hauptbefunde. Die Schweizer Medienöffentlichkeit im Bann der Corona-Krise, Zürich: foeg/Universität Zürich 2020, S. 5.

8 Knut Hickethier, Das Fernsehen als Ritualisierungsmaschine, Geleitwort zu: Stephan Alexander Weichert, Die Krise als Medienereignis. Über den 11. September im deutschen Fernsehen, Köln: Halem 2006, S. 13–16, hier S. 14.

9 Gallup/Medienhaus Wien, Gallup Stimmungsbarometer Corona. Mediennutzung in der Corona-Krise (5. Welle), 18.11.2020, S. 12.

10 Zur Rolle von Facebook als Plattform für populistische (Fehl-)Information, vgl. Svenja Boberg, Thorsten Quandt, Tim Schatto-Eckrodt, Lena Frischlich, Pandemic Populism. Facebook Pages of Alternative News Media and the Corona Crisis – A Computational Content Analysis, Muenster Online Research (MOR) Working Paper 1/2020, https//arxiv.org/abs/2004.02566 [Abruf: 24.12.2020].

11 statista, Welche soziale Medien haben Sie genutzt, um sich über Corona zu informieren? https//de.statista.com/statistik/daten/studie/1108916/umfrage/beliebteste-soziale-medien-fuer-informationen-zum-coronavirus-in-oesterreich/ [Abruf: 24.12.2020].

12 Wolf Geppert, »Corona-Trio« mit Durchschlagskraft, Leserbrief, in: Kronen Zeitung, 14.3.2020, https//www.krone.at/das-freie-wort/5e6c258cab876c1519435222 [Abruf: 24.12.2020].

13 Hans Rauscher, Immerhin ist er Kanzler, Kommentar, in: Der Standard, 1.9.2020, https//www.derstandard.at/story/2000119727227/immerhin-ist-er-kanzler [Abruf: 24.12.2020].

14 Rudolf Anschober trotz Ampel-Chaos beliebter als Kurz, in: Heute, 13.9.2020, https//www.heute.at/s/rudolf-anschober-trotz-ampel-chaos-beliebter-als-kurz-100101813 [Abruf: 24.12.2020].

15 SPÖ, Drozda zu Lunacek-Rücktritt: »Lunacek übernimmt Verantwortung für kulturpolitisches Scheitern von Kurz und Kogler«, APA/OTS-Aussendung, 15.5.2020, https//www.ots.at/presseaussendung/OTS_20200515_OTS0091/drozda-zu-lunacek-ruecktritt-lunacek-uebernimmt-verantwortung-fuer-kulturpolitisches-scheitern-von-kurz-und-kogler [Abruf: 24.12.2020].

16 Stefanie Panzenböck, Kunst- und Kulturpolitik ist immer auch Sozialpolitik, Kommentar, in: Falter 23/20, 3.6.2020, S. 7.

17 https//www.parlament.gv.at/PAKT/VHG/XXVII/J/J_01856/index.shtml; Beantwortung der Anfrage: https//www.parlament.gv.at/PAKT/VHG/XXVII/AB/AB_01860/index.shtml [Abruf jeweils 24.12.2020].

18 So etwa Dollfuß' Wirtschaftsberater Oskar Morgenstern, der zwar aus der marktliberalen, staatsskeptischen Schule von Mises und Hayek stammte, aber 1934 schrieb: »Der autoritäre Staat kann [...] Wirtschaftspolitik, wie alle Politik, auf lange Sicht betreiben, wogegen eine parlamentarische Regierung die Früchte ihres Tuns während ihrer Funktionsdauer reifen sehen möchte.« Oskar Morgenstern, Die Grenzen der Wirtschaftspolitik, Wien: Julius Springer 1934, S. 130.

19 Barbara Tóth, Es ist nur noch zum Haareraufen. Interview mit Beate Meinl-Reisinger, in: Falter 23 (20), 3.6.2020, S. 16–17, hier S. 17.

20 Barbara Toth, Die Zweite Welle? Sie darf uns keine Angst machen!, in: Falter 25 (20), 17.6.2020, S. 12–15, hier S. 14.

21 Scharfe Kritik an Kurz-Auftritt im Kleinwalsertal, in: ORF.at, 14.5.2020, https//vorarlberg.orf.at/stories/3048662/ [Abruf: 24.12.2020]; Kontroverse um Kanzler-Besuch im Kleinwalsertal, in: Kurier, 13.5.2020, https//kurier.at/politik/inland/grosser-bahnhof-fuer-kurz-im-kleinwalsertal/400841162 [Abruf: 24.12.2020].

22 Gerald John, Ein dritter Lockdown ist alternativlos – der Weg dorthin war es nicht, in: Der Standard, 18.12.2020, https//www.derstandard.at/story/2000122639592/ein-dritter-lockdown-ist-alternativlos-der-weg-dorthin-war-es [Abruf: 24.12.2020].

23 Nina Weißensteiner, Mehr Hausverstand, bitte!, in: Der Standard, 3.9.2020, S. 28.

24 Rudolf Mitlöhner, Da ist der Wurm drin, Leitartikel, in: Kurier, 18.12.2020, S. 2.

25 Armin Thurnher, Publizieren im Ausnahmezustand: Die Seuchenkommunikationsordnung, Leitartikel, in: Falter 12 (20), 18.3.2020, S. 5; Armin Thurnher, Zehn Gedanken zum Krisenjournalismus. Seuchenkolumne. Nachrichten aus der Selbstisolation 4, 20.3.2020, https//cms.falter.at/blogs/athurnher/2020/03/20/zehn-gedanken-zum-krisenjournalismus/ [Abruf: 24.12.2020].

26 Rubina Möhring, Corona verseucht Politik und Medien. Pandemie setzt bedenklich neue Maßstäbe für Menschenrechte, in: Thomas Schmidinger, Josef Weidenholzer (Hgg.), Virenregime. Wie die Corona-Krise unsere Welt verändert. Befunde, Analysen, Anregungen, Wien: bahoe 2020, S. 37–41, hier S. 38.

27 Ruth Wodak, »Wir haben alles richtig gemacht!« Krisenkommunikation und Krisenmanagement in »Corona-Zeiten«, in: Thomas Schmidinger, Josef Weidenholzer (Hgg.), Virenregime. Wie die Corona-Krise unsere Welt verändert. Befunde, Analysen, Anregungen, Wien: bahoe 2020, S. 330–341, hier. S 332–333.

28 Parlamentsdirektion, AVISO: Online-Gebetsfeier »Hoffnung in der Krise« im Parlament, Parlamentskorrespondenz Nr. 1349 vom 2.12.2020, https//www.parlament.gv.at/PAKT/PR/JAHR_2020/PK1349/index.shtml [Abruf: 24.12.2020].

29 Bernhard Weber, Würdigung eines großen Bauernbündlers, 22.12.2020, in: Österreichische Bauernzeitung, https//bauernzeitung.at/wuerdigungen-eines-grossen-bauernbuendlers/ [Abruf: 24.12.2020].

30 Martin Gebhart, Bischof will Seligsprechung von Leopold Figl, in: Kurier, 23.12.2020, S. 17.

31 Raphael Glucksmann, Die Politik sind wir! Gegen den Egoismus, für einen neuen Gesellschaftsvertrag, München: Hanser 2019, S. 11.

32 alea 56, Qualitätsjournalismus?, Posting am 15.4.2020, 13:40:35 zum Gastkommentar von Niko

Alm, ORF-Information pro toto, in: Der Standard, 14.4.2020, https//www.derstandard.at/story/2000116760165/orf-information-pro-toto [Abruf: 24.12.2020].

33 Christoph Schwarz, Infantil und bedenklich autoritär, Leitartikel, in: Kurier, 14.12.2020, S. 2.

34 Gerhard Zeilinger, Quer? Denken!, in: »Spectrum«/Die Presse, 12.12.2020, S. I–II, hier S. I.

35 Armin Thurnher, Es ist ernst! Kurz, Corona, Jeannée: Krisenkommunikation in Österreich. Seuchenkolumne. Nachrichten aus der vervirten Welt 227, 29.10.2020, https//cms.falter.at/blogs/athurnher/2020/10/29/es-ist-ernst-kurz-corona-jeannee-krisenkommunikation-in-oesterreich/?ref=related [Abruf: 24.12.2020].

36 Andreas Schwarz, Widerspruch im Corona-Jahr, Leitartikel, in: Kurier, 21.12.2020, S. 2.

37 Michael Jeannée, Lieber ein brutaler Lockdown als ein Lockdownerl, Kommentar, in: Kronen Zeitung, 30.10.2020, https//www.krone.at/2264367 [Abruf: 24.12.2020].

38 Daniele Kittner, Ein Jahr des Pragmatismus, Leitartikel, in: Kurier 23.12.2020, S. 2.

39 Matthias Auer, »Die Hilfe von heute ist die Steuer von morgen«, in: Die Presse, 1.5.2020, https//www.diepresse.com/5808046/die-hilfe-von-heute-ist-die-steuer-von-morgen [Abruf: 24.12.2020].

40 Kurier, 23.11.2020, S. 1.

41 Wolfgang Unterhuber, Brot und Spiele, Leitartikel, in: Kurier, 23.11.2020, S. 2.

42 Rudolf Mitlöhner, Masse und Test, Leitartikel, in: Kurier, 9.12.2020, S. 2.

43 Karl-Peter Schwarz, »Great Reset«. Droht nach Corona eine neue Planwirtschaft?, Quergeschrieben/Kommentar, in: Die Presse, 2.12.2020, S. 27.

44 In einem Leitartikel warf sie der türkisen Regierungspartei vor, sie sei »nicht wirtschaftsliberal (sondern oft sozialpopulistisch und klientelorientiert), aber immerhin stehe sie nicht wie die Grünen in der Migrationspolitik »unter dem Druck des Twitter-Mobs«. Martina Salomon, Stolpersteine im Paarlauf, Leitartikel, in: Kurier, 12.12.2020, S. 2.

45 Martina Salomon, Hochsaison für Besserwisser, Leitartikel, in: Kurier, 5.12.2020, S. 2.

46 Martina Salomon, So liberal sind wir gar nicht, Leitartikel, in: Kurier, 15.12.2020, S. 2.

47 Christian Ultsch, Das Corona-Virus und die Systemfrage, Leitartikel, in: Die Presse, 20.12.2020, S. 1.

48 Eva Konzett, Rückkehr des Almosenstaats, Kommentar, in: Falter 23 (2020), 3.6.2020, S. 6.

49 Gerald Schwaiger, Baby gab Ministerin 100 Euro brav wieder zurück, in: Kronen Zeitung (Steiermark), 8.8.2020, https//www.krone.at/2207146 [Abruf: 24.12.2020].

50 Hans Rauscher, Wenn Michael Ludwig die Wahl gewonnen hat, Kommentar, in: Der Standard, 12.9.2020, https//www.derstandard.at/story/2000119950582/wenn-michael-ludwig-die-wahl-gewonnen-hat [Abruf: 24.12.2020].

51 Florian Klenk, Was bedeutet Corona für die Wiener Stadtregierung?, in: Falter 16 (20), 15.4.2020, S. 16.

52 Barbara Tóth, Es ist nur noch zum Haareraufen. Interview mit Beate Meinl-Reisinger, in: Falter 23 (20), 3.6.2020, S. 16–17, hier S. 17.

53 Eva Konzett, Kalenderwoche 49: Die sieben Tage der Wahrheit, in: Falter 50 (20), 9.12.2020, S. 16–17, hier S. 16.

54 Petra Stuiber, Streit um Gedränge in Skigebieten: Man kommt sich blöd vor, Kommentar, in: Der Standard, 29.12.2020, https//www.derstandard.at/story/2000122838760/streit-um-gedraenge-in-skigebieten-man-kommt-sich-bloed-vor [Abruf: 31.12.2020].

55 Josef Urschitz, Die Konjunktur nach Corona ist kein Selbstläufer, Leitartikel, in: Die Presse, 19.12.2020, S. 2.

56 Raimund Löw, Außenpolitische Ansteckungsgefahr, Kommentar, in: Falter 11 (20), 11.3.2020, S. 6–7, hier S. 7.

57 Michael Jeannée, Urlaub? Bleibts um Himmels willen daham!, Kolumne, in: Kronen Zeitung, 26.7.2020, https//www.krone.at/2199271 [Abruf: 24.12.2020].

58 Auch Koalitionspartner kritisiert Kurz, in: ORF.at, 3.12.2020, https//orf.at/stories/3192288/ [Abruf: 24.12.2020].

59 Hans Rauscher, Kurz und die Krise, Kommentar, in: Der Standard, 2.12.2020, https//www.derstandard.at/story/2000122188623/kurz-und-die-krise [Abruf: 24.12.2020].

60 Barabara Toth, Der Virus und die Westbalkanroute, Kommentar, in: Falter 50 (20), 9.12.2020, S. 6.

61 Ana Grujić, Noura Maan, Vanja Nikolić, Olivera Stajić, Rassismus und Corona. Schuld sind die anderen, Kommentar, in: Der Standard, 16.12.2020, https//www.derstandard.at/story/2000122530823/rassismus-und-corona-schuld-sind-die-anderen [Abruf: 24.12.2020].

62 Natascha Strobl, Sebastian Kurz und das Balkan-Virus, 3.12.2020, https//www.moment.at/story/sebastian-kurz-und-das-balkan-virus [Abruf: 24.12.2020].

63 Armin Wolf in »Zeit im Bild 2«, 2.12.2020, https//www.youtube.com/watch?v=oSUJOacAzYE, 03:46–03:57 [Abruf: 24.12.2020].

64 Der Journalismus im Schnelltest, in: ORF.at, 04.12.2020, https//oe1.orf.at/artikel/679118/Der-Journalismus-im-Schnelltest [Abruf: 24.12.2020].

65 Martin Fritzl, Lockdown-Kurs nach dem Prinzip des Durchlavierens, Kommentar, in: Die Presse, 3.12.2020, S. 2.

66 Oliver Pink, Das Virus und Wir, Kommentar, in: Die Presse, 4.12.2020, https//www.diepresse.com/5907167/das-virus-und-wir [Abruf: 24.12.2020].

Zeitenwende und Wendezeit

1 Regierung zu Lockdown: »Treffen Sie niemanden«; »Letzte Chance, Kollaps zu verhindern«, in: Kurier online, 14.11.2020, https//kurier.at/politik/inland/regierung-zu-lockdown-treffen-sie-niemanden-letzte-chance-kollaps-zu-verhindern/401097747 [Abruf: 10.1.2020].

2 Corona-Virus: Aktuelle Informationen, https//www.land-oberoesterreich.gv.at/232009.htm [Abruf: 17.12.2020].

3 Corona-Virus COVID-19 Fälle in Österreich: Aktuelle Daten, Diagramme und Karten, https//coronavirus.datenfakten.at/ [Abruf: 31.12.2020].

4 Stichtag für Corona-Impfungen, in: Die Presse, 28.12.2020, S. 1.

5 Dominik Schreiber, Michaela Reibenwein, Kid Möchel, Corona-Demonstranten: Polizei untersucht Pläne für einen Staatsstreich, in: Kurier.at, 19.1.2021, https//kurier.at/chronik/oesterreich/corona-demonstranten-polizei-untersucht-plaene-fuer-einen-staatsstreich/401160663 [Abruf: 25.1.2021].

6 Stefan Zweig, Die Welt von Gestern. Erinnerungen eines Europäers, Frankfurt am Main: Fischer Tb, 1970, S. 9.

7 Alexander Demandt, Zeit. Eine Kulturgeschichte, Berlin: Propyläen, 2015.

8 Corona-Virus-Krise wird laut Historiker Münkler als Zäsur in deutsche Geschichte eingehen, in: Augsburger Allgemeine, 25.3.2020, https//www.augsburger-allgemeine.de/politik/Corona-Virus-Krise-wird-laut-Historiker-Muenkler-als-Zaesur-in-deutsche-Geschichte-eingehen-id57130236.html [Abruf: 20.12.2020]. Der Politologe und Historiker Herfried Münkler sprach schon am 25. März 2020 von einer Zäsur, also noch relativ am Anfang der Pandemie.

9 Jacques Le Goff, Geschichte ohne Epochen? Ein Essay, Darmstadt: Philipp von Zabern, 2016, S. 23.

ABBILDUNGSNACHWEISE

Abb. 1: Bobby Rajesh Malhotra / CeMM Forschungszentrum für Molekulare Medizin der Österreichischen Akademie der Wissenschaften
Abb. 2: ullstein bild / Martha Fein
Abb. 3: Briefmarke: © Österreichische Post AG
Abb. 4: BMLV / HBF Daniel Trippolt
Abb. 5: BKA / Andy Wenzel
Abb. 6: OLIVIER HOSLET / AFP / picturedesk.com
Abb. 7: Axel Heimken / dpa / picturedesk.com
Abb. 8: ROLAND SCHLAGER / APA / picturedesk.com
Abb. 9: Konzept, Text und Design: Lumsden & Friends
Abb. 10: ROLAND SCHLAGER / APA / picturedesk.com
Abb. 11: Oesterreichische Nationalbank
Abb. 12: Heinz-Peter Bader
Abb. 13: GEORG HOCHMUTH / APA / picturedesk.com
Abb. 14: Wikimedia Commons / Adobe Stock / Sarah Stoffaneller
Abb. 15: Jörg Mitter / Red Bull Content Pool
Abb. 16: ERWIN SCHERIAU / APA / picturedesk.com
Abb. 17: Georges Schneider / picturedesk.com
Abb. 18: Eibner / EXPA / picturedesk.com

VERZEICHNIS DER AUTORINNEN UND AUTOREN

Dr. Christoph Badelt, *1951. Studium der Volkswirtschaftslehre an der Wirtschaftsuniversität Wien, 1984 Habilitation, 1989 ao. Univ. Prof, ab 1997 Ordentlicher Univ.Prof. für Wirtschafts- und Sozialpolitik an der WU. 2002–2015 Rektor. Seit 2016 Leiter des Österreichischen Instituts für Wirtschaftsforschung (WIFO). 2005 bis 2009 Präsident der Österreichischen Universitätenkonferenz. (Mit-) Autor von 17 Büchern und Verfasser von zahlreichen anderen wissenschaftlichen Publikationen.

Dr. Wolfgang Brandstetter, *1957. Studium der Rechtswissenschaften an der Universität Wien, Assistent am dortigen Institut für Strafrecht ab 1979. 1993 Habilitation für Strafrecht und Strafprozessrecht, ab 1998 Ordinarius. Ab 2007 Leiter des Instituts für Wirtschaftsstrafrecht an der Wirtschaftsuniversität Wien. Zahlreiche Fachpublikationen, daneben Tätigkeit als Strafverteidiger. 2013 bis 2017 Bundesminister für Justiz, Mai bis Dezember 2017 auch Vizekanzler. Ab 2018 wieder an der WU, zuletzt auch Mitglied des Verfassungsgerichtshofs.

Mag. Dr. Herwig Czech, *1974. Studium der Geschichtswissenschaften an den Universitäten Graz, Wien, Paris VII und Duke (North Carolina). 2007 Promotion mit einer Arbeit zum Wiener Gesundheitswesen im Nationalsozialismus. 2011 bis 2014 APART-Stipendiat der Österreichischen Akademie der Wissenschaften. Langjähriger Mitarbeiter am Dokumentationsarchiv des österreichischen Widerstandes. Seit Mai 2020 Professor für Geschichte der Medizin mit besonderer Berücksichtigung der Medizinischen Zeitgeschichte an der Medizinischen Universität Wien. Zahlreiche Publikationen zum Thema Biopolitik, Medizin und Nationalsozialismus.

Markku Datler, *1974, Studium der Politikwissenschaft und Publizistik an der Universität Wien, seit 1998 Sportjournalist bei der Tageszeitung »Die Presse«, seit 2015 leitet er das Ressort. Der Wiener Familienvater mit finnischen Wurzeln berichtet von Olympischen Spielen, Formel-1-Rennen oder der Vierschanzentournee, ist Box-Fanatiker und Eishockey-Liebhaber. Artikel von ihm erschienen auch in »Welt«, »Welt am Sonntag«, »Berliner Zeitung« oder »SportBild«.

Dr. Michael Gehler, *1962. Studium der Geschichte und Germanistik an der Universität Innsbruck. 1999 Habilitation am Institut für Zeitgeschichte der Universität Innsbruck und bis 2006 Außerordentlicher Professor dortselbst. Seit 2002 Senior Fellow am Zentrum für Europäische Integrationsforschung der Universität Bonn, seit 2006 viermaliger Jean Monnet-Chair und Leiter des Instituts für Geschichte der Stiftung Universität Hildesheim und zudem von 2013 bis 2017 Direktor des Instituts für Neuzeit- und Zeitgeschichtsforschung an der Österreichischen Akademie der Wissenschaften sowie korrespondierendes Mitglied derselben für das Ausland. Autor zahlreicher Publikationen.

Dr. Martin Jäggle, *1948, Studium der Philosophie, Physik, Mathematik und Katholischen Theologie an den Universitäten Wien und Innsbruck, 1992 Dr. theol., 2003 bis 2013 Universitätsprofessor für Religionspädagogik und Katechetik an der Katholisch-Theologischen Fakultät der Universität Wien, 2008 bis 2012 Dekan, seit 2011 Präsident des Koordinierungsausschusses für christlich-jüdische Zusammenarbeit.

Michael Köhlmeier, *1949, Studium der Germanistik und der Politikwissenschaft sowie der Mathematik und Philosophie. Seit 1982 regelmäßige literarische Veröffentlichungen. Zuletzt der Roman »Bruder und Schwester Lenobel« und eine umfangreiche Märchensammlung, beide Bücher im Hanser Verlag, sowie zusammen mit Konrad Paul Liessmann »Der werfe den ersten Stein. Mythologisch-philosophische Verdammungen«.

Dr. Berthold Molden, *1974. Studium der Geschichte an der Universität Wien. Seit 2000 als teils freier, teils gebundener Historiker in Österreich, Frankreich, den USA, Mexiko und Zentralamerika tätig. Gastprofessuren in Wien, Chicago, New Orleans, Paris, Toulouse. Zahlreiche Publikationen und mehrere Public-History- und Ausstellungsprojekte zur globalen Ideengeschichte des 20. Jahrhunderts, österreichischer Zeitgeschichte und zur Theorie der Geschichtspolitik.

Mag. Dipl.-Ing. Lydia Novoszel, Universitätsassistentin am Institut für Transport und Logistikmanagement an der Wirtschaftsuniversität Wien. Nach internationalen Führungspositionen in den USA und Osteuropa im Supply Chain Management hat sie sich entschlossen die aktuellen Herausforderungen in der Logistik von einer akademischen Perspektive zu betrachten. Studium der Betriebswirtschaft an der Wirtschaftsuniversität Wien und des Maschinenbau-Wirtschaftsingenieurwesens an der Technischen Universität Wien.

Robert Pfaller, Professor für Philosophie an der Kunstuniversität Linz. 2020 Paul-Watzlawick-Ehrenring der Ärztekammer Wien. Veröffentlichungen u. a.: Die blitzenden Waffen. Über die Macht der Form (2020); Erwachsenensprache. Über ihr Verschwinden aus Politik und Kultur (2017); Wofür es sich zu leben lohnt. Elemente materialistischer Philosophie (2011).

Dr. Christian Prosl, *1946. Jus- und Französischstudium in Wien. Postgraduate Studien am Institut de Hautes Etudes in Genf. 1973–77 Einsatz beim UN-Entwicklungsprogramm UNDP (Burkina Faso, Ruanda). 1977 Eintritt ins Außenministerium. Verwendungen in London, Washington, Wien. 1991–1995 Generalkonsul in Los Angeles; Leiter der Abteilung für West- und Nordeuropa, 1998–2002 Leiter der Rechts- und Konsularsektion. 2003–2009 österreichischer Botschafter in Berlin, 2009–2011 in Washington D.C. Dezember 2011 Übertritt in den Ruhestand. Präsident der Österreichischen Kulturvereinigung.

Dr. Manfried Rauchensteiner, *1942. Studium der Geschichte, Germanistik und Historischen Hilfswissenschaften an der Universität Wien. Ab 1966 wissenschaftlicher Beamter am Heeresgeschichtlichen Museum, von 1992 bis 2005 Direktor. 1975 Habilitation an der Universität Wien, 1996 a.o. Univ. Prof. Professor an der Diplomatischen Akademie Wien. 2005 bis 2011 Koordinator und Berater beim Aufbau des deutschen Militärhistorischen Museums in Dresden. Autor zahlreicher Publikationen.

Dr. Kurt Scholz, *1948. Studium der Geschichte und Germanistik an der Universität Wien. AHS-Professor. 1974–1984 Referatsleiter für Zeitgeschichte und Politische Bildung im Bundesministerium für Unterricht und Kunst. 1984–1992 unter Bürgermeister Helmut Zilk Bereichsleiter für Kultur und die Auslandsbeziehungen der Stadt Wien. 1992–2001 Präsident des Stadtschulrates für Wien. 2001–2008 Restitutionsbeauftragter von Wien. 2011–2019 Vorsitzender des Zukunftsfonds der Republik Österreich. Vorsitzender des Internationalen Beirats der Gedenkstätte Mauthausen. Autor zahlreicher Beiträge, v.a. in der Tageszeitung »Die Presse«.

Dr. Klement Tockner, Studium der Zoologie und Botanik an der Universität Wien. Nach Forschungsaufenthalten in Deutschland, Japan, Österreich, Ruanda, Schweiz und den USA ist er seit 2021 Generaldirektor der Senckenberg Gesellschaft für Naturforschung und Professor für Ökosystemwissenschaften an der Goethe Universität, jeweils in Frankfurt a.M. Von 2007–2016 war er Direktor des

Leibniz-Instituts für Gewässerökologie und Binnenfischerei (IGB) und Professor für Aquatische Ökologie an der Freien Universität, jeweils in Berlin. Von 2016 bis 2020 leitete er als Präsident den österreichischen Wissenschaftsfonds FWF und die Österreichische Agentur für Wissenschaftliche Integrität (ÖAWI). Er ist u. a. gewähltes Mitglied der deutschen nationalen Akademie der Wissenschaften, Leopoldina, und der österreichischen Akademie der Wissenschaft. Er berät Forschungseinrichtungen weltweit in deren strategischen Entwicklung.

Tina Wakolbinger, PhD, ist Professorin für Supply Chain Services and Networks an der Wirtschaftsuniversität Wien und Leiterin des Forschungsinstituts für Supply Chain Management. In ihrer Forschung beschäftigt sie sich mit Fragen des Supply Chain Managements, insbesondere mit Fragen der Katastrophenhilfe, der Nachhaltigkeit und der technologischen Innovationen. Sie ist Senior Editor für die Zeitschrift »Production and Operations Management« (Disaster Management Department) und Associate Editor für die Zeitschrift »Central European Journal of Operations Research«.